Ostgalizien 77
Die unierte Kirche 79
Die orthodoxen Kirchen 80

Stadtspaziergänge 82

Das Zentrum der Westukraine 84

Rund um den Schloßberg 85
Die Geschichte des Schloßbergs 85
Die Krakauer Vorstadt 87

Der Marktplatz 91
Geschichte 91
Das Rathaus 92
Bürgerhäuser am östlichen Marktplatz 93
Bürgerhäuser am südlichen und westlichen Marktplatz 98
Bürgerhäuser am nördlichen Marktplatz 100

Durch die Altstadt 100
Entlang der Rus'ka-Straße 100
Die Maria-Entschlafens-Kirche 102
Die jüdische Altstadt 104
Befestigungsanlagen 105
Das Dominikanerkloster 109
Die Drukars'ka-Straße 110
Die Armenische Straße 111
Die Krakauer Straße 113
Rund um das Skarbek-Theater 115
Die Lateinische Kathedrale 118
Die Halyc'ka-Straße 121
Bernhardinerkloster 122

Entlang des Stadtboulevards 124
Der Mickiewicz-Platz 124
Der südliche Boulevard 126
Das Nationalmuseum 128
Das Opernhaus 129

Vom Mickiewicz-Platz nach Süden 130
Die Philharmonie 130

Der Ševčenko-Prospekt 131
Die Maria-Schutz-Kathedrale 133
Die Universitätsbibliothek 135
Der Stryjs'kyj-Park 135

Rund um die Universität 140
Die Kopernikusstraße 140
Kunstgalerie und Nationalbibliothek 142
Die Slovac'koho-Straße 143
Die Universität 145
Rund um den Ivan-Franko-Park 145
Georgskathedrale 146
Die Polytechnische Hochschule 149
Die Maria-Magdalena-Kirche 150
Zurück zum Stadtboulevard 150

Zwischen Stadtboulevard und jüdischem Viertel 152
Die Hnatjuk-Straße 152
Das jüdische Viertel 153
Die Horodoc'ka-Straße 157
Die Olga-und-Elisabethkirche 157
Der Hauptbahnhof 158

Vom Zollplatz zum Freilichtmuseum 160
Die Lyčakivs'ka-Straße 160
Das Freilichtmuseum 165
Vynnyky 165

Die Umgebung von Lemberg 166
Žovkva 166
Krechiv 171
Das Goldene Hufeisen 172
Brody 173
Drohobyč 174
Truskavec' 176
Počajiv 176

Lemberger Friedhöfe 178

Geschichte der Lemberger Friedhöfe 180

Annäherung an Lemberg

Stadtspaziergänge

Die Umgebung von Lemberg

Lemberger Friedhöfe

Sprachführer

Lemberg-Informationen

Ukraine-Reisetips von A bis Z

Anhang

Vorwort 9
Hinweise zur Benutzung 10
Das Wichtigste in Kürze 10

Annäherung an Lemberg 12

Geographie Galiziens 14
Landwirtschaft und Industrie 14
Flora und Fauna 15

Geschichte Galiziens 16
Die Kiever Rus' 16
Fürstentum Galizien-Wolhynien 16
Unter polnischer Herrschaft 18
Zur Zeit der Habsburger 20
Unter polnischer Verwaltung 23
Der Erste Weltkrieg 24
Der Zweite Weltkrieg 24
Die Ukraine heute 26
Wer ist ein Galizier? 27
Zeittafel Galizien 29

Lemberger Stadtgeschichte 31
Lemberg im Königreich Polen 31
Das österreichische Lemberg 35
Der Erste Weltkrieg 37
Der Zweite Weltkrieg 39
Lemberg als Teil der Ukraine 40
Zeittafel Lemberg 45

Bevölkerung 50
Das jüdische Lemberg 50
Das Habsburger Erbe 54
Das deutsche Lemberg 57
Zeittafel der ukrainisch-deutschen Beziehungen 61
Das polnische Lemberg 64
Das armenische Lemberg 67
Das ukrainische Lemberg 70

Kirche und Religion 73
Die evangelische Gemeinde 73
Die deutschen Katholiken in

Der Janivs'ke-Friedhof 181
Der Lyčakivs'ke-Friedhof 182
Geschichte 184
Erster Rundgang 187
Zweiter Rundgang 197
Dritter Rundgang 205
Vierter Rundgang 210

Die Kriegsfriedhöfe 217
Der ukrainische Kriegs-Ehrenhain 218
Der polnische Kriegs-Ehrenhain 219

Sprachführer 222

Lemberg-Informationen 228

Ukraine-Reisetips von A bis Z 242

Anhang
Glossar 250
Literatur 252
Die Autorin 256
Danksagung 256
Ortsregister 257
Bildnachweis 259
Kartenregister, Kartenlegende 264

Essays

Die Aktion Weichsel 28
Synagogen 55
Polnische Lemberger Lieder 69
Andrej Šeptyc'kyj 74
Josyf Slipyj 81
Salomea Krušel'nyc'ka 116
Mychajlo Hruševs'kyj 134
Vater der Armen 136
Ivan Franko 138
Das Ossolineum 144
Die Batiaren 164
Bruno Schulz 177
Meister der Bildhauerkunst 185

МЕДТЕХНІКА
4

Vorwort

Lemberg/L'vov/L'viv ist das Herz und die Hauptstadt Ostgaliziens und der Westukraine. Es ist fast unmöglich, jene phantastische, einzigartige Atmosphäre dieser einst multinationalen, mehrsprachigen, verschiedengläubigen, aber vor allem multikulturellen Metropole wiederzugeben, die sich durch Jahrhunderte hinweg bis zum Jahre 1939 entwickelt hat. Lemberg war immer und ist auch heute noch eine besondere Stadt: für Fremde unbegreifbar, für Freunde sehr nah, gastfreundlich, bewundernswert.

Die lange, reiche Geschichte der Stadt ist geprägt von Jahrhunderten des Ruhmes, aber auch verbunden mit den Tragödien verschiedener Nationen. In dieser Stadt lebten und wirkten unzählige berühmte internationale Persönlichkeiten aus Politik, Kunst, Kultur und Wissenschaft.

Seit dem 13. Jahrhundert lebten Armenier in der Stadt. Ihre architektonischen Kunstwerke, ihr kaufmännisches und handwerkliches Können lassen Besucher heute noch jenen Hauch des Orients spüren, den sie nach Lemberg brachten.

Da Lemberg in den Zeitperioden von 1387 bis 1772 und wiederum von 1923 bis 1939 Bestandteil Polens war, sind natürlich die Kultur, die Geschichte der Stadt und die Architektur jener Zeit eng mit diesem Land verbunden. Ebenso hinterließ die Kultur der jüdischen Bevölkerung in der Stadtgeschichte tiefe Spuren. Ihre ersten größeren Zuwanderungen fanden in Lemberg im 14. und 15. Jahrhundert statt. Vor dem Ersten Weltkrieg befanden sich die größten polnischen jüdischen Gemeinden in Galizien.

Die ersten deutschen Kolonisten siedelten sich bereits im 13. Jahrhundert in Galizien und bald danach in Lemberg an. Ende des 18. Jahrhunderts, nachdem Galizien Bestandteil Österreichs geworden war, entstand auf dessen Territorium der größte Teil deutscher Siedlungen, deren Einwohner vorwiegend aus den südwestlichen Gebieten Deutschlands kamen.

Interessante und kunstvolle architektonische Denkmäler hat die Epoche der Habsburger Monarchie in Lemberg hinterlassen. Fast 150 Jahre – in den Jahren von 1772 bis 1918 – war Galizien als ›Königreich Galizien und Lodomerien‹ mit der Hauptstadt Lemberg eine der Ostprovinzen der Monarchie.

Als heutige Hauptstadt der Westukraine hat Lemberg im Jahre 1991 ein großes und verantwortungsvolles Erbe angetreten. Jetzt kommt es darauf an, auch den Weg nach Europa zu öffnen – so wie in dieser Stadt in den vergangenen Jahrhunderten und in der neuen Geschichte schon häufig Wege nach Europa geöffnet wurden.

In den letzten Jahren hat sich sehr viel getan. Gebäude der Innenstadt erstrahlen in renoviertem Glanz, zahlreiche neu eröffnete Cafés und Restaurants vertreiben die sowjetische Tristesse und laden zum Verweilen ein. Ohne Übertreibung kann man das heutige Lemberg als eine unentdeckte Perle bezeichnen, die einen Vergleich mit der Schönheit Krakaus nicht zu scheuen braucht.

Fassaden am Marktplatz

Hinweise zur Benutzung

Der vorliegende Reiseführer kann nicht vollständig sein – und trotzdem haben wir uns bemüht, ihn so reichhaltig und interessant wie nur möglich zu gestalten.

Der erste Teil ist der ausführlichste. In ihm möchten wir nicht nur mit der Geschichte dieser historischen Stadt vertraut machen, sondern über die Bedeutung Lembergs für Ostgalizien und die Westukraine informieren.

Eine Zeittafel gibt einen Überblick über die wichtigsten geschichtlichen, politischen und kulturellen Ereignisse Galiziens, der Westukraine und der Stadt Lemberg.

Anschließend folgen Stadtrundgänge, zu denen jeweils eine Übersichtskarte gehört. Die Straßennamen auf den Karten sowie die Namen der Sehenswürdigkeiten sind sowohl in Ukrainisch als auch in lateinischer Umschrift angegeben. Nach den Stadtrundgängen folgen die Informationen zu Hotels, Restaurants, Museen. Die Preise werden in Euro angegeben, vor Ort muß allerdings in der Landeswährung Hryvnja bezahlt werden (1 Euro entspricht 7,5 Hryvnja).

Außerdem werden Anregungen für Tagesausflüge und Ausflüge in die nähere Stadtumgebung gegeben.

Praktische Reisetips beschließen das Buch. Im Anhang findet sich ein deutsch-ukrainischer Sprachführer sowie ein Glossar und Literaturhinweise.

In diesem Buch wird die wissenschaftliche Transliteration der ukrainischen Eigennamen verwendet, da nur sie eine Rückübertragung ins Kyrillische ermöglicht. Eine Ausnahme bilden russische oder ukrainische Bezeichnungen wie Kiev oder Dnepr, die in ihrer deutschen Form geläufig sind.

Häufig verwendete Abkürzungen

вул.	вулиця
vul.	vulycja (Straße)
пл.	площа
pl.	ploščа (Platz)
ал.	аллея
al.	alleja (Allee)
пр.	проспект
pr.	prospekt (Prospekt)
св.	светий
sv.	svetyj (heilig)

Das Wichtigste in Kürze

Einreise

Für Touristen aller EU-Staaten, der Schweiz, der USA, Kanadas und einer Reihe weiterer Staaten wurde die Visumspflicht aufgehoben. Man benötigt zur Einreise einen noch mindestens einen Monat über das Reiseende hinaus gültigen Reisepaß sowie den Nachweis einer Reisekrankenversicherung, die in der Ukraine gültig sein muß.

Bei der Einreise ist eine Registrierung gesetzlich vorgeschriebenen, d.h. es wird der Aufenthaltsort in der Ukraine erfaßt. Eine Einschränkung der Bewegungsfreiheit ist damit nicht verbunden.

Hinweise für Autofahrer

Man sollte eine beglaubigte Übersetzung der Fahrzeugpapiere bei sich haben, wenn Fahrer und Fahrzeugbesitzer nicht identisch sind. Eine solche Übersetzung bekommt man in den Botschaften der Ukraine. Es gibt ausreichend Tankstellen und Werkstätten. Der Straßenzustand ist vielerorts schlecht, und

man muß ständig mit Fuhrwerken, Fußgängern und Tieren auf der Fahrbahn rechnen.
Es gilt die Null-Promille-Grenze.

Geld

Reiseschecks, EC-Karten und Kreditkarten wie American Express oder Visa werden in Banken sowie in Hotels und in zunehmender Zahl in Restaurants und Geschäften akzteptiert.
In Lemberg gibt es viele Bankautomaten und Wechselstuben. Im Sommer 2008 bekam man für 1 Euro etwa 7,5 ukrainische Hryvnja (UAH). Achtung: die ukrainische Währung darf weder ein- noch ausgeführt werden.

Öffentliche Verkehrsmittel

Das Lemberger Verkehrsnetz ist sehr gut ausgebaut. Straßenbahnen, Trolleybusse, Kleinbusse (Maršrutka) und Busse verkehren von 6 Uhr morgens bis um Mitternacht. Die Fahrscheine werden im jeweiligen Verkehrsmittel beim Schaffner bzw. in den Kleinbussen beim Fahrer, der zugleich Schaffner ist, gekauft. Der Fahrpreis in den Trolleybussen sowie in den Straßenbahnen beträgt pro Person 50 Kopeken, im Kleinbus pro Person 1,5 Hryvnja.

Telefon

Die Vorwahl bei Auslandsgesprächen aus der Ukraine ist 8-10. Nach Berlin würde man also beispielsweise wählen: 8-10-49-30-Nummer. Bei Anrufen zu einem Handy in Deutschland wählt man 8-10-49-Handynummer oder +49-Handynummer. Bei Gesprächen vom Ausland nach Lemberg ist die Vorwahl der Ukraine zu wählen, 00380, und anschließend die Ortsvorwahl von Lemberg, 322.
Wichtige Telefonnummern:
Feuerwehr: 01
Polizei: 02
Schnelle Medizinische Hilfe: 03
Private Schnelle Medizinische Hilfe ›Bohdan‹: 056
Sperre von EC-, Handy- und Kreditkarten: 8-10-49/116 116.

Verständigung

In der gesamten Ukraine ist nach der Unabhängigkeitserklärung 1991 Ukrainisch als offizielle Amtssprache eingeführt worden. Während in der Ostukraine dennoch vorwiegend Russisch gesprochen wird, hört man in der Westukraine fast ausschließlich die ukrainische Sprache. In Lemberg sowie in der gesamten Westukraine kommt man sehr gut mit der polnischen Sprache zurecht. Westeuropäische Besucher können vielerorts ohne Probleme Deutsch oder Englisch sprechen.

Unterkunft

Wie in allen ehemals sowjetischen Staaten ist es auch in der Ukraine nicht einfach, Hotelzimmer zu angemessenen Preisen zu bekommen. Hotels der oberen Preisklasse sind meist überteuert, preiswertere Häuser strahlen oft noch einen gewissen sowjetischen Charme aus. In älteren Hotels gibt es große Preisunterschiede zwischen renovierten und noch nicht renovierten Zimmern.
In Lemberg sieht es etwas besser aus als im Rest des Landes, allerdings besteht eine große Nachfrage, so daß man vorbestellen sollte. In der Regel fährt man am besten, wenn man vorab über einen Reiseveranstalter bucht.

Ausführliche Hinweise in den Lemberg-Informationen ab S. 228 sowie in den Reisetips von A bis Z ab S. 242

»Wenn der Leib im Staub zerfallen, lebt der große Name noch.«

Christoph Weiß

Annäherung an Lemberg

Geographie Galiziens

Das historische Galizien nahm mit dem Gebiet Schlesiens im Westen bis zu den Grenzflüssen Zbrutsch, Pruth und Czeremosch im Osten eine Fläche von rund 80 000 Quadratkilometern ein. Im Süden begrenzen vor allem die Karpaten das Land. Die 600 Kilometer lange Gebirgskette mit den großen Waldgebieten im östlichen Teil des Landes trägt den Namen Waldkarpaten (Transkarpaten) und hat Mittelgebirgscharakter. Der Gebirgskamm wird von den Beskiden gebildet. Die Westbeskiden erreichen den Fluß Dunajec, und die Ostbeskiden werden vom Fluß San in einen niedrigen und einen hohen Zug geteilt. Die Niedrigen Beskiden mit dem Dukla-Paß (bis zu 900 Meter) sowie die Hohen Beskiden - auch Bieszczady genannt - gehören bereits zu den Waldkarpaten.

Geograhisch gesehen liegen die ukrainischen Karpaten im Zentrum Europas. Den höchsten Gipfel der Karpaten bildet die Hoverla (2060 Meter). Eine Sonderstellung innerhalb des Karpatenlandes nimmt die etwa 60 Kilometer lange Gebirgskette der Hohen Tatra ein. Am Nordhang befindet sich das vorkarpatische Bergland mit seinen reichhaltigen Bodenschätzen wie Salz, Erdöl, Erdgas und verschiedenen Erzen. Ihr westlicher Teil, die Weichselebene, reicht von Krakau bis Przemysl und ist im Weichsel-San-Dreieck am breitesten.

Landwirtschaft und Industrie

Im Zentrum Ostgaliziens, das von Wald- und Steppenzonen gebildet wird, befinden sich verschiedene Arten der fruchtbaren, schwarzen Erdböden, auf denen besonders Winterweizen und Mais gut gedeihen. Für die Karpaten sind die nicht sehr hohen Berge sowie ein mildes und feuchtes Klima typisch. Bekannt sind die Buchen- und Tannenwälder wie auch der Reichtum an Quellen. Im Karpatenvorland befinden sich einige der ältesten Erdölförderzentren Europas, allerdings waren diese Vorkommen gering. In den Karpaten liegen mehrere Stauseen, die auf natürliche Weise - oft durch einen Erdrutsch - entstanden sind.

Galizien verfügt über keine nennenswerte Industrie, die Haupterwerbszweige sind die Landwirtschaft und Kleingewerbe sowie Holzwirtschaft in den Karpaten. Insgesamt ist die wirtschaftliche Situation desolat, vor allem außerhalb der Städte.

Die Umweltprobleme in der Ukraine sind gravierend, sowohl, was die Reinhaltung von Gewässern betrifft, als auch den Schutz von Luft und Boden. Die Reaktorkatastrophe von Tschernobyl, deren radioaktive Verstrahlung europaweit reichte, hat den Westen erstmals auf die ökologischen Probleme des Landes aufmerksam gemacht.

Seit der Auflösung der Sowjetunion zerfallen in der Westukraine, besonders in der von der Sowjetmacht errichteten Industriestadt Lemberg, viele Industriebetriebe, und die Betriebsgelände verwildern. In der stärker nach Rußland orientierten Ostukraine hingegen begann sehr schnell nach dem Jahre 1991 eine Privatisierung der besonders profitablen Schwerindustrie und des industriellen Reichtums des Landes.

Eine Umweltbewegung in der Ukraine befindet sich noch in den Anfängen und bemüht sich um Unterstützung aus dem Ausland. Bislang ist die Sensibilität der Bevölkerung für ökologische Probleme nicht sehr groß, was angesichts der wirtschaftlichen Probleme sogar verständlich ist. Die Gebirgsregion um die Hoverla wird durch den Karpaten-Nationalpark geschützt.

Flora und Fauna

Das Gebiet Ostgaliziens erstreckt sich über drei Naturzonen: die Waldzone, die Wald- und Steppenzone sowie die Zone der Waldkarpaten. In der Wolynischen Polessje befinden sich große Moorgebiete. Die Region ist reich an seltenen und vom Aussterben bedrohten Pflanzenarten. So finden sich hier beispielsweise das Fettkraut (Pinquicula vulgaris) und die rote Berglilie oder die nur noch sehr selten auftretenden insektfressenden Moorpflanzen wie der Sonnentau (Droser anglica). Erlenbäume, Eichen, Birken und vor allem Fichten gehören zum Baumbestand dieser Region. An den Seen der Wolynischen Polessje brüten vor allem Möwen und Wildenten. Zum Raubtierbestand zählen Wölfe, Marder, Otter und Füchse. In den Naturschutzgebieten brüten und leben der graue Kranich, die scheuen Schwarzstörche, die geheimnisvollen Ziegenmelker und andere seltene Vogelarten.

Die Westukraine ist von der Landwirtschaft geprägt

Geschichte Galiziens

Galizien - der vollständige Name lautete ›Königreich Galizien und Lodomerien‹ - war Kronland der Habsburger Monarchie und bestand aus einem westlichen und einem östlichen Teil.

Ostgalizien, die heutige Westukraine, hat eine bewegte Geschichte und gehört zu den interessantesten historischen Regionen Europas an der Grenze zwischen Westen und Osten. In seinem Buch ›Da geht ein Mensch. Roman eines Lebens‹ beschreibt Alexander Granach Galizien mit den Worten: »Ostgalizische Erde ist verschwenderisch und reich. Sie hat fettes Öl, gelben Tabak, bleischweres Getreide, alte verträumte Wälder und Flüsse und Seen und vor allem schöne, gesunde Menschen: Ukrainer, Polen, Juden. Alle drei sehen sich ähnlich, trotz verschiedener Sitten und Gebräuche. Der ostgalizische Mensch ist schwerfällig, gutmütig, ein bißchen faul und fruchtbar wie seine Erde.«

Die Kiever Rus'

Das traditionelle Zentrum der Ostslawen war das mittlere Dneprgebiet. Hier entstand im 9. Jahrhundert als erstes slawisches Fürstentum die sogenannte Kiever Rus', die die Grundlage der altrussischen Nation bildet. Unter dem Fürsten Jaroslav dem Weisen (1019-1054) erlebte die Kultur der Kiever Rus' ihren Höhepunkt und entwickelte sich zum größten Staat Europas. Nach dem Tode Jaroslavs wurde das Reich allerdings durch Erbfolgestreitigkeiten destabilisiert. Innerhalb eines Jahrhunderts wurde Kiev von fast 50 Herrschern regiert. Im Jahre 1187 kam es zur endgültigen Zersplitterung der Kiever Rus' in mehrere Teilfürstentümer.

Neben Novgorod im Norden und dem Fürstentum Vladimir-Suzdal im Nordosten entstand im Südwesten das galizisch-wolhynische Fürstentum. Die Region Galizien-Wolhynien bildete ein Bindeglied für den Fernhandel von Ost- nach Mitteleuropa und von der Ostsee zum Schwarzen Meer. Vor allem die Städte spielten als Umschlagplätze eine bedeutende Rolle. Eine erste herrschaftliche Vereinigung der beiden Regionen Wolhynien und Galizien erfolgte 1199 durch den wolhynischen Fürsten Roman Mstyslavič (1160-1205). Seine Bemühungen Galizien und Wolhynien unter einer Herrschaft zu vereinen, wurden nach seinem Tod von seinem Sohn Danylo fortgesetzt. Im 13. Jahrhundert wurden neue Städte gegründet. Zu den bedeutendsten Stadtgründungen gehörte L'viv (1256).

Nach dem Zerfall des Kiever Reiches war Galizien-Wolhynien das mächtigste Fürstentum auf dem Territorium der heutigen Ukraine. Roman Mstyslavič verstärkte seine Macht gegen die Bojaren und stand im Bund mit Byzanz. Der Großfürst festigte die Westgrenzen seines Staates mit Ungarn und Polen.

Fürstentum Galizien-Wolhynien

Nach Mstyslavičs Tod regierte sein Sohn Danylo Romanovyč von Galizien das Land (1201-1264). Auch er prägte eine erfolgreiche Westpolitik. Er regierte als Großfürst (ab 1253 König) in den Jahren 1238 bis 1264. Die vielfältigen Kontakte

Die Kiever Rus' im 10./11. Jahrhundert
0 250 500 m

nach Westen zogen immer wieder Konflikte mit den westlichen Nachbarn nach sich, vor allem mit Polen und Ungarn, die wiederholt Anspruch auf Gebiete des Fürstentums erhoben. Im Jahre 1206 nahmen die ungarischen Könige als vorübergehende Herrscher über die Fürstentümer Halyč und Wolodymyr (Wolhynien) den Titel ›Galiciae et Lodomeriae rex‹ an, auf dessen Rechtstitel im Jahre 1772 Maria Theresia als Königin von Ungarn ihre Ansprüche auf das ostgalizische Land stützte.

Nach harten Auseinandersetzungen ging das Land 1238 wieder an Danylo Romanovyč, der die beiden Fürstentümer Wolhynien und Halyč vereinigte. Durch geschickte Bündnispolitik führte er sein Herrschaftsgebiet zu einer kulturellen und wirtschaftlichen Blüte. Im Jahre 1253 wurde der Großfürst Danylo durch einen päpstlichen Legaten zum König gekrönt. Aus der lateinischen Bezeichnung für Rus' leitete sich der Name Ruthenen für die hier ansässige ostslawische Bevölkerung ab. Das Fürstentum Halyč wurde auch Rot-Ruthenien genannt. Im Zusammenhang mit den Mongoleneinfällen, der Invasion der Tataren der Goldenen Horde unter Batu Khan, dem Enkel Dschingis Khans, wurde in kurzer Zeit fast das ganze Ruthenenland eingenommen und die Städte Kiev und Halyč zerstört. Dabei kam es zu neuen Stadtbildungen. Lemberg gehörte zu den bedeutendsten unter ihnen. Der ruthenische (und heutige ukrainische) Name für Lemberg ist L'viv, es wurde nach dem Sohn Danylos Lev (Leo) benannt. Polnisch heißt Lemberg Lwów, russisch L'vov.

Nach dem Tod Danylos und seiner Nachfolger zerfiel das galizisch-wolynische Fürstentum in mehrere Teilfürstentümer, die in der zweiten Hälfte des 14. Jahrhunderts zwischen den Nachbarn Litauen und Polen aufgeteilt wurden.

Unter polnischer Herrschaft

Als der letzte galizische Fürst Georg II. einem Giftmord erlag, machte der polnische König Kasimir der Große, unterstützt durch Ungarn, alte Ansprüche auf das Land Rot-Ruthenien geltend. Im Jahre 1340 nahm er Lemberg ein. Das Fürstentum selbst wurde 1343 im Vertrag von Halyč an das Königreich Polen angegliedert. Im 14. Jahrhundert geriet das Fürstentum immer mehr in Auseinandersetzungen zwischen Polen und Litauen um die Aufteilung Galizien-Wolhyniens. 1370 fielen ganz Wolhynien sowie Ostpodolien an Litauen. Die übrigen Länder Galizien-Wolhyniens wurden 1387 Polen angeschlossen. Mit den Anschluß an Polen-Litauen begann eine Sonderentwicklung der ehemaligen südwestruthenischen Fürstentümer. Das durch den Überfall der Tataren 1241 stark verwüstete und entvölkerte

Der Löwe ist das Wappentier der Stadt

Das Gebiet Polens vor den Teilungen 1772

Gebiet wurde durch Kasimir den Großen erneut organisiert. Außer deutschen Kolonisten kamen Armenier und Juden ins Land. Kasimir gründete nach deutschem Muster Städte, verlieh ihnen das Magdeburger Recht und förderte Handel und Gewerbe. Der polnische König legte somit den Grundstein zum wirtschaftlichen und kulturellen Aufschwung, den Polen im 15./16. Jahrhundert nahm.

Nach dem Tod von König Ludwig aus dem Hause der Jagiełłonen in der Schlacht vor Mohács gegen die Türken gelangte Schlesien 215 Jahre unter die Herrschaft Habsburgs (1526–1741). Maria Theresia, österreichische Kaiserin, führte seit 1740 drei Kriege gegen Friedrich II. Sie verlor Schlesien mit Breslau endgültig im Jahre 1763 an Preußen. Der Niedergang Polens und letztlich seine Auflösung boten den europäischen Großmächten Preußen, Österreich und Rußland einen guten Ausweg, ihre Spannungen untereinander auf Kosten Polens abzubauen. Polen wurde dreimal geteilt: 1772, 1793 und 1795. Bei der ersten Teilung überschritten österreichische Truppen am 14. Mai 1772 die Grenzen Polens. Da Lemberg noch von russischen Besatzern okkupiert war, die die Stadt erst am 15. September verließen, besetzten österreichische Truppen unter General Andreas Hadik noch am gleichen Tage Lemberg. Nachdem einen Tag später die polnischen Soldaten die Stadt verlassen hatten, übernahm Österreich die Führung in der Stadt.

Zur Zeit der Habsburger

Mit dem Zusammenschluß des östlichen mit dem westlichen Teil Galiziens schuf sich Österreich im 18. Jahrhundert nicht nur einen neuen Verwaltungsorganismus, der aus zwei Einheiten mit zum Teil verschiedener Geschichte bestand, es wurden auch Teile zweier durch Sprache und Religion unterschiedlicher und sich seit Jahrhunderten nicht immer freundlich gegenüberstehender Völker angegliedert. Im Westen waren es die dem römisch-katholischen Glauben angehörigen Polen, im Osten die Ruthenen, seit Ende des 19. Jahrhunderts Ukrainer genannt, die seit 1596 mit Rom uniert waren, aber größtenteils die griechisch-orthodoxe Liturgie beibehalten hatten. Bis zur ersten Teilung Polens hatten die Teilgebiete Galiziens keine einheitliche, gemeinsame Geschichte. In den Jahren 1772 bis 1918 war Galizien die offizielle Bezeichnung für ein Gebiet von 83 000 Quadratkilometern für die bei der ersten Teilung Polens von Österreich besetzten Gebiete Kleinpolens und Rot-Rutheniens. Sein Name wurde nach 1918 für die südpolnischen Wo-

Grenzen des Habsburger Reiches nach 1815

jewodschaften Krakau, Lemberg, Stanislaw und Tarnopol verwendet. Es lebte in den Jahren 1941 bis 1945 im Distrikt Galizien des Generalgouvernements wieder auf. Westgalizien gehört seit der Zeit nach dem Zweiten Weltkrieg zu Polen, Ostgalizien, die Westukraine, gehörte nach dem Zweiten Weltkrieg zur Ukrainischen Sozialistischen Sowjetrepublik und ist seit August 1991 Bestandteil der unabhängigen selbständigen Ukraine.

In Galizien lebten jahrhundertelang unterschiedliche Nationen und Kulturen zusammen, unter denen die Ruthenen und Polen die größten Volksgruppen darstellten. Beide slawischen Völker orientierten sich trotz aller Unterschiede von Beginn an in ihrer Politik zum Westen; dies war in ihrer Kultur und Religion begründet. Die Ukrainer bildeten die Mehrheit der Bevölkerung Ostgaliziens. Die Österreicher richteten nach 1772 eine zentralisierte Verwaltung mit einem in Lemberg residierenden Gouvernement unter österreichischen Beamten ein. Auf die ethnischen Verhältnisse mit 47 Prozent Polen, 45 Prozent Ukrainern sowie 6 Prozent Juden wurde dabei kaum Rücksicht genommen.

Überall stößt man auf die Spuren der Habsburger: Laterne am Opernhaus

Das Ansiedlungspatent von Joseph II.

Im Jahre 1773 bereiste der österreichiche Thronfolger Joseph Galizien. Er überzeugte sich von der Fruchtbarkeit des Bodens, aber auch von der Rückständigkeit des Handwerks, Handels und Gewerbes in den Städten. Die Landwirtschaft stand auf niedrigster Stufe, vom Zustand der Volksbildung und der geistigen Kultur ganz zu schweigen. Die Habsburger Monarchie organisierte im neuerworbenen Königsreich Galizien und Lodomerien eine deutsche Ansiedlung. Am 18. Juni 1774 erließ die Kaiserin Maria Theresia ein Einwanderungspatent. Nach diesem durften sich »Handelsleute, Künstler, Fabrikanten, Professionisten und Handwerker« zur Wiederbelebung des Landes ansiedeln. Den Ansiedlern wurden sechs Jahre Steuerfreiheit zugesichert. Katholiken durften sich überall ansiedeln, Protestanten nur in vorgeschriebenen Städten, so auch in Lemberg. Am 17. September 1781 erließ Joseph II. das Ansiedlungspatent, das am 13. Oktober 1781 durch ein Toleranzpatent erweitert wurde. Die ersten deutschen Einwanderer kamen 1782 nach Galizien, die meisten zwei Jahre später. Sie stammten aus Westfalen, Hamburg, Nieder-

Zur Habsburger Zeit hieß der Stadtboulevard König-Ludwig-Straße

sachsen, Mecklenburg, Brandenburg, Pommern, Ostpreußen und dem Baltikum. Wieder andere kamen aus Groß-Polen, der Zips (Ostslowakei) und auch aus der Schweiz nach Ostgalizien. Sie waren Kaufleute, Baumeister, Ärzte, Apotheker, Rechtsanwälte, Glockengießer, Kupferstecher, Instrumentenbauer, Uhrmacher, Buchbinder, Buchhändler, Polizisten, Büchsenmacher, Buchhalter, Bierbrauer, Förster, Zuckerbäcker, Tuchmacher, Strumpfwirker, Handschuhmacher und vieles andere. Die ersten dörflichen deutschen Siedlungen, sogenannte Josephinische Siedlungen, entstanden in den Jahren 1782 bis 1790 auf staatlichem Großgrundbesitz. Der größte Teil der deutschen Kolonisten siedelte sich in Ostgalizien an, also inmitten der ruthenischen (ukrainischen) und polnischen Dörfer. Ohne die Hilfe der ansässigen Bevölkerung wäre der Neubeginn im fremden Land um vieles schwerer gewesen. Vor allem die Ukrainer leisteten gern Hilfsdienste. Für diese Dienste wurden sie verpflegt, entlohnt und oftmals auch eingekleidet.

Die vorwiegend bäuerlichen ukrainischen Untertanen lebten nicht nur in harter Fronarbeit, sie waren auch vollkommen rechtlos. Obwohl sie die Mehrheit der Bevölkerung in Ostgalizien stellten, lebten in den Städten vor allem Polen, die auch zugleich die Herren der Landgüter waren. Bis zur Mitte des 19. Jahrhunderts war die ländliche deutsche Bevölkerung auf insgesamt 39 800, die gesamte deutsche Bevölkerung des Landes auf 93 300 Einwohner angestiegen. 50 Tochtersiedlungen waren gegründet worden, davon 4 in West- und 46 in Ostgalizien, zu denen in den späteren Jahren noch weitere 25 hinzukamen.

Unter polnischer Verwaltung

Bildeten die Galiziendeutschen anfänglich einen begünstigten und später gleichberechtigten Bestandteil der Gesamtbevölkerung des Landes, so schuf das Jahr 1867 für sie eine völlig neue Lage. Mit der Entstehung der österreichisch-ungarischen Monarchie erhielt Galizien eine weitgehende Landesautonomie unter polnischer Führung. Zum Sitz der autonomen Regierung wurde Lemberg bestimmt.

Der polnische Adel und die inzwischen herangebildete bürgerliche Führungsschicht verstanden es, ihren Einfluß in Wien sehr stark zur Geltung zu bringen und den zu Beginn der 1860er Jahre von der noch recht dünn gesäten ruthenischen (ukrainischen) Bildungsschicht unternommenen Versuch einer Zweiteilung des Landes in einen polnischen und einen ukrainischen Verwaltungskörper zu Fall zu bringen. Die Dienst- und Verhandlungssprache des Landtages, der Landes- und Kommunalbehörden und der Gerichte, die Unterrichtssprache der Universitäten und Hochschulen in Lemberg wurde ab sofort Polnisch.

Die Verwaltung des Landes wurde von nun an von den Polen übernommen. In Österreich hörte man vor allem auf den polnischen Adel und die katholische Kirche. Die Ruthenen wurden während der österreichischen Herrschaft als Ukrainer bezeichnet. Im Jahre 1848 wurde in Galizien die Leibeigenschaft abgeschafft. Die politische Gleichberechtigung mit anderen Nationalitäten galt nunmehr auch für die Ukrainer Galiziens. Die ukrainische Nationalbewegung in Galizien erstarkte und entwickelte sich bis zum Beginn

Das traditionsreiche Hotel George

des 20. Jahrhunderts zu einer Massenbewegung. Ukrainische Schriften wurden verlegt und Bräuche gepflegt. Es kam zur Gründung nationaler Organisationen. Die unierte Kirche in Galizien wurde zum wichtigsten Träger der Nationalbewegung. An der Lemberger Universität wurde 1894 ein Lehrstuhl für ukrainische Geschichte eingerichtet.

Der Erste Weltkrieg

Der Erste Weltkrieg brachte dem Kronland Galizien Besatzung, Not und Repression. Von September 1914 bis Mai 1915 wurde ganz Ostgalizien bis zu den Karpaten von den Russen besetzt. Als die drei Großmächte Rußland, Österreich-Ungarn und Deutschland am Ende des Ersten Weltkrieges zusammenbrachen, führte diese Situation zwischen den Polen und Ukrainern zum offenen Krieg um den Besitz Ostgaliziens.

Die Ukrainer proklamierten am 1. November 1918 in Lemberg die unabhängige ›Westukrainische Volksrepublik‹. Sie sollte alle ukrainisch besiedelten Gebiete Österreich-Ungarns zum Ganzen vereinen. In der Ostukraine, in Kiev, wurde nach der Februarrevolution 1917 die sogenannte Zentralrada gegründet, die alle politischen Kräfte der Ukraine zusammenfassen und die Grundlagen zur Bildung einer Autonomie schaffen sollte. In der Westukraine – im Unterschied zur Ostukraine – besaß die galizische Bevölkerung, verstärkt durch die unierte Kirche und die Auseinandersetzungen mit den dominierenden Polen ein ausgeprägtes politisches und nationales Selbstbewußtsein. Es wurden also zwei sehr unterschiedliche Regionen zusammengeschlossen. Im Juni 1920 übernahmen die Bolschewiki die Macht in Kiev. Polen erkannte am 18. März 1921 im Friedensvertrag von Riga die Sowjetukraine völkerrechtlich an. Ostgalizien wurde dem polnischen Staat angegliedert.

Der Zweite Weltkrieg

Mit dem Einmarsch deutscher Truppen in Polen begann am 1. September 1939 der Zweite Weltkrieg. Gleichzeitig besetzten am 1. September 1939 sowjetische Truppen Ostgalizien, West-Wolhynien sowie Gebiete Ostpolens. Die Vereinigung Ostgaliziens mit der Sowjetukraine kam aufgrund geheimer Zusatzprotokolle des Hitler-Stalin-Paktes zustande. Das bis zum Beginn des Zweiten Weltkrieges westeuropäisch geprägte Ostgalizien wurde der Ukrainischen SSR eingegliedert und sowjetisiert. Es begann eine Zeit des Terrors. Es wurde vor allem die Führungsschicht der Polen, aber auch Ukrainer verhaftet. In mehreren Etappen begannen die Sowjets im Jahre 1940 mit einer riesigen Welle der Massendeportation. Schätzungen zufolge wurden etwa 13 Millionen Menschen der bis Juni 1941 in Ostgalizien lebenden Polen, Ukrainer, Weißrussen und Juden deportiert. Der Einmarsch deutscher Truppen in Ostgalizien erfolgte 1941. Vor allem die ukrainische nationalistische Intelligenz erwartete von den Deutschen die nationale Befreiung und Unabhängigkeit. Die Unterdrückung der deutschen Minderheit und der Ukrainer während der polnischen Herrschaft in Ostgalizien hatte dazu geführt, daß Deutsche und Ukrainer sich gegenseitig unterstützten, in der Hoffnung, die Deutschen würden ihnen bei der Bildung eines selbständigen ukrainischen Staates behilflich sein. Aber diese Hoffnungen wurden bald enttäuscht.

Nach dem Überfall der deutschen Truppen auf die Sowjetunion am 22. Juni 1941 begannen die ersten antisemitischen Aktionen und Pogrome, an denen auch ukrainische nationalistische Kampfverbände beteiligt waren. Es begann die Zeit der Verfolgung und Vernichtung der ostgalizischen Juden. Die endgültige Auflösung der Ghettos in Galizien und auch in Lemberg begann im Jahre 1943. Die seit dem Mittelalter bestehende jüdische Kultur in Galizien, die viele bekannte Schriftsteller, Künstler und Religionsgelehrte hervorgebracht hat, war bereits Ende des Jahres 1943 völlig vernichtet. Mit der Aussiedlung der Deutschen aus Ostgalizien schon im Jahre 1939 verschwand auch dieser Bevölkerungsteil fast vollständig.

Nach dem Krieg kam es zur endgültigen Teilung des historischen Galizien. Westgalizien gehörte ab nun zur Volksrepublik Polen, und Ostgalizien wurde Bestandteil der westlichen Sowjetukraine. Es begannen weitere Bevölkerungsaussiedlungen. Die sowjetischen Behörden begannen damit, rund eine Million Polen aus Ostgalizien in die nach Polen eingegliederten deutschen Ostgebiete umzusiedeln. Gleichzeitig mußten 500 000 Ukrainer ihren Wohnsitz in Polen verlassen. In der Westukraine wurden in den Nachkriegsjahren viele Menschen neu angesiedelt. Es kamen Ukrainer aus der sowjetischen Ostukraine und Neusiedler aus der

Das heutige Staatsgebiet der Ukraine

gesamten Sowjetunion, vor allem Russen. Die Vielfalt der Völker, ihre Kultur und Sprache und damit ein großes Stück galizischer Geschichte verschwand für immer aus Ostgalizien.

Die Ukraine heute

Im Zuge der Auflösung der Sowjetunion erklärte die Ukraine im August 1991 ihre Unabhängigkeit. Damit ging ein jahrhundertealter Traum des ukrainischen Volkes von Unabhängigkeit und Selbständigkeit in Erfüllung. Es wurde wahr, wovon die ukrainischen Lemberger Schriftsteller, Historiker und Politiker sowie Künstler wie Markijan Šaškevyč, Ivan Franko, Mychajlo Hruševs'kyj, Salomea Krušel'nyc'ka, Stanislav Ludkevyč und viele andere geträumt und wofür sie gekämpft hatten.

Seit Mai 2004 sind die europäischen Grenzen erneut verändert. Von den polnischen Grenzstädten ist Lemberg keine 100 Kilometer entfernt. Die mehr europäisch orientierte Westukraine gehört zum unabhängigen, selbständigen Staat Ukraine, in dem die Politik in Kiev, in der Ostukraine, gemacht wird. Die freie Ukraine hat ein großes und verantwortungsvolles Erbe angetreten. Und es wird noch einige Generationen dauern, um aus der Rußland nahestehenden Ostukraine und der polonisierten und fast 50 Jahre russifizierten, jedoch stets zu Mitteleuropa gehörenden Westukraine eine geeinte Ukraine zu schaffen! Ein Teil der politischen Auseinandersetzungen, die schließlich zur sogenannten ›Orangenen Revolution‹ führten, resultiert aus der mentalen und politischen Zweiteilung

Die Ukrainische Flagge weht über dem Rathaus der Stadt

Matrioschkas in ukrainischen Trachten

der Ukraine. Die ›Orangen‹ sind die Verfechter einer pro-westlichen Politik, der industrielle Reichtum der Ukraine befindet sich hingegen in der russifizierten Ostukraine. Präsident Viktor Juščenko (selbst ein prowestlicher Westukrainer) und die Regierung stehen also vor sehr schweren Aufgaben.

Wer ist ein Galizier?

Vor dem ukrainisch-polnischen Bevölkerungsaustausch 1946 wurde in der galizischen Bevölkerung zwischen drei Hauptgruppen unterschieden. Einmal die polnischen Galizier, zu ihnen zählten die Krakowiaken (Wojewodschaft Krakau), die Lasowiaken, die in den waldreichen Gegenden vor allem an San und Weichsel lebten, und die Goralen aus den Beskiden. Zum zweiten die ukrainischen Galizier, die bis zum Ende des 19. Jahrhunderts Ruthenen genannt wurden. Zu ihnen gehörten vor allem die Podolanen der podolischen Hochebene, die Wolhynianen am oberen Styr bis zum Quellgebiet des Zbrucz, die Nistrowianen, die das Tal des Dnestr bewohnten, die Huzulen der südöstlichen Waldkarpaten, die Bojken aus den Waldkarpaten westlich der Lemniza bis hin zur Solinka sowie die Lemken, die in den Niederen Beskiden beheimatet waren. Diese Völker hatten eine hochentwickelte Volkskunst. Bekannt sind vor allem die wunderschönen Ofenkacheln der Huzulen, die Schnitzarbeiten mit Brandtechnik sowie die Textilkunst. Drittens die galizischen Juden, die seit dem 13. Jahrhundert aus Mitteleuropa eingewandert waren und zu den Aschkenasim gehörten. Ihre Umgangssprache war Jiddisch. In Galizien, das das Zentrum der chassidischen und kabbalistischen Bewegungen war, lebten zu Beginn des 20. Jahrhunderts ungefähr 810 000 Juden, von denen in den Jahren 1942/43 der größte Teil in Konzentrationslagern ermordet wurde.

Die Aktion Weichsel

Nach dem zweiten Weltkrieg lebten auf polnischem Territorium in den Vorkarpaten etwa 200 000 Ukrainer, die eine geschlossene Gruppe bildeten und vom polnischen Staat als Separatisten angesehen wurden.
Weil die geplante Umsiedlung der Ukrainer aus dem Staatsgebiet Polens in die Sowjetukraine nicht zum gewünschten Erfolg führte, wurde beschlossen, große Teile der ukrainischen Bevölkerung in westliche und nördliche Gebiete Polens auszusiedeln. Die Vorbereitungen für die Aussiedlung der ukrainischen Bevölkerung in die sogenannten ›wiedererlangten Gebiete‹, die bis dahin zum Deutschen Reich gehört hatten, begann bereits in der ersten Hälfte des Jahres 1946.
Die Umsiedlung begann am 28. April 1947 und trug die Bezeichnung ›Aktion Weichsel‹ (Wisła). Die Befehle zur Durchführung kamen aus Moskau. Die Aktion selbst führten jedoch polnische staatliche Organe durch. Es wird angenommen, daß daran mindestens 20 000 polnische Soldaten, Funktionäre der Miliz sowie des Sicherheitsdienstes teilnahmen. Armeeeinheiten hatten die Aufgabe, die Abteilungen der UPA (Ukrainische Aufständische Armee) zu zerschlagen. Zwangsweise ausgesiedelt wurden alle ukrainischen und polnisch-ukrainischen Familien, außer den Personen, die bei der Bahn oder in der Erdölindustrie tätig waren.
Die Aktion hatte die »totale Lösung der ukrainischen Frage in Polen« durch Assimilation der Ukrainer in den neuen Siedlungsorten zum Ziel. Aus diesem Grunde wurden die Angehörigen der Intelligenz von der restlichen ukrainischen Bevölkerung getrennt. Die Einwohner von Dörfern wurden ebenfalls voneinander getrennt. Die Ukrainer wurden unter anderem nach Masuren, Stettin, Breslau, Danzig und Posen gebracht, wobei ihnen schlechterer Boden und ruinierte Häuser zugeteilt wurden. Bessere Ländereien wurden hingegen den ausgesiedelten Polen aus der Ukraine, Weißrußland und Zentralpolen zugesprochen. Die ukrainische Bevölkerung wurde so verteilt, daß ihre Zahl jeweils zehn Prozent Anteil an der Bevölkerung nicht überstieg. Eine Rückkehr wurde ausgeschlossen.
Das Ministerium für Sicherheit eröffnete im Januar 1945 ein zentrales Arbeitslager in Jaworzna. Während des Krieges befand sich an dieser Stelle ein Konzentrationslager der SS (Lager Dachsgrube) – eine Außenstelle des KZ Auschwitz-Birkenau. Hier wurden bis 1948 Ukrainer interniert, die der ›bewaffneten ukrainischen Begünstigung‹ verdächtigt wurden – beinahe die gesamte ukrainische Intelligenz in Polen.
Der polnische Senat verurteilte 1990 die Aktion Weichsel: »Die Versöhnung herbeiwünschend, gelangen wir zur Darstellung unserer schwierigen Geschichte im Licht des Rechtes. Im allgemeinen verlangt das die Offenbarung schmerzlicher Ereignisse, die sich in der Nachkriegszeit in unserem vereinten Vaterland ereignet haben. Eines dieser Ereignisse war die militärische Aktion Weichsel, die auf Beschluß des Präsidiums des Ministerrates vom 24. April 1947 in den südlichen und mittelöstlichen Teilen Polens durchgeführt worden ist.«
In einer Botschaft der griechisch-katholischen Kirche aus Anlaß des 50. Jahrestages der Aktion Weichsel heißt es: »Die Aberkennung der Volkszugehörigkeit der Ausgesiedelten, welche für die volle Entwicklung jedes Menschen unentbehrlich ist, war der schändlichste Schritt, weil er auf den schrittweisen Verlust der Identität abzielte«.

Zeittafel Galizien

1772 Erste polnische Teilung, Galizien wird der österreichischen Monarchie einverleibt, es entsteht das Königreich Galizien und Lodomerien.
1774 Maria Theresias Ansiedlungspatent für Galizien.
1781 Toleranzpatent Kaiser Josephs II.
1782–1785 ›Josephinische Kolonisation‹, es entstehen 165 Ortschaften Galiziens mit ungefähr 15 000 Kolonisten aus Südwestdeutschland.
1786 Die Bukowina kommt zum Königreich Galizien.
1795 Krakau und das Gebiet zwischen Weichsel und Bug kommen zu Galizien.
1846 Angliederung des Gebietes Krakau als Großherzogtum an Galizien.
1848 Lemberger Aufstand (vollständige Befreiung der Bauern aus der Abhängigkeit von Gutsbesitzern und von der Arbeitspflicht auf Privatgütern).
1867 Galizien erhält umfassende Autonomie und ein eigenes Parlament; Polnisch wird Amtssprache.
1868 Aufhebung der rechtlichen Beschränkungen der Juden.
1915, Mai Galizien wird von den Österreichern zurückgewonnen.
1916, Juni–August Die russische Armee besetzt wiederholt Teile Galiziens.
1917, Juli Deutsch-österreichische Gegenoffensive und endgültige Rückgewinnung Galiziens.
1918 Nationalukrainer rufen die ›Westukrainische Volksrepublik‹ aus.
1919 Die Pariser Friedenskonferenz spricht Polen das Recht zu, Ostgalizien bis zu der früheren österreichisch-russischen Grenze unter polnische Verwaltung zu nehmen.
1920, August Niederlage der Russen an der Weichsel. Die Ukraine wird sowjetische Unionsrepublik, Galizien bleibt polnisch.
1921 Friedensschluß von Riga; polnisch-sowjetische Staatsgrenze wird festgelegt. Anerkennung dieser Staatsgrenze durch den Botschafterrat im März 1923.
1926, Mai Marschall Jozef Piłsudski übernimmt die Macht im neuem polnischen Reich und errichtet ein autoritäres Regime.
1934 Deutsch-polnischer Nichtangriffspakt.
1939, Ende September Ostgalizien wird von der Sowjetunion annektiert und Teil der Sowjetrepublik Ukraine.
1939, Ende Dezember Umsiedlung der Galiziendeutschen.
1940, ab Februar Massendeportationen von Polen und Ukrainern ins Innere der Sowjetunion.
1941, Juli Galizisches Gebiet wird von Deutschen besetzt, das neugeschaffene ›Generalgouvernement‹ wird angegliedert.
1941, September Massenerschießungen von Juden in Galizien durch Einsatz der Oktobertruppen.
1942–1943 Galizische Juden werden in das Vernichtungslager Belzec deportiert und vergast (von 900 000 überleben nur 50 000).
1944–1947 Innerhalb der polnischen Grenzen befanden sich cirka 700 000 Ukrainer. Annähernd 500 000 wurden in die sowjetische Ukraine deportiert, 200 000 in der ›Aktion Weichsel‹ in die neuen polnischen Gebiete zwangsweise ausgesiedelt.
1945 Ostgalizien kommt zur Sowjetrepublik Ukraine.
1945–1947 Umsiedlung der Polen und Armenier aus Ostgalizien nach Polen.

1946 Gründung des Hilfskomitees der Galiziendeutschen durch Superintendent Dr. Theodor Zöckler.

1949 Gründung der Landsmannschaft Weichsel-Warthe mit dem Hilfskomitee der Galiziendeutschen.

1989 Gründung des ›Ruch‹ (ukrainische Unabhängigkeitsbewegung).

1990, 16. Juli Die Ukraine erklärt ihre Souveränität.

1991, 24. August Die Ukraine proklamiert durch Parlamentspräsident Kravčuk ihre Unabhängigkeit von der Sowjetunion und verbietet die Kommunistische Partei.

1991, Dezember Kravčuk wird zum Staatspräsidenten gewählt; die Ukraine, Russland sowie neun weitere Staaten gründen die GUS.

1994 Leonid Kučma wird Staatspräsident.

1996 Die ukrainische Verfassung wird verabschiedet.

1999 Kučma wird als Staatspräsident wiedergewählt.

2002 Demonstrationen gegen die als undemokratisch empfundene Machtfülle des Präsidenten.

2004, Oktober Präsidentschaftswahlen in der Ukraine, nach einem Wahlkampf, der von Behinderung der Opposition und einem mysteriösen Giftanschlag auf deren Spitzenkandidaten Viktor Juščenko (einem Westukrainer) geprägt ist. Die Ereignisse um die Stichwahl am 21. November 2004 münden in die sogenannte ›Orangene Revolution‹, einen mehrwöchigen friedlichen Protest gegen Wahlfälschungen, in dessen Folge nach dem Beschluß des Obersten Gerichts am 26. Dezember 2004 die Wahl wiederholt wird. Viktor Juščenko gewinnt die Wahl.

2005 Die ›Partei der Regionen‹ mit Ministerpräsident Viktor Janukovič regiert mit dem ›orangenen‹ Staatspräsidenten Viktor Juščenko. Korruption, Unstimmigkeiten zwischen dem Staatspräsidenten und dem Ministerpräsidenten sowie Unzufriedenheit der fortschrittlichen, ukrainischen, vor allem westukrainischen Bevölkerung führen dazu, daß der Staatspräsidenten Viktor Juščenko für das Jahr 2007 vorzeitige Parlamentswahlen ankündigt.

Sept. 2007 Die ›Orangenen‹ gewinnen die vorzeitigen Parlamentswahlen. Es bildet sich eine Koalition der Partei des Präsidenten (›Naša Ukraina – Samaobrona Ludowa‹ – Unsere Ukraine – Selbstschutz des Volkes) mit dem ›Block Julia Tymošenko‹. Zur Ministerpräsidentin wird Julia Tymošenko gewählt, die während der Orangenen Revolution an der Seite Juščenkos kämpfte und ihre Wurzeln in der Ostukraine hat.

Detail des Ševčenko-Denkmals auf dem Lemberger Stadtboulevard

Lemberger Stadtgeschichte

Die Gründung der Stadt im Jahre 1256 steht im Zusammenhang mit den Mongolenstürmen des 13. Jahrhunderts, bei denen die Hauptstadt Halyč des westlichen ruthenischen Teilstaates zerstört wurde. Im Jahre 1259 verlegte dessen Fürst Daniel (ukrainisch Danylo) seine Residenz an einen besser zu verteidigenden Ort und entschied sich für eine Hügelkette, auf deren höchstem Punkt – dem späteren Schloßberg – er eine neue Burg, das ›Hohe Schloß‹, errichtete. Am Fuße des Hügels entstand eine befestigte Ansiedlung, der er den Namen seines Sohnes Lev (Löwe) gab, von dem sich die Stadtbezeichnungen ableiten: L'viv (von L'vihorod), poln. Lwów und deutsch Lemberg (von Lewensburg, Lemburga).

Im 14. Jahrhundert war die Stadt so stark befestigt, daß an ihren Mauern über 40 Belagerungen abprallten. Das aufblühende Städtchen nahm weitere aus Ost und West kommende Einwanderer und Aussiedler auf. Es kamen Deutsche, Armenier, Juden, Tataren, sogar Griechen und Italiener. Die ersten Häuser aus Steinen sowie Klöster und Gotteshäuser entstanden.

Die erste römisch-katholische Kirche St. Johannes des Täufers sollen Dominikanermissionare in Lemberg gebaut haben. Die Ansiedlung mehrerer Volksstämme mit unterschiedlichen Sprachen, Sitten, Religionen und handwerklichen Fähigkeiten brachte es mit sich, daß Lemberg bereits unter der Herrschaft der ruthenischen Fürsten kein einheitliches, nationales Gepräge hatte.

Einige Überreste von Bauwerken jener Zeit sind bis heute erhalten gebliebene Steinfundamente der St. Nikolaikirche vom Ende des 13. Jahrhunderts und der ersten Pfarrkirche St. Maria Schnee von 1340, die von einem Zustrom besonders deutscher Zuwanderer zeugen. In dieser Zeit entstanden auch von ruthenischen Fürsten gestiftete und reich ausgestattete Klosteranlagen sowie Sakralbauten.

Im Jahre 1272 war Lemberg die Hauptstadt des Fürstentums Halyč-Volodymyr-Volynsk. Nach dem Tode des Fürsten Lev im Jahre 1301 wurde die Burganlage von seinen Nachfolgern Jurij I., Andreas und Lev II. regiert.

Das 14. Jahrhundert war geprägt von Zwisten und Kämpfen in der ruthenischen Herrschaftsfamilie, die schließlich im April 1340 zum Giftmord am letzten Fürsten des Halyčer Ruthenenlandes, Georg II., führte.

Unterstützt durch Ungarn, erhob der polnische König Kasimir der Große seinen Anspruch auf das zerrüttete Land. Im Jahre 1340 wurde die Stadt durch das polnische Heer eingenommen. Polen hatte zu dieser Zeit das wirtschaftlich stark entwickelte Schlesien verloren. Die Herrschaft über die damaligen ruthenischen Gebiete bedeutete vor allem die Kontrolle über die wichtigsten Handelswege aus West und Nord zum Schwarzen Meer.

Lemberg im Königreich Polen

Bis zum Jahre 1349 folgten weitere Kämpfe zwischen Polen, dem Litauer Fürsten Lubart und den Tataren um den Stadtbesitz, der für alle ein Schlüssel zur gesamten Region war. König Kasimir der Große blieb Herr des Landes und baute die Stadt mit Hilfe der neu zugezogenen deutschen Kolonisten weiter aus.

Denkmal für den Stadtgründer Danylo

An der westlichen Stadtmauer, in der Nähe des heutigen Theaters, entstand das befestigte ›Niedere Schloß‹, in dem die Herrschenden residierten. Es wurde im 18. Jahrhundert abgetragen. Im Jahre 1356 verlieh Kasimir der Große der Stadt das Magdeburger Recht. Die Regierungsgewalt hatte der Bürgermeister mit zwölf Ratsherren, die Gerichtsbarkeit übten zwölf Stuhlschiedsrichter aus. Es bildeten sich Zünfte und Kaufmannsgilden. Sie bildeten die Seele, den Geist und das Wesen der politischen und militärischen Macht und der starken Organisationen des Lemberger Bürgertums. Der polnische König war es auch, der im Jahre 1360 den Grundstein für die römisch-katholische Domkirche legte und die Stadtbefestigung verstärkte. Zu dieser Zeit wurde auch die damals armenisch orientierte Kathedrale erbaut. Im Jahre 1381 fielen die Holzbebauungen der Stadt einem verheerenden Stadtbrand zum Opfer, und die teilweise schon gemauerte Stadt wurde bis auf die Befestigungsmauern vernichtet.

Ungarisches Zwischenspiel

Mit Kasimirs Tod starb 1370 das piastische Herrscherhaus in Polen aus. König Ludwig von Ungarn wurde als Nachfolger Kasimirs des Großen gewählt. Er verband das Halyčer Land mit Ungarn und setzte den oberschlesischen Piasten Ladislaus von Oppeln als Statthalter ein, der das Land größtenteils mit Hilfe deutscher Kräfte aus dem Westen in den Jahren 1372 bis 1379 regierte. Nach seinem Tode herrschten die ungarischen ›Starosten‹, königliche Statthalter, die die Stadt und das Land mit Steuern und Zöllen rücksichtslos ausbeuteten. Die polnische Königin Hedwig (Jadwiga) befreite Lemberg von der ungarischen Unterdrückung, indem sie 1387 das Ruthenenland wieder mit Polen vereinigte.

Aufschwung im 15. Jahrhundert

Hedwigs Gemahl, König Władysław Jagiełło, verlieh der Stadt das sogenannte Lager-Privileg. Sämtliche Waren, die über das Ruthenenland (Rot- und KleinRußland) geführt wurden, mußten hier abgelagert und 14 Tage lang feilgeboten werden. Lemberg wurde zum bedeutendsten Handelszentrum Galiziens und Vermittler zwischen Ost und West.

Lemberg besaß einen zweifachen Ring von Stadtmauern. Die innere, höhere Mauer hatte eine Länge von ungefähr 1700 Metern. In ihr befanden sich zwei

Seitenfassade des Städtischen Arsenals an der vul. Pidval'na

Stadttore, das Krakauer Tor im Norden und das Halyč'ka-Tor im Süden. Die äußere Mauer war niedriger. Mit ihrem Bau wurde im Jahre 1418 begonnen. Sie war von 16 Bastionen verstärkt. Bereits im 17. Jahrhundert war die innere Mauer mit 25 Türmen verstärkt. Zur gleichen Zeit wurde ein Teil der Klosteranlagen, die sich außerhalb der Stadtmauern befanden, befestigt. Das traf besonders für die Anlagen des Bernhardiner-, Benediktinerund das Kloster des barfüßigen Karmeliterordens zu.

Das gesamte 15. Jahrhundert bildete die erste große Aufschwungsperiode der Stadt. Die Lemberg kreuzenden Handelsstraßen, vor allem die aus dem Orient nach Mitteleuropa führenden Warenwege, verhalfen der Stadt zu Wohlstand und Macht.

Lemberg war seit Anfang des 15. Jahrhunderts katholisches und armenisches Erzbistum. Aus dem orthodoxen Erzbistum, das seit 1539 bestand, bildete sich im Jahre 1700 das unierte Erzbistum.

Brände und Belagerungen

Die Besetzung Konstantinopels durch die Türken im Jahr 1453 und später auch des Schwarzmeer-Raums setzte dem blühenden Handel ein Ende. Viele Lemberger Kaufleute, die ihre Lager und Kantore in den weit abgelegenen Ostländern besaßen, waren ruiniert.

Ein verheerender Stadtbrand im Jahre 1527 änderte das Erscheinungsbild der Stadt. Die gotischen Bebauungen, unter ihnen auch Kirchen, Klöster und das Rathaus, standen in Flammen. Fast das gesamte gotische Lemberg fiel dem Feuer zum Opfer.

Mit dem Neuaufbau der Stadt wurden auch ihre Verteidigungsanlagen mächtiger als zuvor errichtet. Für die im Jahre 1584 nach Lemberg gekommenen Jesuiten wurde Anfang des 17. Jahrhunderts Lembergs größte Kirche, die Jesuitenkirche, gebaut. Neben der Kirche entstand das Jesuitenkloster.

Im Jahre 1620 zogen Türken gegen die Stadt, und in den Jahren 1648 und 1655 wurde Lemberg vom Kosakenheer unter Bohdan Chmel'nyc'kyj belagert, welcher

Der Pulverturm ist in seinem ursprünglichen Zustand erhalten

aber mit Lösegeld befriedigt werden konnte. Im Jahre 1695 versuchten die Tataren die Stadt zu belagern, jedoch ohne Erfolg.

Der Schwedenkönig Karl XII. nahm die Stadt im Jahre 1704 kurzzeitig in Besitz. Nach Plünderungen herrschte Not und Armut. Den beschädigten, teilweise niedergerissenen Befestigungsmauern, Türmen und Bastionen drohte der Zerfall. Auch der Versuch der beiden letzten polnischen Könige, August II. (1735–1763) und Stanislaw Poniatowski (1764–1772), die Stadt zu erneuern und ihrem Verfall vorzubeugen, mißlang.

Ohne einen Schuß abzugeben, nahmen am 19. September 1772 die Österreicher unter Führung von General Andreas Hadik die Stadt ein. Der erste österreichische Statthalter, Baron Pergen, wurde am 4. Oktober 1773 eingesetzt.

Das österreichische Lemberg

Im Jahre 1775 wurde Lemberg die Provinzhauptstadt von Galizien und Lodomerien. Im Jahre 1777 wurden die alten Stadtbefestigungen abgetragen und an deren Stelle neue Anlagen und Straßen errichtet. Die Vorstädte wurden mit der Altstadt zu einem malerischen Stadtgebilde verschmolzen. Joseph II. ließ in der kirchenreichen Stadt fast 30 Kirchen und Klöster aufheben beziehungsweise abtragen. Im Jesuitenkloster entstand im Jahre 1784 das Jesuitenkolleg, aus dem später die Lemberger Universität hervorging.

Beim Anschluß an Österreich spielte die österreichische und deutsche Bevölkerung Lembergs eine bedeutende Rolle. Unter den Staatsbeamten, Richtern, Professoren, Ärzten und Lehrern waren viele Österreicher. Das Ansiedlungspatent Josephs II. vom 17. September 1781 gewährte die unbeschränkte Zulassung von evangelischen Ansiedlern und die freie Religionsausübung. Es kamen viele deutsche Siedler nach Lemberg, um dort eine neue Existenz aufzubauen. Ihre Berufe waren unter anderem: Kaufleute, Baumeister, Ärzte, Apotheker, Glockengießer, Kupferstecher, Instrumentenbauer, Uhrmacher, Buchbinder, Buchhändler, Bierbrauer, Förster, Sprachlehrer und Kunstgärtner.

Nachdem Lemberg im Jahre 1772 von der österreichischen Armee eingenommen worden war und von da an eine Provinzstadt innerhalb der Habsburger Monarchie wurde, wurde sie im Jahre 1775 die Hauptstadt des Königreiches Galizien und Lodomerien. Im österreichischen Galizien wurde 1848 die Leibeigenschaft abgeschafft. Alle in Galizien lebenden Bevölkerungsgruppen erhielten die politische Gleichberechtigung.

Das 19. Jahrhundert

Ab der Mitte des 18./Anfang des 19. Jahrhunderts entstanden in Lemberg sehr viele Manufakturen. Zusammen mit den Druckereien waren in ihnen fast eintausend Arbeiter beschäftigt. Eine der bekanntesten war die im Jahre 1782 in Betrieb genommene Brennerei, der Herstellerbetrieb des später weltbekannten Baczewski-Wodkas und Likörs. Es entstanden vor allem Handels- und Finanzunternehmen wie die Landeskreditgesellschaft (1841), die Galizische Wirtschaftsgesellschaft (1844), die Galizische Sparkasse (1844), die Filiale der Wiener Nationalbank (1853), die englisch-österreichische Bank (1865) oder die Landesbank des Königreiches Galizien und Lodomerien.

Seit dem Jahre 1776 existierte in der Stadt das deutsche Theater, aus Warschau kam zu Auftritten das polnische Theater nach Lemberg. Die Vorlesungen an der Universität wurden im Jahre 1817 in lateinischer und deutscher Sprache gehalten, an der theologischen Fakultät auch in Russisch. Im Jahre 1826 wurde der Lehrstuhl der polnischen Sprache und Literatur und 1894 der Lehrstuhl der ukrainischen Geschichte errichtet. Es wurden polnische und ukrainische Zeitungen und Zeitschriften herausgegeben. Dank der anerkannten Selbstverwaltung in Galizien entstanden in den Jahren 1867 bis 1873 in Lemberg zahlreiche staatliche Institutionen wie das Landesparlament, Landesabteilungen sowie der Landesschulrat.

Die erste örtliche Gasleitung entstand 1858, und auf den Straßen leuchteten die ersten Gas-Straßenlaternen. Im Jahre 1893 gab es in der Stadt die erste elektrische Beleuchtung. Die Petroleum-Straßenlampen funktionierten noch bis zum Beginn des Ersten Weltkrieges. Die von Pferden gezogene Straßenbahn konnte man erstmals 1888 in Lemberg sehen. Sie wurde 1894 – als erste in der Monarchie und vierte in Europa – durch elektrische Straßenbahnwagen ersetzt. Im Jahre 1898 entstand die erste Telefonlinie, die Lemberg mit Krakau und Wien verband. Ein wichtiges Ereignis war die Organisation und Durchführung der Allgemeinen Lemberger Landesausstellung. Sie öffnete zum erstenmal im Jahre 1877 ihre Tore und wurde zum zweitenmal im Jahre 1894 geöffnet.

Renaissance und Barock prägen das Stadtbild: hier die Dominikanerkirche

Bis zur Mitte des 19. Jahrhunderts entstanden in der Stadt bedeutende Einrichtungen. Unter ihnen das damals größte Theater Europas, das Skarbek-Theater, die Universität, das Hotel ›George‹ und die Bibliothek ›Ossolineum‹. Zu dieser Zeit erhielt auch der Fluß Poltwa sein einbetoniertes Flußbett unter der Erde. Über ihm entstanden unter anderem der heutige Stadtboulevard, der pr. Svobody, und die Promenade auf dem heutigen Ševčenko-Prospekt. Im Jahre 1869 - anläßlich des 300. Jahrestages der Lubliner Union (1569) - wurde auf Initiative Franz Smolkas der Gedächtnishügel auf dem Schloßberg aufgeschüttet.

Gab es 1873 in der Stadt über 2500 Gebäude mit ein oder zwei Etagen, so waren es bereits 1900 über 4000 Gebäude mit vier oder fünf Etagen. Dazu kamen viele öffentliche Einrichtungen, Banken, Versicherungsgebäude, Kaufhäuser, Restaurants oder Cafés. In den Jahren von 1890 bis 1914 entwickelte sich Lemberg zu einer modernen Stadt nach den für diese Zeit charakteristischen Beispielen Paris, Berlin und Wien. Seit dieser Zeit findet man den Wiener Jugendstil in der Architektur der Stadt.

Unabhängigkeitsbewegungen

In dieser Zeit wurde Lemberg auch das Zentrum der polnischen und ukrainischen Unabhängigkeitsbewegungen. 1909 wurden unter Führung Józef Piłsudskis und Kazimierz Sosnkowskis der Polnische Schützenverband, die polnischen Schützenmannschaften und polnische Armeeverbände gegründet. Aus einer ukrainischen Sport- und Feuerwehrorganisation gründete Kyryl Trilovski (1884-1941) am 5. Mai 1900 im Kolomijer und Gorodoker Gebiet den ersten ›Sič-Verband‹, der sich auf Galizien und die Bukowina erweiterte. In Lemberg wurde der ukrainische Sič-Verband unter Führung Kyryl Trilovskis im Jahre 1912 gegründet. Aus diesem Verband ging die spätere ukrainische Armeeformation ›Ukrainische Sič-Schützen‹ (1914-1920) hervor, die die Hauptverteidigungskraft der späteren Westukrainischen Volksrepublik bildete. Es entstanden auch die ukrainischen Pfadfinderorganisationen ›Sokol‹ und ›Plast‹. Aus der Legion der Ukrainischen Sič-Schützen bildete sich auch die bis 1919 bekannte Galizische Armee als Bestandteil der österreichisch-ungarischen Armee in die Ukrainische Galizische Armee (UGA) um. Sie bestand nur aus Ukrainern und war später der Ukrainischen Zentralrada untergeordnet.

Das Bestehen des Königreiches Galizien und Lodomerien hatte eine große Bedeutung besonders für das benachbarte polnische und ukrainische Volk. Vor allem in Lemberg lag der Brennpunkt des jeweiligen Kampfes für die Entstehung eines späteren wieder freien polnischen und ukrainischen Staates.

Der Erste Weltkrieg

Der Erste Weltkrieg begann in der zweiten Hälfte des Jahres 1914. Anfang September kamen die Russen in die Stadt und blieben zum 22. Juni 1915. Während des Krieges flohen viele Galiziendeutsche aus Lemberg und den anderen ostgalizischen Städten und Dörfern vor den herannahenden russischen Truppen bis

Kundgebung vor dem Ševčenko-Denkmal auf dem Stadtboulevard

nach Österreich. Im Februar 1918 fand die Unterzeichnung des Vertrages von Brest-Litowsk statt, in dem Ostgalizien der Ukraine zugesprochen wurde. An der Machtübernahme in Lemberg waren sowohl die Polen als auch die Ukrainer interessiert.

Nach dem Zusammenbruch der Habsburger Monarchie kämpften im Jahre 1918 zahlreiche Galiziendeutsche als Offiziere und Unteroffiziere in der ukrainisch-galizischen Armee (UGA), die aus den ukrainischen Regimentern der Habsburger Armee hervorgegangen war, gegen die polnischen Einheiten. Ukrainische Soldaten verstärkten durch freiwillige Abteilungen der Sič-Schützen die Reihen von Soldaten der UGA. Es kam zwischen den Polen und Ukrainern zum Verteidigungskampf um die Stadt Lemberg. Auf polnischer Seite verteidigten vom 1. bis 21. November 1918 vor allem Jugendliche, bekannt als ›Lemberger Kleine Adler‹, die Stadt. Dieser Kampf kostete zahlreiche junge Menschen das Leben. Ihm fielen unter anderem 1017 Sič-Schützen auf ukrainischer Seite und über 2300 polnische Gymnasiasten und Pfadfinder im Alter von 14 bis 21 Jahren zum Opfer. Nach dem Zerfall der Habsburger Monarchie im Jahre 1918 gehörte Lemberg zwei Wochen lang zur Westukrainischen Volksrepublik, kam aber danach wieder zu Polen.

In der Zwischenkriegszeit war Lemberg eine Bezirksstadt und ein wichtiges kulturelles, wissenschaftliches und Handelszentrum. Im Jahre 1921 wurde die erste Internationale Ostmesse eröffnet. Letztmalig öffnete sie ihre Pforten im Jahre 1938. Als Messeteilnehmer kamen vorwiegend Aussteller aus Deutschland, Österreich, Tschechien sowie Kaufleute und Händler aus den Balkanstaaten. Lemberg wurde zum Sitz mehrerer staatlicher als auch privater Banken und Versicherungsanstalten. Da die polnische Regierung die Entstehung einer ukrainischen Universität in Lemberg nicht ermöglichte, bestand diese seit 1920 als geheime Universität.

Der geistige Führer der galizischen Ukrainer war seit Anfang des 20. Jahrhunderts Andrej Šeptyc'kyj (1865-1944), der im Jahre 1900 griechisch-katholischer Metropolit in Lemberg wurde.

Der Zweite Weltkrieg

Im Februar 1940 begannen die Massendeportationen ins Innere der Sowjetunion und in sowjetische Zwangs- und Arbeitslager, denen ungefähr 1,5 Millionen Polen und Ukrainer zum Opfer fielen. Auch im Juni 1941, als die deutsche Wehrmacht in die Sowjetunion einfiel, gaben die Sowjets die in ihren Gefängnissen Inhaftierten nicht frei. Skrupellos wurden sie in den Fernen Osten transportiert oder an Ort und Stelle ermordet. In vielen Gefängnissen, wie zum Beispiel im berüchtigten Lemberger Brigitte-Gefängnis, führte der NKWD Massenexekutionen durch.

Aber auch die ukrainischen Nationalisten und die ihnen nahestehenden militärischen Kampfverbände spielten eine unrühmliche Rolle. Im Juli 1941 wurden ungefähr 7000 jüdische Bürger von der deutschen Polizei, dem Sicherheitsdienst und der ukrainischen Miliz erschossen. Erst in Ghettos eingesperrt, wurden allein

Der Marktplatz um 1915

in Lemberg ab 1942 bis zu 200000 Juden systematisch umgebracht. In der Nacht vom 3. Juli 1941 erschoß ein deutsches Sonderkommando in Lemberg 22 bekannte polnische Hochschulprofessoren und ihre Familienangehörigen.

Das Bevölkerungsbild Lembergs hatte sich nach dem Zweiten Weltkrieg total verändert. Und noch kam keine Ruhe in Stadt und Land. Nach Beendigung des Krieges führte die Sowjetunion eine erneute ›ethnische Säuberung‹ durch: Die Polen wurden in die Volksrepublik Polen umgesiedelt, die Westukraine mit Bürgern aus der sowjetischen Groß-Ukraine besiedelt. Auch eine riesige Zwangsrepatriierung begann.

Der über Jahrhunderte multinationalen, multikulturellen, mehrsprachigen Bevölkerungsstruktur Lembergs folgte nunmehr eine bis dahin völlig unbekannte, ethnisch weitgehend homogene Einwohnerstruktur. Die neuen, in der Mehrheit russischen Bewohner nutzten unzählige architektonisch wertvolle Gebäude zu Wohnzwecken und machten dabei auch vor kunsthistorischen Bauwerken nicht halt. Sie veränderten diese durch Renovierungen und Umbau und gaben manchem Kunstwerk ein ganz anderes Aussehen. Prächtige Kirchengebäude verloren ihre Funktion und dienten als Lagerräume, Werkstätten, Getreidespeicher oder Verwaltungseinrichtungen. Die Stadt Lemberg wurde durch die sowjetischen Machthaber auf viele Jahrzehnte von der europäischen Welt getrennt.

Lemberg als Teil der Ukraine

Es sind viele Jahrhunderte vergangen, bis die Träume ukrainischer Schriftsteller, Dichter, Komponisten und Künstler wahr wurden: eine unabhängige, selbständige, freie Ukraine! Am 24. August 1991 erfüllte sich dieser Wunsch für alle Ukrainer. Ein langer und oft tragischer Kampf ging diesem Ereignis voraus.

In sowjetischer Zeit entstanden große Wohnsiedlungen am Stadtrand

Sozialistische Moderne: das etwas heruntergekommene Hotel L'viv

Die Auseinandersetzungen mit dem sowjetischen Regime spitzten sich nach der Katastrophe von Tschernobyl im April 1986 zu. Entrüstet und aufgerüttelt über die Informationspolitik und die Hilflosigkeit der sowjetischen Behörden, erzwang man in der Ukraine Veränderungen. Im Sommer 1988 entstand in Lemberg die ›Ukrainische Helsinki-Gruppe‹, zum Vorsitzenden wurde der politische Gefangene Lev Lukjanenko gewählt, der im Dezember 1988 aus der Haft entlassen wurde. Soziale Spannungen nahmen zu, Studenten traten in Hungerstreik, zahlreiche Demonstrationen und Auseinandersetzungen mit der Miliz in Lemberg, Kiev und anderen Städten wurden immer gewalttätiger.

Auch diese Auseinandersetzungen wurden wie so viele vorher auf der Ebene der Kirchen geführt, und man begann, die orthodoxen Gläubigen aus ihren Lemberger Kirchen zu verdrängen. Am 28. Oktober 1989 wurde die Verklärungskirche in der vul. Krakivs'ka in Besitz genommen. Nach und nach wurde der größte Teil der orthodoxen Kirchen in Lemberg, Ivano Frankivsk und Tarnopol' in griechisch-katholische umgewandelt.

Am 24. August 1991 wurde die Unabhängigkeit der Ukraine ausgerufen. Ein Referendum am 1. Dezember 1991 bestätigte den Wunsch des ukrainischen Volkes, in einem unabhängigen und selbständigen Staat zu leben. Zum ersten Präsidenten der unabhängigen freien Ukraine wurde Leonid Kravčuk gewählt.

Wirtschaftliche und soziale Probleme

Das junge Land hat mit erheblichen wirtschaftlichen und sozialen Schwierigkeiten zu kämpfen und befindet sich immer noch auf der Suche nach einer eigenen Identität. Die wirtschaftlichen Beziehungen zu den Ländern der ehemaligen

Sowjetunion sind gestört. Die Industrieproduktion und das Finanzsystem brachen nach der Unabhängigkeit zunächst zusammen. Korruption und kriminelle Strukturen erschweren Investitionen, weite Teile der Bevölkerung leben in Armut.

Straßenmarkt

So wie das Land hat auch die Stadt Lemberg ein schweres Erbe angetreten. Die in ihrer Geschichte - außer in den Jahren der Sowjetmacht - ständig westlich orientierte Stadt geht auch heute innerhalb der Ukraine eigene Wege. Vor allem die Westukraine öffnete sich nach 1991 stark nach Westen. Polen erkannte als erstes Land die unabhängige Ukraine an und ermöglichte einen visafreien Reiseverkehr. Innerhalb von zehn Jahren entwickelte sich der Tourismus, auf den Marktplätzen und in den immer zahlreicher entstehenden privaten Geschäften gab es damals vorwiegend polnische Lebensmittel und polnische Waren zu kaufen. Zahlreiche Westukrainer suchten zunächst Arbeit in Polen, heute emigrieren sie auch nach Deutschland, Griechenland, Portugal oder Spanien. Viele sind in die USA und nach Kanada ausgereist. Die Arbeitslosigkeit ist sehr groß, und viele Ukrainer beschäftigen sich mit dem Handel auf polnischen und ukrainischen Märkten.

Lemberg und Europa

Lemberg liegt nur etwa 80 Kilometer von der polnischen Grenze entfernt. In der Stadt ist das Polnische Kulturzentrum, das 1998 gegründet wurde, sehr aktiv, und es besteht ein reger Kulturaustausch mit Polen. In den Schulen der Stadt gibt es die Möglichkeit Polnisch, Deutsch, Französisch oder Spanisch zu lernen. Leider fehlt ein Deutsches Kulturzentrum. Die deutschen Städte Freiburg und Chemnitz sind Partnerstädte Lembergs.

Ein besonderer Höhepunkt war die Pilgerfahrt des Papstes Johannes Paul II. im Juni 2001 nach Kiev und Lemberg. Er wurde in Lemberg von einem Menschenmeer römisch-katholischer, griechisch-katholischer und armenisch-katholischer Gläubiger stürmisch begrüßt. Johannes Paul II. sprach zu den Menschen nicht russisch, sondern ukrainisch. Er sprach von Toleranz, vom Verzeihen - aber nicht Vergessen. Seinem Besuch in Lemberg ist es zu verdanken, daß nach über 50 Jahren die armenische Kathedrale erneut zum Zentrum der armenischen Gemeinde werden konnte.

In der Stadt begegnet man immer mehr ausländischen Touristen. Die Mehrzahl der Touristen bilden polnische Reisegruppen. Seit Mai 2004 hat die Ukraine eine gemeinsame Grenze mit der Europäischen Union, was zunächst vor allem Folgen für die Reisemöglichkeiten der Ukrainer hat, die nun ein Visum benötigen. Auch der einst rege Kleinhandel zwischen Polen und der Ukraine, der zahlreichen ukrainischen Familien ein bescheidenes Einkommen sicherte, wird seitdem rigoros unterbunden.

Am 31. Oktober 2004 fanden in der Ukraine Präsidentschaftswahlen statt. Nach einem nach Ansicht internationaler Beobachter äußerst unfair verlaufenem Wahlkampf, der in einer mysteriösen Vergiftung des Oppositionskandidaten Viktor Juščenko gipfelte, wurden Betrugsvorwürfe laut. Nach wochenlangen friedlichen Protesten der Opposition ordnete das Oberste Gericht des Landes eine Wiederholung der Stichwahl für den 26. Dezember 2004 an, aus der Juščenko als Sieger hervorging.

Viktor Juščenko gilt aufrichtiger Reformer. Nach dem Studium der Wirtschaftswissenschaften arbeitete der Hobbyimker und Antiquitätensammler ab 1976 in der sowjetischen Staatsbank, später als Vizechef in der ukrainischen Agro-Industrialbank sowie der Ukrainischen Nationalbank. Großes Ansehen erwarb er sich bei europäischen Amtskollegen in den Jahren 1993 bis 1999, als die Ukrainische Nationalbank die Währungs- und Kreditpolitik für den neuen Riesenstaat gestaltete und die neue Nationalwährung Hrywna einführte und damit die russischen Rubelkrise 1998 einigermaßen abzumildern half.

Auf der Krim und im von Russen dominierten Osten mit dem Kohlebecken Doneck und dem Rüstungszentrum Dnipropetrovsk kommt nach wie vor der Ruf nach einer stärkeren Anbindung an Rußland. Die griechisch-katholische

Auf dem Platz vor der Oper

Westukraine mit ihrem Mittelpunkt Lemberg will sich im Gegensatz dazu dem Westen öffnen. Jahrhundertelang gehörte die galizische Hauptstadt Lemberg zur Ukraine, dann zu Polen, danach zur Doppelmonarchie Österreich-Ungarn, bis sie durch den Hitler-Stalin-Pakt an Moskau ausgeliefert wurde. Es entstand die Freiheitsbewegung ›Ruch‹, die sich aus dem Helsinki-Kreis heraus bildete und die Unabhängigkeitsbestrebungen forciert hat. Ihr legendärer Vorsitzender und Gründer Čornovil starb aus unbekannten Gründen im März 1999 bei einem Autounfall. Der Nachfolger dieser Bewegung ist die Partei des heutigen Präsidenten Juščenko ›Unsere Ukraine‹. Die ›Orangene Revolution‹ nahm unter Studenten in Lemberg ihren Anfang und zeugte erneut von der Entschlossenheit der Westukraine, für eine wirklich freie Ukraine zu kämpfen. Es scheint, daß nach den vorzeitigen Parlamentswahlen im September 2007 das Land wiederum extrem stark in eine nach Westeuropa orientierte West- und eine russisch geprägte Ostukraine geteilt ist.

Spielzeugverkäufer in der Altstadt

Zeittafel Lemberg

988/89 Übernahme des Christentums von Byzanz unter der Regentschaft des Kiever Fürsten Volodymyr (980–1015).
1199 Nach dem Zerfall des Kiewer Reiches in Teilfürstentümer vereinigt Roman Mstyslavič Galizien (Halyč) und Wolhynien zum Großfürstentum.
1241 Mongolen stürmen das Fürstentum Halyč-Wolhynien des Fürsten Danylo Romanovyč und zerstören dessen Burg und Hauptstadt.
1256 Erste Erwähnungen der Stadt Lemberg in der galizisch-wolhynischen Chronik.
1259 Erste urkundliche Erwähnung der von Danylo gegründeten Burg und Stadt Lemberg.
1270 Beginn der Verlegung des fürstlichen Lemberger Zentrums in die Nähe des heutigen Marktes.
1272 Lemberg wird die Hauptstadt Galizien-Wolhyniens.
1333–1370 Regierungszeit des polnischen Königs Kasimir des Großen (1310–1370).
1340 Erster Feldzug Kasimirs des Großen nach Lemberg.
1349 Anschluß Lembergs an das polnische Königreich.
nach 1350 Erste jüdische Ansiedlungen in Lemberg.
1356 Lemberg erhält das Magdeburger Recht.
1359 Lemberg wird römisch-katholisches Bistum. Das Erzbistum wird zunächst in Halyč gegründet und 1412 auf Lemberg übertragen.
1360 König Kasimir der Große erbaut das Hohe Schloß als Festung.
1360 Grundsteinlegung der Lateinischen Kathedrale.
1363 Die armenische Kathedrale wird errichtet.
1367 Kasimir der Große bestätigt den armenischen Bischof von Lemberg.
1381 Erste Erwähnung des Lemberger Rathauses.
1445 Nach 300 Jahren Beendigung des Baues der Stadtbefestigung.
1481 Weihe der Lateinischen Kathedrale.
1506–1548 Regierungszeit des polnischen Königs Sigismund I. (Zygmunt Stary, 1467–1548). Das 16. Jahrhundert ist Polens ›goldenes Zeitalter‹.
1526 Der polnische König Sigismund I. Wasa übergibt das erste Lemberger Stadtwappen.
1527 Das gotische Lemberg wird durch einen verheerenden Stadtbrand vernichtet.
1548–1572 Regierungszeit des polnischen Königs Sigismund II. August (1520–1572).
1569 Die ›Union von Lublin‹, Vereinigung des Großherzogtums Lemberg mit dem Königreich Polen.
1573 Die erste ruthenische Buchdrukkerei wird von Ivan Fedorov gegründet.

Denkmal für Ivan Fedorov, den ersten Buchdrucker in der Ukraine

1582 Bau der Synagoge ›Goldene Rose‹.

1596 ›Union von Brest‹, Bildung der unierten Kirche unter der Oberhoheit des Papstes.

1597 Oberhaupt der unierten Kirche ist der Metropolit. Hauptkirche ist die St. Georgskathedrale (Sv. Jur) in Lemberg.

1620 Türken belagern Lemberg.

1626 Lemberger Armenische Union mit der römisch-katholischen Kirche.

1627 Gründung der ersten Lemberger Poststation auf dem Marktplatz Nr. 2.

1648 Höhepunkte der seit 1591 stattfindenden Kosakenaufstände gegen die Polen unter Bohdan Chmel'nyc'kyj. Lemberg wird vom Kosakenheer belagert.

1656 Ablegung des berühmten Gelöbnisses des polnischen Königs Kasimir in der Lateinischen Kathedrale; Anerkennung der Gottesmutter Maria als Königin Polens.

1661 Gründung der Lemberger Universität durch den polnischen König Kasimir.

1674–1696 Regierungszeit des polnischen Königs Jan III. Sobieski.

1695 Lemberg wird erneut von den Türken bedroht.

1704 Die Schweden fallen in Ostgalizien ein. Der Schwedenkönig Karl XII. erorbert und zerstört die Stadt Lemberg.

1740–1780 Regierungszeit Kaiserin Maria Theresias (1717–1780).

1761 Beendigung des Baues der St. Georgskathedrale.

1772 Erste Teilung Polens. Galizien wird der österreichischen Monarchie einverleibt.

1773 In Lemberg wird die Druckerei des aus Wien übersiedelten Anton Piller gegründet.

1773 Erste Reise Josephs II. nach Galizien.

1774 1. Oktober. Maria Theresias Ansiedlungspatent für Galizien.

1776 Eröffnung des ständigen deutschen Theaters.

1777 Es wird mit dem Abtragen der Stadtbefestigungsmauern begonnen.

1778 Gründung der Lemberger evangelischen Gemeinde.

1780–1790 Regierungszeit Kaiser Josephs II. (1741–1790).

1780 Kaiser Joseph II. besucht Lemberg.

1786 Gründung des Lyčakivs'ke-Friedhofs.

1793 Zweite Teilung Polens.

1795 Dritte Teilung Polens. Polen verschwindet bis 1918 von der Landkarte Europas.

1799–1801 Errichtung der Städtischen Synagoge.

1808 Die deutsch-evangelische Schule wird gegründet.

1811 Erste Ausgabe der ›Lemberger Zeitung‹ in polnischer Sprache.

1817 Gründung des polnischen ›Ossolineums‹.

1826 Die Lemberger Universität erhält einen Lehrstuhl für polnische Sprache und Literatur.

1826 Franz Xaver, Mozarts Sohn, eröffnet in Lemberg die ›Musikalische Gesellschaft‹.

1831 Die Pestepidemie wütet in Galizien.

1835 Beendigung des neuen Rathausbaus.

1841–1844 Bau der Chasadischen (Chassidischen) Synagoge (heute Jüdisches Kulturzentrum).

1842 Eröffnung des damals größten europäischen Theaters ›Skarbek‹.

1843–1846 Bau der größten Synagoge ›Tempel‹.

1844 Gründung der Technischen Akademie (später Politechnika).
1844 Gründung der Galizischen Sparkasse.
1846 Angliederung des Gebiets Krakau als Großherzogtum an Galizien.
1853 Erfindung der ersten Petroleumlampe in Lemberg.
1858 Erste Straßengaslaterne in Lemberg.
1861 Eisenbahnlinie Przemysl–Lemberg wird eröffnet.
1861 Gründung des Galizischen Parlaments in Lemberg.
1866 Gründung des polnischen Sportvereins ›Sokol‹.
1868 Die Habsburger Monarchie gewährt Galizien die politische Selbstverwaltung mit einem eigenen Landtag und Landschulrat.
1869 Polnisch wird Dienst- und Unterrichtssprache in Galizien.
1869 Die Deutschen Lembergs gründen ihren Geselligkeitsverein ›Frohsinn‹.
1874 Gründung des Ethnographischen Museums in Lemberg.
1879 Erste Pferdestraßenbahn auf Lembergs Straßen.
1881 Erste elektrische Beleuchtung im Parlamentssaal des Galizischen Landtages.
1883 Gründung des Janivs'ke Friedhofes.
1884 Gründung der Sportorganisation ›Sič‹ durch K. Trilovs'kyj.
1887 Anlegung der Stryj-Parkanlagen.
1893 Eröffnung des ersten Lemberger Geschichtsmuseums im Rathaus.
1894 An der Lemberger Universität wird ein Lehrstuhl für ukrainische Geschichte eingerichtet.
1894 Allgemeine Landesausstellung in Lemberg, Eröffnung des Rundbildes ›Raclavic'ka‹.

Am Marktplatz

1987–1900 Bau des Lemberger Opernhauses.
1900 Erste elektrische Straßenbeleuchtung.
1905 Einweihung des Adam Mickiewicz-Denkmals.
1905 Gründung des Ukrainischen Nationalmuseums.
1907 Der ›Bund der christlichen Deutschen in Galizien‹ entsteht, er wird 1923 von polnischen Behörden aufgelöst.
1907 Gründung des ›Deutschen Volksblattes für Galizien‹ als Sprachrohr des ›Bundes der christlichen Deutschen in Galizien‹.
1911 Bildung der ersten polnischen Pfadfinder-Mannschaft.
1914 Lemberg wird am 3. September von russischen Truppen besetzt und am 22. Juli 1915 von deutschen und österreichischen Truppen zurückerobert.
1918 Nationalukrainer bilden die ›Ukrainische Volksrepublik‹ und nach dem Zerfall der Donaumonarchie die Westukrainische Volksrepublik.
1918/19 Ukrainisch-polnischer Verteidigungskampf um Lemberg (Ostgalizien).
1919 Im Januar gehen polnische Trup-

pen gegen die Truppen der westukrainischen Volksrepublik vor.

1920 Auszeichnung der polnischen Stadt Lemberg durch Marschall Józef Piłsudski mit dem Orden ›Virtuti Militari‹ am 22. November.

1921 Eröffnung der ›Ostmesse‹ im Stryjs'kyj-Park.

1921 Friedensschluß von Riga mit Festlegung der polnisch-sowjetischen Staatsgrenze, Anerkennung dieser Staatsgrenze durch den Botschafterrat am 15. März 1923.

1930 Erstausstrahlung des polnischen Radiosenders ›Radio Lwów‹.

1932 Erstes Fernsehgerät in Lemberg.

1934 Einweihung des polnischen Kriegsfriedhofes ›Kleine Adler‹.

1939 Einnahme Lembergs durch die russische Armee.

1941 Lemberg wird von Deutschen besetzt, Beginn der Judenverfolgung.

1943 Errichtung des Ghettos.

1944 Erneute Machtübernahme der sowjetischen Führung in Lemberg.

1946 Zweckentfremdung der Lemberger unierten Kirchen.

1952 Erste Trolleybusse in Lemberg.

1953 Eröffnung des Kulturparkes Bohdan Chmel'ny'ckyj.

1955 Eröffnung des Flughafens.

1957 Inbetriebnahme der Lemberger Fernseh-Übertragungsstation.

1964 Einweihung des Denkmals für Ivan Franko gegenüber der Universität.

1980 Beginn des Baues der großen Neubausiedlung Sichov.

1987 Eröffnung des Polnischen Generalkonsulats.

1987 In Lemberg finden die ersten patriotischen und antikommunistischen Kundgebungen statt.

1989 Gründung der ukrainischen Unabhängigkeitsbewegung ›Ruch‹.

1989 Erneuerung der legalen Tätigkeit der unierten Kirchen.

1989 Beginn des Wiederaufbaus des 1971 total zerstörten polnischen Kriegsfriedhofes ›Kleine Adler‹.

24. August 1991 Die Ukraine wird als unabhängiger Staat anerkannt.

1992 Einweihung des Denkmals für Taras Ševčenko auf dem pr. Svobody.

1992 Einweihung des Denkmals der Opfer des Lemberger Ghettos 1941–1943.

1998 Errichtung des Kriegs-Ehrenfriedhofes (UGA, Ukrainisch Galizische Armee) auf dem Lyčakivs'ke-Friedhof.

1998 Eintragung der historischen Lemberger Altstadt in die UNESCO-Liste des Weltkulturerbes.

2001, Juni Pilgerreise Papst Johannes Paul II. in die Ukraine. Der Höhepunkt der Reise ist Lemberg. Seine Predigten hält er in ukrainischer und polnischer Sprache.

2001 Beendigung des Wiederaufbaus des 1971 zerstörten polnischen Kriegsfriedhofes ›Kleine Adler‹.

Okt. 2004 Präsidentschaftswahlen in der Ukraine. Die Ereignisse um die Stichwahl am 21. November 2004 münden in die ›Orangene Revolution‹, einen mehrwöchigen friedlichen Protest gegen die Wahlfälschungen, in dessen Folge am 26. Dezember 2004 die Wahl wiederholt wird. Diesen Wahlgang gewint Juščenko.

2005, Juni Einweihung des ukrainischen und polnischen Kriegs-Ehrenfriedhofes auf dem Lyčakivs'ke-Friedhof in Anwesenheit der Präsidenten Juščenko und Kwaśniewski.

Das prächtige Treppenhaus der Lemberger Oper

Bevölkerung

Im galizisch-wolhynischen Großfürstentum spielten vor allem die Städte als Umschlagplätze für den Fernhandel von Ost- und Mitteleuropa eine bedeutende Rolle. In diesen Städten siedelten sich schon frühzeitig vom Fürsten Danylo ins Land gerufene Ostslawen, Juden sowie Armenier an. Auch deutsche Handwerker und Kaufleute wurden ins Land gerufen, später folgten Polen und viele andere. Bis zum Zweiten Weltkrieg war Lemberg eine multikulturelle Stadt, in der Angehörige zahlreicher Nationen lebten und arbeiteten. Dieser kulturelle Reichtum war nach dem Krieg vernichtet.

Das jüdische Lemberg

Ich bin ein Ostjude, und wir haben überall dort unsere Heimat, wo wir unsere Toten haben.
Joseph Roth

Die Geschichte der Juden Osteuropas begann mit ihrer Vertreibung aus Israel und ihrer Wanderbewegung, bei der zu Beginn im 2. Jahrhundert zwei große Züge entstanden. Die einen gelangten aus Mesopotamien und Ägypten über Nordafrika nach Spanien. Aus dem Namen des spanischen Ortes Sefarad entstand der Name dieser Juden: Sefardim. Eine andere Gruppe wanderte über die Türkei, Griechenland und Italien nach Mitteleuropa, wobei Deutschland das Hauptziel war. Diese Gruppe bezeichnete man als Aschkenasim. Aus dem Gebiet östlich der Elbe zogen die Juden zu den slawischen Stämmen und später in die ersten polnischen Marktorte bis nach Kiev und weiter ans Schwarze Meer bis nach Byzanz.

Die ältesten jüdischen Ansiedlungen entstanden bereits im 12. Jahrhundert in der heutigen Westukraine, vor allem in Wolhynien und Ostgalizien. In Lemberg siedelten sich die ersten Juden in der Mitte des 14. Jahrhunderts in der Nähe des Marktplatzes, in der Alten Jüdischen Straße (vul. Staroevrejs'ka) und in der heutigen vul. Fedorova an.

Juden im polnischen Lemberg

Der polnische König Kasimir der Große förderte die Ansiedlung von Juden, die vor den Pogromen 1349, im Zusammenhang mit dem ›Schwarzen Tod‹, aus Mitteleuropa und auch aus Schlesien (damals böhmisches Lehen) geflohen waren. Er förderte sie als Gegengewicht zum deutschen Bürgertum in den Städten. Der König beschäftigte beispielsweise einen jüdischen ›Hofbankier‹, der mitverantwortlich für die Steuern und die Salzgrubenverwaltung war. Juden waren als Steuerpächter, Stempelschneider und Münzmeister tätig. Mit der zunehmenden Ansiedlung und dem wachsenden wirtschaftlichen Erfolg der Juden verstärkte sich die Gegnerschaft. Christliche Kaufleute, die in die Stadt kamen, waren vor allem mit der katholischen Kirche verbunden und sahen sich von der jüdischen Konkurrenz bedroht. Es wurde verlangt, den Juden zu verbieten, Immobilien und Schutzbriefe zu beleihen und sie allgemein in ihrer Tätigkeit einzuschränken.

Gemalte Thorarolle in der Lemberger Synagoge

Trotz aller antijüdischer Maßnahmen konnten sich die Juden im polnischen Großreich überwiegend frei entfalten. Neben einer kleinen Oberschicht reicher Kaufleute, Bankiers und Pächter bildete sich auch eine breite Mittelschicht von Kleinhändlern, Geldverleihern und Maklern heraus. Die untere Schicht bestand aus Handwerkern, Krämern, Verkäufern, Fuhrleuten, Trägern, Dienstboten bis hin zu Hausierern und Bettlern. Die meisten von ihnen waren arm, sie wohnten gedrängt in engen Stuben, sie hatten kaum etwas anzuziehen, und häufig hungerten sie. Aber sie waren stolz auf ihr Judentum und zumeist Chassidim, Anhänger einer esoterischen Auslegung des Judentums. Der Chassidismus bezog sich auf das tägliche Leben der Menschen. Seine Forderungen waren Fröhlichkeit, Frömmigkeit, Brüderlichkeit und Liebe. Diese Werte waren in der damaligen schwierigen Lage der Juden von großer Bedeutung.

Schon von Anbeginn lebten die jüdischen Einwohner auch in Lemberg in ihrem ›Schtetl‹, bewußt in ihrer jüdischen Gemeinschaft. Nachts wurden die Lemberger Juden in ihr ›Schtetl‹ eingeschlossen. In der Alten Jüdischen Straße (vul. Staroevrejs'ka), die an die heutige vul. Rus'ka grenzte, schloß westlich entlang der heutigen vul. Serbs'ka eine hohe Mauer das Ghetto ab.

Kosakenüberfälle

Im Jahre 1648 brach ein Strom von Kosaken vom Unterlauf des Dnepr in die Ukraine auf. Unterwegs und in den eroberten Städten kam es zu furchtbaren Metzeleien unter der polnischen, aber vor allem unter der jüdischen Bevölkerung, denen über 100 000 Juden zum Opfer fielen. Im Königreich Polen waren nun auch Juden zum ersten Mal von Pogromen bisher unbekannter Gewalt betroffen. Bis in das seinerzeit reiche Lemberg stießen die Heere unter Führung Bohdan Chmel'nyc'kyjs vor. Der Kosakenführer forderte als Preis für die Aufhebung der Belagerung der Stadt die Auslieferung der Juden. Der Magistrat wies diese Forderung entschieden zurück. Sie zahlten lieber die von Chmel'nyc'kyj geforderten 60 000 Dukaten. Der Kosakenführer merkte sich das Verfahren. Sieben Jahre später stand er wieder vor der Stadt. Diesmal mit den Russen, seinen neuen Verbündeten. Wieder forderte er 60 000 Dukaten, und wieder zahlte der Magistrat. Die überlebenden Juden in Polen mußten mit dem Schock fertig werden. Aber sie konnten auch feststellen, daß ein Teil der Polen für sie eingetreten war, sie verteidigt oder gemeinsam mit ihnen gekämpft hatte.

Die jüdischen Gemeinden vom 18. bis zum 20. Jahrhundert

Im 18. Jahrhundert formte sich der Typus des ›Ostjuden‹ heraus. Dieser bekannte sich bewußt zum traditionellen konservativen Judentum. Im 19. Jahrhundert entstand eine neue jüdische Siedlung am Alten Ringplatz, in den an den heutigen Krakauer Marktplatz grenzenden schmalen Gassen. Ab dieser Zeit gab es in der Stadt Lemberg zwei getrennte jüdische Gemeinden, ›Konservative‹ und ›Liberale‹ sozusagen, von der jede ihre eigenen Rechte, Privilegien, eine eigene Verwaltung wie auch ihre eigenen Synagogen und Schulen besaßen. Sie lebten voneinander getrennt und hatten keinen Kontakt untereinander.
Für beide jüdischen Gemeinden bestand indes ein gemeinsamer Friedhof, der sich bis zum Ende des 19. Jahrhunderts in der Krakauer Vorstadt, auf dem Gebiet des heutigen Krakauer Marktes befand. Danach wurden die jüdischen Stadtbewohner auf dem alten jüdischen Friedhof, in der Nähe des Janivs'ke-Friedhofs, begraben.
Während dieser Zeit kamen sehr viele Juden aus Deutschland, die ihre eigene Sprache mitbrachten, ›Jiddisch‹, eine Mischung von deutschen und altjüdischen Wörtern. Als deutsche Juden nach Galizien kamen, wurden zum ›Jiddisch‹ auch einige polnische sowie ukrainische Wörter zugefügt, und diese Mundart wurde zur Umgangssprache. Altjüdisch blieb die Sprache der Thora, der Schule und der gebildeten Juden.

Unter den Habsburgern

Der größte Teil der Ostjuden lebte seit 1772 in der Habsburger Monarchie, in Galizien. Das Toleranzpatent Josephs II. 1782 brachte für die Juden die Möglichkeit, sich in die bürgerliche Gesellschaft einzugliedern. Jüdische Kinder durften weltliche Schulen besuchen. Es wurden neue Schulen für jüdische Schüler mit Deutsch als Unterrichtsfach eröffnet. In Lemberg wirkte der Philosoph Nachman Krochmal und andere bekannte Ärzte, Juristen und Pädagogen.
Für viele Juden blieb Deutsch die Kultursprache, in der jüdische Dichter und Schriftsteller wie die in Lemberg lebenden Moritz Rappaport, Leopold von Sacher-Masoch und Joseph Roth schrieben. Lemberg und auch andere Städte

beherbergten bedeutende Zentren rabbinischer Gelehrsamkeit. Jüdische Reformatoren errichteten im Jahre 1843 am Alten Ringplatz in der Krakauer Vorstadt die Synagoge ›Tempel‹. Sie wurde während des Zweiten Weltkrieges zerstört.

Im Jahre 1883 hatte sich in Lemberg die erste nationaljüdische Organisation gegründet. Ziele der Organisation waren die Übersiedlung der ärmeren und gefährdeten Juden als kolonisierende Bauern nach Palästina und die Pflege des Nationalgedankens in Galizien selbst. Zu Beginn des 20. Jahrhunderts wurde die ›Jüdisch Nationale Partei‹ gegründet. Ein wichtiges Ereignis im kulturellen Leben der Lemberger Juden war im Jahre 1906 die Ankunft des bekannten jüdischen Schriftstellers Scholom Alejchem, des Klassikers der jüdischen Literatur. Seine Wohnung befand sich im Haus Nr. 14 der vul. Spitalna, an dem sich heute eine Gedenktafel befindet.

Weltkriege und Vernichtung

Während des Ersten Weltkrieges litten die Juden sehr unter der russischen Verwaltung. Zu Beginn des Ersten Weltkrieges flohen etwa 400 000 Juden aus Galizien in die westlichen Gebiete der Habsburger Monarchie. Viele Synagogen wurden niedergebrannt, die jüdische Bevölkerung in die östlichen Gebiete des russischen Reiches und nach Sibirien umgesiedelt. Fast alle jüdischen Gemeinden wurden vernichtet. Nur die starke Lemberger Gemeinde blieb davon verschont.

Am 22. Juni 1941 marschierte die deutsche Wehrmacht in die Sowjetunion ein und besetzte bis September des gleichen Jahres einen großen Teil der Ukraine. Auch Lemberg geriet unter faschistische Herrschaft, und wie in anderen Städten begann auch hier der Massenmord an der jüdischen Bevölkerung. In der Krakauer Vorstadt wurde das jüdische Ghetto errichtet. Hierher wurden die Juden aus Lemberg und der Umgebung gebracht. Etwa 130 000 Gefangene wurden hier ermordet. Zum Gedenken an dieses furchtbare Geschehen wurde im Jahre 1992 das ›Denkmal der Opfer des Lemberger Ghettos der Jahre 1941-1943‹ enthüllt.

Das Mahnmal für die im Ghetto ermordeten jüdischen Bewohner Lembergs

Juden in Lemberg heute

In sowjetischer Zeit wurden alle Glaubensrichtungen unterdrückt, so auch das Judentum. Nach dem Zerfall der Sowjetunion leben in der gesamten

Ukraine etwa 310 000 Juden. Auch in Lemberg versucht die jüdische Gemeinde, ihre Kultur zu beleben. Die Scholom-Alejchem-Gesellschaft wurde gegründet, zu ihr gehören eine Bibliothek und eine Schule für jüdische Kinder.

Von den 60 Synagogen vor dem Zweiten Weltkrieg ist heute nur eine einzige geöffnet. Der Rabbiner dieser einzigen Lemberger Synagoge in der vul. Brativ Michnovs'kich 4, Mordechaj Schlojme Bald, ist zugleich Hauptrabbiner der Stadt Lemberg und des Lemberger Gebiets. Rabbiner Bald kam in den 90er Jahren aus New York nach Lemberg, um eine jüdische Gemeinde aufzubauen. Seine Großeltern waren in den 1920er Jahren aus Lemberg nach Amerika emigriert.

Trotz des Holocaust gibt es also wieder eine jüdische Gemeinde in Lemberg. Juden sind im Laufe der letzten Jahrzehnte aus der näheren und weiteren Umgebung hierher gezogen. Seit 1990 sind auch viele Juden aus Rußland hierher emigriert und haben begonnen, ihre Wurzeln und Kultur wiederzuentdecken. In den vielen Jahrzehnten des Kommunismus haben die meisten der heutigen Juden verlernt, die jüdische Religion auszuüben. Sie müssen die Schrift lernen, und man muß sie lehren, in der richtigen Weise zu beten. Zwei Generationen sowejetische Juden sind nach dem Krieg ohne Wissen um ihre Kultur und ihre Wurzeln aufgewachsen.

In der vul. Muljarska 2, nördlich des pl. Staryj Rynok befindet sich das Lemberger Jüdische Kulturzentrum. Von dort werden die jüdischen Einwohner Lembergs betreut. Es finden auch Kulturabende, Konzerte und Vortragsabende statt.

Das Habsburger Erbe

Als Preußen und Rußland im Jahre 1772 in Petersburg die Teilung Polens beschlossen, wurde auch Österreich dazu eingeladen. Maria Theresa ängstigte sich vor der weiteren Stärkung Preußens, das den Habsburgern bereits Schlesien weggenommen hatte. Im Bewußtsein, daß Friedrich II. und die Zarin Katharina II. zur Teilung Polens bereit waren, ohne den Standpunkt Österreichs abzuwarten, nahm die Kaiserin das Angebot an, ihre Monarchie zu vergrößern. Am 14. Mai 1772 überschritten österreichische Truppen die polnischen Grenzen.

Bei der Zweiten Teilung Polens 1793 waren die Österreicher mit dem Krieg gegen Frankreich beschäftigt und nahmen nicht an der Teilung teil. Der Besitz der Habsburger vergrößerte sich jedoch nach der Dritten polnischen Teilung 1795. Angeschlossen wurden Kleinpolen mit Krakau und die Wojewodschaften Sandomierz und Reste Ruthenens (Chełmer Gebiet) sowie die Gebiete der linken Uferseite des Bugs und die rechte Seite der Weichsel – zusammen weitere 47 000 Quadratkilometer und rund 1,5 Millionen Einwohner. Die neuen Regionen wurden Westgalizien genannt.

Im Jahre 1803 wurde West- mit Ostgalizien vereint. Die Provinzhauptstadt blieb Lemberg, das Ende des 18. Jahrhunderts 29 000 Einwohner zählte. 150 Jahre unter der Habsburger Monarchie trugen zur Veränderung des Stadtbildes bei. Der Stadterweiterung fielen die historischen Stadtbefestigungen zum Opfer. Durch die Straßen des heutigen Stadtzentrums spazierend, bewundern die Touristen prächtige Gebäude im Wiener Jugendstil. Neben der hohen Anzahl

Synagogen

Synagogen waren und sind Häuser der Versammlung, des Gebets und der Lehre. Aus diesem Grunde wurden sie auch ›Schul‹ genannt. Zwei Funktionen waren für den Grundriß von Bedeutung. Die Gebetachse muß zum verlorenen und wiederzugewinnenden Tempel in Jerusalem ausgerichtet sein. Das Ende der Achse bildet der heilige Schrein mit den Thorarollen. Der Thoratisch steht mit der Achse verbunden in der Mitte des Raumes, denn das Gesetz bildet das Zentrum des Lebens.
Oftmals wurde eine Synagoge ein Stück in den Boden hinein gebaut. Damit folgte man dem Wort des Psalms 130, in dem geschrieben steht: ›Aus der Tiefe rufe ich zu dir!‹ Sehr häufig war der Grund für diesen Baustil auch ein anderer. Wie im ganzen polnischen Reich, so galt auch in Lemberg eine besondere, den Bau jüdischer Tempel normierende Vorschrift: Jene durften nicht prächtiger erscheinen als die katholischen Gotteshäuser und sollten weder die Kirche noch die Patrizierhäuser überragen.
Man unterschied zwei Haupttypen von gemauerten Synagogen. Der erste, bis zur Mitte des 17. Jahrhunderts angewandte Bautyp bestand aus einem länglichen, kleineren, manchmal einstöckigen Vorraum für Frauen, der sich vor dem Haupteingang der Westseite – manchmal auch längs der Nord- und Südseite – befand, sowie aus einem quadratischen Hauptraum mit einem erhöhten Thoraaltar beziehungsweise einer Altarnische in der Ostwand für Männer. In der Mitte des Männerraumes befand sich stets eine freistehende, baldachinartige Sängertribüne, die sogenannte Bema. Den Hauptraum beleuchten hoch angebrachte, runde Fenster in der Nord- und Südwand und später zwei Fenster in der Ostwand, die sich beiderseits des Altars befanden.
Zu diesem Bautypus gehörte die allerschönste Lemberger Synagoge, die ›Goldene Rose‹. Sie wurde im Jahre 1582 aus Stiftungen des Isaak Nachman vom hiesigen Baumeister Paul dem Römer erbaut. Um den Vorschriften der äußeren Höhe zu entsprechen und doch den Innenraum proportioniert zu gestalten, hatte man sie in den Boden eingelassen. So erschien sie im Inneren viel höher und stattlicher, als es das äußere Aussehen vermuten ließ. Durch einen kleinen, später gebauten Vorbau gelangte man in den schmalen Vorraum. Zwei niedrige elliptische Quadersteinpfeiler trugen die Frauen-Empore. Der geräumige Männerraum mit mehrkappigen, spitzbögigen Rippenkreuzgewölbe und mit Schlußsteinen war 18 Meter lang und über 9 Meter breit. In der Mitte des Raumes befand sich eine freistehende Bema, an der Ostwand der erhöhte Thoraaltar in Form eines Renaissanceportals mit mehreren Stufen. Die Synagoge ›Goldene Rose‹ wurde im Jahre 1942 von den Deutschen zerstört.
Den zweiten, jüngeren Bautypus (17.–19. Jahrhundert) bilden die Synagogen mit vier Pfeilerstützen des mehrkappigen Kreuzgewölbes in der Mitte des Männerraumes. Die Pfeiler tragen oft einen mit elliptischen oder runden Öffnungen verzierten baldachinartigen Aufbau, der direkt in die Gewölbekappen und Rippen übergeht. Unterhalb der Pfeiler befindet sich die erhöhte Bema. Zu diesem Bautyp gehörte die ehemalige Synagoge in der Božnicja-Gasse, die im Jahre 1630 errichtet worden war.
Auch die sogenannte ›Fortschrittliche Synagoge‹ am Alten Ringplatz wurde zerstört. Sie war im Jahre 1845 als ein achteckiger, bescheidener Zentralkuppelbau mit mehreren quadratischen Anbauten errichtet worden. Die Innengliederung ähnelte der Einrichtung einer protestantischen Kirche.

РЕСТОРАН

polnischer Touristen begegnet man in der Stadt auch sehr vielen österreichischen Touristen. Dank des Einwanderungspatentes der Kaiserin Maria Theresia 1774 und dem Toleranzpatent des Kaisers Joseph II. 1781 entstanden vor allem deutsche Ansiedlungen. Das Toleranzpatent brachte für die Juden die Möglichkeit, sich in die bürgerliche Gesellschaft einzugliedern. Dank der ab 1867 gewährten Selbstverwaltung entstanden in Lemberg die Wurzeln der ukrainischen und das Zentrum der polnischen Freiheitsbewegung.

Das deutsche Lemberg

In der Zeit der Völkerwanderung im 2./3. Jahrhundert war Ostgalizien das Durchzugsland vieler Volksstämme. Ostgoten, Tataren, Türken, Walachen, Moskowiter, Kosaken und Schweden fielen in die Region ein.

Bereits im 10. Jahrhundert kamen vereinzelte deutsche Geistliche und Adelige in den ostgalizischen Raum. Seit dem 12. Jahrhundert sind auch deutsche kaufmännische Niederlassungen in den bedeutenderen Burg- und Marktzentren nachgewiesen. Mit dem weiteren Vordringen nach Osten erfaßte die deutsche Kolonisation auch die ruthenischen Fürstentümer Halyč und Volodymyr (Wolhynien). So sind beispielsweise in Lemberg um 1300 ein Berthold Stecher und später auch sein Sohn Matthias als Vogt bezeugt. Lateinische Urkunden trugen im 14. Jahrhundert fast ausschließlich den deutschen Namen der Stadt: Lemburga oder Lemburg. Die Anwesenheit Deutscher in den ruthenischen Städten bezeugt die Mitteilung über die Erhebung des Mycislav Danylovyč zum Fürsten von Volodymyr im Jahre 1287, die außer an die Bojaren auch an die ›ruthenischen und deutschen Städter‹ gesendet wurde. Der polnische König Kasimir der Große verlieh der Stadt Lemberg im Jahre 1356 das Magdeburger Recht.

Deutsche Kolonisten riefen an der von ihnen im Jahre 1340 erbauten Kirche Maria Schnee die ›gelehrte Bruderschaft‹ ins Leben. Sie halfen beim Bau der Lateinischen Domkirche, deren Grundsteinlegung im Jahre 1360 durch den polnischen König Kasimir den Großen stattfand und deren Bau im Jahre 1480 beendet wurde. Deutsche Ansiedler halfen im Jahre 1377 bei der Erbauung des St.-Elisabeth-Hospitals, im Jahre 1382 beim Bau einer Grammatikschule und halfen mit bei der Errichtung des Lemberger Rathauses. Der Stadtbaumeister Peter Stecher, ein Nachkomme von Berthold und Matthias Stecher, legte 1407 die erste Wasserleitung der Stadt. Im Jahre 1488 wurde vom Apotheker Alexander die erste Apotheke in der Stadt errichtet.

Mitte des 15. Jahrhunderts wurde die Schützenbruderschaft ins Leben gerufen. In den Vorstädten Lembergs wurden im 14. und 15. Jahrhundert von Johann Sommerstein, Nikolaus Zimmermann, Andreas Klöpper, Paul Goldberg, Johann und Martin Hanel und Lorenz Kräbl teilweise nach ihnen benannte Vorwerke und Dörfer gegründet: Sommersteinhof, Klöpperhof, Goldberghof, Lützenhof. Im Jahre 1523 kam der Breslauer Kaufmann Wolfgang Scholz und im Jahre 1543

Zahlreiche prächtige Bürgerhäuser wurden von wohlhabenden Polen und Deutschen gebaut

Stanzel Scholz nach Lemberg. Sie gehörten innerhalb kurzer Zeit zu den wohlhabendsten und angesehensten Lemberger Patrizierfamilien.

Deutsche Bürger und Bürgermeister (Konsuln) werden auch im 17. Jahrhundert genannt: Erasmus Sixt, Melchior Wolfowicz - ein geadelter Nachkomme des Wolfgang Scholz -, Jakob Scholz und Hieronymus Waldort. Bartomiej Zimorowicz - der berühmte Lemberger Chronist und Bürgermeister - würdigte die Leistungen der deutschen Lemberger in seiner 1670 geschriebenen Chronik. Drei Abschnitten in dieser Chronik gab er die Überschriften ›Leopolis ruthenica‹, ›Leopolis germanica‹ und ›Leopolis polonica‹. In der ›Leopolis germanica‹ schreibt er über die Jahre 1340 bis 1551, daß die Ordnung der Respublica Leopoliensis vor allem der Klugheit und Umsicht der Deutschen zu verdanken war.

Deutsche Kolonisten wirkten zu jener Zeit nicht nur in Krakau und Lemberg, sondern auch in anderen Landesteilen. Für das Jahr 1642 wird in Przemysl der Domherr Friedrich Alembek bezeugt, der Enkel des Johann Alnpeck, der 1567 in Lemberg das Bürgerrecht erwarb und nach seinem Tode im Jahre 1601 außer einem Vermögen auch wertvolle Kunstwerke, viele Atlanten sowie Pergamentmanuskripte alter und deutscher Klassiker und polnischer Werke hinterließ. Johann Alnpeck, der in Padua studiert hatte, war in Lemberg als Kaufmann und Bürgermeister tätig und beschäftigte sich mit Kunst und Wissenschaft. Der Name Alnpeck wird polonisiert Alembek geschrieben.

Die im Mittelalter und danach angesiedelten Deutschen sind später größtenteils im polnischen Volkstum aufgegangen. Eine der Hauptursachen hierfür war das gemeinsame religiöse Bekenntnis mit den katholischen Polen, was häufig zur Verbrüderung und zu Eheschließungen untereinander führte und die Polonisierung beschleunigte. Lateinisch verfaßte Urkunden zeugen davon, daß ihr Vaterland weiterhin die ›Catholicissima Patria mea Leopolis Christianissima‹ war, aber aus dem Familiennamen Scharfenberg wurde ein Ostrogórski, aus Frank wurde Frankowicz. Die Nachkommen des Wolfgang Scholz nannten sich Wolfowicz und die des Stanzel Scholz Stanclowicz.

Deutsche unter den Habsburgern

Nach der Ersten Teilung Polens im Jahre 1772 übernahm Österreich das Land. Das Einwandererpatent Maria Theresias aus dem Jahre 1774 gewährte auch protestantischen ›Professionisten, Handelsleuten, Fabrikanten, Künstlern und Handwerkern‹ das Ansiedlungsrecht in den Städten. Im Jahre 1778 gründete Pastor Ephraim Gottlob Hoffmann (1730–1787) in Lemberg die evangelische Kirchengemeinde.

Es ist nachgewiesen, daß 1850 in Lemberg von 141 vereidigten Schätzmeistern aus 57 gewerblichen Berufen 97 deutsche, 40 polnische und ukrainische sowie 4 jüdische Namen trugen. Von 807 Beamten des Landesparlamentes und in den nachgeordneten Ämtern gab es im Jahre 1837 nur 220 Polen und Ukrainer, der Rest waren Deutsche. Im gleichen Jahr lehrten an der Lemberger Universität 18 deutsche Professoren neben sechs nichtdeutschen, an der Rea- und Handelsakademie neun deutsche und zwei nichtdeutsche Lehrkräfte. Von 41 Ärzten waren 23,

Portalfries in der Altstadt

von 54 Gerichtsräten 25 Deutsche. Bis zum Jahre 1872 spielte in Lemberg ein ständiges deutsches Berufstheater. In den Jahren 1811 bis 1867 erschien die ›Lemberger Zeitung‹ mit einer deutschen und einer polnischen Ausgabe. In den Jahren 1819 bis 1843 wurde vom Universitätspedell Johann Michael Retzbach ein Taschenbuch der Universität in deutscher Sprache herausgegeben. Die Reiseschriftsteller Franz Kratter, Franz Josef Jekel, Ignaz Feßler, Heinrich Gottfried Bretschneider, Josef Rohrer und Balthasar Hacquet sowie der galizische Superintendent und evangelische Pfarrer von Lemberg, Samuel Bredetzky, befaßten sich in ihren Schriften mit der Geschichte Galiziens, Polens und Rutheniens. Johann Salzmann, Professor an der Lemberger Universität, geboren 1807 in Wien - der spätere Erbauer der Semmeringbahn -, errichtete Mitte des 19. Jahrhunderts das seinerzeit größte Theater Europas, das Graf Skarbeksche Theater. Der Niederösterreicher Professor Eduard Tomaschek begutachtete zur gleichen Zeit den Plan Galiziens zum Bau der Eisenbahnlinien Bochnia-Lemberg-Brody und Lemberg-Czernowitz. Zugleich war er Mitbegründer der Galizischen Kreditgesellschaft und der Gegenseitigen Versicherungsgesellschaft. Der aus Böhmen stammende Professor Franz Adam Haindl richtete als Direktor des Allgemeinen Krankenhauses in Lemberg Mitte des 19. Jahrhunderts die erste Abteilung für Geisteskranke in Galizien ein.

Polonisierung und Auswanderung

Aber auch diese deutsche Kultur ist wie einst die mittelalterliche im Laufe der Jahrzehnte ausgestorben oder in der polnischen Kultur aufgegangen. Viele kehrten auch in die österreichische Heimat zurück.

Obwohl die Galiziendeutschen anfänglich einen begünstigten und später gleichberechtigten Bestandteil der gesamten Bevölkerung des Landes darstellten, brachte das Jahr 1867 für sie eine vollkommen neue Lage. Mit der Entstehung der österreichisch-ungarischen Monarchie erhielt auch Galizien eine weitgehende Landesautonomie. Die Verwaltung des Landes wurde von nun an von den Polen

Renovierte Häuser am Marktplatz

übernommen. Die Dienst- und Verhandlungssprache des Landtages und der Gerichte, die Unterrichtssprache an den Lemberger Universitäten und Hochschulen wurde polnisch.

Das deutsche Theater in Lemberg wurde geschlossen, die deutsche Ausgabe der ›Lemberger Zeitung‹ eingestellt. Nur das evangelische Schulwesen blieb dank des Beschlusses der Superintendentialsynode von 1870 weiterhin bestehen. Der sich von Jahr zu Jahr verstärkende polnische Druck und die sich verschlechternde Wirtschaftslage der deutschen Gemeinden hatten zur Folge, daß viele Deutsche auswanderten. Ziel der Auswanderung waren zu Beginn die angrenzenden kongreßpolnischen und wolhynischen Gebiete. Stärker wurde die Auswanderungsbewegung, als sich in den 1880er Jahren die Vereinigten Staaten von Nordamerika und Kanada als Aufnahmeländer öffneten.

Bildung der deutschen Gemeinde

In dieser Situation handelten die führenden evangelischen Kreise. Im Jahre 1903 wurde auf einer Vertreterversammlung in Lemberg das ›Aktionskomitee zur Wahrung der Interessen der evangelischen Landeskirche‹ ins Leben gerufen. Im Februar 1904 erschien das ›Evangelische Gemeindeblatt für Galizien und die Bukowina‹. Im September 1907 wurden der ›Bund der christlichen Deutschen in Galizien‹ und der ›Deutsche Volksrat für Galizien‹ vom katholischen Militärarzt Josef Schmidt ins Leben gerufen. Im August 1907 kam die erste Folge des ›Deutschen Volksblattes für Galizien‹ heraus, die die Gründung des ›Bundes‹ vorbereiten sollte. Zum Bundesobmann wurde 1910 der Lemberger Gymnasial-

Zeittafel der ukrainisch-deutschen Beziehungen

9. bis 12. Jhd. Ausbau der Handelsbeziehungen der Kiever Rus' mit Regensburg.
959 Fürstin Olga schickt einen Boten an den deutschen Kaiser Otto I. mit der Bitte, Priester und Bischöfe nach Kiev zu senden.
1012 Der Kiever Fürst Wolodymir heiratet die Enkelin des Kaisers Otto I.
1089 Der deutsche Kaiser Heinrich IV. (1056–1106) heiratet die älteste Tochter des Fürsten Wsewolod Jaroslawowitsch. Die Heirat wird in Köln gefeiert.
1189 Der galizische Fürst Wolodymir, Sohn des Jaroslaw Osmomysl, besucht den deutschen Kaiser Friedrich I. Barbarossa.
16. Jhd. Aktive Entwicklung der ukrainisch-deutschen Beziehungen auf den Gebieten Bildung und Kultur. Ukrainer studieren an den Universitäten in Göttingen, Köln und Wittenberg.
1731 bis 1745 Der Hamburger Architekt Johann Gottfried Schädel errichtet den Glockenturm des Kiever Höhlenklosters.
9. 2. 1918 In Brest-Litowsk wird der erste Friedensvertrag zwischen der Ukrainischen Volksrepublik und den Mittelmächten (Deutschland, Österreich-Ungarn, Bulgarien und Türkei) unterzeichnet. Dies ist das erste völkerrechtliche Dokument, in dem der internationale Status und die westlichen Grenzen der Ukraine definiert werden.
1922 In Berlin wird die Deutsch-Ukrainische Gesellschaft unter Leitung von Paul Rohrbach gegründet. Sie existiert bis zum Jahre 1926. Im Jahre 1948 nimmt die Gesellschaft ihre Tätigkeit in München wieder auf.
1945 Die Ukrainische Freie Universität nimmt ihre Tätigkeit in München auf.
1989 In Kiev wird das Generalkonsulat der Bundesrepublik Deutschland eröffnet.
17. 1. 1992 Zwischen der unabhängigen Ukraine und der Bundesrepublik Deutschland werden diplomatische Beziehungen aufgenommen.
23. 1. 1992 Präsident Kravčuk unterzeichnet das Dekret über die Gründung der Ukrainisch-Deutschen Stiftung.
9. 6. 1993 Präsident Kravčuk und Bundeskanzler Kohl unterzeichnen die gemeinsame Erklärung über die Grundlagen der Beziehungen zwischen der Ukraine und der Bundesrepublik Deutschland.
3. 9. 1996 Das Abkommen zwischen der Bundesrepublik Deutschland und der Ukraine über die ›Zusammenarbeit in Angelegenheiten der in der Ukraine lebenden Personen deutscher Abstammung‹ wird unterzeichnet.
Februar 1998 Erster Staatsbesuch des Bundespräsidenten in der Ukraine. Roman Herzog besucht Kiev und Charkiv.
seit 1998 Jährliche Regierungskonsultationen.
9. 3. 2005 Der ukrainische Präsident Viktor Juščenko trifft sich mit dem deutschen Bundeskanzler Gerhard Schröder und hält eine Ansprache im Bundestag. Im Zentrum des Besuches steht die Annäherung der Ukraine an die EU.
Juni 2008 Die deutsche Bundeskanzlerin Angela Merkel kommt zu Regierungskonsultationen nach Kiev. Sie mahnt politische Reformen an und macht der Ukraine keine Hoffnungen auf einen baldigen Beitritt des Landes zu EU und Nato.

professor Dr. Ludwig Schneider gewählt. Bis 1914 wurde das Organisationsnetz des ›Bundes‹ so ausgebaut, daß von ihm in 108 ländlichen und städtischen Ortsgruppen der größte Teil der deutschen Bevölkerung des Landes betreut wurde. In Lemberg betätigten sich neben den Bundesortsgruppen auch andere Kultur- und Jugendvereinigungen.

Im Dezember 1908 erteilte der ›Deutsche Volksrat‹ dem aus der Bukowina nach Dornfeld bei Lemberg übergesiedelten evangelischen Pfarrer Dr. Georg Faust den Auftrag zur Gründung deutscher Raiffeisenkassen. Schon in den Jahren 1909 und 1910 entstanden 20 Spar- und Darlehenskassen. Sie wurden im November 1910 im ›Verband deutscher landwirtschaftlicher Genossenschaften‹ zusammengeschlossen. Innerhalb von sieben Jahren wurde aus den über das ganze galizische Land zerstreuten und konfessionell voneinander getrennten Gruppen der deutschen Bevölkerung eine festgefügte, wirtschaftlich abgesicherte und sich ihrer deutschen Kultur bewußte Gemeinschaft geschaffen, die entschlossen war, diese Kultur zu bewahren.

Die deutsche Gemeinde im 20. Jahrhundert

Der Erste Weltkrieg und die Besetzung Galiziens durch die Russen legte das deutsche Leben zunächst vollständig lahm. Tausende Deutsche und Nichtdeutsche flüchteten nach dem Westen oder wurden von den Russen verschleppt, zahlreiche Dörfer durch Kriegshandlungen zerstört.

Der Wiederaufbau war nach der Befreiung des Landes fast beendet, als Anfang November 1918 die österreichisch-ungarische Monarchie zerfiel und der polnisch-ukrainische Krieg um den Besitz Ostgaliziens begann. Diesem folgte der polnisch-sowjetrussische Krieg, der die sowjetischen Armeen im Jahre 1920 wieder bis fast vor die Tore Lembergs brachte. Die Weltwirtschaftskrise der Jahre 1929 bis 1935 brachte die Landwirtschaft in Polen an den Rand des Abgrunds. 1923 wurde der ›Bund der christlichen Deutschen‹ aufgelöst.

Das Lemberger deutsch-evangelische Gymnasium stand in den 31 Jahren seines Bestehens zehn Jahre lang unter der Leitung polnisch-katholischer Direktoren. Die evangelische Bevölkerung fand einen starken Rückhalt an ihrer Kirchenleitung unter Superintendent Dr. Theodor Zöckler und bei den deutschen Pfarrern und Lehrern, die katholische Bevölkerung beim 1925/26 in den Wojewodschaften Stanislau und Lemberg gegründeten ›Verband deutscher Katholiken‹ unter Leitung von Oberlehrer Jakob Reinpold. Die deutschen Studenten schlossen sich in Lemberg und Krakau im ›Verein deutscher Hochschüler‹ zusammen. Es setzte ein reges literarisches und wissenschaftliches Schaffen ein. Von Friedrich Rech erschienen 1924 die Werke ›Pfälzer im Osten‹ sowie seine Volksstücke ›Der Schulz von Walddorf‹ und ›Die Ansiedler‹. Rose Planner-Petelin gab 1938 den Galizienroman ›Das heilige Band‹ heraus. Der Erforschung der galiziendeutschen Vergangenheit widmete sich Dr. Ludwig Schneider, der sein Gesamtwerk, bestehend aus

Manche Gebäude warten noch auf ihre Renovierung

41
ANTIQUAIRES

zahlreichen Publikationen in Büchern und Zeitschriften, mit dem 1939 in Leipzig herausgegebenen Werk ›Das Kolonisationswerk Joseph II. in Galizien‹ krönte. Der Lemberger evangelische Pfarrer Dr. Rudolf Kesselring gab 1929 in Lemberg das Buch ›Die evangelische Kirchengemeinde Lemberg von ihren Anfängen bis zur Gegenwart‹ heraus.Im Jahre 1938 gehörten dem unter der Leitung von Rudolf Bolek stehenden Raiffeisenverband in Lemberg die Genossenschaftsbank und die Landwirtschaftliche Hauptgenossenschaft, 53 Kredit-, 15 Waren- und sechs Molkereigenossenschaften an. Im Herbst 1934 kam es zu schweren Unstimmigkeiten mit den polnischen Behörden. Dem Raiffeisenverband wurde vom Finanzministerium im Zuge der Neuordnung der Genossenschaftsorganisation in Polen das Revisionsrecht entzogen. Nach einem Jahr andauernden erbitterten Ringens gelang es der Verbandsleitung endlich, dem Raiffeisenverband eine weitgehende Selbstverwaltung im Rahmen des polnischen Zentralverbandes zu sichern und damit den deutschen Charakter der galiziendeutschen Genossenschaftsorganisation zu bewahren.

Umsiedlung und Vertreibung

Die sogenannte vierte Teilung Polens geschah durch den im August 1939 abgeschlossenen deutsch-sowjetischen Pakt und den Beginn des Zweiten Weltkriegs. Die westlichen Gebiete Polens wurden von deutschen, die östlichen bis zum San - darunter Ostgalizien - von sowjetischen Truppen besetzt.

Ein vertrauliches Protokoll des deutsch-sowjetischen Grenz- und Freundschaftsvertrags vom 28. September sah die Umsiedlung der deutschen Bevölkerung aus den an die Sowjetunion gefallenen polnischen Ostgebieten nach Deutschland und der in Westgalizien lebenden ukrainischen Bevölkerung - der Lemken - in die Sowjetunion vor. Diesbezüglich begab sich im Dezember 1939 eine deutsche Umsiedlungskommission nach Ostgalizien und andere Gebiete und siedelte innerhalb von nicht ganz zwei Monaten rund 165 000 Deutsche ins Reich um, darunter 55 000 aus Ostgalizien. Sie wurden in Trecks und Eisenbahntransporten in das Wartheland gebracht, in Lagern zusammengezogen und dann teils in den Städten, teils auf Bauernhöfen angesiedelt, von denen das NS-Regime die polnischen Vorbesitzer vertrieben hatte. Viele Galiziendeutsche wurden Opfer des Kriegsgeschehens, ihre Gemeinschaft löste sich durch Umsiedlung, Flucht und Vertreibung auf.

Das polnische Lemberg

Der Schriftsteller Joseph Roth schrieb über die Stadt Lemberg: »Es ist eine große Vermessenheit, Städte beschreiben zu wollen, Städte haben viele Gesichter, viele Launen, tausend Richtungen, bunte Ziele, düstere Geheimnisse, heitere Geheimnisse. Städte verbergen viel und offenbaren viel, jede ist eine Einheit, jede eine Vielheit, jede hat mehr Zeit als ein Berichterstatter, als ein Mensch, als eine Gruppe, als eine Nation. Die Städte überleben Völker, denen sie ihre Existenz verdanken und Sprachen, in denen ihre Baumeister sich verständigt haben.«

Das Herz vieler Polen schlägt höher, wenn es um Lemberg (polnisch: Lwów) geht, eine Stadt mit einer langen, mehrere Jahrhunderte andauernden polnischen Epoche. Viele Lemberger Polen wurden nach Nieder- und Oberschlesien umgesiedelt, die größte Ansiedlung besteht in Breslau (Wrocław), das man nicht umsonst ›Hochburg von Lemberg‹ nennt. In Breslau kam es nach dem Krieg und der Flucht und Vertreibung der meisten Deutschen zu einem nahezu hundertprozentigem Bevölkerungsaustausch. Insbesondere waren es Lemberger polnische Professoren, Doktoren und Hochschullehrer dank derer bereits im Jahre 1945 die Breslauer Universität ihre Tätigkeit wieder aufnahm. Lemberger Künstler und Artisten eröffneten in Breslau die ersten Theater und waren ihre Direktoren. Der Lemberger Geist lebt in Städten Schlesiens und Kleinpolens und sogar bis an die Küste Polens auch heute weiter.

Besuchern Lembergs werden in den Straßen der Stadt vor allem polnische Reisebusse und Touristen begegnen. Die meisten von ihnen werden von perfekt polnisch sprechenden Reiseführern geführt. Die ausgebildeten Stadtführer stammen aus den in Lemberg verbliebenen polnischen Familien und haben die Stadtführungen zu ihrem Hauptberuf gemacht. Dem polnischen Lemberg kommt im vorliegenden Reiseführer in der Stadtgeschichte, auf den Spaziergängen durch die Stadt und vor allem in der Geschichte der Stadtfriedhöfe sehr viel Aufmerksamkeit zu.

Der Lemberger Geist

An dieser Stelle muß unbedingt vom typischen polnischen Lemberger Geist berichtet werden. Unter den polnischen Städten galt Lemberg als kosmopolitisch, demokratisch, etwas frech und auffallend durch die fröhliche Lebenseinstellung. Der Lemberger Geist war es auch, der Dichter, Schriftsteller und Komponisten veranlaßte, den Reiz dieser bunten Kulturlandschaft Galiziens und seiner Hauptstadt einzufangen. Die Lebensauffassung der Lemberger und ihre besondere polnische Mundart unterschieden sich in vielem von der in anderen polnischen Städten. Einen polnischen Lemberger erkennt man sofort an seinem Akzent. Lemberger Lieder, Lemberger Humor und auch der Wortschatz leben unter den auf der ganzen Welt verstreuten Lembergern und, nicht zu vergessen, in der inzwischen über 20 000 Einwohner zählenden polnischen Gemeinde in Lemberg selbst weiter. Die Lemberger Mundart entstand vor allem in den Vorstädten wie

Polnischer Grabstein auf dem Lyčakivs'ke-Friedhof

Lützenhof, Klöpperhof und anderen, die vorwiegend von Polen, Ukrainern und Juden bewohnt waren. Bedeutend war auch der Einfluß der deutschen Sprache, die man sowohl den ersten deutschen Kolonisten wie auch der fast 150jährigen österreichischen Besatzung zuschreiben kann. Nachfolgend einige Beispiele für die Lemberger Mundart, denen man ihre Herkunft noch ansieht:

Begriff	**Herkunft**
a o!	deutsch: oh!
bajtlował	deutsch: beuteln (plappern)
balakał	ukrainisch: balakaty (sich unterhalten, erzählen)
baciar	ungarisch: betyar (Straßenjunge)
fajny	deutsch: fein
fest	deutsch: fest
geszeft	deutsch: Geschäft (Interesse); jüdisch: geszeft
heca	deutsch: Hetze (komisches Gefühl)
jo	deutsch: ja
joj	ukrainisch: joj (Stöhnen)
katulał	ukrainisch: katuliaty (etwas wälzen)
kikał	jiddisch: kiken, deutsch: gucken
lachował	deutsch: lachen
luftował	deutsch: lüften
rajdał	ukrainisch: rajdaty (sich unterhalten), deutsch: reden
szac	deutsch: Schatz
szlajał siê	deutsch: schleichen, ziellos gehen
szpanował	deutsch: spannen (mit etwas angeben)
zicher	deutsch: sicher

Ein wundervolles Beispiel der ›Lemberger Mundart‹ waren die Dialoge der bekannten Lemberger Originale Szczepko (Kasimir Wajda) und Tońko (Heinrich Vogelfänger), deren Sendung ›Lustige Lemberger Welle‹ in den 1930er Jahren von Millionen Zuhörern gehört wurden.

Der polnische Lemberger Geist lebte auch nach dem Zweiten Weltkrieg bei den Menschen in vielen polnischen Städten und bei den in Lemberg verbliebenen Polen weiter fort. Aber die Stadt unterlag über ein halbes Jahrhundert den sowjetischen Machthabern und deren Regime. Polnische Touristen kamen größtenteils nur mit organisierten Reisegruppen und auf vorgeschriebenen Wegen ins Land und in die Stadt. Polnischen Sowjetbürgern wurde der Kontakt mit polnischen Familienangehörigen erschwert. Für eine Reise nach Polen durfte nur Moskau die Genehmigung erteilen, und die gab es nicht oft. In die Personalausweise der verbliebenen Polen wurde eine neue Staatszugehörigkeit geschrieben: UdSSR. Die polnische Sprache als Umgangssprache war während der sowjetischen Zeit verboten, was auch für den Umgang mit polnischen Touristen galt. Den in der Westukraine verbliebenen Polen war die russische Sprache vorgeschrieben. Im Gebäude der ehemaligen deutschen evangelischen Volksschule in Lemberg wurde die polnische Schule eingerichtet. In den ukrainischen Schulen wurde Russisch gelehrt und Ukrainisch zur Fremdsprache erklärt. Auf den Dörfern hingegen lehrte man in den Schulen die ukrainische Sprache, und die russische wurde als Fremdsprache gelehrt. Polen und vor allem Juden wurden im neuen Staatssystem diskriminiert.

Am 24. August 1991 wurde die Unabhängigkeit der selbständigen Ukraine ausgerufen. In die neuen Personalausweise der verbliebenen Polen wurde wieder eine neue Staatszugehörigkeit eingetragen: die der Ukraine.

Alle Ukrainer konnten seit dieser Zeit mit ihrem anfänglich noch sowjetischen Reisepaß und dem entsprechenden Visum endlich in alle Welt reisen. Ohne ein Visum durfte die Reise nur nach Polen gehen. Überall entstanden polnisch-ukrainische Basare und kleine Märkte. Und gerade als die Bevölkerung dieser Grenzregion wieder begonnen hatte, zueinander zu finden, wurde dieses zumindest kulturgeschichtlich zusammengehörende Land von der neuen EU-Außengrenze wieder getrennt. Seit Oktober 2003 gilt für alle Ukrainer die Visumpflicht für Reisen nach Polen, was natürlich die polnischen Ukrainer besonders hart trifft. Die Westukraine ist Teil des alten Europas. Ihre Menschen setzten große Hoffnungen in den polnischen EU-Beitritt, Hoffnungen auf ihren Nachbarn, der sie mitziehen möge, Richtung Westen und in Richtung Europäische Union.

Das armenische Lemberg

Die Armenier gehören zu den indogermanischenen Völkern und nahmen sehr früh den christlichen Glauben an. Bedrängt durch Seldschuken, die Mongolen und das Osmanische Reich, wanderten viele von ihnen aus ihren Siedlungsgebieten im Armenischen Bergland und der Araratebene aus und siedelten sich in anderen europäischen Regionen an. Mit der Stadtgründung Lembergs kamen deutsche Handwerker und Kaufleute, Juden und aus den steppennahen östlichen Gebieten, Ostslawen und Armenier, die vom Großfürsten Danylo Romanovyč und seinen Nachfolgern ins Land gerufen wurden. Die Lemberger Armenier kamen in der Mehrzahl aus der ehemaligen Hauptstadt Armeniens, aus Ani, dessen Ruinen heute in der Osttürkei liegen.

Das geistliche Zentrum der Lemberger Armenier bildete seit der Mitte des 14. Jahrhunderts die armenische Maria-Himmelfahrts-Kathedrale. 1363 hatten zwei armenische Kaufleute, die von der Krim nach Lemberg umgesiedelt waren, Akop aus Kafa (heute Feodosija) und Panos aus Haisaraz, auf eigene Kosten die neue Kathedrale errichtet. In ihrer Urkunde stand: »... die Kirche ist gebaut nach dem Kanon des armenischen Glaubens des Heiligen Grigorijs und untersteht dem Heiligen Thron in Edschmiatsin, dem heiligen Zentrum aller Armenier«.

Das 15. und 16. Jahrhundert galt als Blütezeit im geistlichen und weltlichen Leben der Lemberger Armenier. Schon im 15. Jahrhundert besaß das armenische Viertel als einziges in der Stadt ein eigenes Wasser- und Kanalisationssystem. Die Straßen waren gepflastert, und die Häuser errichtete man mit einem speziell eingebauten Lüftungssystem. Man könnte sich davon selbst überzeugen, wenn man heute im armenischen Viertel einige mittelalterliche Keller besuchen könnte, was leider (noch) nicht möglich ist.

Im 17. und 18. Jahrhundert gab es unter den Lemberger Armeniern viele bekannte Persönlichkeiten, Schriftsteller, Wissenschaftler, Künstler und offizielle Stadtvertreter. In Lemberg befand sich im 17. Jahrhundert das Erzbischofstum der armenisch-katholischen Kirche. Zu ihm gehörten die Gebiete des Kronlandes, Litauens, Rumäniens und Moldawiens. Ab 1772 gehörten die drei Erzbischofstümer Lembergs - katholisch, uniert und armenisch - zu Galizien und der Bukowina.

Die Zahl der polonisierten armenischen Gläubigen war nicht sehr groß. Im Jahre 1843 betrug diese 4125 Einwohner, hingegen 1914 nur noch 3868.

Unter den Priestern der armenischen Kirche hatte sich besonders Samuel Cyryl Stefanowicz (1752-1858) hervorgetan. Er stammte aus einer armenischen Kaufmannsfamilie. In das Amt des Erzbischofes wurde er im Alter von 80 Jahren gewählt. Dank bester Gesundheit und großer Lebensenergie leitete er die armenische Diözese mehr als ein Vierteljahrhundert. Oft besuchte er auch die entfernt liegenden Pfarrkirchen bis in die Bukowina.

Die nachfolgenden armenischen Erzbischöfe waren Georg Josef Baron Romaškan (1876-1881) sowie Isaak Nikolaus Isakovič (1882-1901). Erzbischof Romaškan leitete die Bank ›Mons Pius‹ und gehörte dem Lemberger Stadtrat an. Erzbischof Isakowič war ein sehr geachteter Priester. Seine Bemühungen galten einem Kompromiß zwischen den Gläubigen verschiedener Religionen. Im Jahre

Seitengasse in der Altstadt

Polnische Lemberger Lieder

Das Stimmungsbild der Lemberger Vorstädte und Straßen, die Atmosphäre der Stadt bis zum Kriegsbeginn spiegelt sich auch in den polnischen Lemberger Liedern wieder, die noch heute in aller polnischer Munde sind, die aber fast nicht zu übersetzen sind. Eines der bekanntesten und populärsten Lemberger Lieder ist ›Lwów gibt es nur eins auf der Welt‹, bekannt auch unter dem Titel ›Nur in Lwów‹. Der polnische Text stammt von Emanuel Schlechter, die Musik von Henryk Wars.

Nur in Lwów

»Soll'n die andern doch fahr'n wohin se könn', wohin se woll'n.
Nach Wien, Paris oder London
Ich aus Lwów – ich rühr mich keen Schritt
Oh Mutter, selbst Klagen zu Gott rührt mich nicht!

Denn wo geht's den Leuten so gut wie hier?
Natürlich in Lwów!
Wo wecken Dich Lieder und bringen zur Ruh'?
Natürlich in Lwów!

Ob reich oder arm, dort ist man Pan Bruder,
und jeder hat's Lächeln im ›Ruder‹,
Und Mädchen die hat, solch süße, die Stadt,
wie Honig, Schokolade und Saft!

Denn wo geht's den Leuten ...

Und wenn ich noch einmal geboren sollt werden,
Dann sei's in Lwów!
Und mach keinen Quatsch und sag wie die Lust
aber nirgends ist so wie in Lwów!

Denn wo geht's den Leuten ...

Ist möglich, daß mehr schön're Städte bestehn,
Doch Lwów ist die einzge der Welt!
Und von ihr wegzufahren, wie könnt' ich bloß!
Oh Mutter, selbst Klagen zu Gott rührt mich nicht!

Denn wo geht's den Leuten ...«

1898 beging er sein 50jähriges Priesterjubiläum. Er war Ehrenbürger von insgesamt neun Städten, und in der Krakauer Jagiełłonski-Universität überreichte man ihm die Würde des Ehrendoktors. Der letzte Erzbischof unter österreichischer Herrschaft war Josef Teofil Teodorovič, Autor vieler theologischer Arbeiten.

Armenische Kaufleute und Handwerker

Bis 1939 bildeten die Lemberger Armenier eine vorbildlich organisierte Gemeinde. Im armenischen Stadtviertel gab es ein Gericht, eine Bank, die Schule, die Kanzlei und andere wichtige Institutionen. Die armenische Gemeinde galt als eine der vermögendsten Gemeinden der Stadt. Armenier waren erfolgreiche Kaufleute. Ihre Waren, die sie aus Persien, Indien, China, der Türkei und Rußland mitbrachten, wurden auf dem Markt in Lemberg und auch in ganz Europa gekauft.

Die armenischen Handwerker waren durch ihr Kunsthandwerk aus Metall, Gold und Leder bekannt. Besonders stark verbreitet war der Beruf des Juweliers. Ende des 17. Jahrhunderts gab es in Lemberg 28 armenische Juweliere. Noch heute schmücken manche dieser Kunstwerke die Ausstellungen vieler Lemberger Museen und einiger Städte Europas. In der Lemberger Residenz des polnischen Königs Jan III. Sobieski - am Marktplatz 6, heute ist hier das Historische Museum untergebracht - befand sich die Juwelierwerkstatt des armenischen Meisters Bedroh Sacharievyč. Im 17. Jahrhundert waren für die meisten Adeligen, Fürsten und Könige die mit Gold, Silber und Edelsteinen verzierten Säbel und Waffen die wichtigsten Attribute, die von ihrem Stand zeugten. Die Lemberger Armenier hatten als erste diese Verarbeitungstechnik verwendet.

Die armenische Gemeinde existierte in der Stadt bis zum Jahre 1939, bis die Westukraine an die Sowjetunion angeschlossen wurde. Der letzte armenische Erzbischof Avhustynovyč wurde neben ukrainischen, polnischen und jüdischen Religionsvertretern 1940 nach Sibirien transportiert. Nach dem Krieg siedelten die meisten Lemberger Armenier nach Polen über. Die armenische Himmelfahrts-Kathedrale wurde geschlossen und bis Ende des 20. Jahrhunderts als Lagerraum verwendet. Im Jahre 2001 wurde der armenischen Gemeinde der historische Komplex der Kathedrale, eine Perle der Lemberger Architektur, nachdem sie mehr als 50 Jahre geschlossen gewesen war, wieder übergeben.

Das ukrainische Lemberg

Als die Stadt Mitte des 14. Jahrhunderts vom Polenkönig Kasimir dem Großen eingenommen wurde und dieser begann, die Stadt auszubauen, wurde die heutige vul. Rus'ka (Ruthenische Straße) das Ansiedlungsgebiet der ruthenischen Gemeinde. Die Religion hatte in dieser neuen Zeitepoche eine besondere Bedeutung, denn die orthodoxe Kirche wurde immer stärker von der durch die polnische Macht unterstützten katholischen Kirche verdrängt. Bereits im 15. Jahrhundert wurden in vielen Städten katholische Bistümer, Kloster und Kirchen errichtet. In der ersten Hälfte des 16. Jahrhunderts kam es in Lemberg zu einer fortschreitenden Polonisierung. Die orthodoxen Ruthenen suchten nach einer neuen Form, um

In der Armenischen Straße

ihren Glauben und ihre Identität nicht zu verlieren. Es entstanden Bruderschaften, die sich um den Zustand der Kirchen kümmerten und die Priester in ihrem Amt unterstützten. Mehr und mehr entwickelten sie sich zu öffentlichen Organisationen. Im 16. Jahrhundert erweiterten die Bruderschaften ihre Tätigkeit auf das kulturelle und politische Leben. Sie kämpften für die Rechte der Ruthenen in den galizischen Städten. Die Lemberger orthodoxe Bruderschaft war eine der bekanntesten.

Dennoch blieb die katholische Kirche vorherrschend, und viele der orthodoxen Gläubigen traten zum Katholizismus über. Das führte zur Idee einer Union zwischen der orthodoxen Kirche und dem Papst. Die Anhänger der Union wollten alle Christen in einer Kirche vereinigen, um so ihre Traditionen zu bewahren. Die Vereinigung erfolgte 1596 auf dem Konzil in Brest-Litowsk. Dort trennten sich die Anhänger der Union von der Orthodoxie und unterstellten sich dem Papst. So begann die religiöse Zersplitterung zwischen den Ruthenen (Ukrainern) in der Westukraine. Die sogenannte griechisch-orthodoxe Kirche wurde zum nationalen Mittelpunkt des ukrainischen Volkes in der Westukraine.

Konflikte und Kriege

Das 17. und 18. Jahrhundert waren durch mehrere Kriege und Konflikte gekennzeichnet. Es gab erste Bestrebungen der Ruthenen, sich von polnischer Vorherrschaft zu befreien. Das größte Ereignis dieser Zeit war der Aufstand unter der Führung des Kosakenhetmans Bohdan Chmel'nyc'kyj. Am 8. Oktober 1648 belagerte er Lemberg. Kosakische Truppen unter Führung von Maksim Kryvonos (Schiefnase) erstürmten erstmals die Hauptfestung der Stadt, den Schloßberg. Das Ziel der Kämpfe war es, ein autonomes ukrainisches Hetmanat zu schaffen. Da Chmel'nyc'kyj dem Königreich Polen-Litauen nicht gewachsen war, suchte er Bündnispartner im Moskauer Reich. Die Ukraine war in den 50er und 60er Jahren des 18. Jahrhunderts ständiger Kriegsschauplatz. Im Waffenstillstand von Andusovo 1667 sanktionierten Polen-Litauen und das Moskauer Reich die Teilung der Ukraine in ein links- und ein rechtsufriges Gebiet (bezogen auf den Fluß Dnepr). In den Gebieten der Westukraine konnte sich nie eine kosakische Organisationsform entwickeln. Der polnische und polonisierte ukrainische Adel stärkte seinen Einfluß, und im Unterschied zu den Städten der Ostukraine, die um 1700 einen vorwiegend ukrainischen Charakter besaßen, waren die Städte in der Westukraine in der Mehrzahl von Nichtukrainern bewohnt.
Im Jahre 1939, kurz vor Kriegsausbruch, bewohnten die Ukrainer Gebiete, die sich in vier Grenzregionen befanden: in der Sowjetunion, in Rumänien, in Ungarn und in Polen. Die Herausbildung der Staaten nach dem Ersten Weltkrieg wie Polen oder Litauen führte zu politischen Systemen, in denen die Minderheiten nicht als gleichwertige Mitbürger anerkannt waren. Die dominierenden Völker dieser Staaten traktierten die Minderheiten als Einwohner zweiter Klasse und erstrebten ihre Assimilation.

Die Walachische Kirche war das Zentrum der orthodoxen Lemberger Bruderschaft

Die 1930er Jahre verliefen im Zeichen der sich entwickelnden ukrainischen Volksbewegung mit ihrem radikalen Flügel, der Organisation Ukrainischer Nationalisten (OUK). Diese Partei setzte sich die Gründung des ukrainischen Staates mit allen Mitteln zum Ziel und schreckte auch vor Terror und Mord nicht zurück.
Nach dem Einmarsch der russischen Truppen bemühte sich die sowjetische Führung zunächst, die örtliche Bevölkerung für sich zu gewinnen, z. B. durch Ukrainisierung des Bildungswesens, der Zeitungen sowie Einführung der ukrainischen Sprache als offizielle Sprache

im Westteil der Ukraine. Bereits nach kurzer Zeit liquidierte die sowjetische Führung jedoch schrittweise die ukrainischen Einrichtungen mit kulturellem, erzieherischem und ökonomischem Charakter. Es begann die Zeit der Kollektivierung, eingeführt wurden Beschränkungen gegen die griechisch-katholische Kirche, die antireligiöse Propaganda nahm an Stärke zu. Die sowjetische Okkupation brachte dem ukrainischen Volk große Verluste. Durch die Beraubung der wirtschaftlichen, gesellschaftlichen und kulturellen Einrichtungen und darüber hinaus durch die Kollektivierung der Landwirtschaft wurde die ukrainische Infrastruktur zerstört. Im gesamten durch die Sowjetmacht okkupierten Teil des ehemaligen polnischen Staates kamen 1,5 Millionen Menschen um, davon 400 000 in Galizien.

Kirche und Religion

Die Geschichte der Stadt Lemberg ist eng verbunden mit der Entwicklung ihrer Kirchen und deren Vielzahl. Fragen der Religion hatten immer große Bedeutung, und die Lösung kirchlicher Probleme war oft mit der Lösung nationaler Probleme untrennbar verbunden.

Das Besondere an Lemberg war bis 1939 die ethnische Vielfalt seiner Bevölkerung. Die Juden fielen im Zweiten Weltkrieg dem Genozid zum Opfer. Polen und Armenier wurden zu einem großen Teil vertrieben. Die Kirchen verloren ihre Gemeinden, viele von ihnen wurden profaniert. Die mit Rom unierte griechisch-katholische Kirche, zu der sich heute drei Viertel der Lemberger bekennen, hat 45 Jahre lang im Untergrund leben müssen. Nach 1990 bekam sie ihre Gotteshäuser zurück - teilweise in sehr schlechtem Zustand.

Es gibt auch heute in der Stadt verschiedene Glaubensrichtungen. Die katholische Kirche ist in drei Richtungen vertreten und zwar römisch-katholisch, griechisch-katholisch (uniert) und armenisch-katholisch. Alle drei Richtungen unterstehen dem Papst.

Die römisch-katholischen Gottesdienste wurden nach dem Zweiten Weltkrieg regelmäßig in der Lateinischen Kathedrale und in der St. Antoniuskirche in der vul. Lyčakivs'ka abgehalten. Auch heute werden die Gottesdienste in diesen Kirchen vorwiegend von polnischen Stadtbewohnern und den zahlreichen polnischen Touristen besucht.

Die evangelische Gemeinde

Für die deutsche Bevölkerung hatte der Anschluß Galiziens an Österreich eine große Bedeutung. Das Ansiedlungspatent Maria Theresias ermöglichte eine beträchtliche Zuwanderung von Deutschen auch in Lemberg. Viele waren evangelischen Glaubens.

Im Jahre 1778 gründete Pastor Ephraim Gottlob Hoffmann (1730–1787) in Lemberg die evangelische Kirchengemeinde. Die Beziehungen zu den Polen waren von Anfang an gespannt, was vor allem im Katholizismus der Polen begründet war. Die Lemberger evangelische Gemeinde kaufte im Jahre 1785 die im Zusammenhang mit der Säkularisierung aufgegebene ehemalige katholische

Andrej Šeptyc'kyj

Im geistlichen Leben spielte die griechisch-katholische Kirche in der Westukraine eine wichtige Rolle. Der Metropolit Andrej Šeptyc'kyj bezeichnete sie als eine echte ukrainische Institution. 1939 zählte die griechisch-katholische Kirche über 4 Millionen Gläubige in etwa 3000 Gemeinden. Ihnen gehörten mehrere Jugendorganisationen, Frauengesellschaften und auch eine eigene Partei, die Ukrainische Katholische Nationalpartei, an. Der Metropolit trat für die Normalisierung ukrainisch-polnischer Verhältnisse ein, pflegte Kontakte mit liberalen Kreisen und verurteilte extremistische Strömungen. Sein Nachfolger, der Metropolit Josyf Slypyj (1892–1984), war ein ebenso prominenter Vertreter der ukrainischen griechisch-katholischen Kirche des 20. Jahrhunderts.

Andrej Šeptyc'kyj

Andrej Šeptyc'kyj (1865–1944) war der Enkel des polnischen Schriftstellers und Grafen Alexander Fredro. Im Jahre 1923 wurde er polnischer General und Minister für Militärwesen. Der von Geburt an römisch-katholische Christ war von 1900 bis 1944 das Oberhaupt der griechisch-katholischen Kirche in Galizien und einer der Führer der ukrainischen Volksbewegung.

Am 17. Januar 1901 wurde er durch Papst Pius XI. zum galizischen Metropoliten in Lemberg ernannt. Der Metropolit gehörte dem Ukrainischen Volksrat der sich im Oktober/November 1918 gebildeten Westukrainischen Volksrepublik an. Im Jahre 1919 sowie im Jahre 1924 ordnete er an, die Kirchenbücher in ukrainischer Sprache zu führen. Die Führungsmacht versuchte, die polnische Sprache durchzusetzen. Bis zum Jahre 1939 wurden aus diesem Grunde Gerichtsprozesse geführt, die dem Geistlichen eine Ukrainisierung polnischer Nachnamen in den Kirchenbuch-Eintragungen vorwarfen. Andrej Šeptyc'kyj unterhielt Kontakte zur OUN (Organisation Ukrainischer Nationalisten). Mit der Zunahme von terroristischen Aktionen stand er dieser Gruppierung immer kritischer gegenüber. Er verstarb am 1. November 1944 in Lemberg. Seine letzte Ruhestätte fand er in der Krypta der griechisch-katholischen Georgskathedrale St. Jura in Lemberg. Er lebte unter der Habsburger Regierung, der Regierung des Zweiten Polnischen Reiches, unter der Regierung Stalins sowie Hitlers. In jeder dieser historischen Situationen war er für die Sache der unierten Kirche und für die Einheit des ukrainischen Volkes tätig, zu dessen Sohn er nach eigener Wahl wurde. Für die russische Geschichtsschreibung war der Metropolit ein Hitlerkollaborateur und der erbitterte Feind des Kommunismus, für einen bedeutenden Teil polnischer Autoren war er ein Renegat, der sich zum Schaden des polnischen Volkes betätigte. Für viele Ukrainer ist er Heiligenanwärter sowie der größte Volksvertreter, der ihnen in jenen schwierigen Jahren die Kraft gab, an die Einheit des Volkes und einen eigenen Staat zu glauben.

Kirche St. Ursula des Dominikanerordens, die sich außerhalb der damaligen Stadtgrenze, in der Halyčer Vorstadt befand, heute vul. Zelena Nr. 11 (Grüne Straße).

Die Berufung des Lemberger Superintendenten Dr. Adolf Theodor Haase in den Rat der Stadt im Herbst 1848 bewirkte, daß die Protestanten sich ab sofort in amtlichen Angelegenheiten als Evangelische des Augsburger oder Helvetischen Bekenntnisses bezeichnen durften. Nach Haases Tod wurde Emil Grafl zum Pfarrer und später zum Senior gewählt. Dank seines Einsatzes konnte die deutsche Sprache in Kirche und Schule nach 1867 beibehalten und dadurch ihre Mitglieder vor der Polonisierung bewahrt werden. Die ehemals katholische Kirche wurde mit Spenden zur evangelischen Kirche umgebaut. Ihr Umbau und die Einrichtung wurden mit zahlreichen Spenden aus Deutschland, Schenkungen und testamentarischen Hinterlassenschaften finanziert. Anläßlich des 100. Jahrestages ihrer Gründung wurden die beiden Türme errichtet. In Innsbruck wurden die zwei Glocken von 13 und 6 Zentner gegossen.

Es gab auch polnische Protestanten in der Gemeinde. Viele von ihnen waren deutscher Herkunft, darunter die Nachkommen derjenigen Generation, die die Gemeinde gegründet hatte. Sie erreichten, daß ab 1874 einmal im Monat ein Gottesdienst in polnischer Sprache abgehalten wurde. Unzählige Deutsche aus Lemberg, den Vororten und den zugehörigen Gemeinden wurden in dieser Kirche getauft, konfirmiert, getraut und am Lebensende vom Pfarrer gesegnet und zur ewigen Ruhe begleitet.

Die Kirche wurde zum Mittelpunkt des deutschen Gemeinschaftslebens. Der Evangelische Frauenverein Lemberg kümmerte sich jahrzehntelang um deutsche Kinder und sozial Schwache in der Stadt. In der Kirchenchronik ist vermerkt, daß im Jahre 1817 die 300-Jahrfeier der Reformation stattfand und im selben Jahr Kaiser Franz I. die Kirche besuchte. Jährlich fanden Feiern zur Erinnerung an das Toleranzpatent Kaiser Josephs II. statt. 1880 besuchte Kaiser Franz Joseph die Kirche. Gefeiert wurden der 300. Geburtstag König Gustav Adolfs wie auch der 400. Geburtstag von Martin Luther. Zu Beginn der 1920er Jahre wurde eine Gedenktafel im Kircheninneren mit den Namen von 63 im Ersten Weltkrieg gefallenen Gemeindemitgliedern eingeweiht. 1924 besuchte der polnische Staatspräsident Wojciechowski die Kirche, und 1929 feierte die Gemeinde ihr 150jähriges Bestehen. An der Kirchenfassade neben dem Eingang wurde eine Gedenktafel enthüllt, die heute noch zu sehen ist: »1525–1778/Wie lieblich sind Deine/Wohnungen, Herr Zebaath/Psalm 84.2/Zur Erinnerung an die 1778 erfolgte Gründung/der evangelischen Gemeinde A. E. in Lemberg/wurde den 2. Juni 1929 als dem 150. Jahrestag/ihres Bestehens – anläßlich der 400-Jahr-Feier/der Protestation zu Speyer diese Gedächtnistafel errichtet.«

In sowjetischer Zeit wurde das Kirchengebäude als Lagerraum benutzt. Seit 1997 dient die nach 1990 restaurierte Kirche den Freien Evangelischen Baptisten. Die Gottesdienste in der Kirche finden sonntags um 10 Uhr und um 18 Uhr, mittwochs um 18 Uhr statt, das gemeinsame Gebet freitags um 18 Uhr.

Im Wohnhaus in der vul. Zelena 11 befand sich in den Jahren 1925 bis 1939 die Redaktion der Wochenschrift ›Ostdeutsches Volksblatt‹.

Die Gründung der evangelischen Volksschule

Seit Bestehen der evangelischen Kirche strebte die Gemeinde nach einer eigenen Schule, in der ihre Kinder im evangelischen Glauben erzogen werden konnten. Im Februar 1808 wurde die evangelische Volksschule eröffnet. Die Kinder wurden in den Jahren von 1808 bis 1878 in verschiedenen Mietshäusern untergebracht. 1874 wurde der Entschluß gefaßt, ein Schulhaus auf dem Kirchengrund hinter der Kirche (heute vul. Levyc'koho 18) zu bauen. Nach den Plänen von Baumeister Engel entstand innerhalb eines Jahres ein einstöckiges Gebäude mit sechs Klassenräumen, einem Sitzungssaal, Kanzleiräumen und Lehrerwohnungen. Durch Aufstockung des Gebäudes und Umbau gewann man im Jahre 1900 weitere Schulräume. Am 1. September 1918 nahm das neugegründete private evangelische Gymnasium seinen Schulbetrieb auf.

Die polnischen Anfangsjahre brachten unerfreuliche Auseinandersetzungen mit den Behörden des neuen Staates und den polnischen Mitgliedern der evangelischen Gemeinde, bis die Schulleitung die Weisung der polnischen Schulaufsichtsbehörde erhielt, sofort alle nichtchristlichen Kinder zu entlassen. Deutschen Schulleitern wurde die Leitung der Schule entzogen, Lehrkräften an Staatsschulen die Unterrichtserteilung am evangelischen Gymnasium verboten. Die jüdischen Kinder mußten mitten im Schuljahr auf die Straße gesetzt werden.

Im Jahre 1925 machte die Schulbehörde die Erneuerung des Öffentlichkeitsrechts vom Nachweis eines Sportplatzes abhängig. Die Lemberger Deutschen kauften daraufhin ein zwei Hektar großes Grundstück am Stadtrand und bauten es mit persönlichem Einsatz zu einem Sport- und Spielplatz aus. Die Einweihung fand 1929 statt. Der Sport- und Spielplatz wurde bald ein beliebter Treffpunkt der deutschen Sportjugend, des deutschen ›VIS‹-Fußballklubs und aller Deutschen in der Stadt. Die nächste Repressalie folgte bald mit der Forderung, die Gemeinde müsse einen eigenen Turnsaal nachweisen. Trotz herrschender Wirtschaftskrise schafften es die Lemberger Deutschen erneut, an das Schulgebäude wurde ein (nicht mehr existierender) Turnsaal angebaut und zusätzlich mit einem Bühnenraum ausgestattet. Er diente später auch den deutschem Kulturvereinen, außerdem fanden hier zahlreiche Tagungen und gesellige Veranstaltungen statt. Die Registrierungsstelle tausender Umsiedlungswilliger zur Übersiedlung nach Deutschland im Spätherbst 1939 hatte ebenfalls hier ihren Platz.

Ein Elternbeirat kümmerte sich um eine enge Verbindung zwischen Schule und Eltern, ein ›Verein Schulhilfe‹ unterstützte minderbemittelte Schüler und organisierte Reisen während der Schulferien in deutsche Landsiedlungen. Neben Polnisch mußten am deutsch-evangelischen Gymnasium auch Geschichte und Erdkunde von Polen in polnischer Sprache unterrichtet werden. Der Lehrkörper bestand daher zusätzlich aus polnischen, ferner aus ukrainischen und jüdischen Lehrern.

Nach der Besetzung Lembergs durch die Rote Armee nahm das Gymnasium letztmalig am 6. Oktober 1939 – unter Aufsicht sowjetischer Kommissare – für wenige Wochen den Unterricht auf. Er endete vor Weihnachten 1939 mit der anlaufenden Umsiedlung aller Deutschen aus der Stadt.

Die evangelische Kirche in der vul. Zelena

Die deutschen Katholiken in Ostgalizien

Nicht alle Deutschen in Ostgalizien waren evangelischen Glaubens, nahezu die Hälfte waren Katholiken. Ein Teil der deutschen Katholiken kam in der ersten Hälfte des 19. Jahrhunderts aus dem österreichischen Böhmen und dem Egerland nach Ostgalizien. Im Rahmen der Josephinischen Kolonisation wurden katholische Deutsche aus dem Westen Deutschlands in rein katholischen Dörfern Ostgaliziens angesiedelt. Diese Menschen waren sehr religiös, sie lehnten sich eng an die sie fortan betreuende Geistlichkeit an. Diese war jedoch nicht deutscher Nationalität. Die polnischen Pfarrer beherrschten oft kein deutsches Wort und lebten in der Überzeugung, nur ein Pole könne ein guter Katholik sein. Die Gottesdienste wurden nur in polnischer Sprache abgehalten, und sehr groß waren die Bemühungen um die Polonisierung der ihnen Anvertrauten. Von den sie umgebenden evangelischen Deutschen wurden sie ferngehalten. Diese wurden als Ketzer beschimpft. Als ›Lutheraner‹ bezeichnet zu werden, galt in den damaligen katholischen Kreisen als eines der bösesten Schimpfworte. Es entstand dadurch die Situation, daß die beiden deutschen Volksteile aufgrund ihrer unterschiedlichen Konfession über Jahrzehnte Distanz zueinander hielten. Vor allem kam es zu Ehen mit polnischen Katholiken, was den Polonisierungsprozeß beschleunigte.

Die deutsche Kultur bewahrten die katholischen Siedler nur in ihren geschlossenen Dorfgemeinschaften. Ihre studierende Jugend wurde nahezu vollständig polonisiert, da ein evangelisches deutsches Gymnasium oder Schülerheim von ihnen nicht besucht werden konnte. Katholische Kinder und Jugendliche besuchten daher polnische Einrichtungen in benachbarten Städten. Dem dort herrschenden nationalpolnischen Geist konnte sich ein isoliert lebendes Kind auf die Dauer nicht entziehen. Auch der Glanz des sozial höher stehenden polnisch-städtischen Gesellschaftslebens verfehlte nicht seine Wirkung auf die aus einfachen bäuerlichen Verhältnissen stammenden Jugendlichen. Spätestens an der Hochschule und unter dem Einfluß polnischer Freunde, des polnischen Ehepartners oder des Berufsalltags ging bald der Rest an deutschem Bewußtsein verloren. Zahlreiche polnische Bürger in herausragenden Stellungen stammten daher auch von deutsch-katholischen Kolonisten ab.

Das deutsch-katholische Bildungswesen

Das mangelhafte deutsch-katholische Schulwesen beförderte diese Entwicklung. Von 25 deutschen Schulen in Ostgalizien im Jahre 1897/98 nahm diese Zahl auf 16 bei Ausbruch des Ersten Weltkrieges und nur noch sechs nach dem Ersten Weltkrieg kontinuierlich ab. Eine Verbesserung der Situation trat in den Jahren nach 1907 ein. Die Galiziendeutschen schufen ihre überkonfessionelle Interessenvertretung im ›Bund der christlichen Deutschen in Galizien‹. Der Schulverein in Wien stellte im Jahre 1908 20 000 Kronen für das deutsch-katholische Schulwesen in Galizien zur Verfügung. Aus Mitteln der Peter-Rosegger-Stiftung entstand eine zweiklassige Privatschule im katholischen Mariahilf, die sogenannte ›Rosegger-

Deckengemälde in der Bernhardinerkirche

Schule‹, die bis 1939 bestand. Ebenso gewährte der ›Verein für das Deutschtum im Ausland‹ Zuschüsse. Der Erste Weltkrieg beendete diese Arbeit.

Sechs vom Bund getragene deutsch-katholische Privatschulen gerieten nach der Überführung Galiziens in das polnische Staatsgebiet mangelns Trägerschaft, Geld und Lehrkräften in existentielle Schwierigkeiten. Kaum an die Macht gekommen, lösten die Polen den Bund auf. Als Gegenreaktion riefen die deutschen Katholiken des neuen polnischen Staates einen ›Verband deutscher Katholiken‹, VdK, ins Leben, der 1924 die Trägerschaft über die privaten deutsch-katholischen Schulen in Galizien übernahm. Der galizische ›Verband deutscher Katholiken‹ richtete bis zum Jahre 1938 in 45 deutsch-katholischen Gemeinden Ortsgruppen ein, gründeten weitere zwei Privatschulen, Büchereien, veranstaltete gut besuchte Versammlungen, Vortrags-, Lieder- und Schulungsabende, Theateraufführungen, gemeinsame Wanderungen, Spiele und Aussprachen aller Art. Er wurde von den polnischen Behörden verhement bekämpft, die insbesondere den dabei beteiligten Lehrern die Lehrlaubnis entzogen. Diese wurden daher vom VdK als Wanderlehrer eingesetzt und zogen von Ort zu Ort.

Die unierte Kirche

Die unierte Kirche (auch als griechisch-katholische bezeichnet) ist eine Glaubensrichtung zwischen orthodoxer und katholischer Kirche, die ihren Ursprung im Jahre 1054 hat, als es zum Schisma kam, der Spaltung der christlichen Kirche in Ostkirche und lateinische Kirche. Es gab mehrere Versuche, diese Spaltung wieder zu überwinden und zu einer Union der beiden Kirchen zu kommen. Dies führte letzlich zur Enstehung einer dritten Glaubensrichtung, die den Papst in Rom als Oberhaupt anerkennt (also mit der katkolischen Kirche ›uniert‹ ist), aber ihre Gottesdienste nach orthodoxem Ritus feiert.

Seit der Synode von Brest im Jahre 1596 bestätigte der polnische König die Beschlüsse der Unionssynode. Im polnischen Reich zählte die unierte Kirche im 17. und 18. Jahrhundert etwa 9000 Kirchen, das waren zweimal mehr als katholische. Ende des 18. Jahrhunderts betrug die Zahl der unierten Gläubigen 4,5 Millionen, während die in der Mehrzahl polonisierten reichen Adelsangehörigen, Magnaten und das ruthenische Bürgertum Katholiken des lateinischen Glaubensbekenntnisses waren. Der Lemberger Metropolit Graf Andrej Šeptyckyj (1865–1944) reformierte in seiner Amtszeit die Kirche und versuchte, der unierten Kirche die Bedeutung einer ukrainischen Nationalkirche zu verschaffen.

Während des Zweiten Weltkrieges gab es enge Verbindungen der unierten Kirche zu den nationalistischen Organisationen OUN (Organisation Ukrainischer Nationalisten) und UPA (Ukrainische Aufstandsarmee). Nach dem Krieg wurde die Kirche durch dem Vorwurf der Zusammenarbeit mit den Deutschen unter Druck gesetzt. 1946 fand in Lemberg in der Georgskathedrale (organisiert von den Kommunisten) die ›Lemberger Synode‹ statt. Auf dieser wurde der Beschluß für die Rückkehr der griechisch-katholischen Gläubigen in die orthodoxe Kirche gefaßt. An der Synode nahm kein unierter Kirchenvorsteher teil. Ende 1945, Anfang 1946 wurden 800 griechisch-katholische Priester verhaftet. Geistliche und

Gläubige, die den Beschluß der Synode nicht anerkannten, waren Repressionen seitens der sowjetischen Sicherheitskräfte ausgesetzt. Seit dieser Zeit wirkte die unierte Kirche über 45 Jahre im Untergrund und trug wesentlich zur Bewahrung eines ukrainischen Nationalbewußtseins bei. In den 1990er Jahren erstand sie erneut und erlebt vor allem in der Westukraine einen starken Zulauf.

Der Metropolit Kardinal Lubomir Husar ist das Oberhaupt der Kirche. Sein Sitz war über mehrere Jahre die historische Georgskathedrale in Lemberg. Seit dem Jahre 2006 befindet sich der Sitz der griechisch-katholischen Kirche erstmals wieder in Kiev.

Die orthodoxen Kirchen

Die Vielfalt der orthodoxen Glaubensrichtungen in der Ukraine ist verwirrend. Es gibt zwei sogenannte ›autokephale‹ orthodoxe Kirchen (UAOK), die eigene Patriarchen in Kiev haben, aber von keiner Landeskirche anerkannt werden und untereinander konkurrieren, sowie eine durch das Moskauer Patriarchat legitimierte ukrainisch-orthodoxe Kirche (UOK). Die UOK wurde 1990 von der russisch-orthodoxen Kirche anerkannt und wird durch den Metropoliten Volodymyr in Kiev, mit Sitz im Höhlenkloster, vertreten. Nach der Lemberger Synode 1946 und nach der Abschaffung der unierten Kirche wurden die katholischen Gotteshäuser entweder den Orthodoxen übergeben oder ganz geschlossen.

Statue eines Heiligen

Die Verdrängung der Orthodoxen aus den katholischen Kirchen begann am 29. Oktober 1989. Als erstes wurde die Preobražennja-Kirche (Verklärungskirche) in Lemberg von der unierten Kirche wieder in Besitz genommen. Nach und nach wurde der größte Teil der Kirchen in Lemberg und anderen Städten der Westukraine in katholische umgewandelt.

Unterschiede in der Glaubenslehre der orthodoxen Kirchen gibt es im Grunde genommen nicht, die Liturgie ist im Prinzip diesselbe. Die Frage ist nur, wer an der Spitze der Kirche steht, wo sie ihr Zentrum hat und in welcher Sprache der Gottesdienst abgehalten werden soll. Im August 1989 hat sich die Lemberger Peter-und-Paul-Kirche in der vul. Lyčakivs'ka als erste zu einer autokephalen Kirche erklärt.

Josyf Slypyj

Neben dem Metropoliten Andrej Šeptyc'kyj ist Josyf Slypyj (1892–1984) eine der prominentesten Personen in der Geschichte der ukrainischen griechisch-katholischen Kirche des 20. Jahrhunderts. Er wurde in dem kleinen Dorf Sasdrist im Gebiet Tarnopol in Galizien geboren. Nach Beendigung der Schulzeit in Tarnopol studierte er im Priesterseminar in Lemberg. Im Jahre 1916 erhielt er in Innsbruck den Doktortitel für Theologie und 1917 die kirchlichen Weihen. Dank seiner Bemühungen als Rektor erhielt das Lemberger Seminar den Status einer Akademie. Slypyj war deren Leiter bis zu seiner ersten Inhaftierung 1945. Mehrmals verurteilt, mußte er 18 Jahre Schwerstarbeit leisten und war ununterbrochen inhaftiert. Er wurde erst 1963 dank der Hilfe des Papstes Johannes XXIII. freigelassen und konnte das Land verlassen. Im Jahre 1965 wurde er im römischen Exil zum Kardinal ernannt. Er gründete im Jahre 1970 in Rom die Gesellschaft der heiligen Sofia, die eine wichtige Aufklärerrolle unter der ukrainischen Minderheit in der ganzen Welt spielte – außer in der Sowjetunion, wo der Kardinal als einer der größten Gegner der Macht galt. Sein Traum, in sein Heimatland zurückzukehren, ist bis an sein Lebensende nicht in Erfüllung gegangen. Erst nachdem die Ukraine ihre Unabhängigkeit wiedererworben hatte, wurde der Leichnam des Patriarchen 1992 nach Lemberg überführt. Er ruht gemäß seinem Vermächtnis in der Gruft der St. Georgskathedrale.

Sein Leben ist ein weiteres Beispiel für die zentrale Rolle, die die Kirche bei der Herausbildung eines ukrainischen Nationalbewußtseins spielte und für die Hartnäckigkeit, mit der ihre Vertreter das Streben der Ukrainer nach Unabhängigkeit unterstützten.

Folgende Worte des Patriarchen geben am deutlichsten seine Überzeugung wieder: »Liebe zur Heimat ist ein Befehl der Vernunft, des Herzens und des Glaubens. Das ist der größte Reichtum, die höchste Volkskraft, der fruchtbarste Boden, auf dem die Kultur gedeiht. Nur in der Heimat und im eigenen Staat realisiert das Volk seine geistigen, moralischen und gesellschaftlichen Ideen, erreicht es den höchsten Grad der Ordnung, Sicherheit und des Wohlstands.«

Kiosk mit Ikonen und Heiligenbildern

Ein Spaziergang durch Lemberg gleicht einer Zeitreise in die Vergangenheit der einstigen Vielvölkerstadt. In der lebendigen ukrainischen Metropole finden sich zahlreiche Spuren deutschen, polnischen, armenischen und jüdischen Lebens.

Stadtspaziergänge

Das Zentrum der Westukraine

Das heutige ukrainische Lemberg ist das Herz der Westukraine. Auf einer Fläche von über 155 Quadratkilometern leben etwa 830 000 Einwohner. Die Ukrainer und Russen bilden in der Stadt die ethnische Mehrheit, aber mit ihnen wohnen und leben seit jeher Polen, Juden, Armenier, Deutsche und andere zusammen. Lemberg ist also weiterhin ein Beispiel des toleranten Zusammenlebens mehrerer nationaler Kulturen und verschiedenster Glaubensbekenntnisse. Die Stadt ist sich ihres kulturellen Wertes wohl bewußt und bemüht sich, trotz Mangel an finanziellen Mitteln, um Restaurierung ihrer zahllosen Baudenkmäler. Diese Entwicklung wurde entscheidend durch die Aufnahme der Altstadt in die UNESCO-Liste des Weltkulturerbes angestoßen.

Das Zentrum der Stadt liegt in einem Talkessel, umgeben von malerisch gelegenen Anhöhen, von denen wiederum jede einzelne einen spezifischen Blickwinkel auf das Stadtpanorama ermöglicht. Besonders lohnend ist der Aufstieg auf den Schloßberg. Lemberg liegt an der europäischen Hauptwasserscheide, von wo aus Bug und Dnister in die Ostsee bzw. das Schwarze Meer fließen, zugleich aber auch an der Kreuzung wichtiger Handelsstraßen, die West- und Osteuropa verbinden. Lemberg ist auch heute ein wichtiger Verkehrsknotenpunkt für das Transportnetz per Eisenbahn, Flugzeug oder Bus. Nicht einmal 100 Kilometer von der Stadt entfernt befinden sich die Grenzübergänge von oder nach Polen: Medyka–Šehyni, Korczowa–Krakovec' oder Hrebrenne–Rava Rus'ka.

Laden am Marktplatz

Die größte Erhöhung bildet der Schloßberg mit 413 Metern und der sich in seiner Nähe befindende Sandberg mit 389 Metern. Das Klima ist mild kontinental, etwas feucht, mit einem milden Winter. Die Stadt liegt an keinem bedeutenden Fluß, einzig der Fluß Poltva (Zufluß des Bugs) fließt einbetoniert unter der Erde durch das Stadtzentrum.

Lemberg ist auch das wissenschaftliche Zentrum der Westukraine. Hier studieren internationale Studenten an zwölf Hochschulen. Zu ihnen gehören die 1661 gegründete Lemberger Ivan-Franko-Universität und die 1844 gegründete Lemberger Polytechnische Hochschule ›Politechnika‹, das Musikkonservatorium sowie zahlreiche wissenschaftliche Institute.

Die Erzeugnisse des Süßwarenwerkes ›Svitoč‹, des Kaffeevertriebes ›Halka‹ sowie das Lemberger Bier der Brauerei ›Kolos‹ erfreuen sich großer Beliebtheit bei den Besuchern der Stadt.

In Lemberg finden jährlich verschiedenste internationale Ausstellungen und Messen, wissenschaftliche Symposien und Künstler-Festivals statt. Papst Johannes Paul II. besuchte im Juni 2001 Lemberg auf seiner Reise durch die Ukraine. Die Partnerstädte Lembergs sind die polnischen Städte Krakau und Breslau sowie die deutschen Städte Freiburg und Chemnitz.

Rund um den Schloßberg

Der Stadtspaziergang beginnt an den historischen Orten, die mit der Stadtgründung unmittelbar verbunden sind. Vom Alten Ringplatz (Staryj Rynok) gelangt man durch die vul. Užhorods'ka, die vul. Zamkova und die vul. Kryvonosa direkt an den Fuß des Schloßberges. Mit dem Auto kommt man auf dem gleichen Wege direkt zum Parkplatz am Schloßberg. Bevor man sich an den Aufstieg wagt, bietet ein kleines Restaurant die Möglichkeit, sich etwas auszuruhen. Für einen ruhigen Auf- und Abstieg und den Aufenthalt auf der Plattform sollten mindestens zwei Stunden eingeplant werden.

Geschichte des Schloßberges

Die erste geschichtliche Erwähnung der Burganlage ›Hohe Burg‹ stammt aus dem Jahr 1259 und wurde in der Nestor-Chronik festgehalten.

Die vom Fürsten Danylo gegründete Burg mit hölzerner Bebauung war bereits von einem Erdwall umgeben, der im Jahre 1261 von den Tataren zerstört wurde.

Sein Sohn Lev ließ sie erneut im Jahre 1266 errichten. Zu dieser Zeit kamen auch die ersten deutschen Einwanderer und ließen sich am Fuße des Berges nieder. Über die Burganlage und ihre Geschichte während der Zeit des Kampfes um Rot-Ruthenien bis zur Hälfte des 14. Jahrhunderts gibt es keine Informationen. Vermutlich wurde sie während der Überfälle 1351 und 1353 zerstört.

Kasimir der Große errichtete um 1350 ein großes gemauertes Schloß, das später das ›Hohe Schloß‹ genannt wurde, zur Unterscheidung vom ›Niedrigen‹ Schloß, das sich an der Stelle des heutigen Maria-Zan'kovec'ka-Theaters befand. Dem ›Hohen Schloß‹ kam eine große Bedeutung zu: In den Jahren 1443 und 1498 hielt sie den Verteidigungskämpfen gegen die türkisch-tatarischen Eindringlinge stand, wurde jedoch bei dem Stadtbrand im Jahre 1527 zerstört. Wieder aufgebaut, war das Schloß im 16. Jahrhundert von einer starken Steinmauer umgeben. In der ältesten Stadtbeschreibung Martin Grünewegs aus dem 16. Jahrhundert kann man lesen: »Das war nicht nur ein schöner Berg, sondern ein Weltwunder. Der Berg überragt die Stadt und man kann ihn von allen Seiten von weitem sehen. Bevor das Schloß errichtet wurde, sah er wie eine Pyramide aus. Und jetzt sieht der Berg so aus, als hätte man ihm den Hut abgenommen und eine Krone aufgesetzt.«

■ Das Schloß

Das Schloß hatte ein äußeres und ein inneres Einfahrtstor, drei Bastionen und zwei Türme. Durch den großen Schloßhof gelangte man zum Wohngebäude und hinter diesem in den kleinen Schloßhof, in dem sich das Haus des Burggrafen befand. In diesem Schloßteil gab es ein Gefängnis und eine Bäckerei. Im Jahre 1410 waren im Keller des Schlosses Deutschordensritter eingeschlossen, die bei der Schlacht von Grunwald gefangengenommen worden waren. Lange Zeit war diese Festung für Feinde uneinnehmbar. Zum ersten Mal wurde sie im Jahre 1648 durch die Kosakenarmee Bohdan Chmel'nyc'kyjs erorbert. Den Sturmangriff leitete Maksim Kryvonos. Heute trägt die Straße, die zum Berg führt, den Namen dieses berühmten Feldherren.

Letztmalig wurde die Festung 1695 verteidigt. Als im Jahre 1699 das Polnische Reich die mächtige Festung in Kam-

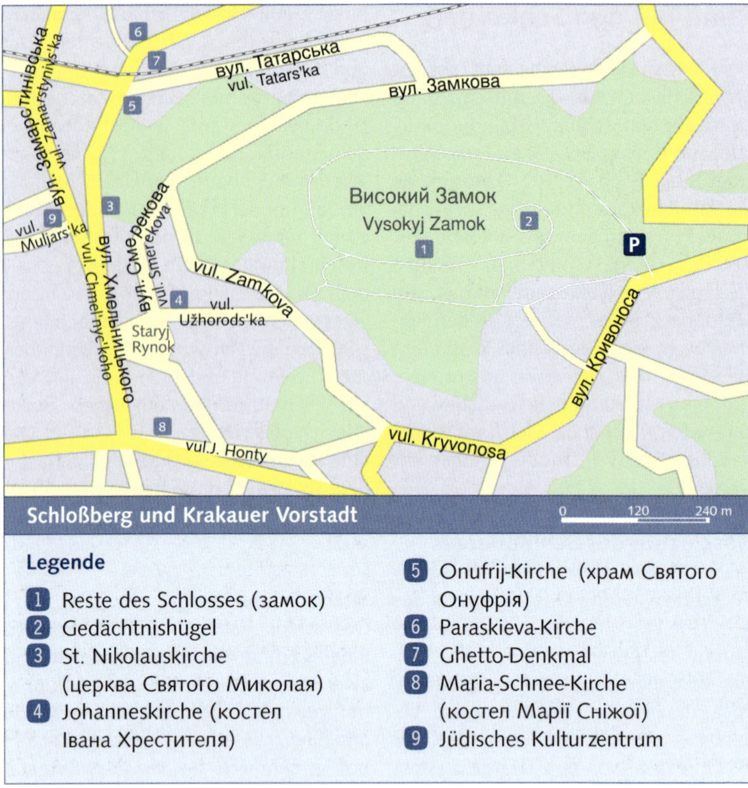

Schloßberg und Krakauer Vorstadt

Legende

1 Reste des Schlosses (замок)
2 Gedächtnishügel
3 St. Nikolauskirche (церква Святого Миколая)
4 Johanneskirche (костел Івана Хрестителя)
5 Onufrij-Kirche (храм Святого Онуфрія)
6 Paraskieva-Kirche
7 Ghetto-Denkmal
8 Maria-Schnee-Kirche (костел Марії Сніжої)
9 Jüdisches Kulturzentrum

janec'-Podil's'kyj zurückeroberte, verringerte sich die Rolle des Lemburger Hohen Schlosses, und es verfiel allmählich. Die Besetzung der Stadt durch Österreich im Jahre 1772 beschleunigte seinen Abbruch.

Heute sind nur noch Mauerreste des einstigen Schlosses zu sehen, die Reste der südlichen Schloßwand auf der ersten ›Terrasse‹ auf dem Weg zur Plattform. Beschützt wird diese von einem Steinlöwen des Bildhauers Andreas Bemer aus dem Jahre 1591, der noch im Jahre 1874 das Lemberger Rathaus bewachte. Auf der gleichen Terrasse befinden sich seit 1957 das Übertragungsgebäude der Lemberger Fernsehstation und der Lemberger Fernsehturm.

Der Gedächtnishügel

Im Jahre 1797 bereitete der Lemberger Stadtmagistrat ein Projekt zur Befestigung des Berges vor. 1835 begann man, auf dem Berg einen Park anzulegen. Auf dem Schloßberg wurde auf Initiative Franz Smolkas (1810–1899) zu Ehren des 300. Jahrestag der Union von Lublin (1869) in den Jahren 1869 bis 1900 ein Gedächtnishügel (Kopiec) aufgeschüttet. An seinem Grundstein wurden die Wappen der drei vereinigten Länder und die Inschrift »Freie mit Freien, Gleiche

Der Gedächtnishügel am Anfang des 20.Jahrhunderts

mit Gleichen, Polen, Ruthenenland und Litauen vereinigt in der Lubliner Union 11. August des Jahres 1569« vom Bildhauer Fillipe eingemeißelt.

Smolka war ein bekannter Lemberger Jurist und Politiker. In den Jahren 1881 bis 1893 war er der Präsident des österreichischen Parlamentes und erfreute sich in der Habsburger Monarchie großer Popularität. In die Errichtung des Gedächtnishügels steckte er einen beträchtlichen Anteil seines nicht geringen Reichtums. Der Hügel wurde mit Hilfe der Lemberger Bürger aufgeschüttet. Schmale, zum Teil steile Treppen führen serpentinenartig bis zum Gipfel (413 Meter).

Die Belohnung für die Anstrengung des Aufstiegs ist ein phantastischer Ausblick auf das Panorama der Stadt mit ihrem mittelalterlichen Stadtkern, umgeben von den neuen Wohnsiedlungen und einer wunderschönen im Grünen gelegenen Stadtumgebung. Es ist seit mehreren Jahren zur Tradition aller Lemberger Abiturienten geworden, nach dem Abschlußball zum Sonnenaufgang auf die Plattform des Gedächtnishügels hinaufzusteigen und somit Abschied vom Schulleben zu nehmen.

Die Krakauer Vorstadt

Die nähere Umgebung am Fuße des Schloßberges heißt Pidzamče (Unter dem Schloß). Diesen Namen trägt auch der Bahnhof in diesem Stadtbezirk. Geschichtlich und im Volksmund ist sie heute noch als Krakauer Vorstadt bekannt. Das Zentrum der Fürstenstadt war der Staryj Rynok (Alter Ringplatz). In seiner unmittelbaren Nähe entstanden die ersten Gotteshäuser.

St. Nikolauskirche

An der Nordseite des Platzes befindet sich die St. Nikolauskirche. Die Kirche entstand als Hofkirche des galizischen Fürsten und wurde aus Quadersteinen als Kreuzkuppelbau erbaut. Ihre starken Wände und die kleinen Fenster zeugen von der Schutzfunktion der Kirche. Sie gibt ein Beispiel der byzantinischen Architektur des 13. Jahrhunderts. Zu ruthenischen Zeiten war die Kirche die fürstliche Hauptkirche. Das überhöhte Mittelschiff mit seiner unregelmäßigen, elliptischen Laternenkuppel sowie das schmale, halbrunde Presbyterium, das von einer runden Laternenkuppel gedeckt wird, bilden ihren ältesten Teil.

Die Kirche brannte mehrere Male ab, wurde aber immer wieder neu errichtet. Ein grundsätzlicher Umbau fand im Jahre 1623 statt. Nach dem Brand 1880 wurde das Dach mit Blech gedeckt. In den Flammen des Feuers verbrannte auch der Ikonostes.

Der obere Teil des Mittelschiffes dient als Glockenturm. Die später angebauten kurzen Seitenschiffe sind für diese Kirchenform charakteristisch. Das Kircheninnere wurde im 18. Jahrhundert im Stil des Rokoko dekoriert. Der Ikonostas sowie die Wandmalereien stammen aus der Mitte des 20. Jahrhunderts. Neben der Kirche – ebenso wie neben anderen

ehemaligen Kirchen Lembergs, befand sich ein Friedhof. Von ihm ist nichts geblieben. Bruchteile von Grabplatten sind im Presbyterium der Kirche eingemauert. Viele der Grabplatten sind in die Paraskieva-Kirche gebracht worden, wo sie in den Fußboden eingemauert wurden.
An der St. Nikolauskirche wirkte in den Jahren 1544 bis 1744 die Bruderschaft des St. Nikolaus. Sie unterhielt ein Krankenhaus sowie eine Schule. Im 17. Jahrhundert gehörte die St. Nikolauskirche der Lemberger Schusterzunft an. Heute steht sie der ukrainisch-orthodoxen Gemeinde zur Verfügung.

Johanneskirche

Eine weitere geschichtlich bedeutsame Kirche, die Kirche St. Johannes des Täufers, befindet sich ganz in der Nähe, in der vul. Užhorods'ka. Sie ist das älteste Kirchlein der Stadt. Gestiftet wurde sie vom Großfürsten Lev für die Dominikanermissionare, die im 13. Jahrhundert von Fürstin Konstanze ins Land gerufen wurden. Dieses Kirchlein war die erste katholische Kirche in Lemberg. Sie war

Die Johanneskirche

eine Holzkirche. Als Steinbau entstand die Kirche im 16. Jahrhundert. Sie blieb erhalten bis zum 18. Jahrhundert. Danach wurde sie durch einen Brand zerstört und stand bis zum Jahre 1886 als Ruine. Erst der gründliche Neuaufbau und die Restaurierung nach Entwürfen des bekannten Lemberger Architekten Julian Zacharewicz gaben diesem historischen Bauwerk ein neues, neoromanisches Aussehen. Fragmente der Wandmalerei sowie einige ihrer Bilder stammen aus dem 17. Jahrhundert. Nach dem Zweiten Weltkrieg diente die Kirche als Lagerraum. Seit 1989 ist in der Kirche das Geschichtliche Museum untergebracht, das der Lemberger Kunstgalerie zugeordnet ist. Unter den Exponaten befindet sich das Modell der ursprünglichen Gestalt der Kirche sowie andere Ausstellungsstücke, die mit der Baugeschichte der Stadt verbunden sind.

Onufrij-Kirche

In der längsten Straße der Stadt, der vul. Bohdana Chmel'nyc'koho, liegt sich die unierte Onufrij-Kirche mit ihren Klosteranlagen. Die Klosteranlagen der St. Onufrij-Kirche reichen zurück bis in die Zeit des ruthenischen Lembergs. Die ersten Mönche siedelten sich hier bereits zu Zeiten des Großfürsten Lev im 13. Jahrhundert an. Im Jahre 1463 erneuerte der Lemberger Bürger Stefan Dropan die Kirche. Im Jahre 1550 führte laut Klosterchronik der Fürst Konstante Ostrogski einen bedeutenden Umbau durch. Zu dieser Zeit entstand die Steinkirche. Spätere Anbauten änderten das Angesicht der Kirche. Die Klosteranlage entstand im Jahre 1683. Zehn Jahre später war die Kirche von massiven Verteidigungsmauern umringt. Der Glokkenturm erhielt sein heutiges Aussehen

im Jahre 1820. Im Jahre 1909 wurde der Ikonotas speziell für die St. Onufrij-Kirche geschaffen. Der Maler der Ikonen dieses Ikonostas war der ukrainische Maler Modest Sosenko.
Im Klostergebäude wohnte seinerzeit der ukrainische Erstdrucker Ivan Fedorov. Er wurde auf dem Klosterfriedhof begraben. Sein Grabmal ist nicht erhalten geblieben, dafür steht jetzt auf dem Kirchhof sein Denkmal. Nach dem Zweiten Weltkrieg befand sich bis zum Jahre 1990 im Kloster das Ivan-Fedorov-Museum. Die Basilianer ließen Ende des 20. Jahrhunderts das Ensemble rekonstruieren und ausbauen. Das Kircheninnere erhielt eine neue Dekoration.

Paraskieva-Kirche

In der gleichen Straße kann man noch ein prächtiges uniertes Gotteshaus bewundern. Es ist die St. P'jatnic' oder auch Paraskieva-Kirche in der vul. Bohdana Chmel'nyc'koho 77. Die Kirche wurde zu Beginn des 17. Jahrhunderts errichtet. Nach dem Stadtbrand im Jahre 1623 wurde sie 1644 auf Fragmenten des ursprünglichen Fundamentes erneut aufgebaut. Die Märtyrerin Paraskieva war die Schutzpatronin des moldauischen Fürsten Lupul, der mit Chmel'nyc'kyj verwandt war und vielleicht deswegen viel Geld für den Aufbau dieser Kirche gespendet hatte. Der Stifter ließ in die Mauer der Südwand eine Gedenktafel einmauern. Auf dieser befindet sich das Wappen der Moldau: Krone, Sonne und Mond über einem Büffelkopf. Bemerkenswert ist die Innengestaltung der Kirche. Der aus Holz reich geschnitzte, vergoldete, kunstvolle Ikonostas beinhaltet in sechs Reihen 70 Ikonenbilder. Besonders bewundernswert sind die Passionsikonen. Der Ikonostas wurde im 16./17. Jahrhundert vom bekannten Lemberger Maler und Porträtzeichner F. Senkovyč geschaffen. Die Wandmalereien sind Werke von Lukas Dolins'ky aus dem 18. Jahrhundert. Ende des 20. Jahrhunderts entstand neben der Kirche ein neuer Glockenturm, der mit dem Kirchengebäude ein harmonisches Ganzes bildet.

Die vul. Chmel'nyc'koho

Am Ende der vul. Chmel'nyc'koho zieht ein großes mit Löwen geschmücktes Einfahrtstor die Aufmerksamkeit auf sich. Im heutigen Herstellerbetrieb für ›Diamanten-Schneidewerkzeuge‹ befand sich bis zum Zweiten Weltkrieg der im

In den Straßen der Altstadt fahren noch sowjetische Oldtimer

Jahre 1782 von Adam Baczewski (1829–1911) gegründete Spirituosenbetrieb. Der über die Grenzen des Landes bekannte, von Baczewski persönlich signierte Likör und Wodka wurde hier hergestellt. In seinem Betrieb wurde zu seiner Zeit bereits an den neuesten technischen Anlagen produziert, gestützt auf französische und holländische Lizenzen. Er besaß eine eigene Spiritus-Raffinerie, und die abgefüllten Flaschen besaßen die verschiedenartigsten Formen und moderne graphische Etiketten. Nach seinem Tode erbten seine Söhne den Betrieb, und später leitete sein Enkel Stefan ihn weiter. Im September 1939 zerstörte eine Bombe der deutschen Luftabwehr den Betrieb, und die großen Lagerräume brannten aus. Nach dem Zweiten Weltkrieg gründete Stefan Baczewski einen Herstellerbetrieb in Wien, der ebenfalls Weltruf besaß und vielleicht noch besitzt. Adam Baczewski ließ für seine Familie ein Mausoleum auf dem Lyčakivs'ke-Friedhof errichten.

In der vul. Bohdana Chmel'nyc'koho befinden sich heute viele wichtige Lemberger Betriebe, unter anderem Lembergs größte Brotbäckerei und das Werk der über die Grenzen des Landes hinaus bekannten **Glashütte ›Raduha‹**. Zu Beginn des 20. Jahrhunderts hatte hier der Glasbläserbetrieb ›Leopolis‹ seinen Sitz.

Ghetto-Denkmal

Rechts hinter der Eisenbahnbrücke befindet sich das Denkmal für die Opfer des Lemberger Ghettos der Jahre 1941 bis 1943. Es wurde 1992 eingeweiht. Die Bildhauer sind L. Sternstein und J. Schmukler. In das hier 1941 eingerichtete jüdische Ghetto wurden die Juden Lembergs und seiner Umgebung gebracht und ermordet. Während der faschistischen Okkupation wurden hier mehr als 130 000 Juden umgebracht.

Maria-Schnee-Kirche

Zurück am Alten Ringplatz, geht es etwas südlich zum pl. Jaroslava Osmomysla, dem ehemaligen Krakauer Platz. Auf einer Anhöhe steht die ehemalige Maria-Schnee-Kirche, heute eine unierte Kirche. Die nicht sehr große Kirche wurde in der Mitte des 14. Jahrhunderts von den ersten deutschen Kolonisten errichtet und diente bis zur Erbauung der Marienkathedrale in der Altstadt als Lemberger Hauptpfarre. Sie ist die älteste katholische Kirche der Stadt. Im Laufe der Jahrhunderte wurde sie mehrmals umgebaut, und ihr architektonisches Ansehen wurde verändert. Dabei büßte sie auch ihr ursprüngliches romanisches Ansehen gänzlich ein. Die Rekonstruktionsarbeiten nach Plänen des Lemberger Architekten Julian Zacharewicz verliehen der Kirche einen neoromanischen Stil. Zu sowjetischen Zeiten befand sich im Kircheninneren ein Buchmuseum. Die Kirche diente auch als Ausstellungsraum für Fotografen. Im Jahre 1990 wurde sie mit veränderter Innengestaltung an die griechisch-katholische (unierte) Glaubensgemeinde übergeben. Bewundernswert ist der neu angebrachte Ikonostas ›Letztes Abendmahl‹.

Jüdisches Kulturzentrum

Die Krakauer Vorstadt war seit dem 14. Jahrhundert von jüdischen Ansiedlern bewohnt. Später lebten hier ruthenische, polnische, armenische und deutsche Einwanderer. Die jüdische Gemeinde gruppierte sich um die Synagogen. Nach dem verheerenden Stadtbrand im Jahre 1623 bewohnte die jüdische Gemeinde den etwas weiter nördlich gelegenen Stadtteil. Auf dem Alten Ringplatz entstand in den Jahren 1843 bis 1846 die Synagoge ›Tempel‹. Sie wurde während des Zweiten Weltkrieges zerstört.

In der einzig erhaltenen chassidischen Synagoge dieses Stadtviertels, die in der Mitte des 19. Jahrhunderts in der Wengjelne-Straße gegenüber dem Hotel ›L'viv‹ entstand, befindet sich heute das Jüdische Kulturzentrum der Stadt.

Der Marktplatz

Wie im 14. Jahrhundert, als in der Stadt die ersten Bebauungen entstanden, so bildet der Marktplatz (pl. Rynok) auch heute den lebendigen Mittelpunkt des Stadtlebens. Hier verabreden sich die Einheimischen ebenso, wie sich die Besucher und Touristen zu Stadtführungen treffen. Dank seiner architektonischen Schönheit und dem über Jahrhunderte hindurch unveränderten Aussehen stehen die ihn umsäumenden 44 Bürger- und Patrizierhäuser nicht nur unter Denkmalschutz, sondern sind seit Dezember 1998 auch als Weltkulturerbe der UNESCO eingetragen.

Geschichte

Seit der Regierungszeit des polnischen Königs Kasimir des Großen gruppiert sich das öffentliche und amtliche Wirken Lembergs auf dem hiesigen Marktplatz. Nach dem vernichtenden Stadtbrand im Jahre 1527 entstand in den ehemaligen Befestigungsmauern ein städtisches Kleinod. Mit dem Bau neuer Wohnsiedlungen beauftragte Kasimir der Große Baumeister und Handwerker vor allem aus Deutschland, die nach ihrem Schema das Stadtbild schufen: in der Mitte einen rechteckigen Platz mit einer Größe von 142 mal 129 Metern, um ihn herum wie auf einem Schachbrett die Wohnblöcke, hinter denen sich dann die Befestigungsanlagen befanden.

Im 14. Jahrhundert waren es Kaufleute, Handwerker und beispielsweise Ärzte, die die Erlaubnis erhielten, am Marktplatz ihre Häuser zu bauen. Diese durften nicht mehr als drei Fenster an der Hauptfassade besitzen. Ausnahmen gab es für die Vertreter des höheren Bürgertums und die Kirchenvertreter.

Im 16./17. Jahrhundert entstand um den Markt herum ein prunkvolles Stadtgebilde von verschiedenen Herren- und Patrizierhäusern. Lemberger Patrizier ließen ihre Häuser vor allem von italienischen Architekten projektieren. Jedes der Häuser hatte nicht nur sein eigenes Aussehen, sondern auch seine eigene Farbgestaltung.

Die Gestalt des heutigen Platzes stammt aus dem 16./17. Jahrhundert. Obwohl man vorwiegend vom Renaissance- und Barockstil der Häuser spricht, sind viele von ihnen auf ihren ursprünglichen gotischen Fundamenten errichtet, und jedes hat seine eigene, interessante Geschichte. Unter anderem auch diese, daß die hier entstandenen Bürger- und Patrizierhäuser bis etwa zur Mitte des 18. Jahrhunderts keine Hausnummern besaßen, sondern unter dem Namen der Besitzer bekannt gewesen sind. Unter den architektonischen Kunstwerken des Marktplatzes sind einfache drei- oder vierstöckige Bürgerhäuser wie auch prächtige Residenzen von Patrizierfamilien und Magnaten. Mehrere von ihnen wurden im Laufe der Jahrhunderte mehrmals umgebaut und büßten ihren ursprünglichen Charakter ein. An manchen von ihnen, zum Beispiel an den Häusern Nr. 17, 25 und 28, haben sich noch gotische, an anderen Renaissanceportale und Fensterpfeiler erhalten. Das Erscheinungsbild der Lemberger Altstadt wird vor allem von Renaissance und Frühbarock geprägt.

An der Westseite des Marktplatzes befand sich noch im Jahre 1425 der Pranger. Zur Vollstreckung der Todesstrafe war neben ihm das Fallbeil aufgebaut. Neben ihm standen Rücken an Rücken zwei Steingestalten: die Gerechtigkeit mit dem Waagensymbol und verbundenen Augen sowie der Henker mit dem

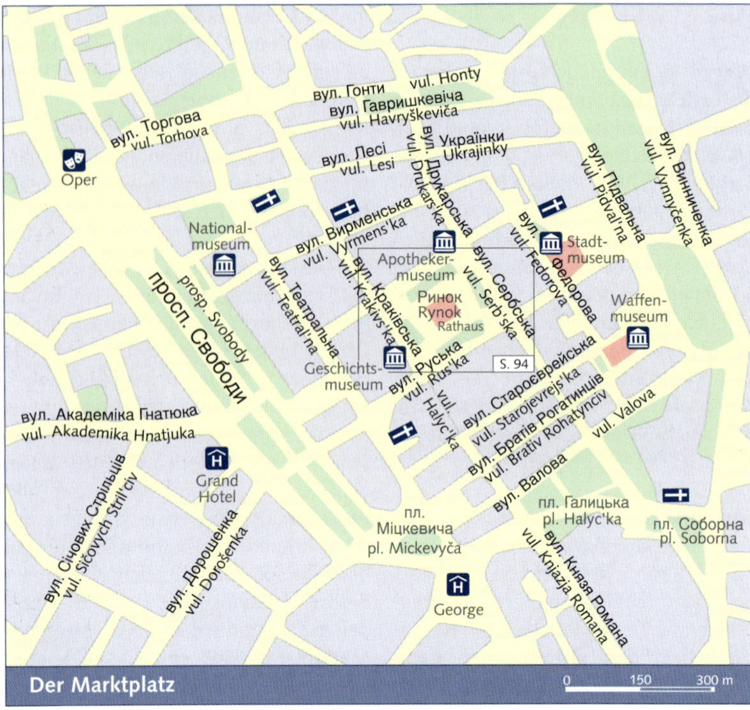

Der Marktplatz

erhobenen Beil. Diesen Pranger kann man heute im Geschichtsmuseum besichtigen.

Der bekannte deutsche Weltreisende Martin Grüneweg schrieb bereits im 16. Jahrhundert, daß auf dem Lemberger Markt die breitesten Fußwege ganz Europas waren und auf ihnen zwei Paare bequem aneinander vorübergehen konnten. Der Marktplatz wurde Ende des 18. Jahrhunderts gepflastert, und an den Häusern wurden die ersten Petroleum-Straßenlampen angebracht. Die erste Straßenbahn überquerte im Jahr 1894 den Markt.

Auf dem Marktplatz wurden Triumphe gefeiert und verlorene Kämpfe beweint. Über viele Jahrhunderte hinweg war er das Zentrum des wirtschaftlichen, politischen und kulturellen Lebens. Hier wurde die Befreiung Lembergs im Jahre 1944, aber noch mehr die endgültige Gründung der unabhängigen, selbständigen Ukraine am 24. August 1991 gefeiert.

Das Rathaus

Das Lemberger Rathaus ist keine architektonische Perle, aber im spätklassizistischen Stil bildet es seit dem Anfang des 16. Jahrhunderts den Mittelpunkt des Marktplatzes. Die Grundsteinlegung des ursprünglichen Baus erfolgte im Jahre 1489, der Bau wurde 1504 beendet. Durch den Stadtbrand 1527 wurden der Dachstuhl und der obere Turmteil vernichtet. Wieder aufgebaut bis zum Jahre 1532, erfolgte der Bau des neuen

Das Lemberger Rathaus

Westflügels, und dank des reichen Patriziers und damaligen Bürgermeisters Dr. Martin Kampian entstand ein neuer, 58 Meter hoher Turm. Vor dem südlichen Haupteingang präsentierte sich auf einem Sockel ein aus Stein gehauener, mächtiger sitzender Löwe als Zeichen der Größe und der Macht der Stadt. Mit der Zeit wurde dieser durch zwei andere ersetzt. Seit dem 15. Jahrhundert befindet sich am Rathausturm eine Turmuhr. Als die Schweden 1704 die Stadt einnahmen, endete die Prächtigkeit der Stadt. Vom Rathaus blieb eine Ruine. Nach dem Wiederaufbau stürzte im Jahre 1826 unverhofft der Rathausturm ein.

Die feierliche Grundsteinlegung für das neue Rathausgebäude fand im Jahre 1827 statt. Nach Plänen von Josef Markl und Franz Trescher entstand das heutige, etwas plumpe und kasernenhafte Rathaus im klassizistischen Stil mit 156 Zimmern und 9 größeren Sälen. Im ersten Stockwerk befindet sich seit jeher der Sitzungssaal des Stadtrates mit einem großen, allegorischen Ölgemälde der ›Polonia‹ von Johann Styka. Im Erdgeschoß des Nordteils ist das Stadtarchiv untergebracht.

Das obere, ursprünglich achteckige Stockwerk des 65 Meter hohen, quadratischen Turmes wurde nach seiner Zerstörung im Jahre 1848 in seiner heutigen Form wiederaufgebaut. Seine **Plattform** bietet einen einmaligen Ausblick auf das historische und moderne Lemberg.

An der Südseite des Rathauses befindet sich ein auf fünf Pfeilerrundbogenarkaden ruhender Mittelrisalit. In der mittleren, portalartig geschmückten Arkade liegt die Auffahrt mit zwei barocken Säulen an den Pfeilern und einer allegorischen Frauengestalt am Giebel. Vor den Säulen halten zwei mächtige Löwen das **Wappen der Stadt** fest in ihren Pranken. Geschaffen hat sie der Bildhauer Dzinder im Jahre 1948. Das große Stadtwappen Lembergs an der Hauptfassade stammt aus dem Jahre 1994. Über dem Eingang verweist ein Zeichen auf die Aufnahme der historischen Altstadt in die UNESCO-Welterbeliste im Jahr 1998.

An den Ecken des Rathauses präsentieren sich **vier Empirebrunnen** mit den steinernen Gestalten von Neptun, Diana, Amphitrite und Adonis. Es sind Werke von Hartman Witwer, einem Lemberger Bildhauer deutscher Herkunft, aus dem Jahr 1793.

Bürgerhäuser am östlichen Marktplatz

Die den Markt umsäumenden 44 Bürger- und Patrizierhäuser bilden zwei Hauptgruppen: die palastartigen mit ihren breiten Fassaden und mehreren Fenstern sowie die schmalen, mit nur drei Frontfenstern.

Der Spaziergang um den Marktplatz beginnt auf seiner östlichen Seite, die heute noch den größten Eindruck auf alle hier spazierenden Lemberger und ihre Besucher macht.

Bandinelli-Haus

An der Nordostecke des Marktplatzes befindet sich das Bandinelli-Haus. Das zunächst an dieser Stelle gebaute Haus (Nr. 2) wurde Ende des 16. Jahrhunderts für den Kaufmann und ersten Lemberger Apotheker Hieronim Wedel im italienischen Renaissancestil errichtet. Im 17. Jahrhundert kam es in den Besitz des Italieners Roberto Bandinelli, dem Enkel des berühmten Bildhauers Bartolomeo Bandinelli. Robert erhielt den Titel ›Königlicher Postbote‹ und das Privileg, regelmäßig die königliche Post zu empfangen. In seinem Haus eröffnete er die erste Lemberger Poststelle. Das Haus wurde im Jahre 1737 umgebaut. Das Portal der Fassade bildete den Geschäftseingang, der Hauseingang befindet sich in der Nebenstraße.

Wolf-Haus

Das neben dem Bandinelli-Haus stehende Gebäude (Nr. 3) ist das Wolf-Haus. Der Grund sowie das auf ihm stehende Herrenhaus war bereits im 16. Jahrhundert Eigentum der Patrizierfamilie Wolf. Im Jahre 1713 kam es in den Besitz des Lemberger Magnaten S. M. Rzewulski. Nach den Plänen des Architekten Peter Polejowski wurde das Gebäude in den Jahren 1771/72 um das dritte Stockwerk erhöht und umgebaut. Kurze Zeit wohnte hier auch Stanislaw Skarbek, der Stif-

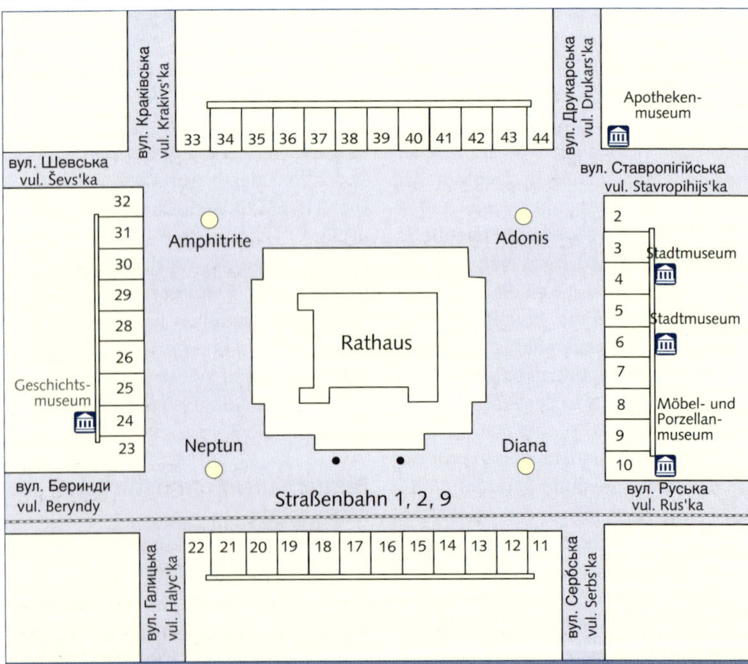

Bürgerhäuser am Lemberger Marktplatz

Blick vom Rathausturm

ter des Skarbek-Theaters. Das Haus hat eine elegant gearbeitete Fassade. Die Attika ist gekrönt mit dem Obelisk ›Ehre‹, der Balkon mit ›Genius‹. Beide Werke wurden vom Bildhauer Franciszek Oledzki geschaffen.

Schwarzes Haus

Das Schwarze Haus (Nr. 4), ein Patrizierhaus, gehört zu den schönsten architektonischen Denkmälern Lembergs. Nach dem Stadtbrand 1527 wurde ein einstöckiges Bürgerhaus gebaut, das dem nächsten Feuer im Jahr 1571 zum Opfer fiel. Ein neues Haus entstand in den Jahren 1588/89 unter Leitung Peter Krassowskis für Thomas Alberti. 1596 erwarb es Johannes Lorencowicz, der hier eine der ersten Lemberger Apotheken eröffnete und das Haus um eine Etage erhöhte. Im 17. Jahrhundert kaufte es Dr. Martin Anczowski, Arzt und zugleich Sekretär des polnischen Königs Jan III. Sobieski, der zugleich den kompletten Umbau des Hauses finanzierte. Während der Restaurierungsarbeiten in den Jahren 1675 bis 1679 nach Plänen des Architekten Martin Gradowski erhielt die Fassade ihre rautenartige, sogenannte Diamant-Quaderstruktur. Man nennt es seit dem 19. Jahrhundert auch das ›Schwarze Haus‹, wegen des mit der Zeit gedunkelten Sandsteins, aus dem die Fassade gestaltet ist. Das Haus ist ein ausgezeichneter Lemberger Renaissancebau und es fällt gerade wegen seiner prächtigen, reich gegliederten Fassade auf. Die Tür und Fensterrahmen im Erdgeschoß sind mit Akanthus- und Weinrebenornamenten umrahmt. Das Relief über der Tür zeigt Maria mit dem Kinde. Der Fensterschmuck ist von Heiligenfiguren gekrönt, eine stellt den heiligen Martin, den Schutzpatron des damaligen Hauseigentümers dar, die andere den heiligen Stanislaw Kostka. Die barocke Attika ist mit Engelsköpfen mit Flügeln und einem Kammgesims verziert.

Seit 1911 ist das Haus Stadteigentum. In ihm befindet sich das **Geschichtsmuseum der Stadt**.

Hanel-Haus

Das erste an der Stelle des Hanel-Hauses (Nr. 5) gebaute Haus wurde durch das Feuer im Jahre 1571 zerstört. Das heutige Gebäude wurde 1577 vom Architekten Peter Krasowski für Sofia Hanel gebaut, die Stifterin der heute nicht mehr existierenden St. Sofiakirche in Lemberg. Sofia Hanel war in der zweiten Hälfte des 17. Jahrhunderts durch ihre philanthropische Tätigkeit bekannt. Das Haus wurde Ende des 16. Jahrhunderts von den ersten Jesuiten, die in die Stadt kamen, bewohnt. Durch spätere Umbauarbeiten verlor das Gebäude seinen reichen Fassadenschmuck.

Kornjakt-Haus

Das architektonisch prächtige Kornjakt-Haus (Königshaus, Nr. 6) wirkt schon durch seine Größe. Es wurde 1580 vom Architekten Peter Barbone für den von

Das Schwarze Haus

der Insel Kreta stammenden reichen Patrizier Konstantin Kornjakt (1520–1603), den Stifter des schönsten Wahrzeichens Lembergs – des Kornjakt-Turms an der Walachischen Kirche – gebaut. Peter Barbone war der Schöpfer des Turmes und dieses palastartigen Bauwerkes im Stile der italienischen Renaissance. Die Patrizierfamilie Kornjakt war Ende des 16. Jahrhundert die reichste Familie in der Stadt. Kornjakt handelte mit ungarischem und moldauischem Wein, Honig, aber auch mit Gewändern, Lederartikeln und Pelzen. Er war mit Anna Dziduczykka, einer Frau polnischer Abstammung, verheiratet und war bekannt als Kunstliebhaber und Stifter mehrerer bedeutender Lemberger Bauwerke.

Seit 1623 gehörte dieses mächtige Gebäude den Barfüßigen Karmelitern. Von 1640 bis 1696 war es im Besitz des Wojewoden (Feldherren) Jakob Sobieski. Sein Sohn, seit 1674 der polnische König Jan III. Sobieski, verweilte sehr oft in diesem Hause. Im Jahre 1678 wurde es restauriert und in eine prächtige Residenz umgewandelt. Im Empfangssaal des Hauses wurde im Jahre 1686 der Friedensvertrag zwischen Rußland und Polen unterzeichnet. Im Jahre 1696 kam der Palast in den Besitz der Familie Rzewuski. 1804 erwarb es der Generalleutnant des polnischen Heeres, Alexander Chodkiewicz, der sich hier eine Bibliothek, eine Gemäldegalerie sowie eine Münzsammlung einrichtete. Im Jahre 1816 gehörte der Palast Helena Ponińska, aus deren Nachlaß es die Stadt erwarb. 1910 entstand hier das Nationalmuseum zu Ehren von Jan III. Sobieski.

Trotz wiederholter Umbauten sind sehr viele architektonische Elemente aus mehreren Epochen erhalten geblieben. Zu ihnen gehört unter anderem die hohe, wundervolle Renaissance-Attika mit sieben steinernen Ritterfiguren. Das rundbogige Eingangsportal an der Frontseite ist geschmückt mit zwei korinthischen Säulen, männlichen Köpfen, Engelsköpfen mit Flügeln in den Bogenwinkeln sowie mit zwei Obstgirlanden. Die zwölf Fenster der beiden Stockwerke sind mit winkligen Renaissancegiebeln geschmückt. Im Erdgeschoß werden im **Geschäft ›Gotische Halle‹** Bücher, Prospekte, Souvenirs und Kunstgewerbe verkauft.

Seit 1940 befindet sich hier auch eine **Abteilung des Lemberger Geschichtsmuseums**. Besondere Beachtung verdient die Gestaltung des Innenhofes mit seinen zweistöckigen Arkadengängen (Blendarkaden). Der **Arkadenhof** wurde in den Jahren 1926 bis 1929 vom Architekten L. Gjurkovyč rekonstruiert. Die Lemberger und Besucher der Stadt kennen den Innenhof auch als ›Italienischen Hof‹. Hier läßt es sich gut eine Zeitlang bei einer Tasse original türkischen Kaffee und täglich frischem Quarkkuchen verweilen, bevor man den Stadtspaziergang fortsetzt.

Erzbischöfliches Haus

Das Erzbischöfliche Haus (Nr. 9) ist mehr geschichtlich als architektonisch interessant. Ein Vorgängergebäude an dieser Stelle war seit dem Jahre 1376 Eigentum der Halyčer Erzbischöfe. 1405 stand hier die Residenz des Fürsten Swidrigajlo, des Bruders des polnischen Königs Władysław Jagiełło. Später residierte hier der Erzbischof Jan Rzeszowski. Im Jahre 1630 ließ der Erzbischof Stanislaw Grochowski das Haus abreißen, und an gleicher Stelle entstand der heutige Palast, ein Geschenk des Fürsten Ladislaus von Oppeln. Das Gebäude war eine der repräsentativsten Residenzen der Lemberger Erzbischöfe und erfüllte diese Rolle bis zum Jahre 1832. In ihm befanden sich ursprünglich – nebst mehreren kleinen Kammern – 65 größere Zimmer sowie zwei große Säle. Das sogenannte ›Goldene-‹ oder auch ›Porzellanzimmer‹ war mit goldenen Ziegeln und Kacheln ausgetäfelt. Im Jahre 1673 starb hier König Michael Korybut Wiszniowiecki, der letzte Nachkomme einer polonisierten ukrainischen Magnatenfamilie. Erhalten geblieben ist das Eingangsportal mit zwei Säulen und der Inschrifttafel aus Marmor über dem Eingang. Erzbischof Franz Pistek übergab das Haus dem Klerikerseminar. Nur die beiden toskanischen Säulen auf beiden Seiten des Eingangs zeugen heute noch von der ehemaligen Pracht des Palastes der Lemberger Erzbischöfe.

Lubomirski-Palast

Das ursprüngliche Gebäude des Lubomirski-Palastes (Nr. 10) wurde im Jahre 1695 errichtet. Der Architekt Jan de Witte erbaute 1744 das Gebäude anstelle mehrerer kleiner Häuser. Nam-

Im Arkadenhof des Kornjakt-Hauses

Eine der zahllosen prächtigen Fassaden

hafte Bildhauer wie Bernard Meretyn und Johann Fessinger wirkten an der Ausgestaltung dieses repräsentativen Eckgebäudes mit und lassen an seinem Äußeren im Rokokostil den Einfluß französischer Kunst spüren. In den Jahren 1772 bis 1821 befand sich hier die Residenz des österreichischen Gouverneurs Galiziens. Im Hause befindet sich heute das **Möbel- und Porzellanmuseum**, in dem eine Sammlung von Stilmöbeln aus dem 15. bis 19. Jahrhundert sowie Glas- und Porzellangegenstände zu bewundern sind.

Bürgerhäuser am südlichen und westlichen Marktplatz

Venezianisches Haus

Der Erstbau des Venezianischen Hauses (Nr. 14) war ein gotischer Bau. Das Haus wurde 1589 im Stil der italienischen Renaissance vom Architekten Paul dem Römer umgebaut. Im 17. Jahrhundert gehörte es dem venezianischen Botschafter und Kaufmann Antonio de Massaro. Hier war die einzige Botschaft des Polnischen Reiches zu jener Zeit untergebracht. Im 19. Jahrhundert wurde das Haus teilweise umgebaut. Erhalten geblieben ist das Flachrelief mit dem Wappen Veneziens über dem Eingang: ein Löwe mit Flügeln und einem geöffneten Buch und der Inschrift: ›Pax tibi Evangelista Marce 1600‹ (Friede sei mit dir, Evangelist Markus, 1600).

Wening-Haus

Der Erstbau des Wening-Hauses (Nr. 17) stammt aus dem 15. Jahrhundert. Im 16. Jahrhundert war es Eigentum des Ratsmitglieds und Lemberger Bürgermeisters Franz Wening. In den Jahren 1655 bis 1771 war das Haus Eigentum der Stadt. Im Gebäude hat heute die Gesellschaft der Lemberger Polen ihren Platz, in den Kellerräumen befindet sich ein gemütliches Restaurant.

Scholz-Wolf-Haus

Auf der Westseite des Marktplatzes befindet sich das Scholz-Wolf-Haus (Nr. 23). Erbaut im Jahre 1630, war das Haus Eigentum der mächtigen und reichen Familie Scholz-Wolf. Oftmals bezogen durchreisende Magnaten und weltliche Würdenträger hier Quartier. Die Fassade besitzt eine starke Betonung der vertikalen Gliederung der Wände des ersten und zweiten Stockwerks. Diese weisen auf deutsch-flämische Einflüsse hin. Im Parterre sind die Wände mit rustikalen Pilastern und klassizistischem Gebälk geschmückt. Im dritten Stockwerk, in einer Ecknische, befindet sich ein Gruppenrelief, die ›Taufe Christi‹. An den Gesimsen steht die lateinische Inschrift ›Ubi caritas, ibi deus‹ (Wo Liebe ist, dort ist Gott) sowie ›Time dominum et recede a malo‹ (Fürchte den Herrn und widerstehe dem Bösen).

Neptunbrunnen am Marktplatz

Massar-Gordon-Haus

Das Massar-Gordon-Haus (Nr. 24) entstand ursprünglich im 15. Jahrhundert. Nach dem Stadtbrand im Jahre 1527 wurde es im Renaissancestil um- und aufgebaut. Über dem Eingang befindet sich das Relief eines auf einem Löwen sitzenden Jungen. Im Jahre 1707 wohnte hier der russische Zar Peter der Große, als er mit den Polen über einen gemeinsamen Feldzug gegen die Schweden verhandelte. Mitte des 18. Jahrhunderts war das Haus Eigentum der Familie Šeptyc'ki, der auch der spätere unierte Lemberger Metropolit angehörte. Anfang des 20. Jahrhunderts wurden Veränderungen vorgenommen, unter anderem wurde die Renaissance-Attika durch einen Dachstuhl ersetzt. Heute befindet sich im Hause eine Filiale des Geschichtsmuseums der Stadt.

Heppner-Haus

Das Heppner-Haus (Nr. 28) wurde im Jahre 1510 für den Bürgermeister Paul Dominik Heppner gebaut. Neben dem Haus Nr. 4 ist es eines der schönsten und interessantesten Bauwerke der italienischen Renaissance. Das Eingangsportal und die Fenster sind mit zierlichen, kannelierten, kleinen Säulen und winkligen Giebeln geschmückt.

Andreolli-Haus

Das Andreolli-Haus (Nr. 29) entstand durch den Zusammenschluß zweier Häuser, des Zimorowicz-Hauses mit dem Dybowicki-Haus. Es befindet sich an der Stelle eines Vorgängergebäudes, das im 16. Jahrhundert für die berühmte Patrizierfamilie Kampian gebaut wurde. Im Patrizierhaus wohnte der polnische Dichter, Historiker und bekannte Lemberger Bürgermeister Johannes (Jan) Zimorowicz. Den zweiten Teil bewohnte Stanislaw Dybowicki, der persönliche Arzt des polnischen Königs Sigmund II. Wasa. Dieses Haus gehörte ebenfalls zu den schönsten Häusern der Stadt, es wurde aber Ende des 18. Jahrhunderts abgetragen. In den Jahren 1766 bis 1778 wurde aus beiden Gebäuden der Palast für Felician Korytowski, den Lemberger Garnisonskommandanten und letzten Kommandanten der Lemberger polnischen Besatzungstruppen, errichtet. Die Passage des Hauses verbindet den Marktplatz mit der Jesuitenkirche. Das Haus wurde nach dem berühmten Lemberger Konditoren Dominik Andreolli benannt, der seit 1803 Eigentümer des Hauses war und der in der Passage eine Konditorei besaß.

Mazanczow-Haus

Das Mazanczow-Haus (Nr. 31) ist ein typisches Renaissance-Bauwerk, errichtet im 16. Jahrhundert. Während der Zwischenkriegszeit gehörte es der Lemberger Familie Baczewski, Besitzer des berühmten Wodkaund Likörbetriebes.

Sein heutiges Aussehen verdankt das Haus seinem Umbau im Jahre 1923. Der Architekt war Bronislaw Viktor. Die Fassade zieren Skulpturen des Bildhauers Sigmund Kurczynski.

■ Zipper-Haus

Das Zipper-Haus (Nr. 32) wurde anstelle des ursprünglichen Gebäudes im Jahre 1912 nach Plänen von Michael Lušec'ky im modernen Stil erbaut. Heute befindet sich hier das **Kaufhaus Univermah.**

Bürgerhäuser am nördlichen Marktplatz

■ Kilianst-Haus

Das Kilianst-Haus (Nr. 33) entstand im 17. Jahrhundert und gehörte dem Apotheker Jan Kilianst. Sein heutiges Aussehen im Stil des Rokoko erhielt es im 18. Jahrhundert nach Plänen von Bernard Meretyn.

■ Avenštok-Haus

Bereits im Jahre 1767 entstand das Avenštok-Haus (Nr. 34) nach Plänen von J. Kosinski für die Familie Avenštok, die in Lemberg eine bekannte Pelznäherei betrieb.

■ Trut-Haus

Im Haus Nr. 39 befand sich seit 1900 die ukrainische Frauenkooperation, seit dem Jahre 1914 ›Trut‹ (Beschäftigung) genannt. Es war eine industrielle Frauenkooperation, die sich vor allem in den Jahren 1900 bis 1913 und 1941 bis 1944 mit der Organisation des Schneiderhandwerks befaßte.

■ Rottendörfer-Haus

Das Rottendörfer Haus (Nr. 43) gehörte ursprünglich verschiedenen armenischen Familien. Es wurde 1778 im Barockstil erbaut.

Durch die Altstadt

Lemberg war bereits im 14. Jahrhundert über eine bloße Ansiedlung hinausgewachsen. Vom Marktplatz und den angrenzenden Häusern aus dehnte sich die Stadt zunächst nach Süden und später auch in alle anderen Himmelsrichtungen aus.

Der Plan der Stadt war wie ein Schachbrett gekennzeichnet, der die Gassen und Straßen in Ansiedlungen teilte, die den zentralen Handelsplatz – den Marktplatz – umgaben. Für den Ausbau der Stadt hatte dieser Platz eine wichtige Bedeutung. Von jeder seiner Ecken verlaufen zwei Straßen, von denen andere Gassen, Straßen und die feinsten Verästelungen in das Stadtzentrum außerhalb des mittelalterlichen Stadtkerns führen.

Mit der Zeit siedelten sich fremdländische Kolonisten in der Stadt an, und Handwerker wie Schuster, Bäcker, Schneider nahmen ganze Straßen oder Stadtviertel ein. Von ihnen ableitend erhielten die Straßen ihren Namen wie beispielsweise die Straßen vul. Rus'ka (Ruthenische Straße), vul. Virmens'ka (Armenische Straße), vul. Staroevrejs'ka (Alte jüdische Straße), vul. Ševska (Schusterstraße), Piekarska (Bäckerstraße) und viele andere. Der mittelalterliche Grundriß ist durch viele Jahrhunderte hinweg unverändert geblieben und bestimmt noch heute das Bild der Lemberger Altstadt.

Entlang der Rus'ka-Straße

Der Spaziergang durch die Altstadt beginnt in einer der ältesten Straßen der Stadt, der vul. Rus'ka. Sie verbindet den Marktplatz mit der vul. Pidval'na (Wallstraße). Ihren Namen verdankt sie den hier bereits im 14. Jahrhundert angesie-

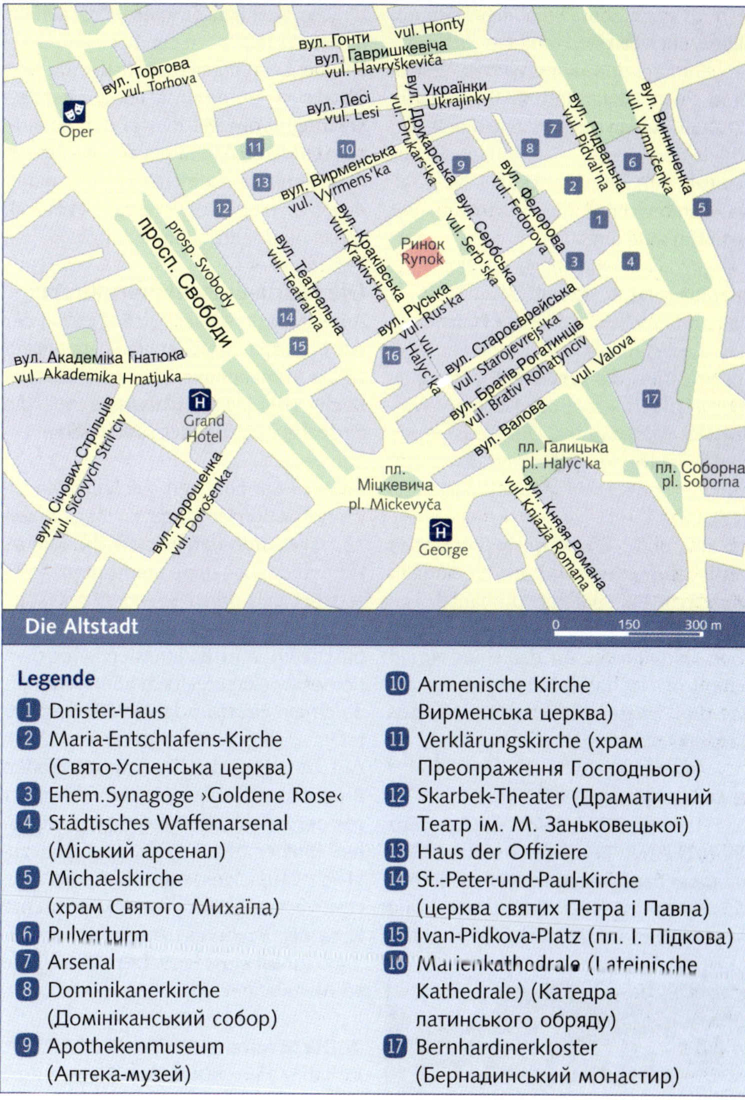

Die Altstadt

Legende

1 Dnister-Haus
2 Maria-Entschlafens-Kirche (Свято-Успенська церква)
3 Ehem.Synagoge ›Goldene Rose‹
4 Städtisches Waffenarsenal (Міський арсенал)
5 Michaelskirche (храм Святого Михаїла)
6 Pulverturm
7 Arsenal
8 Dominikanerkirche (Домініканський собор)
9 Apothekenmuseum (Аптека-музей)
10 Armenische Kirche Вирменська церква)
11 Verklärungskirche (храм Преоправження Господнього)
12 Skarbek-Theater (Драматичний Театр ім. М. Заньковецької)
13 Haus der Offiziere
14 St.-Peter-und-Paul-Kirche (церква святих Петра і Павла)
15 Ivan-Pidkova-Platz (пл. І. Підкова)
16 Marienkathedrale (Lateinische Kathedrale) (Катедра латинського обряду)
17 Bernhardinerkloster (Бернадинський монастир)

delten Ruthenen (Ukrainern). Am Beginn der Straße stehen in ihrer architektonischen Schönheit erhalten gebliebene Bauwerke aus dem 16. bis 18. Jahrhundert.

Stauropigianisches Institut

Das im Barockstil errichtete Gebäude Nr. 1 wurde im 18. Jahrhundert umgebaut. Mitte des 16. Jahrhunderts befand sich hier die vom Fürsten Konstantin Ostrogski 1551 gegründete Lemberger ›Stauropigia‹, eine Bruderschaft der orthodoxen Bürger und Handwerker. Diese wurde von Kaiser Joseph II. im Jahre 1788 in eine Stiftung umgewandelt und erhielt den Namen ›Stauropigianisches Institut‹. Am Renaissancehaus Nr. 4 fallen wunderschöne Steinportale an der Hauptfassade auf.

Häuser Nr. 8, 12 und 14

Das im Barockstil gehaltene Haus Nr. 8 zieren Flachreliefs von Delphinen und Segelschiffen, die Symbole des erfolgreichen Handels sowie das Horn als Symbol des Wohlstandes. Das Haus wurde im 18. Jahrhundert errichtet. Es wurde vom Handelsberater des Stadtmagistrats bewohnt.

Die Häuser Nr. 12 und Nr. 14 entstanden im 17. Jahrhundert und sind Denkmäler jener Zeit. Bei späteren Umbauten verloren sie jedoch viele ihrer einst stilreichen Ornamente. An das Haus Nr. 14 schloß im 16. Jahrhundert ein Tor an, das die Grenze des jüdischen Ghettos darstellte.

Dnister-Haus

Das Haus Nr. 20 war einst die Residenz der russischen Bischöfe. Im Jahre 1905 entstand das Gebäude der Ukrainischen Versicherungsgesellschaft ›Dnister‹ auf einer Fläche, auf der zuvor vier mittelalterliche Steinhäuser ihren Platz gehabt hatten. Es gehört zu den besten Beispielen des Lemberger Jugendstils. Der Architekt ist Jan Lewinski. Besondere Beachtung verdienen die an der Fassade eingearbeiteten Keramikornamente und volkstümliche Elemente. Heute befinden sich hier die Lemberger Poliklinik sowie die Medizinische Bibliothek.

Das Dnister-Haus

Die Maria-Entschlafens-Kirche

Am Schnittpunkt der vul. Rus'ka mit der vul. Pidval'na begegnet man dem prachtvollen Sakralkomplex der Walachischen Kirche (Maria-Entschlafens-Kirche), die einst das Zentrum des ruthenischen Lebens war.

Anstelle der heutigen autokephalen orthodoxen Kirche stand zu Beginn des 15. Jahrhunderts eine gotische Kirche. Sie wurde bei dem Stadtbrand 1527 zerstört und durch Spenden des walachischen Hospodaren Alexander Lopuschanin vom Baumeister Peter dem Römer erneut aufgebaut, aber nochmals durch ein Feuer im Jahre 1571 vernichtet.

Auf Initiative der Stauropigianischen Bruderschaft begann man im Jahre 1591 mit der Errichtung einer neuen, schöneren Kirche, deren Projektant und zugleich Baumeister Paul der Römer war. Unter seiner Leitung wurde der Bau mit Hilfe der Bauherren Adalbert Capinos und Ambrosius Przychylny im Jahre 1598 vollendet.

Die Stauropigianische Bruderschaft

Im Jahre 1551 wurde vom Fürsten Konstantin Ostrogski die Stauropigianische Bruderschaft gegründet. Sie war eine Bruderschaft der orthodoxen ruthenischen Bürger und Handwerker. Sie wurde vom Kaiser Joseph II. im Jahre 1788 in eine Stiftung umgewandelt und erhielt den Namen ›Stauropigianisches Institut‹. Auf Initiative der Stauropigianischen Bruderschaft wurde die Walachische Kirche als kirchliches und kulturelles Zentrum der orthodoxen Ruthenen errichtet. Die Bruderschaft wurde dem orthodoxen Bischof unterstellt und dem Patriarchen untergeordnet. Sie entstand nach dem Vorbild anderer mittel- und westeuropäischer Laienbruderschaften und strebte eine Reform des kirchlichen und geistigen Lebens der ruthenischen Bevölkerung an. Im Jahre 1585 wurde ihr Status als Bruderschaft der griechisch-katholischen Kirche vom damaligen griechischen Patriarchen Joachim aus Antiochien bestätigt.

Die Lemberger Bruderschaft diente anderen Bruderschaften als Vorbild und entwickelte sich zum Zentrum einer gesamtukrainischen Bewegung.

Die orthodoxe Bruderschaft gründete auch Schulen für die Kinder aus ruthenischen Familien. Die Erziehung hatte kirchlichen Charakter. Die slawische und griechische Sprache wurde gelehrt, daneben gab es die Lehrfächer Arithmetik, Geologie, Musik, Astronomie, Rhetorik, Poetik und Philosophie.

Kornjakt-Turm

Der älteste der drei erhalten gebliebenen Sakralbauwerke ist der Glockenturm. Der einzelnstehende, 66 Meter hohe Turm wird nach seinem Stifter Kornjakt-Turm genannt. Der reiche griechische Kaufmann Konstantin Kornjakt gehörte der Stauropigianischen Bruderschaft an und war ein sehr religiöser Mensch. Er beschloß, auf eigene Kosten einen majestätischen Turm bauen zu lassen, der typische ukrainische Merkmale besitzen sollte. Der damals in der Ukraine höchste Turm wurde in den Jahren 1572 bis 1578 erbaut und erfüllte drei Funktionen: er war ein Glockenturm, ein Festungsturm sowie ein Beobachtungspunkt für Brände.

Zu Beginn besaß der Turm nur drei Stockwerke. Im Jahre 1695 baute der Architekt Peter Beber das vierte aus Ziegelsteinen im Barockstil. Seine große Glocke von zwei Metern Durchmesser trägt den Namen ›Kiryl‹. Sie ist ein Kunstwerk des Lemberger Glockengießers Teodor Polanski. Im Jahre 1783 wurde sie neu gegossen und schlägt seit dieser Zeit bis zum heutigen Tage. Nur während der Sowjetmacht wurde das Läuten der Glocke verboten. Zum erstenmal, nach einem halben Jahrhundert, Ostern 1989, hörten die Lemberger Einwohner erneut den Klang der historischen Glocke.

Dank seiner architektonischen Schönheit und Größe bildet der Turm ein Wahrzeichen der Stadt.

Kircheninneres

Die im Renaissancestil gebaute Maria-Entschlafens-Kirche enthält mehrere Elemente, die für die altrussische Architektur typisch sind. Zu den künstlerisch wertvollsten Werken im Kircheninneren gehört das Gemälde der Heiligen Jungfrau mit dem Jesuskind. Es wurde im Jahre 1635 von Nikolaus Pietrachnowicz gemalt.

Der Hauptaltar, die Seitenaltäre sowie der prächtige Ikonostas sind wundervolle Schnitzwerke im Rokoko-Stil der Meister M. Filewicz und F. Olendzki aus dem Jahre 1773. Von hohem künstlerischen Wert sind die Altargemälde der Gottesmutter, des heiligen Nikolaus sowie das Madonnenbild. Die Passionsbilder des Kreuzweges aus den Jahren 1807 bis 1852 sind Kunstwerke des Lemberger Porträtmalers Martin Jablonski.

Die Dreiheiligen-Kapelle

Dreiheiligen-Kapelle

Unmittelbar an die Kirche und den Kornjakt-Turm grenzt die zierliche, dreikupplige Dreiheiligen-Kapelle, die in den Jahren 1578 bis 1590 nach Plänen von Peter Krasowski und durch die finanzielle Unterstützung K. Kornjakts erbaut worden ist. Die Kapelle wurde nach einem Brand im Jahre 1671 vom Lemberger Alexius Balaban restauriert. Die Kapelle besitzt sowohl innen als auch außen einen reichen und sehr schönen Bildhauerschmuck.

Die jüdische Altstadt

Von der vul. Rus'ka geht die vul. Fedorova ab. Auch diese Straße ist eine der ältesten der Stadt. Von 1387 bis 1871 befand sich hier die Jüdische Straße. Bis zum Jahre 1949 hieß sie vul. Blachars'ka, dann erhielt sie ihren heutigen Namen. Dieser südwestliche Teil der Altstadt war bereits im 14. Jahrhundert von jüdischen Einwohnern bewohnt. Zu dieser Zeit war ihre Anzahl noch gering. Später bildete die jüdische Lemberger Gemeinde den zweitgrößten Bevölkerungsanteil in der Stadt. Im mittelalterlichen Lemberg mußten die Juden in der Vorstadt leben.

Synagoge Goldene Rose

Das Zentrum des jüdischen Ghettos bildete die Synagoge Goldene Rose. Der Vorsitzende der jüdischen Gemeinde, Isaak Nachmanowicz, ließ im Jahre 1580 das Haus Nr. 27 erbauen, das heute leider nicht mehr besteht.
Auf seinem Hinterhof errichtete der Architekt Paul der Römer im Jahre 1582 die private Familiensynagoge Goldene Rose (hebräisch ›Turesahaw‹) als Stiftung, die bis zum Jahre 1604 Familieneigentum war und dann die städtische Synagoge wurde. In die Synagoge gelangte man durch das Wohnhaus in der vul. Fedorova.
Heute weisen eine Gedenktafel sowie Mauerfragmente auf die Stelle hin, an der sich einst die Synagoge befand. Diese historische Stelle kann im Hinterhof besichtigt werden. Auf der Gedenktafel steht geschrieben: ›An dieser Stelle befand sich die Synagoge Goldene Rose, genannt zu Ehren der Frau Nachmanowitsch. Sie wurde in den Jahren 1580 bis 1595 nach Plänen des Architekten Paul der Römer gebaut. Abgebrannt und zerstört durch nazistische Okkupanten im Jahre 1942‹.

Die Alte Jüdische Straße

In unmittelbarer Nähe der vul. Fedorova befindet sich die vul. Starojevrejs'ka (Alte Jüdische Straße). Bereits im 14. Jahrhundert wurde in dieser Straße mit Vieh gehandelt. In ihr entstanden die ersten höher gebauten Wohnhäuser, um den vielen hier lebenden Menschen Unterkunft zu gewähren. Noch im 18. Jahrhundert standen in der Straße vereinzelte Bauten wie eine Badeanstalt, ein Gefängnis, eine Schule sowie Marktstände. Anstelle des Hauses Nr. 54 befand sich hier im 16. Jahrhundert ebenfalls eine Synagoge. Auch sie wurde

An dieser Stelle stand die ›Goldene Rose‹

während der deutschen Besatzung im Jahre 1942 zerstört.

Befestigungsanlagen

Am Ende der vul. Rus'ka befindet sich die vul. Pidval'na (Unter den Wällen). Die heutige vul. Pidval'na verlief im Mittelalter westlich der Stadtbefestigung. Diese bestand aus zwei Mauern, einer niedrigeren und einer höheren, 18 Türmen, zwei Waffenarsenalen, einem mit Wasser gefüllten Graben sowie einem aufgeschütteten Erdwall mit Bastionen. Die Stadtbefestigungsmauern entstanden in einem Zeitraum von über 300 Jahren. Zwischen der Stadtmauer und den Erdwällen entstand Ende des 18. Jahrhunderts mit der vul. Pidval'na und der vul. Vynnyčenka ein neuer Straßenkomplex. In der vul. Pidval'na befinden sich die meisten erhalten gebliebenen Spuren der mittelalterlichen Stadt und der historischen Befestigungsanlagen; dazu gehören auch die beiden Waffenarsenale. Ende des 18. Jahrhunderts wurde mit dem Abriß der Stadtbefestigungsmauern begonnen. Im Städtischen Arsenal befanden sich längere Jahre Lagerräume. Auch der Verteidigungswall wurde abgetragen und die Erde zum Zuschütten des Stadtgrabens verwendet. Anstelle des Grabens entstand ein Boulevard, die näher an der ehemaligen Stadtmauer gelegene Fahrbahn wurde zu einer Straße, an der neue Häuser entstanden und damit auch die vul. Valova (Wallstraße). Zu Beginn des 19. Jahrhunderts wurde die Wallfläche eingeebnet, und es entstanden Grünanlagen. Die neu entstandene Kreuzstraße erhielt den Namen Gouverneurswälle, der man aber schon im Jahre 1871 den Namen Pidval'na gab. Die Gouverneurswälle verliefen zwischen der heutigen vul. Pidval'na und der vul. Vynnyčenka. Sie wurden im Jahre 1816 vom Gouverneursrat Reitzenheim anstelle alter Befestigungen (Erdwälle) vom Bernhardinerkloster aus bis zum Fuße des Schloßberges errichtet.

Städtisches Waffenarsenal

Von der Kreuzung mit der vul. Rus'ka geht es zuerst etwas nach rechts. Das lange, massive, rötliche Gebäude ist das Städtische Waffenarsenal. Es entstand an derselben Stelle des hier im Jahre 1430 errichteten Arsenals. Das heutige wurde mit Geldern Lemberger Bürger gebaut, daher auch sein Name: städtisch. Angeschmiegt an die höhere, innere Stadtmauer, hatte es zwei Türme, den ›Sattler-‹ und den ›Schuster-Turm‹. Der erneuerte **Sattler-Turm** befindet sich am Eingang des Arsenals, Fragmente des **Schuster-Turmes** wurden am Ende des Gebäudes rekonstruiert. Im Turm, der zur Sattler-Zunft gehörte, wohnte im Mittelalter der städtische Scharfrichter mit seiner Familie und seinen Gehil-

Die Krämerbastion am pr. Svobody war Teil der Stadtbefestigung

fen. Im 18. Jahrhundert befand sich in ihm ein Gefängnis. Eine Gedenktafel erinnert daran, daß in diesem Gefängnis Kolijivščyna-Hajdamaken, Teilnehmer des ukrainischen Volksaufstandes von 1768 bis 1770, eingekerkert waren. Nach Restaurierungsarbeiten im Jahre 1981 hat heute im unteren Teil eine Verkaufshalle für Kircheninventar der unierten und orthodoxen Kirche ihren Platz. Dort kann man Meßbecher, Meßgewänder, Heiligenfiguren, Gebets- und Gesangbücher sowie andere kirchliche Artikel kaufen.

Im oberen Teil wurde das **Museum für Waffen- und Munitionssammlungen** sowie Kriegsausrüstungen eingerichtet. Das Museum ist das einzige dieser Art in der Ukraine und zeigt Waffen und Munition aus der ganzen Welt und aus verschiedenen Epochen.

Es ist empfehlenswert, auch die hinteren Fassaden des Städtischen Arsenals mit ihren originalen mittelalterlichen Holzgängen zu bewundern. Dazu biegt man ein kurzes Stück in die vul. Brativ Rohatynciv (Gebrüder-Rohatyn-Straße) ein. Zurück auf der vul. Pidval'na, wird der Spaziergang auf der gegenüberliegenden Straßenseite fortgesetzt.

Die Vynnyčenka-Straße

Die vul. Vynnyčenka ist die höher gelegene Parallelstraße zur vul. Pidval'na. Benannt ist sie nach dem ehemals deutschen Ort Weinbergen, heute Vynnyky. Bevor man zu ihr gelangt, begrüßt einen linker Hand auf der Anhöhe das 2002 eingeweihte **Denkmal für V. Čorovil**. Geschaffen hat es der ukrainische Künstler V. Kamenčyk. Čorovil war ein berühmter ukrainischer Dissident, Politiker und Kämpfer für eine unabhängige Ukraine. Er gehörte als aktiver Deputierter und Mitbegründer der nationalen Bewegung ›Ruch‹ an und kam auf seltsame Weise bei einem Verkehrsunfall im Jahre 2000 ums Leben. Am Denkmal befindet sich die Inschrift: ›Wir Ukrainer waren, sind und werden frei sein!‹

Bis zum Jahre 1871 trug die vul. Vynnyčenka den Straßennamen Pans'ka (Herrenstraße). In den Jahren 1871 bis 1944 erhielt sie den Namen des ehrwürdigen Kommandanten, Feld-Hetmanns und Kiever Wojewoden Stefan Čarniecki. Später, bis zum Jahre 1991, trug sie den Namen vul. Radjans'ka (Sowjetische Straße). Sie verläuft am Parkboulevard entlang und ist nur auf einer Seite bebaut. An ihrem Ende auf der rechten Seite befand sich der ehemalige Palast der römisch-katholischen Erzbischöfe. Er wurde im Jahre 1844 aus der Stiftung des Bischofs Franz Pistek, nach Plänen des Architekten J. Salzmann, im Stil des

Klassizismus gebaut, aber bereits im Jahre 1886 umgebaut. In der heutigen vul. Vynnyčenka gibt es mehrere historische Bauwerke zu besichtigen.

Die Michaelskirche

Die Kirche mit den beiden Türmen auf der Anhöhe ist die unierte Kirche des heiligen Michael mit Studitenkloster, eine ehemalige Karmeliterkirche mit Kloster. Diese Kirchenanlage befand sich ursprünglich außerhalb der Stadtmauern und wurde im Jahre 1634 für die Barfüßigen Karmeliter gegründet. Die Kirche wurde im Barockstil erbaut, die Bauarbeiten vom Architekten J. Pokorowicz geleitet. Die Westfassade mit dem Haupteingang schmücken zwei quadratisch angelegte Türme nach den Entwürfen von A. Wondraszka aus dem Jahre 1835. Zu Baubeginn entstand nur ein Turm, der zweite wurde erst im Jahre 1906 vom Architekten Vladyslav Halyc'ky vollendet.

Die Wände und das Gewölbe der dreischiffigen Kirche bemalte 1731/32 der italienische Maler G. C.Pedretti mit seinem Schüler B.Mazurkiewicz mit Fresken. Im Presbyterium befindet sich unter der mittleren Kuppel ein freistehender, barocker Hochaltar aus schwarzem Marmor mit korinthischen Säulenkapitellen aus der Mitte des 17. Jahrhunderts. Er wurde vom Bildhauer A. Prochenkowicz, einem Schüler des Bildhauermeisters Johann Pfister, geschaffen.

Das Kircheninnere zieren Gedenktafeln vom Ende des 19. Jahrhunderts. Der Kirchen-Kloster-Komplex besaß eigene Verteidigungsmauern, deren Fragmente blieben. Sie sind seitlich der Straße, an der rechten Seite des Klosters, ersichtlich. In ihnen befand sich eine Stadtpforte, die die ›Barfüßige Pforte‹ genannt wurde.

Bürgerhäuser auf der Vynnyčenka-Straße

Die im klassizistischen Stil errichteten **Häuser Nr. 24 und 26** gehören zur Wissenschaftlichen Ševčenko-Gesellschaft. Diese wurde anfangs als eine Literaturvereinigung gegründet, die im Jahre 1892 zu einer wissenschaftlichen Institution erweitert wurde. Ihr gehörten zwei Forschungsinstitute, drei Museen, eine Bibliothek sowie eine Druckerei an.

Die Statthalterei hatte im **Haus Nr. 18** ihren Sitz. Es wurde in den Jahren 1877 bis 1880 erbaut. Heute befindet sich hier der Wojewodschaftsrat des Lemberger Gebiets.

Das **Gebäude Nr. 14** war das ehemalige Statthalterpalais, das im Jahre 1821 im Stil des Klassizismus entstand. Während der Zwischenkriegszeit diente das Haus

Die Michaelskirche

als Residenz der Lemberger Wojewoden.

Das **Bürgerhaus Nr. 8** wurde zu Beginn des 19. Jahrhunderts im Empire-Stil gebaut. Der bekannte Lemberger Bildhauer Anton Schimser schuf die prächtige Fassade mit Flachreliefs zu mythologischen Themen. In dem Haus wohnte die Familie des bekannten Lemberger Verlegers, Litographen und Druckers Anton Piller.

Der Pulverturm

Auf der Anhöhe, mehr in Richtung vul. Pidval'na, hat sich ein Rest Mittelalter erhalten. Der bis heute an der gleichen Stelle verbliebene Pulverturm ist die einzig erhaltengebliebene Bastion in Originalzustand. Der Turm entstand in den Jahren 1554 bis 1556, er wurde aus unbehauenen rechteckigen Steinen erbaut, wobei die Vorderseite als Halbrund entstand. Die starken Mauern, die im Fundament eine Stärke bis zu drei Metern aufweisen, besaßen nur kleine Fensterluken. Den Eingang ins Innere sicherten drei eiserne Türen. Bei Gefahrens- und zu Kriegszeiten diente diese

Der Büchermarkt am Arsenal

Bastion als Befestigung und zur Lagerung von Kriegsmaterialien sowie Proviant. Zu Friedenszeiten wurde sie von den Kaufleuten als Getreidelager benutzt. Seit dem Umbau im Jahre 1959 hat hier der Lemberger Architektenverband seinen Sitz. Seit dieser Zeit schmükken zwei mächtige Steinlöwen den Eingang zum ›Haus der Architekten‹.

Büchermarkt

Es geht nun die Treppen hinunter auf die vul. Pidval'na und zurück auf die andere Straßenseite. Auf dem Platz vor dem Königlichen Arsenal grüßt Ivan Fedorov von seinem Denkmal. Fedorov war ein zwar russischer Buchdrucker, aber auch ukrainischer Erstdrucker. Das Denkmal wurde im Jahre 1977 enthüllt. Beim Bau wurden Mauerfragmente einer Bastion entdeckt, die heute zu besichtigen sind.

Auf dem Platz um das Denkmal herum läßt sich auf dem sogenannten Lemberger Büchermarkt zu phantastisch niedrigen Preisen manch gute neue, aber auch alte und sogar historische Literatur finden. Allerdings dürfen Bücher, die vor 1945 erschienen sind, nicht aus der Ukraine ausgeführt werden.

Königliches Arsenal

Hinter dem Ivan-Fedorov-Denkmal befindet sich das Königliche Arsenal. Es wurde in den Jahren 1639 bis 1649 vom Architekten P. Grodzitzki gebaut. Dieses Arsenal ist einer der wenig erhalten gebliebenen Schutzbauten der mittelalterlichen Befestigungsanlagen. Es wurde an die hohe innere Mauer angebaut. Es erhielt den Namen ›königlich‹, da der größere Teil seines Baus vom polnischen König Władysław IV. Wasa gespendet worden war. Im Arsenal hat heute das Lemberger Gebietsarchiv seinen Platz.

Das Dominikanerkloster

Im Hintergrund sind bereits die Mauern und das grüne Kuppeldach der ehemaligen Dominikanerkirche zu sehen, heute die unierte St.-Fronleichnam-Kirche mit dem Dominikanerkloster. Die ersten Dominikanermissionare kamen bereits im Jahre 1234 nach Lemberg. Als erste entstand die Kirche St. Johannes des Täufers am Alten Ringplatz. Später gründeten die Dominikaner hier an dieser Stelle ein Kloster und errichteten eine Holzkirche, die jedoch um die Mitte des 13. Jahrhunderts abbrannte. Das gleiche Schicksal traf auch die im Jahre 1378 vom Fürsten Władysław Opolczyk gestiftete gemauerte Kirche. Ein Feuer zerstörte sie im Jahre 1407.

Der heutige Sakralkomplex stammt aus der Mitte des 18. Jahrhunderts und ist einer der majestätischsten Barock-Kirchenbauten der Stadt. Sein Stifter ist Jean Potocki. Den Entwurf für den Kirchenbau schuf Johannes de Witte. Der Bau wurde in den Jahren 1749 bis 1764 von Martin Urbanik geleitet.

An das Hauptschiff schließt sich ein rechteckiges Presbyterium an. Die monumentale Westfassade sowie das architektonisch interessant gegliederte und künstlerisch gearbeitete Äußere, insbesondere ihr Kuppelaufbau, erinnert an die Wiener Karlskirche. Das gut proportionierte, vergoldete Innere hat eine ideale Raumwirkung. Der freistehende, barocke Säulen-Hochaltar mit den Rokoko-Holzfiguren der vier Evangelisten und dem byzantinischen Madonnenbild krönt die Mitte des Presbyteriums. Die Heiligenfiguren schuf der Bildhauer S. Fessinger. Aus der ursprünglichen gotischen Kirche sind die Alabaster-Grabmäler aus dem 16. Jahrhundert erhalten geblieben.

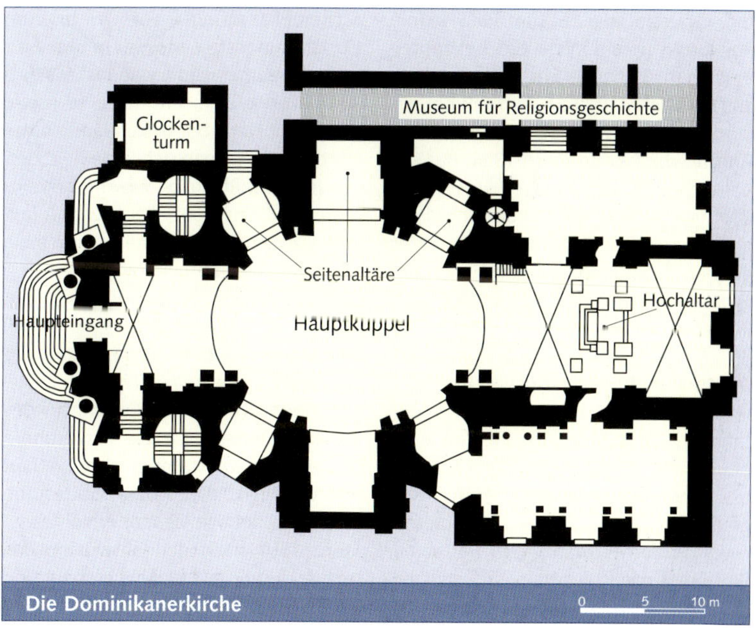

Die Dominikanerkirche

Stadtspaziergänge

Die Dominikanerkirche

Kunstwerke in der Kirche

Von den später geschaffenen Bildhauer-Kunstwerken sind die wertvollsten im Kircheninneren zu bewundern. Das Marmor-Grabmal der Gräfin Julia Dunin Borkowski ist ein Werk des bekannten dänischen Bildhauers Bertel Thorvaldsen aus dem Jahre 1816. Das Denkmal des Gouverneurs Franz von Hauer schuf Anton Schimser im Jahre 1824, das des polnischen Malers und Grafikers Arthur Grottger stammt von W. Gadomski aus dem Jahre 1880. Zum Kirchenensemble gehört das Klostergebäude und der Glockenturm aus dem Jahre 1865 nach Plänen von J. Braunseis.

Museum für Religionsgeschichte

Nach dem Zweiten Weltkrieg, bis zum Jahre 1990, befand sich im Klostergebäude das Museum der Religion und des Atheismus unter dem Motto: ›Religion – Opium für das Volk‹. Aus diesem Anlaß entfernte man gleich vor seiner Eröffnung das Kreuz, das ein Schutzengel an der Hauptfassade in seinen Händen hielt. Das Kirchengebäude diente nach dem Krieg als Zementlager. Die Kirche ist jetzt den Gläubigen der unierten Glaubensgemeinschaft geöffnet. In einem Teil des ehemaligen Klosters befindet sich das Museum der Geschichte der Religion.

Die Drukars'ka-Straße

Von der Dominikanerkirche geht es durch die vul. Stavropihijs'ka zum Marktplatz zurück. Im Eckgebäude zur vul. Drukars'ka befindet sich im Erdgeschoß Lembergs älteste und heute noch geöffnete Apotheke. Sie wurde im Jahre 1735 eröffnet.

Apothekenmuseum

Seit dem Jahre 1966 befindet sich hier das erste Apothekenmuseum der Ukraine. Das Museum zeigt wertvolle Sammlungen und Ausstellungsstücke, die die Geschichte der Lemberger und der galizischen Pharmazeutik vom 16. bis zum 19. Jahrhundert vorstellen. In den Ausstellungsräumen kann man historisches Apothekengeschirr, alte Rezepte sowie ein Alchimistenlabor besichtigen. In der Apotheke sollte man sich unbedingt den nur hier erhältlichen ›Eisernen Wein‹ kaufen, ein nach spezieller Rezeptur hergestelltes Vorbeugungsmittel für viele kleine Beschwerden.

Haus zur Gottesmutter

Im Haus Nr. 3 der vul. Drukars'ka steht in einer Nische eine Marienplastik. Dieses Haus wurde in der Mitte des 16. Jahrhunderts für die in Lemberg bekannte Patrizierfamilie Scholz gebaut und trug den Namen ›Zur Gottesmutter‹. Seine heutige Gestalt erhielt es im Jahre 1897 nach den Entwürfen des Architekten J. Lewinski. In Lemberg sind häufig Nischen an Häusern zu sehen, in denen sich erneut seit den 1990er Jahren oft mit Blumen geschmückte Marienplastiken befinden. Diese Tradition entstand in der Mitte des 17. Jahrhunderts, als der polnische König Kasimir in der Lateinischen Kathedrale sein berühmtes Gelöbnis ablegte, in dem er die Gottesmutter Maria zur Königin der polnischen Krone ernannte und somit auch die Stadt Lemberg für immer unter ihre Obhut gab.

Die Armenische Straße

Von der vul. Drukars'ka sind es nur ein paar Schritte bis in die vul. Virmens'ka (Armenische Straße). Sie war die Hauptstraße im armenischen Stadtteil, die die Armenier bereits im 14. Jahrhundert bewohnten. Zuvor wohnten die ersten armenischen Ansiedler, die während der Zeit der Stadtgründung nach Lemberg gekommen waren, in der Nähe des Alten Ringplatzes und des Schloßberges.

Die Armenische Straße verströmt noch heute einen Hauch von Mittelalter. Die ersten armenischen Einwanderer kamen aus der Hauptstadt des frühen Armenien, der Stadt Ani, und beschäftigten sich vorwiegend mit dem Handel und dem Kunsthandwerk der Goldverarbeitung. Die armenische Kolonie hatte ihr eigenes Gericht, eine eigene Schule, ein Spital sowie eine eigene Bibliothek. Vor allem aber errichteten sie die architektonische Perle der Stadt, die armenische Kathedrale.

Häuser in der Armenischen Straße

Die Häuser Nr. 20, 25 und 31 in der vul. Virmens'ka gehören zu den ältesten Häusern im armenischen Stadtviertel. An ihnen haben sich Schmuckelemente aus dem 16. Jahrhundert erhalten.

Das Haus Nr. 20 ist eines der wertvollsten Renaissancebauten dieser Straße. Es wurde im 16. Jahrhundert vom italienischen Baumeister Peter de Lugano errichtet, aber im Jahre 1898 umgebaut. Besondere Beachtung verdient das Renaissance-Portal mit seinen ionischen Pilastern.

Das Haus Nr. 21 zieren Flachreliefs mit mythologischen Themen. Sie wurden vom Bildhauer Hartman Witwer, einem Lemberger deutscher Herkunft, zu Beginn des 19. Jahrhunderts geschaffen.

Das Haus Nr. 27 erhielt sein einmalig schönes Aussehen im 17. Jahrhundert. Im 19. Jahrhundert wurde es im Empirestil umgebaut. Es wird auch das ›Haus der Vier Jahreszeiten‹ genannt. Frühling, Sommer, Herbst und Winter werden durch Reliefs mit Szenen aus dem täglichen Leben dargestellt. Der Bildhauer

Die armenische Kathedrale

Gabriel Krasutzki schuf dieses Kunstwerk im Jahre 1882. Der Saturn mit Flügeln im Mittelfeld symbolisiert den Zeitverlauf. Die linke lateinische Inschrift lautet: ›Nuntiat ver‹ – Er meldet den Frühling. Die rechte Inschrift bedeutet ›Reducit hiemem‹ – Er bringt den Winter wieder. Am Gesims zwischen dem ersten und zweiten Stockwerk sind die Plastiken von Störchen ersichtlich.

Bis 1946 hatte in diesem Haus Janusz Witwicki sein Atelier, in dem er das einzigartige Modell des Lemberger Stadtpanoramas aus dem 18. Jahrhundert im Maßstab 1:200 schuf. Das riesige Original dieses Modells kann man heute im Münzmuseum in Breslau bewundern.

Die armenische Kathedrale

Die Kathedrale ist eines der bedeutendsten Baudenkmäler Lembergs. Das anfangs kleine Kirchlein wurde bereits in den Jahren 1356 bis 1363 nach den Plänen der Stifter und nach dem Muster der Kirche von Ani vom schlesischen Baumeister Doring gebaut.

Während der sowjetischen Zeit befand sich in der Kathedrale ein Lagerraum des Theaters. Nachdem der historisch einmalige Kirchenkomplex fast 50 Jahre unzugänglich war, wurde er im Jahre 2001 für die Gläubigen der armenischen Gemeinde erneut geweiht und geöffnet. Bis zu diesem Moment konnte man nur durch ein verriegeltes Eisentor von weitem auf den Innenhof mit dem genannten Holzaltar schauen.

Die Besichtigung der Kathedrale ist kostenlos, am Kiosk neben dem Eingang können aber die dünnen Kirchenkerzen gekauft werden. Wer diese Kerzen anzündet und in den dafür vorgesehenen Sandbehälter steckt, tut dies im Gedenken an diese historische Stätte und mit persönlichen Wünschen für seine Familie und Freunde.

Ein **Eingang** führt von der vul. Virmens'ka unter dem Glockenturm durch auf den **Klosterhof**, der mit alten armenischen Grabsteinen gepflastert ist. Im frühen Mittelalter befand sich hier ein armenischer Friedhof. Die ehemaligen Grabsteine, über die man jetzt läuft, stammen aus verschiedenen Epochen, die ältesten sind 600 Jahre alt. Der Glockenturm wurde 1571 nach Plänen von Peter Krasowski gebaut. Links an der Mauer des angrenzenden Hauses befindet sich eine **Holzkapelle**, in deren Zentrum Christus am Kreuz und die beiden Marien zu sehen sind. Dieses flach gearbeitete prächtige Rokoko-Schnitzwerk stammt aus dem 18. Jahrhundert.

Die Kathedrale vereint in sich drei Teile verschiedener Epochen. Zu ihnen gehören das ursprünglich im 14. Jahrhundert im armenisch-orientalischen Stil aus Quadersteinen erbaute Kirchlein, das im 17. Jahrhundert angebaute Langschiff

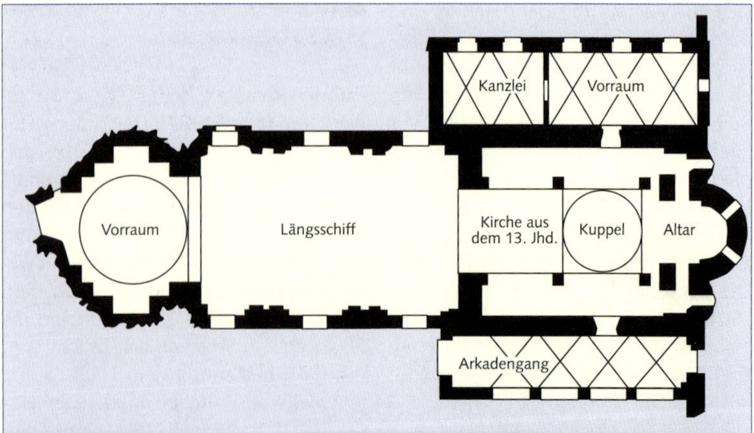

Die armenische Kathedrale

sowie dessen Verlängerung, die bis zur heutigen vul. Krakivs'ka reicht und die dort ebenfalls Eintritt in die Kathedrale gewährt. Am Schnittpunkt des Hauptschiffes mit dem Seitenschiff erhebt sich die zwölfwändige Kuppel mit ihren (unsichtbaren) gebrannten Tontöpfen, die mit steinernen Platten überdeckt sind. Dank dieser Konstruktion besitzt der Kirchenraum eine wundervolle Akkustik. Zu Beginn des 15. Jahrhunderts wurde an der Südseite ein vierjochiger, niedriger, rundbogiger Säulen-Arkadengang angebaut.

An den Kirchenwänden sind **Freskenmalereien** aus dem 14. und vom Anfang des 15. Jahrhunderts zu bewundern. Die Ornamente sind armenische Motive. Die ältesten Denkmäler der Lemberger monumentalen Malerei sind die er-

Holzaltar im Innenhof der armenischen Kathedrale

haltengebliebenen Fragmente, die während der Restaurierung der Kathedrale aufgedeckt wurden. Die Restaurierungsarbeiten wurden vom Architekten F. Monczynski im Jahre 1908 begonnen und in den 1920er Jahren beendet.

Im Jahre 1928 wurden der Altar, der Bischofsthron sowie die Marmor-Ambone (Pult für Lesungen) und die Balustrade neu errichtet. Noch vor dieser Zeit, im Jahre 1912, wurde die Kuppel mit Mosaiken nach Plänen von Jozef Mehoffer geschmückt. Der Malermeister Johann Heinrich Rosen schuf in den Jahren 1925 bis 1929 das Wandgemälde ›Hirtenehre‹.

In der Kathedrale befindet sich das eingemauerte Epithaph des armenischen Patriarchen Stefan V., der im Jahre 1551 in Lemberg verstorben ist. Dieses Grabmal ist das älteste erhalten gebliebene Denkmal dieser Art der Lemberger Bildhauerei.

Die Krakauer Straße

Von der vul. Virmens'ka ist es nicht weit zur vul. Krakivs'ka. In ersten Lemberger Chroniken wird sie Tatarenstraße genannt. Es ist anzunehmen, daß im Mittelalter hier eine tatarische Ansiedlung lag. Seit dem 15. Jahrhundert trägt die Straße ihren heutigen Namen. Die Straße führte zum im Jahre 1386 erbauten Krakauer Stadttor und von da aus auf die Handelsstraße nach Krakau und weiter. Das Krakauer Tor befand sich an der Stelle, wo sich heute die vul. Krakivs'ka und die vul. Lesi Ukrajinky kreuzen. Es war, wie auch das Halyc'ka-Tor, ein Teil der Befestigungsanlagen der Stadt.

■ Die Verklärungskirche

In der Straße kann man von weitem die weiß-grünen Kuppeln der unierten Verklärungskirche erkennen. Bereits im

Die Verklärungskirche

18. Jahrhundert entstand neben dem Krakauer Stadttor das Trinitarierkloster mit seiner Kirche. Diese galt als einer der schönsten Bauten des Lemberger Barock. Sie war ein Werk der in Lemberg wirkenden berühmten Architekten Bernard Meretyn und Jan de Witte. Nach der Auflösung des Ordens wurde das Kirchengebäude in eine Universitätsbibliothek umgewandelt. Im Kloster wurde ein Gymnasium sowie ein Teil der Universität untergebracht. Durch Artilleriebeschüsse wurden Teile der Gebäude im Jahre 1848 zerstört. Ende des 19. Jahrhunderts entstand auf den Fundamenten der Trinitarierkirche das heutige Gotteshaus nach Plänen des Architekten Havryškievyč. Die Kirchenweihe fand im Jahre 1906 statt.

Einer besonderen Bedeutung kommt der Lichteinwirkung in das Gotteshaus zu. Das Licht fällt hauptsächlich durch die Fenster des Kuppeldaches ins Innere und gibt den vergoldeten Figuren der Evangelisten sowie der Wandbemalung in der Kuppel eine besondere Schönheit. Die Heiligenfiguren sind Werke Leonard Marconis. An der künstlerischen Gestaltung des Kircheninneren wirkten bekannte Lemberger Meister wie T. Popiel, K. Ustyjanovyč und A. Pilichovs'ky mit. Im Jahre 1990 wurde die Kirche als erste wieder geöffnete unierte Kirche den Lemberger Gläubigen übergeben.

Häuser in der Krakauer Straße

In der vul. Krakivs'ka wohnten sehr viele Lemberger Handwerker und Maler. Besonders berühmt waren die Schmiedehandwerker, die die schönsten Schwerter herstellten. Die Wohnhäuser der Straße entstanden im 18./19. Jahrhundert. An vielen Hausfassaden befinden sich Schmuckdekorationen. Am Haus Nr. 2 kann man einen Zentauren mit einem Weinglas bewundern. Die Fassade des

Hauses Nr. 4 ziert die im Empirestil geschaffene Gestalt Amors, ein Werk von Pawel Eutele. Das Haus Nr. 22 stammt aus dem 17. Jahrhundert. Seine Stirnwand schmückt die Steinplastik des Evangelisten Lukas, des Schutzpatrons der Maler.

Rund um das Skarbek-Theater

Gleich hinter der Kirche befindet sich die vul. Lesi Ukrajinky, benannt nach der bekannten ukrainischen Schriftstellerin. Früher trug sie den Namen des Lembergers Graf Stanislav Skarbek. Der polnische Graf Skarbek hatte zu Beginn des 19. Jahrhunderts den großen Platz in der Nähe des Schloßberges für den Bau eines multifunktionellen Gebäudes gekauft, dessen größeren Teil ein Theater einnehmen sollte.

Das heute weiterhin als **›Skarbek-Theater‹** bekannte Haus entstand in den Jahren 1837 bis 1842 nach dem Entwurf des Architekten Johannes (Jan) Salzmann im klassizistischen Wiener Stil. Mit mehr als 1450 Sitzmöglichkeiten war es seinerzeit das größte europäische Theater. Da das Gebäude auf einem sumpfigen Boden gebaut wurde, steht es auf einer Fundamentsverstärkung von 16 000 Eichenpfosten.

Im April 1842 fand die Uraufführung statt. Aufgeführt wurde die Komödie ›Mädchengelöbnisse‹ des bekannten polnischen Komödienschriftstellers Alexander Fredros. Im Theater gastierten berühmte Schauspieler, Opernsänger und Dirigenten. Unter ihnen bekannte Komponisten wie Franz Liszt und Mykola Lysenko. Auf der Bühne dieses Theaters begann die Karriere der unübertrefflichen ukrainischen Opernsängerin Salomea Krušel'-nyc'ka. Heute trägt das Theater den Namen der ukrainischen Schauspielerin Maria Zan'kovec'ka.

Das Niedere Schloß

Mit diesem Ort ist wiederum ein Stück mittelalterliche Geschichte verbunden. Bis zum Ende des 19. Jahrhunderts stand an der Stelle des heutigen **Theaters** das ›Niedere Schloß‹. Es gehörte seit dem 14. Jahrhundert zum historischen Stadtbild Lembergs. Verbunden mit den Befestigungsanlagen der Stadt bildete es seine nordwestliche Eck-Bebauung. Nach dem Stadtfeuer im Jahre 1381 erbaute es der polnische Fürst Ladislaus von Oppeln. Seinerzeit befand sich hier ebenfalls die kleine gotische St. Katharinen-Alexandria-Kirche. Das ›Niedere Schloß‹ war nach dem ›Hohen Schloß‹ die zweite königliche Residenz. Hier weilten die polnischen Könige von Władysław Jagiełło bis zu Sigismund III. Wasa im Jahre 1621. Nach dem Stadtbrand 1573 wurde sein Anbau im Renaissancestil beendet. Mit der Zeit verlassen, verfiel es. Nach der Besetzung der Stadt durch die Österreicher 1772 wurde es Ende des 18. Jahrhunderts endgültig abgetragen.

Die Theaterstraße

Nachdem der Bau des Theaters abgeschlossen war, erhielt die Straße, die sich an dessen Seitenfassade befindet, den Namen vul. Teatral'na. Bestimmt hatte keine Lemberger Straße so viele Namen wie sie. Einst führte sie durch verschiedene Stadtteile, in denen sie jeweils ihre eigene Bezeichnung hatte. Ihr ältester Teil hieß zu Beginn des 15. Jahrhundert Pekars'ka (Bäckerstraße), zu der ein Teil der heutigen vul. Virmens'ka (Armenische Straße) gehörte. In der Bäckerstraße befand sich die Bäckerzunft. Seit dem Jahre 1871 besitzt sie ihre heutige Gestalt und auch Länge sowie ihren Namen Theaterstraße. Damals – genau wie heute – war sie die längste Straße

Salomea Krušel'nyc'ka

In der klassischen Musikwelt war Salomea Krušel'nyc'ka (1872–1952) seit Ende des 19. Jahrhunderts das Symbol der Herrlichkeit und des Unerreichbaren. Ihr unvergleichlich dramatischer Sopran – ihr Stimmenvolumen umfaßte drei Oktaven – war in der damaligen Opernkunst eine seltene Erscheinung. Sie war unübertroffen in den Opern von Puccini, Wagner, Moniuszko, Strauß, Picetti und vielen anderen. Vor der Kunst der ukrainischen Sängerin verbeugten sich die bedeutendsten Opernsänger der Welt, Enrico Caruso, Mattia Battistini, Titto Ruffo, Fëdor Šaljapin, M. Mencynskyj und viele andere.

Salomea Krušel'nyc'ka lebte in Italien und gastierte auf den Bühnen der Mailänder Scala, der Philharmonie in New York, in den Opernhäusern von Warschau, Paris, Rom, Buenos Aires und vielen anderen Städten. Ohne diese große Künstlerin würden wir die Oper ›Butterfly‹ nicht kennen. Erst die zweite Uraufführung dieser Oper im Mai 1904 – die erste fand im Januar desselben Jahres mit einer anderen Künstlerin statt und endete mit einem Fiasko – brachte dem Komponisten Giacomo Puccini und Salomea Krušel'nyc'ka, aber vor allem der Opernaufführung ›Madame Butterfly‹ den Welterfolg.

In Warschau war sie zur 500. Aufführung der polnischen Nationaloper ›Halka‹ eingeladen. Aus diesem Anlaß machte sie die erste Darstellerin der ›Halka‹ in einem Altersheim ausfindig, und bei der 500. Aufführung war zugleich die erste ›Halka‹ in der Loge des Warschauer Opernhauses anwesend. Und so wie einst Johann Sebastian Bach durch Felix Mendelssohn-Bartholdy neu entdeckt wurde, so wird auch heute diese große Sängerin erneut ›entdeckt‹. Mehr über diese interessante Persönlichkeit von Weltruf kann man im ›Gedächtnismuseum Salomea Krušel'nyc'ka‹ in der vul. Salomea Krušel'nyc'koji Nr. 23 im Stadtzentrum erfahren. Das Grabmal von Salomea Krušel'nyc'ka befindet sich auf dem Lyčakivs'ke-Friedhof.

Salomea Krušel'nyc'ka

des Stadtzentrums. Sie führt zum pl. Mickevyča und weiter bis zum pl. Soborna (ehemals Bernhardinerplatz).

Haus der Offiziere

In der vul. Teatral'na stand an der Stelle des heutigen Hauses Nr. 22 zu Beginn des 18. Jahrhunderts das Trinitarierkloster, das später zur Lemberger Universität gehörte. In den Jahren 1852 bis 1862 wurde es nach den Entwürfen von W. Schmidt und unter Beteiligung S. Havryševyčs umgebaut. Im neuen Gebäude errichtete man das ukrainische ›Volkshaus‹, das das akademische Männergymnasium, eine Bibliothek und das ukrainische Theater ›Rus'ka Besida‹ (Ruthenisches Gespräch) beherbergte. Im Volkshaus wurde am 1. November 1918 die Westukrainische Volksrepublik proklamiert. Heute ist es das ›Haus der Offiziere‹. Hier befindet sich auch das modern eingerichtete Filmtheater ›Kinopalast‹.

Naturwissenschaftliches Museum

Das dreistöckige Haus Nr. 18 ein Stück weiter südlich wurde 1830 im eleganten klassizistischen Stil nach Plänen W. Rawskis errichtet. Anfangs befand sich in ihm das Dzieduszycki-Museum. Der polnische Graf Wladimir Dzieduszycki besaß es seit dem Jahre 1868. Er war ein anerkannter Lemberger Politiker, Marschall des Galizischen Landesparlamentes, aber vor allem Zoologe, Archäologe und Ethnograph. Das heutige Staatliche Ukrainische Naturwissenschaftliche Museum setzt eigentlich die Tradition des Museums der Grafenfamilie Dzieduszycki fort, das aus der Stiftung des Grafen gegründet worden war. Dieses Museum war das erste und einzige dieses Types im damaligen polnischen Reich. Es besaß etliche wertvolle, oft einmalige Ausstellungsgegenstände, unter ihnen ein Nashorn, interessante Vogel- und Mineralsammlungen. Leider ist es seit vielen Jahren wegen Renovierungsarbeiten geschlossen.

St.-Peter-und-Paul-Kirche

Die vul. Teatral'na schmückt einer der sehenswertesten Sakralbauten Lembergs, die St.-Peter-und-Paul-Kirche des Jesuitenstiftes mit dem ehemaligen Jesuitenkolleg. Leider ist sie seit über 50 Jahren geschlossen. Die ersten Jesuiten kamen im Jahre 1584 nach Lemberg. Im Jahre 1610 legte der damalige Erzbischof Johann Zamojski den Grundstein für den heutigen Kirchenkomplex, der im Jahre 1635 fertiggestellt wurde. Die Barockkirche war eine der größten in der Stadt und konnte samt ihren Emporen über den Seitenschiffen 5000 Personen Platz bieten. An die Nordwand der Kirche grenzt das im Jahre 1723 erbaute Kloster mit dem barocken Eingangsportal. Hier befand sich das Jesuitenkolleg, das der polnische König Kasimir 1661 als Lemberger Universität beim Jesuitenstift gegründet hatte. Seit dem Jahre 1778 befand sich im gesamten Gebäude ein Zivilgericht. Die einst größte und schönste Barockkirche Lembergs wurde nach dem Zweiten Weltkrieg in ein Lager für Bücher und Zeitschriften umgewandelt, in dem sich auch ein erheblicher Teil der polnischen Ossolinski-Sammlungen befinden soll.

Ivan-Pidkova-Denkmal

Gegenüber dem Haus Nr. 10 der vul. Teatral'na liegt der pl. Ivana Pidkovy. Sein Zentrum nimmt das Ivan-Pidkova-Denkmal ein. Pidkova war ein bekannter Kosakenführer aus dem 16. Jahrhundert. Er mischte sich mit seinem Kosakenheer in den moldauischen Bürgerkrieg ein. Es

Das Denkmal für den Kosaken Ivan Pidkova

gelang ihm sogar, die damalige moldauische Hauptstadt Jassy (heute Rumänien) zu erobern. Pidkova wurde zum Hospodar (Herrscher) des Landes ernannt. Später mußten die Kosaken auf polnisches Territorium fliehen, wo Ivan Pidkova von den Türken verhaftet und auf Befehl des polnischen Königs in Lemberg auf dem Marktplatz im Jahre 1578 hingerichtet wurde. Das originelle Denkmal wurde an dieser Stelle im Jahre 1982 als Spende des Schöpfers, des Bildhauers Petro Kulyk, errichtet.

Die Lateinische Kathedrale

Zurück auf der vul. Teatral'na, sind es nur ein paar Schritte bis zum pl. Katedral'na (Domplatz). Von weitem ist schon den Turm der Kathedrale zu sehen.

Zu jeder mittelalterlichen Stadt gehörten traditionell zwei Bauwerke: das Rathaus und die Kathedrale. Für letztere wurde in Lemberg sehr viel Geld ausgegeben. Sie sollte das Herrliche und Majestätische und den lokalen Patriotismus der hier lebenden Bevölkerung zum Ausdruck bringen. Die Lemberger Marienkathedrale - meist Lateinische Kathedrale genannt - ist seit jeher das Zentrum des religiösen Lebens der in der Stadt lebenden und sie besuchenden Polen.

Geschichte

Die Kathedrale gehört zu den ältesten ursprünglich gotischen Sakraldenkmälern Lembergs. Der polnische König Kasimir der Große stiftete den Bau einer neuen Basilika, für die er im Jahre 1360 den Grundstein legte. Der Baumeister N. Niczko leitete die Bauarbeiten, die im Jahre 1493, nach über 100 Jahren, vom Architekten H. Blecher beendet wurden.

Nach dem Stadtbrand im Jahre 1527 mußte auch die Kirche erneuert werden. In den Jahren 1760 bis 1768 wurde auf Initiative des Erzbischofs Wacław Sierakowski die Kathedrale nach Plänen von Peter Polejowski im Barockstil umgebaut. Der 64 Meter hohe Turm erhielt einen barocken Helm. Das Kircheninnere wurde in den Jahren 1771/72 vom Malermeister Stanislav Stroinski mit Fresken geschmückt. Die spätgotische Orgel stammt von der Lemberger Firma Duchenski. Die bemalten Glasfenster im Presbyterium entstanden nach Plänen von Jozef Mehoffer und Jan Matejko. Im Laufe der Jahrhunderte veränderte sich die Kathedrale mehrmals, sowohl außen als auch innen. Elemente der Gotik, Renaissance, des Barock, des Rokoko, des Klassizismus und des Jugendstil lassen sich finden. In den Jahren 1970 bis 1980 wurden verschiedene Erneuerungen im

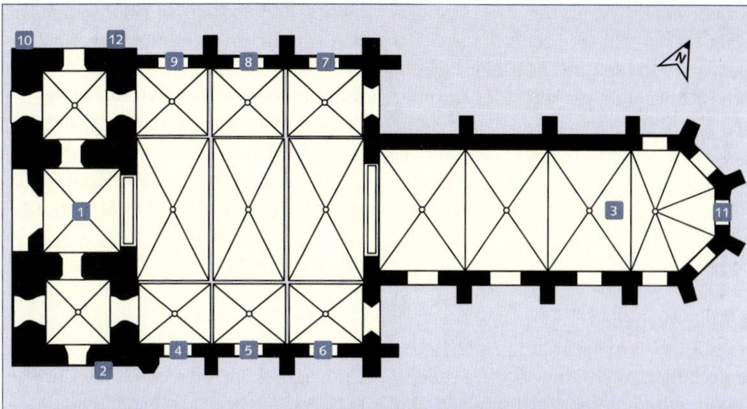

Die Lateinische Kathedrale

0 10 m

Legende

1 Haupteingang
2 Orgel
3 Hauptaltar
4 Kapelle des leidenden Christus
5 Kapelle der Madonna von Częstochowa
6 Kapelle des gekreuzigten Christus
7 Kapelle des heiligen Sakraments
8 Kapelle der Heiligen Madonna
9 Kapelle der Familie Campian
10 Außenreliefs
11 Porträt des Adalbert Domagalicz
12 ›Grabmal Christi‹

Hauptschiff und in den Seitenschiffen vorgenommen. In den Jahren 1999 bis 2001 wurde das Presbyterium restauriert. Papst Johannes Paul II. besuchte am 26. Juni 2001 die Marienkathedrale. Zu Ehren des Besuches wurde im Juni 2003 neben dem Haupteingang eine Gedenktafel enthüllt. In der Gruft der Kathedrale ruhen die Leichname Lemberger römisch-katholischer Metropoliten und Erzbischöfe.

Hauptaltar

Dominierend zeigen sich im barocken Hauptaltar die vier meisterhaft gemeißelten, übergroßen Figuren der heiligen Kirchenväter Augustin, Georg, Ambrosius und Hieronimus. Sie wurden vom Bildhauer Maciej Polejowski in den Jahren 1768/69 geschaffen. Über dem Hochaltar befindet sich das sogenannten Domagalicz-Madonnen-Wunderbild. Es ist ein Werk von Josef Scholz-Wolf aus dem Jahre 1598. Es befand sich ursprünglich in der gleichnamigen Kapelle an der Außenmauer der Kathedrale als Epithaph der Katarina Domagalicz. Nach der Zerstörung der Domagalicz-Kapelle im Jahre 1756 erhielt das Madonnenbild seinen ehrenhaften Platz im Hauptaltar der Kathedrale. Vor dem Madonnen-Wunderbild legte am 1. April 1656 der polnische König Kasimir das berühmte Gelöbnis der Nation ab, in dem er die Heilige Jungfrau Maria zur Königin der polnischen Krone krönte.

An der linken Wand des Presbyteriums befindet sich das bronzene Grabmal des Nikolaus Herburt in Form einer liegenden Rittergestalt, ein Werk des Nürnberger Meisters Pankraz aus dem Jahre 1551. Rechts befindet sich das barocke Marmor-Bronze-Epithaph der fürstlichen Familie Saphieja. Es ist ein Werk des bekannten Lemberger Bildhauers Anton Popiel aus dem Jahre 1904.

Seitenkapellen

Neben der Innengestaltung der Kathedrale hinterlassen ebenso die Seitenkapellen einen tiefen Eindruck auf ihre Besucher. Die erste Seitenkapelle rechts des Haupteinganges ist die Kapelle des leidenden Christus. Sie wurde im 16./17. Jahrhundert errichtet und 1904 restauriert. Die Kapelle der Madonna von Częstochowa entstand ebenfalls in dieser Zeit. Die letzte Kapelle auf der rechten Seite ist die Kapelle des gekreuzigten Christus, die im 17./18. Jahrhundert im Rokoko-Stil entstand. Links des Presbyteriums befindet sich die im 17./18. Jahrhundert ebenfalls im Rokoko-Stil gestaltete Kapelle des heiligen Sakraments. Neben ihr hat die Kapelle der Heiligen Madonna, ehemals die Kapelle der Literaten-Brüderschaft, ihren Platz.

Die architektonische Perle der Marienkathedrale bildet die Kapelle der Familie Campian, ein Grabdenkmal im Renaissancestil. Die Kapelle wurde Ende des 16. Jahrhunderts von Dr. Paul Campian als Familien-Mausoleum errichtet und von seinem Sohn Martin Anfang des 17. Jahrhunderts vollendet. Der Patrizierfamilie Campian gehörten anerkannte Lemberger Mitglieder des Stadtrates, Gelehrte, Ärzte und Bürgermeister an. Die Altarnischen zieren zwei Figuren der Evangelisten Peter und Paul. Sie sind das Werk des Bildhauers Heinrich Horst. Die ovalen Kartuschen an den Seitenwänden schmücken vier Epithaphe mit Apostelgestalten. Die Wände wurden mit Marmor und Alabaster vom Bildhauer Johann Pfister gestaltet und sind als große Epithaphe gedacht, die im italienischen Renaissancestil mit deutsch-flämischen frühbarocken Ornamenten geschaffen wurden.

An der Außenwand der Kathedrale kann man drei in Sandstein gemeißelten Reliefs bewundern. Im mittleren Teil ist Christi Auferstehung zu sehen, links die Grablegung und im rechten Teil Christus als Gärtner vor Maria Magdalena.

An der Westseite der Außenwand befand sich die bereits erwähnte, bis zur vul. Halyc'ka hinausragende Kapelle der Familie Domagalicz. Zur Erinnerung an sie befindet sich an der Giebelmauer der mittleren Apsiswand das Porträt ihres Stifters Adalbert Domagalicz. Das barocke ›Grabmal Christi‹ an der Nordwand war ursprünglich ein freistehendes Monument. Es gehörte zum einstigen Friedhof, der sich hier bis zum Ende des 18. Jahrhunderts befand. Im Jahre 1783 wurden die Beerdigungsstätten neben den Kirchen abgeschafft.

Die Boim-Kapelle

Die Boim-Kapelle ist ein in seiner Prächtigkeit erhalten gebliebenes Kunstwerk des ehemaligen Friedhofs neben der Lateinischen Kathedrale. Die Rückseite dieser Kapelle grenzt an die vul. Halyc'ka. Dieses Mausoleum aus dem 17. Jahrhundert ist die Familiengruft der reichen und einflußreichen Kaufmannsfamilie Boim, die der Stadt nicht nur Kaufleute und Ärzte, sondern auch gesellschaftliche Funktionäre und Weltreisende gab. Die Dokumente zeugen davon, daß der Bau des Mausoleums im Jahre 1609 begonnen wurde. Innerhalb von zwei

Jahren war der Bau fertig, aber die Innengestaltung dauerte bis zum Jahre 1615 an. Die Schöpfer dieses Projektes ist unbekannt, wobei aber vermutet wird, daß es sich um die Architekten Andreas Bremer und die Bildhauer H. Scholtz und Johannes Pfister handelt. Nach Eintritt in das Innere ist man erstaunt über den prachtvollen Reichtum sowie die Raumhöhe, die von außen nicht sichtbar ist. Unter den der Familie Boim gewidmeten Epitaphen befinden sich Bilder von Heiligen, die Schutzpatrone der Familienmitglieder in verschiedenen Zeitabschnitten waren. Bedauerlicherweise ist die Farbgebung der Statuen sowie die herrliche Innendekoration im Laufe der Zeit verblaßt.
Die Fassade erweckt den Eindruck eines in Skulpturform übertragenen riesigen Kupferstichblattes mit Passionsbildern.
Die Laterne unter dem Kreuz wird von der Figur des sitzenden, leidenden und nachdenklichen Christus gekrönt. Auf dem Fries unter der auf dem Tambour ruhenden Laternenkuppel ist nur noch schwach die Inschrift zu erkennen: »O vos omnes, qui transitis per vitam, attendite et videte si est dolor, sicut dolor meus« (Oh, ihr alle, die ihr das Leben durchwandert, haltet inne und schauet, ob es ein Leid wie meines gibt).
Die Boim-Kapelle besitzt nicht nur einen lokalen, sondern vor allem einen außerordentlichen kunsthistorischen Wert.

Nachdenkliche Christusfigur auf der Kuppel der Boim-Kapelle

Die Halyc'ka-Straße

Die vul. Halyc'ka hinter der Lateinischen Kathedrale gehört zu den ältesten Straßen der Stadt. Im Jahre 1382 wurde sie erstmals schriftlich erwähnt. Ihren Namen erhielt sie von der Stadt Halyč (26 Kilometer von Ivano Frankivs'k entfernt), in deren Richtung sie führte. Als das Befestigungssystem der Stadt Mitte des 14. Jahrhunderts errichtet wurde, existierte bereits das Halyc'ka-Stadttor. Es stand am Schnittpunkt mit der vul. Brativ Rohatynciv. Der Name der vul. Halyc'ka ist seit ihrem Bestehen noch nie geändert worden, jedoch hat sich ihr Straßenbild stark verändert. Heute finden sich hier moderne Geschäfte. Einige architektonisch interessante Details sind aber noch erhalten, zum Beispiel am **Haus Nr. 10**, über dessen Eingang ein steinernes Emblem auf den einstigen Namen ›Zum Schwan‹ hinweist. Das **Haus Nr. 11** hatte den Namen ›Zum Löwen‹. Oben am Gebäude erinnert die Gestalt eines ungewöhnlichen Löwens mit zwei Rümpfen daran.
Am Ende der vul. Halyc'ka sieht man linker Hand das im Jahre 2002 eingeweihte **Denkmal des Großfürsten Danylo**. Der spätere König war der Begründer der Stadt. Dem Denkmal gegenüber befindet sich der pl. Halyc'ka, der im 18. Jahrhundert nach dem Abriß der Befestigungsmauern und der Zuschüttung

Stadtspaziergänge

des Stadtgrabens entstand und einer der wichtigsten Plätze der Stadt war und auch heute noch ist. Von diesem Platz aus kann man mit den verschiedenen Transportmitteln - Straßenbahn, Kleinbus (Marschrouten-Taxi) oder Bus - zu allen in- und außerhalb der Stadt gelegenen Orten gelangen.

Bernhardinerkloster

Schon von weitem ist die elegante Silhouette der heute unierten St. Andreaskirche mit dem Bernhardinerkloster zu sehen, die sich auf dem heutigen pl. Soborna befindet. Von 1650 bis 1946 trug er den Namen Bernhardinerplatz. Die einst römisch-katholische Bernhardinerkirche mit ihrem Kloster gehörte zu den schönsten Sakralbauten Lembergs im polnischen Reich. Die reich dekorierte Fassade erinnert an die italienische und niederländische Architektur.

Die ehemalige Bernhardinerkirche

Geschichte

Im 15. Jahrhundert erbauten Bernhardinermissionare in der Stadt ihre erste Kirche sowie das Bernhardinerkloster. Im 17. Jahrhundert entstand der heutige Kirchenkomplex nach Plänen der Architekten Paul Domicin und Ambrosius Przychylny sowie des Breslauers Andreas Bemer. Seit dem Jahre 1990 befindet sich in der ehemaligen römisch-katholischen Bernhardinerkirche die unierte St. Andreaskirche. Das an das Kirchengebäude anschließende Bernhardinerkloster sowie der freistehende Glockenturm, umgeben von Verteidigungsmauern und Bastionen, gehörten einst zu den Anlagen des Stadtbefestigungssystems. Trotz mehrerer Umbauten sind am und im Kirchenensemble viele seiner architektonischen Elemente erhalten geblieben. Nach dem Zweiten Weltkrieg waren in den Gebäuden eine Musikschule sowie das städtische und ukrainische Archiv mit Teilen der Ossolineum-Sammlungen und anderer Bibliotheken untergebracht.

Kirche

Das Kirchengebäude ist ein dreischiffiger Basilikabau. Das hohe Mittelschiff ist auf beiden Seiten durch drei mächtige Pfeiler von den niedrigeren Seitenschiffen getrennt. Der 38 Meter hohe Glokkenturm sowie die architektonisch kunstvoll gestaltete Fassade sind ebenfalls ein Werk Bemers. Die hervorragend gearbeitete Giebelfassade wurde durch Heiligenskulpturen des Bernhardinerordens bereichert.
Ebenso imponierend ist die barocke Innengestaltung mit den 15 Altären und den wertvollen Fresken, die von den Lemberger Malern Bartnicki, Mazurkie-

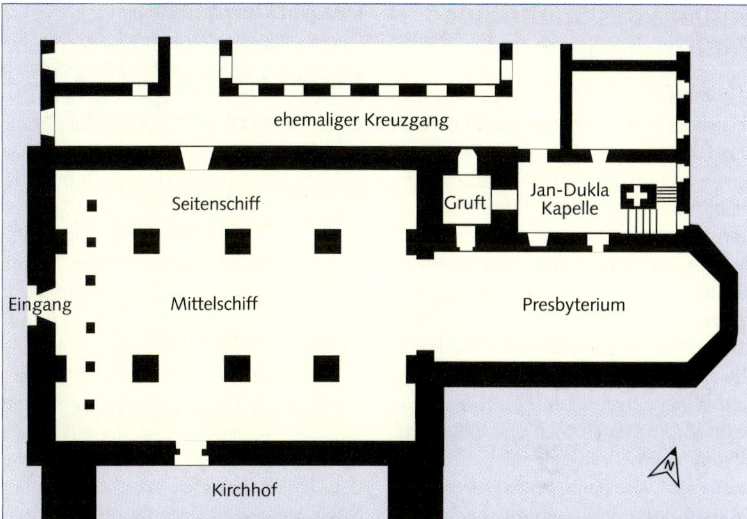

Die Bernhardinerkirche

wicz und Stoczynski geschaffen wurden. In der rechten Seitenkapelle befindet sich das Madonnenstandbild, das einst den Brunnen auf dem Stadtboulevard krönte.

Kirchhof

Auf dem südlich gelegenen Kirchhof steht noch der Rokoko-Brunnen aus dem 18. Jahrhundert. Rechts des Kirchhofes ist die alte Kloster-Befestigungsmauer mit Fragmenten der hölzernen Schützenstandgalerien zu sehen. Die im Jahre 1761 vor der Kirche aufgestellte Säule trug einst die Statue des heiligen Jan von Dukla, der seine letzten Jahre im Bernhardinerkloster verbrachte. Diese Plastik wurde zu sowjetischen Zeiten zerstört. In der Sakristei ist die Grabplatte des Jan von Dukla erhalten geblieben. Sie ist das Werk des Bildhauers W. Kapinos aus dem Jahre 1608. An den Wänden des Presbyteriums befinden sich große quadratische Holztafeln mit Ölbildern der Wunder des gesegneten Jan von Dukla aus dem Jahre 1483.

Den Kircheninnenhof verläßt man durch das Glinianski-Tor. Das ehemals verschüttete Steinmauerwerk mit dem Tor wurde bei Restaurierungsarbeiten in den 1970er Jahren wieder freigelegt. Aus dem Stadttor kommend nach links, gelangt man durch die vul. Valova zurück zum Stadtzentrum. Die vul. Valova selbst entstand zu Beginn des 20. Jahrhunderts. Sie wird vorwiegend von Gebäuden im Jugendstil geprägt.

Hochzeitskutsche

Entlang des Stadtboulevards

Das mittelalterliche Lemberg entwickelte sich zu einer feudalen Stadt von wirtschaftlicher und militärischer Bedeutung sowie zu einem wichtigen Zentrum des religiösen Lebens verschiedener Glaubensbekenntnisse. Die Lemberg kreuzenden Handelsstraßen, vor allem die aus dem Orient nach Mitteleuropa führenden Warenwege, verhalfen der Stadt zu Wohlstand und Macht. Vor allem im 19. Jahrhundert begann man die Stadt von seinem bisherigen Zentrum aus zu vergrößern. Die Straßen und Wege wurden in einem strahlenähnlichen System ausgebaut. Die Bereiche zwischen ihnen wurden nach und nach mit dem Stadtzentrum verbunden. Dieses Schema ist bis heute erhalten geblieben.

Aus der historischen Altstadt verlaufen strahlenförmig auch Straßen, die diese mit der erweiterten Altstadt verbinden.

Der erste Spaziergang außerhalb der Altstadt beginnt auf dem prospekt Svobody, dem Stadtboulevard. Dort befinden sich zahlreiche Traditionshotels, moderne Hotels, Cafés, Restaurants, Banken, Museen und Einkaufszentren. Der Boulevard befindet sich über dem im 19. Jahrhundert einbetonierten Flußbett der Poltava, die die Allee in zwei Fahrstraßen trennt.

Der Mickiewicz-Platz

Der pl. Mickevyča befindet sich am Beginn des pr. Svobody. Von ihm verlaufen die malerisch angelegten Promenaden und belebten Nebenstraßen. Das Denkmal des polnischen Dichters Adam Mikkiewicz krönt den Platz seit dem Jahre 1905. Es wurde anläßlich des 50. Todestages des Dichters vom Lemberger Bildhauer Anton Popiel geschaffen. Auf einer Granit-Kolumne steht die Bronzefigur Adam Mickiewiczs im Gespräch mit dem Genie mit Flügeln, dessen Hände eine Leier halten. Den Abschluß der Kolumne ziert eine kunstvoll aus Stein geschaffene Feuerschale, die das ewige Licht symbolisiert. Bis zur Enthüllung des Denkmals krönte das nun in seiner Nähe aufgestellte Madonnenstandbild den Platz, das ihm seinen früheren Namen – Marienplatz – verliehen hatte.

Sprecher-Haus

Das ›Sprecher-Haus‹ nennt man das hohe Eckgebäude hinter dem Denkmal. Es ist das erste private Mietshaus der Stadt, das in den Jahren 1912 bis 1921 von den Architekten Julian Cybulski und F. Kassler für Jonatan Sprecher gebaut wurde. Zu Beginn des 20. Jahrhunderts war es das höchste Gebäude der Stadt. Vor dem Zweiten Weltkrieg befanden sich hier die Botschaften Ungarns und Rumäniens. Im Erdgeschoß des Hauses haben die größten Buchhandlungen der Stadt

Legende

1. Adam-Mickiewicz-Denkmal
2. Hotel ›Žorž‹ (George) (готель Жорж)
3. Madonnenbrunnen
4. Grand Hotel (Гранд готель)
5. Taras-Ševčenko-Denkmal (памятник Шевченка)
6. Ethnographiemuseum (музей Етнографії)
7. Nationalmuseum (Національний музей)
8. Opernhaus (Театр опери та балету)

ihren Platz. Hier kann man die schönsten Ansichtskarten, Stadtpläne, Alben, Bücher und Wörterbücher kaufen. Die ebenfalls im Parterre gelegene Apotheke wurde in den 1920er Jahren gegründet. Ihr Eigentümer war Stefan Stenzel. Die Innengestaltung besitzt heute noch ihren ursprünglichen Biedermeierstil.

Hotel George

Auf der gegenüberliegenden Straßenseite des Denkmals präsentiert sich Lem-

Entlang des Stadtboulevards

Stadtspaziergänge

Blick über den südlichen Stadtboulevard

bergs älteste Hotel, das ›Žorž‹ (George). Seinen Namen verdankt es dem Gründer des im Jahre 1793 an gleicher Stelle erbauten Gasthofes: Georg Hoffmann. Das heutige Gebäude entstand im Jahre 1901, es wurde im Neorenaissancestil von den Wiener Architekten Hermann Helmer und Ferdinand Fellner entworfen. Die Seitenfassaden werden von den allegorischen Statuen Amerika, Afrika, Europa und Asien geziert. Das Flachrelief des heiligen Georg schmückt die Mitte der Hauptfassade am Dachgesims.

Der südliche Boulevard

In der Nähe des Mickiewicz-Denkmals steht ein umzäunter Brunnen mit einem Madonnenstandbild. Die Gottesmutter Maria ist die Beschützerin der Stadt. Das heutige Standbild ist eine Kopie, es wurde 1997 geweiht und an der gleichen Stelle aufgestellt, an der es sich bis zum Zweiten Weltkrieg befunden hatte. Das Original-Marmorstandbild, das von Gräfin Seweryna Baden, der Gattin des Gouverneurs von Galizien Kasimir Baden gestiftet wurde, ist ein Kunstwerk des Münchner Bildhauers J. N. Haulmann von 1862. Dieses Madonnenstandbild wird von den Bürgern und Besuchern der Stadt in der St. Andreaskirche (ehemals Benediktinerkirche), die seit Jahrhunderten den pl. Soborna krönt, verehrt und angebetet.

Gegenüber dem Brunnen mit der Madonnenplastik sieht man rechter Hand eines der schönsten Steinhäuser, das zu Beginn des 19. Jahrhunderts im Empirestil gebaut wurde. Bis zum Jahre 1939 befand sich in diesem Gebäude die ›Kreditgesellschaft der Grundstückbesitzer‹. In den Jahren 1853 bis 1855 wohnte hier der österreichische Erzherzog Karl Ludwig. Ihm zu Ehren hieß der linke Teil des heutigen pr. Svobody bis zum Jahre 1918 Karl-Ludwig-Straße. Die rechtseits verlaufende Straße trug den Namen Hetman-Wälle.

Daneben befindet sich das im Jahre 2002 eröffnete moderne Restaurant ›Niagara‹ mit eleganter und interessanter Innengestaltung. Besonderen Eindruck hinterläßt ein Aufenthalt in den historisch eingerichteten Kellerräumen, den sogenannten Rittersälen. Gutes Essen und eine herzliche Atmosphäre machen einen Besuch in diesem Lokal lohnenswert.

Vor dem Überqueren der kleinen, den Boulevard teilenden Straße sollte man unbedingt einen Blick nach rechts werfen. Eine malerisch angelegte schmale Straße ermöglicht einen Blick in die mittelalterliche Altstadt. Den Horizont krönen die Silhouetten des Kornjakt-Turmes und etwas höher die zwei schlanken Türme der St. Michaelkirche inmitten historischer Stadtbauten.

Grand Hotel

Linker Hand nimmt die bergaufwärts führende vul. Dorošenka ihren Anfang. Weit oben sind auf der rechten Straßenseite die weißen Türme der St. Maria-Magdalena-Kirche zu sehen. Links des Stadtboulevards schmückt das eleganteste Hotel der Stadt den pr. Svobody. Es ist das traditionsreiche, 1992 nach Rekonstruktionsarbeiten als Luxusunterkunft eröffnete ›Grand Hotel‹. Es entstand Ende des 19. Jahrhunderts nach Entwürfen des Architekten E. Hertmanik. Der in Lemberg tätige Bildhauer Leonard Marconi schuf die Dekorationen der Fassade. Ende des 19. Jahrhunderts besaß das Hotel als eines der ersten Lemberger Gebäude elektrische Beleuchtung.

Das Eckgebäude vor dem Grand Hotel besitzt eine besondere Geschichte. Sie ist mit Leopold von Sacher-Masoch verbunden, dem bekannten österreichischen Schriftsteller, der in diesem Hause geboren wurde. Sein Vater war in den Jahren 1836 bis 1848 der Leiter der Lemberger Polizeikommandantur, die sich im Gebäude des heutigen Restaurants des ›Grand Hotel‹ befand. Seine Mutter war die Tochter des bekannten Lemberger Arztes Dr. Franz Masoch, des späteren Rektors der Lemberger Universität. Einen Teil seiner schriftstellerischen Werke widmete Leopold von Sacher-Masoch seinen Erinnerungen an das Land Galizien. Dazu gehören unter anderem seine Werke ›Eine galizische Geschichte‹, ›Erinnerungen an Galizien‹, ›Don Juan aus Kolomyja‹ und ›Venus im Pelz‹.

Ševčenko-Denkmal

Das Bronzedenkmal des ukrainischen Nationaldichters Taras Ševčenko schmückt das Zentrum des Boulevards. Dieses Monument ist eine Stiftung der ukrainischer Emigranten und kam 1992 aus Australien. Links neben dem Dichter erhebt sich eine zwölf Meter hohe Stele mit Flachreliefs, die die Welle der nationalen Erneuerung des ukrainischen Volkes symbolisieren. Taras Ševčenko (1814–1861) gilt als einer der Begründer der ukrainischen Literatursprache und ist berühmt als Dichter und auch Maler. Er entstammt einer Kosakenfamilie, die auf dem Territorium der Ostukraine durch die Zarin Katharina in die Leibeigenschaft getrieben wurde. Er gehört zu den größten Dichtern des ukrainischen Volkes, der in seinen Werken trotz Verbot und Strafen das schwere Leben seines Volkes darstellt. Sein Buch ›Kobzar‹ (Sänger) ist weltweit bekannt. In seinen Gedichten, Balladen, Poemen und Novellen in ukrainischer Sprache schreibt er über ukrainisch-volkskundliche, geschichtliche und auch politische Themen seines Landes. Er verstarb in St. Petersburg. Sein Leichnam wurde noch im gleichen Jahr in die Ukraine, nach Kaniv

Das Ethnographiemuseum

in der Nähe von Kiev, überführt. Mit seinen Gedichten stärkte er das ukrainische Nationalgefühl. Seine Bedeutung als großer ukrainischer Freiheitskämpfer wurde während der Sowjetzeit verschwiegen und alle seine Werke verboten. Während der Perestrojka wurde er zur Kultperson der Ukrainer.

Ethnographiemuseum

Nur ein paar Meter weiter befindet sich das Museum der Ethnographie und des Kunstgewerbes. Das Eckgebäude gehört zu den schönsten Bauwerken dieser verkehrsreichen Hauptstraße. Es wurde in den Jahren 1874–1891 im Stil der Neorenaissance vom Lemberger Architekten Julian Zacharewicz für die ›Galizische Volksbank‹ gebaut. Der Eingang wird durch ein Barockportal geschmückt. Die Eckfassade schließt ein Kuppeldach und eine Attika mit der Komposition ›Sparsamkeit‹ des Bildhauers Leonard Marconi. Im Erdgeschoß des Gebäudes kann man das Standbild ›Fortuna‹ bewundern, ein wunderschön gearbeitetes Kunstwerk des Bildhauermeisters Julian Markowski. Die Reliefarbeiten an gleicher Stelle stammen aus der Werkstatt von Marconi. In den Ausstellungssälen des Mu-seums geben mehr als 12 000 Exponate Auskunft über ukrainische Sitten und Bräuche, Handwerk, Volkstrachten und volkstümliches Gewerbe. Gezeigt werden Kunstschätze der Weberei, Stickerei, Keramik, Holzschnitzerei sowie traditionelle Pissanki (bemalte Ostereier) aus verschiedenen Epochen. Interessant ist auch die Uhrensammlung; die älteste hier ausgestellte Uhr stammt aus dem Jahr 1562.

Das Eckhaus gegenüber vom Ethnographischen Museum wurde 1912 für die Lemberger Filiale der Prager Kreditbank gebaut. Bis 1939 befand sich hier die Allgemeine Landesbank, heute ist hier die ›Prominvest-Bank‹ untergebracht.

Wiener Café

Rechts hinter dem Ševčenko-Denkmal wird der pl. Pidkova von den Fassaden des im Jahre 1998 wiedereröffneten traditionellen ›Wiener Cafés‹, eines der ersten Cafés in der Geschichte der Stadt, geschmückt. Das Haus wurde im Jahre 1829 nach Entwürfen von M. Brezani gebaut und 1880 im Renaissancestil umgebaut. Das Café besitzt eine typische warme Kaffeehaus-Atmosphäre und ein großes Angebot an frischem Gebäck, Kuchen sowie Torten und Eis.

Die Silhouette des Rathausturmes auf der linken Seite und der Turm der Marienkathedrale auf der rechten Seite verleihen dem Platz einen weiteren wunderschönen Akzent.

Auf der gleichen Straßenseite grenzen an die hinteren Fassaden der Jesuitenkirche die Fragmente der rekonstruierten mittelalterlichen Stadtmauer und die ›Krämer-Bastion‹, in der sich ein modernes Restaurant gleichen Namens befindet.

Das Nationalmuseum

Etwas weiter hat auf der linken Seite am Stadtboulevard das Nationalmuseum mit der Hausnummer 20 seinen Platz. Der Bau ist ein Beispiel für die Architektur der späteren Neorenaissance. Die Architekten Leonard Marconi und J. K. Janowski sind die Baumeister des in den Jahren 1898 bis 1903 erbauten Gebäudes. Das Museum wurde 1913 geöffnet. Zu den Kunstschätzen des Museums gehören ukrainische Ikonen des 14. bis 18. Jahrhunderts sowie Gemälde berühmter ukrainischer Meister des 19. bis 20. Jahrhunderts. In der Abteilung für ukrainische Volkskunst haben sowohl

Kunstwerke vergangener Epochen als auch Werke der modernen angewandten Kunst ihren Platz.
Gegenüber vom Nationalmuseum verrät die goldene Aufschrift ›Svitoč‹ auf dunkelrotem Grund, daß sich hier das Geschäft des Lemberger Süßwaren- und Schokoladenbetriebes ›Svitoč‹ befindet. Ein süßer Einkauf in diesem Geschäft lohnt sich sehr. Schöne Pralinenkästen, schmackhafte Pralinen nach Gewicht, verschiedene bunte Bonbons und Teegebäck gehören zum Angebot der Verkaufsstelle.

Das Opernhaus

Der Boulevard endet am imponierenden Operngebäude. Einstmals ›Großes Theater‹ genannt, heißt es heute wörtlich das ›Theater der Oper und des Balletts‹. Das Lemberger Opernhaus trägt den Namen der weltberühmten ukrainischen Sopran-Opernsängerin Salomea Krušel'nyc'ka. Die Lemberger Oper gehört auch heute zu den schönsten Opernhäusern Europas. Das Gebäude beeindruckt durch seine reiche bildhauerische Gestaltung im Stil der Renaissance sowie durch seine prächtigen barocken Innendekorationen. Das Projekt und die Aufsicht über den Bau selbst übernahm der bekannte, nicht nur in Lemberg schaffende Architekt Sigmund Gorgolewski, der auf dem hiesigen Lyčakivs'ke-Friedhof begraben wurde. Das Opernhaus entstand in den Jahren 1897 bis 1900.

Das Opernhaus

Der Besuch einer Aufführung lohnt sich

Den **Haupteingang** zieren drei Portale, die eine Loggia mit korinthischen Säulen überdeckt. Die Nischen rechts und links werden durch die allegorischen Statuen ›Komödie‹ und ›Tragödie‹ bereichert. Die mythologischen Szenen am Giebelfeld sowie die Plastiken ›Ruhmesgöttin‹, ›Poesie‹ und ›Musik‹ schuf der ukrainische Bildhauer P. Vijtoyyč.
Die Innengestaltung des Opernhauses ist reich an prunkvollen Dekorationen. Die Gestaltung mit Marmor in verschiedenen Farben, die wunderschönen Stuckornamente und Malereien verleihen dem Inneren ein prachtvolles Aussehen. Die erste Etage des Opernhauses wird vor allem durch das Foyer mit seinen verzierten großen Kristallspiegeln und den kunstvollen Deckengemälden sowie seiner gesamten barocken Gestaltung geprägt.
Ein wunderschönes Beispiel künstlerischer Schmiedearbeiten sind die dekorativ vergoldeten und kunstvoll ge-

schmiedeten Gitter des Treppengeländers in der zweiten Etage. Auf der Höhe der ersten Etage kann man am Marmorgeländer entlang rundherum laufen.

In den Nischen im Treppenhaus wurden 1984 die Büstenbilder anerkannter ehrenvoller Dichter angebracht: Taras Ševčenko, Ivan Franko, Adam Mickiewicz und Alexander Puschkin.

Der monumentale **Zuschauerraum** bietet über 1000 Zuschauern im Parterre, in den Logen sowie auf den mehrreihigen Balkonplätzen Platz. Die Architektur des Zuschauerraumes harmoniert hervorragend und geschmackvoll mit den angebrachten Skulpturen sowie der Malerei aus den Jahren 1899 bis 1900 im Stil der Neorenaissance und des Neobarock.

Atemberaubend ist die elf Tonnen schwere eiserne Kurtine, der eiserne Vorhang, mit dem Gemälde ›Parnas‹, ein Kunstwerk H. Siemiradzkis. Diese Kurtine kann von den Opernbesuchern zur Saisoneröffnung, zu Premieren und besonderen Anlässen bewundert werden, denn nur dann wird sie offiziell dem Publikum gezeigt. Zu jeder anderen Bühnenaufführung wird sie durch einen Vorhang von der Bühne getrennt.

Zum **Repertoire** des Opernhauses gehören weltbekannte Opern wie ›Aida‹, ›Nabucco‹, ›Giselle‹, ›Schwanensee‹, ›Carmen‹, ›Rigoletto‹ und viele andere. Und nur im Lemberger Opernhaus wird die Oper ›Moses‹ aufgeführt. Diese Oper hatte ihre Uraufführung im Jahre 2001, zu Ehren des Besuches von Papst Johannes Paul II., der auf seiner Fahrt in die Ukraine am 25./26. Juni 2001 Lemberg besuchte. Es war eine große Überraschung, als unangemeldet und unverhofft Papst Johannes Paul II. während der Generalprobe im Opernhaus erschien.

Vom Mickiewicz-Platz nach Süden

Vom Mickiewicz-Platz verläuft entlang der Seitenfassade des Hotels George der pr. Ševčenka. Im 16. Jahrhundert war diese Straße unter dem Namen Garbars'ka (Gerberstraße) bekannt. Bis zum Jahre 1962 trug sie den Namen vul. Akademic'ka. Sie wird auch heute noch von den meisten einheimischen Lembergern so genannt. Ende des 19. Jahrhunderts wurde auch hier der durch diese Straße fließende Fluß Poltava einbetoniert. Über seinem Flußbett entstand die zweite, kleinere Stadtpromenade, die vor dem Zweiten Weltkrieg auch als ›Boulevard der Eitelkeit‹ bekannt war.

Zu den historischen Bauten der Straße gehört das zweite ›Sprecher-Haus‹. Es wurde im Jahre 1929 vom Architekten F. Kassler für Jonatan Sprecher im Stil des Funktionalismus gebaut. Ebenso wie das ›Sprecher-Haus‹ am pl. Mickevyča 8 zählt dieses zu den ersten Lemberger ›Wolkenkratzern‹. Heute befindet sich in seinem Erdgeschoß ein ›McDonald's‹-Restaurant.

Die Philharmonie

Begibt man sich kurz in die nächste rechte Seitenstraße, in die vul. Čajkovs'koho, so trifft man nur ein paar Schritte entfernt auf der linken Straßenseite auf die Lemberger Philharmonie und Musikhochschule ›Stanislav Ludkevyč‹. Das Gebäude wurde im Jahre 1907 im Sezessionsstil vom Architekten Vladimir Sadlovski für die Galizische Musikgesellschaft gebaut. Die Fassade zieren Balkongeländer, die mit Musikornamenten geschmückt sind.

Beeindruckend siind die beiden kunstvollen Metallschwäne auf dem Dach des Gebäudes, die vom Lemberger Bildhauer P. Harasymovyč geschaffen wurden. Der Konzertsaal ist mit Ornamenten im volkstümlichen Stil ge-schmückt und besitzt eine reiche und interessante Innenausstattung. Die barocke Konzertorgel von 1880 stammt aus der Lemberger Werkstatt Jan Sliwinskis und befand sich bis nach dem Zweiten Weltkrieg in der Dominikaner-Kirche.

Wer eine kleine Pause einlegen und sich etwas erholen möchten, kann sich in das schicke, gemütliche Café **›Kaffee auf Lemberger Art‹** begeben, das sich hinter der Philharmonie in der nächsten Seitenstraße rechts (vul. Kovžuna) befindet. Unmittelbar neben dem Café kann man aromatischen und schmackhaften Kaffee im Geschäft des Kaffeevertriebes ›Halka‹ kaufen. Aus verschiedenen Kaffeeländern wird auf Wunsch die beste Mischung zusammengestellt.

Der Ševčenko-Prospekt

Zurück auf dem pr. Ševčenka, entzückt das **Haus Nr. 10** mit seinen zwei Türmchen auf dem Dach. Es wurde im Jahre 1894 im Stil des Neobarock vom Architekten J. Schulz und dem Bildhauer P. Marasimovič gebaut. Die eleganten Beschriftungen der Tafeln vor dem Eingang zum Hinterhof weisen darauf hin, daß dort der exklusive ›Grand-Club Sofia‹ seine Gäste erwartet. Die moderne Innengestaltung des Clubs ist das Werk des Architekten E. Sobolevs'kyj aus dem Jahre 1997.

Das mit wunderschönen Ornamenten dekorierte Gebäude links der Straße unterscheidet sich von den anderen Bauwerken auf diesem Prospekt. Im **ehemaligen Gebäude der Industrie- und Handelskammer** befindet sich heute die Lemberger Gebiets-Staatsanwaltschaft. Den Bau projektierte der in Lemberg bekannte Architekt A. Zacharewicz. Links des Einganges sieht man einen Kranz aus Dornenzweigen mit einer Fotografie in seiner Mitte. An dieser Stelle wurde im Jahre 2000 der bekannte ukrainische Komponist Ihor Bilosir Opfer eines Überfalls. In einem der zentral gelegenen Lemberger Cafés hatte er mit Anhängern der russischen Sprache gestritten. Nach dem Verlassen des Cafés wurde er von zwei jungen Männern überfallen und geschlagen. Zwei Wochen später verstarb er im Krankenhaus, ohne zuvor sein Bewußtsein wiedererlangt zu haben. An seiner Beerdigung nahmen zahlreiche Menschen teil. Ihor Bilosir wurde auf dem Lyčakivs'ke-Friedhof zu Grabe getragen. Jeden Tag besu-

Auf dem Ševčenko-Prospekt

Stadtspaziergänge

chen nicht nur Lemberger, sondern auch viele Touristen seine Grabstelle.

Nebenan lädt das kleine **Café Veronika** zum Verweilen ein. In gemütlicher Atmosphäre kann man hier bei gutem Kaffee und noch etwas Süßem oder auch bei Bier oder Cognac über den Fortgang des Spazierganges plaudern. Im Eckgebäude am Ende der Straßenseite trafen sich die Lemberger Künstler, Schriftsteller und Universitätsprofessoren im populären Café Roma. Zu den Stammgästen gehörte der Schriftsteller Joseph Roth während seiner Studienjahre in Lemberg. Heute befindet sich hier das **Café Akademic'ka**.

Das Eckhaus auf der gegenüberliegenden Straßenseite entstand im Jahre

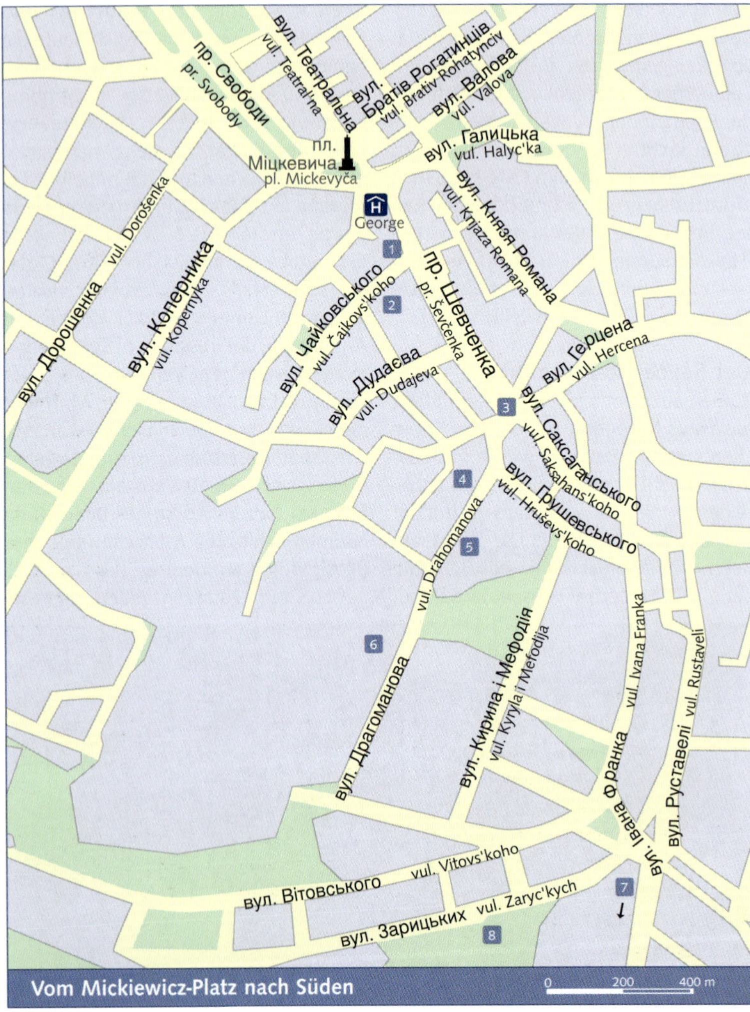

Vom Mickiewicz-Platz nach Süden

1909 nach Plänen des Architekten Brochwicz-Lewinski. In den Jahren 1909 bis 1944 befand sich hier das berühmte Café Škots'ka, das Schottische Café. Es ging in die Geschichte als beliebtester Treffpunkt und Austragungsort großer Diskussionen der Lemberger Mathematiker Stefan Banach, Hugo Steinhauser und deren Kollegen H. Auerbach, S. Ulam und anderer Professoren ein. Sie alle sind die Gründer des ›Schottischen Buches‹, der berühmten Sammlung von Aufgaben und mathematischen Problemen, die im Notizbuch des Cafés eingetragen sind. Die Aufgabensammlung selbst eröffnet die Eintragung Stefan Banachs im August 1935 und endet mit einem mathematischen Problem H. Steinhausers im Mai 1941. Heute befindet sich im ehemaligen Café die ›Universal'nyj Bank‹.

Der pospekt Ševčenka schließt mit einem kleinen Platz, der bis zum Jahre 1962 den Namen pl. Akademic'ka trug. In der Mitte des Platzes steht das monumentale **Denkmal für Mychajlo Hruševs'kyj**, den berühmten ukrainischen Historiker und ersten Präsidenten der Ukraine. Das Denkmal wurde im Jahre 1994 von den ukrainischen Bildhauern D. Krvavyč, A. Posikira und L. Jaremčuk geschaffen. Es ähnelt in seiner Form dem Denkmal des polnischen Schriftstellers A. Fredro, das der Bildhauer Leonard Marconi schuf. Es stand in den Jahren 1897 bis 1946 an gleicher Stelle und verschönert seit 1956 den Marktplatz in Breslau.

Die Maria-Schutz-Kathedrale

Hinter dem Hruševs'kyj-Denkmal kreuzen sich die vul. Drahomanova und die vul. Hruševs'koho. Hier befindet sich der interessante architektonische Komplex der ehemaligen Pfarrkirche St. Nikolaus mit Kloster, das nach Plänen des Architekten F. Placidi errichtet wurde.

Die Kirche, heute Sitz des ukrainisch-orthodoxen Bischofs, steht an der Stelle einer alten Holzkirche aus dem Jahre 1694. Sie trägt heute den Namen Maria-Schutz-Kathedrale (sobor Pokrovy).

Der zweite Trinitarier-Konvent in Lemberg entstand dank der Stiftung Nikolaus Strzalkowskis im Jahre 1694. Neben dem Trinitarierkloster entstand in den Jahren 1739 bis 1745 eine gemauerte Barockkirche. Das dreischiffige Innere ist reich mit Stuckarbeiten geschmückt, die in der Mitte des 18. Jahrhunderts entstanden. Aus dieser Zeit stammt auch der Hauptaltar von Sebastian Fessinger.

Legende

1 Sprecher-Haus
2 Philharmonie (філармонія)
3 Mychajlo-Hruševs'kyj-Denkmal (памятник Михайла-Грушевського)
4 Maria-Schutz-Kathedrale (собор Рокрови пресвятої Богородиці)
5 Universitätsbibliothek (Бібліотека ċьвівського Університету)
6 Nationalmuseum (Šeptyc'kyj-Sammlung) (Національний музей)
7 Stryjs'kyj-Park (Стрийський парк)
8 Bohdan-Chmel'nyc'kyj-Park (Парк культурни ім. Б. Хмельницького)

Mychajlo Hruševs'kyj

Mychajlo Hruševs'kyj (1866–1934) war der bedeutendste ukrainische Historiker und der erste Präsident der Ukraine im Jahre 1918. Erst nach 1991 wurden der Öffentlichkeit seine großen Werke zur Geschichte der Ukraine zugänglich gemacht. Zu seinem Schaffen gehören zahlreiche Bücher zur Geschichte der Ukraine, in denen er die Existenz des ukrainischen Staates mit seinem Zentrum in Kiev wissenschaftlich begründet, wie auch Bände über die ukrainische Literatur. Seine Doktorarbeit hatte er an der Kiever Universität geschrieben, aber solche Untersuchungen wurden auf dem Territorium des zaristischen Rußland nicht unterstützt. Darum zog er auf Einladung ukrainischer Wissenschaftler nach Lemberg und leitete 20 Jahre lang den neugegründeten Lehrstuhl für ukrainische Geschichte. Seine Werke wurden nach seinem Tode 1934 verboten. Seit dem Jahre 1991 wird sein Schaffen erneut gewürdigt.

Mychajlo Hruševs'kyj

Er war einer der Mitbegründer der Ukrainischen Nationaldemokratischen Partei Galiziens (1899). Im März 1917 kehrt er nach etwa dreijähriger Haft in Moskau nach Kiev zurück und wurde als eine der anerkanntesten Persönlichkeiten und Ideologen im politischen Leben der Ukraine zum Ersten Vorsitzenden des neuen Ukrainischen Zentralrates gewählt. In dieser Funktion wirkte er bis April 1918. Er mußte das Land im Herbst 1919 erneut verlassen. Er lebte zeitweilig in Prag, Wien, Berlin, schließlich siedelte er sich bis 1924 in Baden-Baden an.

Nach seiner Rückkehr nach Kiev setzte er seine wissenschaftliche Tätigkeit als Historiker an der Akademie der Wissenschaften fort. 1931 wurde er vom KGB verhaftet und lebte seine letzten Jahre in Moskau. 1934 verstarb er unter ungeklärten Umständen an den Folgen einer Operation.

Sein Wohnhaus (vul. Ivana Franka 154) dient als Museum; es liegt direkt neben dem Ivan-Franko-Museum und zeigt zahlreiche Exponate über den Wissenschaftler sowie aus den Jahren 1917/18. Ivan Franko und Mychajlo Hruševs'kyj waren zu Lebzeiten eng befreundet.

Die Rokoko-Kanzel wurde in Form des Schiffes des heiligen Peter gebaut Von besonders hohem künstlerischen Wert ist der prächtige Altar aus dem Jahre 1595. Die in Alabaster gearbeiteten Flachreliefs stellen Passionsszenen dar. Der Alabaster-Altar stammt aus der Werkstatt Hermann von Hutte und ist eine Arbeit des Bildhauers Jan Saremba. Er befand sich bis zum 18. Jahrhundert in der Lateinischen Kathedrale.

Nach Aufhebung des Trinitarier-Ordens im Jahre 1784 wurde die Kirche 1786 in eine Pfarrkirche umgebildet. In den Jahren 1842 bis 1844 entstand nebenan das Universitätsgebäude, und in dieser Zeit wurde aus der Pfarrkirche die Universitätskirche. Pastor der ehemals römisch-katholischen Kirche St. Nikolaus war Zygmunt Gorazdowski (1845–1920), der Gründer des Schwesternordens St. Josef. Nach dem Zweiten Weltkrieg wurde die Kirche in eine orthodoxe Kirche umgebildet und danach geschlossen. Im Jahre 1990 wurde der gesamte Sakralkomplex der ukrainisch-orthodoxen Kirche übergeben.

Im Nebengebäude befindet sich eine Abteilung der Lemberger Universität Ivan Franko. Die im Jahre 1661 gegründete Universität hatte ihren Sitz in den Jahren 1848 bis 1918 an dieser Stelle.

Die Universitätsbibliothek

In der vul. Drahomanova 5 hat die Wissenschaftliche Ivan-Franko-Universitätsbibliothek ihren Sitz. Sie besitzt eine der ältesten und reichsten Buchsammlungen der Ukraine. Die ältesten Bücher stammen aus den Sammlungen des Jesuiten-Kollegiums vom Beginn des 17. Jahrhunderts. Die Bibliothek besitzt Sammlungen seltener Dokumente aus dem 15. bis 17. Jahrhundert, unter ihnen die Ostroger-Bibel aus dem Jahre 1581, sowie Handschriften aus dem 19. Jahrhundert. Seit 1990 befinden sich einige Abteilungungen der Bibliothek in dem neuen, fünfstöckigen Gebäude in der vul. Drahomanova 17.

Weiter bergauf gelangt man zu einem barocken Palast, der in den Jahren 1897 bis 1898 nach Plänen des Architekten Rausch umgebaut wurde. Seit dem Jahre 1912 gehört das Gebäude dem Nationalmuseum mit einer der reichsten Sammlung ukrainischer Kunst, die dank der Bemühungen des Metropoliten Andrej Šeptyc'kyj zusammengetragen wurde. In dieser Abteilung des Nationalmuseums werden die größten Meister der ukrainischen bildenden Kunst des 20. Jahrhunderts wie O. Kulčyc'ka , Ivan Truš, O. Novakivs'kyj und andere Künstler ausgestellt (vul. Drahomanova 42).

Der Stryjs'kyj-Park

Lemberg ist eine sehr grüne Stadt. Sie besitzt mehrere Parks und Grünanlagen, die sich hauptsächlich auf den das Stadtzentrum umgebenden Anhöhen befinden. Noch vor dem Zweiten Weltkrieg gab es Projekte, sie alle zu einem großen Parkgelände zu vereinen, das die Stadt wie ein Ring von ungefähr 60 Kilometern Länge umgeben sollte. Beliebte Orte für Spaziergänge waren und sind heute noch die Stadtboulevards auf dem pr. Svobody und dem pr. Ševčenka. Im historischen Park Stryjs'kyj (siehe hintere Klappkarte) und dem ihm angeschlossenen Kultur- und Erholungspark kann man dem Lärm der Stadt entkommen, um sich etwas zu entspannen und neue Kräfte zu sammeln. Man kann die größte und schönste Parkanlage Lembergs mit der Straßenbahn Nr. 4 vom Stadtzentrum in südlicher Richtung erreichen, die Haltestelle vul. Parkova befindet sich unweit vom Haupteingang des Parkes.

Zygmunt Gorazdowski – Vater der Armen

Zygmunt Gorazdowski (1845–1920) wurde in Sanok geboren. Von Kindheit an litt er an einer schweren Lungenkrankheit. Nach Beendigung des Gymnasiums in Przemyśl nahm er ein Jurastudium an der Lemberger Universität auf, das er im zweiten Studienjahr abbrach. Er trat dem geistigen Seminar in Lemberg bei. Wegen seines schlechten Gesundheitszustandes empfing er erst im Juli 1871, zwei Jahre nach Beendigung des Theologiestudiums und nach intensiver Therapie, die Priesterweihe in der Lateinischen Kathedrale.

Im Jahre 1877 begann Gorazdowski seine Tätigkeit als Priester und Wohltäter in Lemberg. In mehreren Schulen nahm er die katechetische Arbeit auf und betätigte sich als Verleger. Von ihm wurden ›Katechismus – Grundsätze und Bestimmungen einer guten Erziehung für Eltern und Erzieher‹, erarbeitet und herausgegeben sowie die ›Ratschläge für Jugendliche‹ und andere Artikel.

Er war Gründer einer Reihe karitativer Einrichtungen wie beispielsweise des ›Freiwilligen Arbeitshauses für Bettler‹. Priester Gorazdowski holte Bettler von den Straßen und brachte sie in Häusern unter, in denen sie wohnen und sich durch Arbeit selbst unterhalten konnten. Diese Gebäude aus gelbroten Ziegelsteinen, die sich an der Friedhofsmauer hinter dem Baczewski-Mausoleum des Lyčakivs'ke-Friedhofs befinden, gehören heute zu den Einrichtungen der ukrainischen Armee. Priester Gorazdowski gründete und unterhielt auch eine ›Volksküche‹. Im heutigen Krankenhaus oberhalb der Kirche St. Antonius, in der vul. Lysenka 45, richtete er ein ›Heim für unheilbar Kranke‹ ein. Auch die Einrichtungen ›Internat für arme Studenten‹, das Haus ›Christkind‹ für alleinstehende Mütter und verlassene Kleinkinder sowie die katholische polnisch-deutsche Schule, die sogenannte St. Josefschule, waren Früchte seines Schaffens.

Er gründete am 17. Februar 1884 den Schwesternorden ›St. Josef‹. Schwestern dieses Ordens pflegen Schwerstkranke, Leidende, Arme und ältere verlassene Menschen, denen keine Hilfe von anderer Seite gewährt wird. Heute finden sich Missionsschwestern des St. Josef-Ordens in der Ukraine, in Polen, Deutschland, Frankreich, Italien sowie auch in Afrika und Südamerika. Priester Zygmunt Gorazdowski wurde am 26. Juni 2001 während des Besuches von Johannes Paul II. in Lemberg seliggesprochen.

Das Lebensmotto des ›Vaters der Armen‹ war: ›Alles sein für alle, um wenigstens einen zu erlösen‹. Die Grabstätte von Gorazdowski befindet sich auf dem Lyčakivs'ke-Friedhof.

Die Lateinische Kathedrale

Der Park wurde im Jahre 1877 vom städtischen Garteninspektor Arnold Röhring angelegt. Vorbei am kleinen Schwanenteich, einer Orangerie vom Ende des 19. Jahrhunderts mit vielfältiger tropischer Pflanzenwelt, die Hauptallee und die vielen Nebenwege entlang, begegnet man verschiedensten exotischen Baumarten.

Unterwegs steht auf einem Sockel Jan Kilinski, ein polnischer Volksheld, Führer des Warschauer Aufstandes von 1794. Die Parkanlage trug einst seinen Namen. Das Denkmal Kilinskis wurde im Jahre 1894 vom Bildhauer Julian Markowski geschaffen.

Im Stryjs'kyj-Park befand sich das Ausstellungsgelände der im Jahre 1894 eröffneten Allgemeinen Lemberger Landesausstellung. Auf der ersten Ausstellung wurde auch anläßlich des 100. Jahrestages des Kosciuszko-Aufstandes das berühmte Rundgemälde ›Panorama Racławicka‹ dem Publikum zugänglich gemacht.

Schachspieler im Park

Auf dem zum Park gehörenden Ausstellungsgelände wurde in den Jahren 1921 bis 1938 jährlich die Internationale Ostmesse organisiert. Sie diente vorwiegend der Promotion und dem Handelsaustausch mit den asiatischen Märkten. Die Ostmesse besuchten vor allem deutsche, österreichische, tschechische Kaufleute sowie Händler der Balkanländer. Es dominierten Maschinen und Transportmittel, Erzeugnisse aus Metall, der Bekleidungsindustrie, aber auch Lebensmittel und chemische Erzeugnisse.

Die vielen Messepavillons existieren heute nicht mehr. Die meisten von ihnen wurden während der Sowjetzeit in Restaurants oder andere Objekte umgewandelt. Die Parkanlage selbst hat ihre prächtige und historische Form nicht eingebüßt.

Am südöstlichen Rand des Stryjs'kyj-Parkes befindet sich das **Ivan-Franko-Museum** (vul. Ivana Franka 154). Die Zimmer im Haus von Ivan Franko sind original eingerichtet, und man kann sehen, daß er ein leidenschaftlicher Angler und Liebhaber der Karpatenlandschaft war. In seinem Arbeitzimmer befindet sich beispielsweise ein von ihm selbst gefertigtes Fischernetz, an den Wänden hängen Bilder mit Fischmotiven. Auf dem Schreibtisch liegt das Original seines Poems ›Moses‹.

Vom Stryjs'kyj-Park kann man direkt zum nördlich gelegenen Kultur- und Erholungspark im **Bohdan-Chmel'nyc'kyj-Park** gelangen. Er wurde im Jahre 1952 angelegt. Der Park hat eine Fläche von 26 Hektar. Westlich der Hauptallee befindet sich das Stadion ›Junist‹. Auf der Freilichtbühne im Park finden in der warmen Jahreszeit interessante Konzerte statt.

Ivan Franko

Ivan Franko

Ivan Franko wurde am 27. August 1856 in Nahuevyči, in der Nähe von Drohobyč, in Ostgalizien geboren. Sein Vater war Dorfschmied und starb, als Ivan gerade neun Jahre alt war. Nach dem Schulabschluß am Realgymnasium in Drohobyč studierte er ab 1875 Philosophie, Pädagogik, Psychologie, Anthropologie, ukrainische Sprache und Literatur an der philosophischen Fakultät der Lemberger Universität. Die literarische Zeitschrift ›Dnistrjanka‹ veröffentlichte 1876 seine ersten Werke. Noch im gleichen Jahr erschien sein erster Gedichtband ›Balladen und Märchen‹.
Im Jahre 1877 wurde der Schriftsteller mit seinen Redaktionskollegen erstmals verhaftet, konnte aber sein Studium fortsetzen. Während dieser Zeit war er als Autor und Redakteur der später verbotenen Zeitschrift ›Freund der Gesellschaft‹ tätig. Im März 1880 erfolgte eine weitere Verhaftung wegen ›Anstacheln des einfachen Volkes gegen die gesetzmäßige Ordnung‹. Franko konnte sein Studium nicht abschließen und lebte nach der Haftentlassung zwei Jahre in seinem Heimatdorf. Während dieser Zeit entstanden die Übersetzung von Goethes ›Faust‹ sowie Heines ›Deutschland ein Wintermärchen‹ aus dem Deutschen in die ukrainische Sprache sowie eine Artikelserie über den Schriftsteller Taras Ševčenko. In den Folgejahren vertiefte sich Ivan Franko in Lemberg in die National- und Literaturgeschichte der galizischen Ruthenen (Ukrainer) und schrieb Artikel für die ukrainischen Zeitschriften ›Stern‹ und ›Tat‹.
1886 heiratete er Olga Chorunschinska. Mit ihr hatte er die Söhne Andrzej, Daras und Peter sowie die Tochter Anna.
Wegen seiner Kontakte zu Kiever Studenten, die ihn in Lemberg besuchten, wurde Ivan Franko 1889 erneut für einige Monate inhaftiert. Im Jahre 1890 gründete Franko die Wochenschrift ›Volk‹. In den Jahren 1887 bis 1897 schrieb er sehr viele Artikel für die Zeitung ›Lemberger Kurier‹. Er gründete die Zeitschrift ›Literaturwissenschaftliche Informationen‹, in der er viele Werke bekannter polnischer Schriftsteller in ukrainischer Sprache veröffentlichte. Zu seinen Freunden zählten der ukrainische Maler Ivan Truš, die Opernsängerin Salomea Krušel'nyc'ka und der ukrainische Schriftsteller Mykola Lysenko. Außerdem schrieb er in österreichischen Zeitungen in deutscher Sprache Artikel über ukrainische Literatur und das Leben in Galizien und studierte an der Wiener Universität slawische Philosophie.
Gemeinsam mit seinem besten Freund Michajlo Pavlik gründete Franko 1890 die Ukrainische Radikale Partei. Sie forderte die volle politische Autonomie aller Nationen, die der Habsburger Monarchie angehörten. Die Partei verlor 1899 ihre Bedeutung, als die

Ukrainische Nationale Demokratische Volkspartei entstand, die ein stärker nationalistisches Programm hatte. Sie fand ihre Anhänger unter den reichen Bauern wie auch unter den Geistlichen. In den Jahren 1896 und 1897 gründete ein Teil der ehemaligen Radikalen die Ukrainische Sozialdemokratische Partei. Andere gründeten mit Alexander Barwinski an der Spitze im Jahre 1896 die Christliche Partei.

Eine besonders enge Freundschaft bestand zwischen Ivan Franko und dem Geschichtswissenschaftler Mychajlo Hruševs'kyj. Im Jahre 1902 begannen beide in einem malerisch gelegenen Stadtteil Lembergs, in der Nähe des Stryjs'kyj-Parkes (heutige vul. Ivana Franka 154), ihre Häuser zu bauen. Das Haus Hruševs'kyjs ist vom Haus Frankos über den sogenannten ›Weg der 1000 ehrenwerten Schritte‹ durch das Gartengelände zu erreichen. Hier verbrachte der Schriftsteller seine letzten Lebensjahre. Im Jahre 1907 erkrankte er schwer an Rheuma und mußte in den letzten Jahren von seinem Sohn gepflegt werden, bis er am 28. Mai 1916 starb. Sein Grab befindet sich auf dem Lyčakivs'ke-Friedhof.

Heute befindet sich in seinem Wohnhaus und im Haus Hruševs'kyjs jeweils ein Museum.

Das Grab Ivan Frankos auf dem Lyčakivs'ke-Friedhof

Rund um die Universität

Am Madonnenstandbild am pr. Svobody befindet sich linker Hand die Kopernikusstraße (vul. Kopernyka). Seit der zweiten Hälfte des 19. Jahrhunderts bildet sie eine der Hauptadern des Lemberger Stadtzentrums. Die Straße besteht bereits seit dem 15. Jahrhundert. Das ›Mykolaš-Haus‹ ist das Eckhaus auf der linken Straßenseite. Es entstand 1892 und wurde vom Architekten Jan Schulz errichtet.

Die sogenannte ›Mykolaš-Passage‹ befand sich einst zwischen der vul. Kopernyka und der heutigen vul. M. Voronoho. Der Architekt A. Zacharewicz baute sie 1900. Die gesamte Passage war mit einem Glasdach überdeckt, das von einer leichten Stahlkonstruktion gestützt war. Im Winter war die Passage beheizt. Innen erwarteten eine Ladenkette, kleine Cafés und Kinos die Besucher. Die berühmte ›Mykolaš-Passage‹ wurde während des Zweiten Weltkrieges zerstört.

Die Kopernikusstraße

Im Gebäude der vul. Kopernyka 1 befindet sich die im Jahre 1828 von Peter Mykolasz (1805–1873) gegründete **Apotheke**. Im Frühjahr 1853 leuchtete im damaligen Apothekenraum die erste Petroleumlampe der Welt, eine Erfindung des Pharmazeutikers Lukasiewicz. Die Petroleumlampe selbst wurde von A. Bratkowski konstruiert. Die heutige Innengestaltung der Apotheke stammt vom Ende des 19. Jahrhunderts.

Auf der gegenüberliegenden Straßenseite beeindruckt das massive Gebäude der heutigen **Ukrainischen Nationalbank**. Der Bau wurde auf Bestellung der Kreditgesellschaft der Grundbesitzer nach Plänen des Architekten A. Zacharewicz im Jahre 1914, noch vor Ausbruch des Ersten Weltkrieges, errichtet und als ›Zentrale Landesbank des Königreiches Galizien und Lodomerien samt dem Großherzogtum Krakau‹ eröffnet. Das fünfstöckige Gebäude wurde im Stil der Spätsezession mit neoklassizistischen Einfügungen errichtet. Die Fassade

Legende

1. Apotheke (аптека
2. Nationalbank (Національний України)
3. Potoc'kyj-Palast (палац Потоцьких)
4. Kunstgalerie (Картинна галерея)
5. Nationalbibliothek (Національна бібліотека)
6. Hauptpostamt (поштамт)
7. Ivan-Franko-Universität (Університет ім. І. Франка)
8. ›Haus der Gelehrten‹ (Будинок вчених)
9. Salomea-Krušel'nic'ka-Museum (музей Соломії Крушельницької)
10. Olek-Novakivs'kyj-Museum (музей Олекси Новаківського)
11. Georgskathedrale (собор св. Юра)
12. Polytechnische Hochschule (Політехніка)
13. Maria-Magdalena-Kirche (костел Магдалини)
14. Ehemaliges Kloster und Spital des heiligen Lazarus (костел св. Лазара)
15. Haus des Lehrers (Будинок вчителя)
16. Zitadelle
17. Museum ›Rusalka Dnistrova‹ (музей Русалки Дністрової)

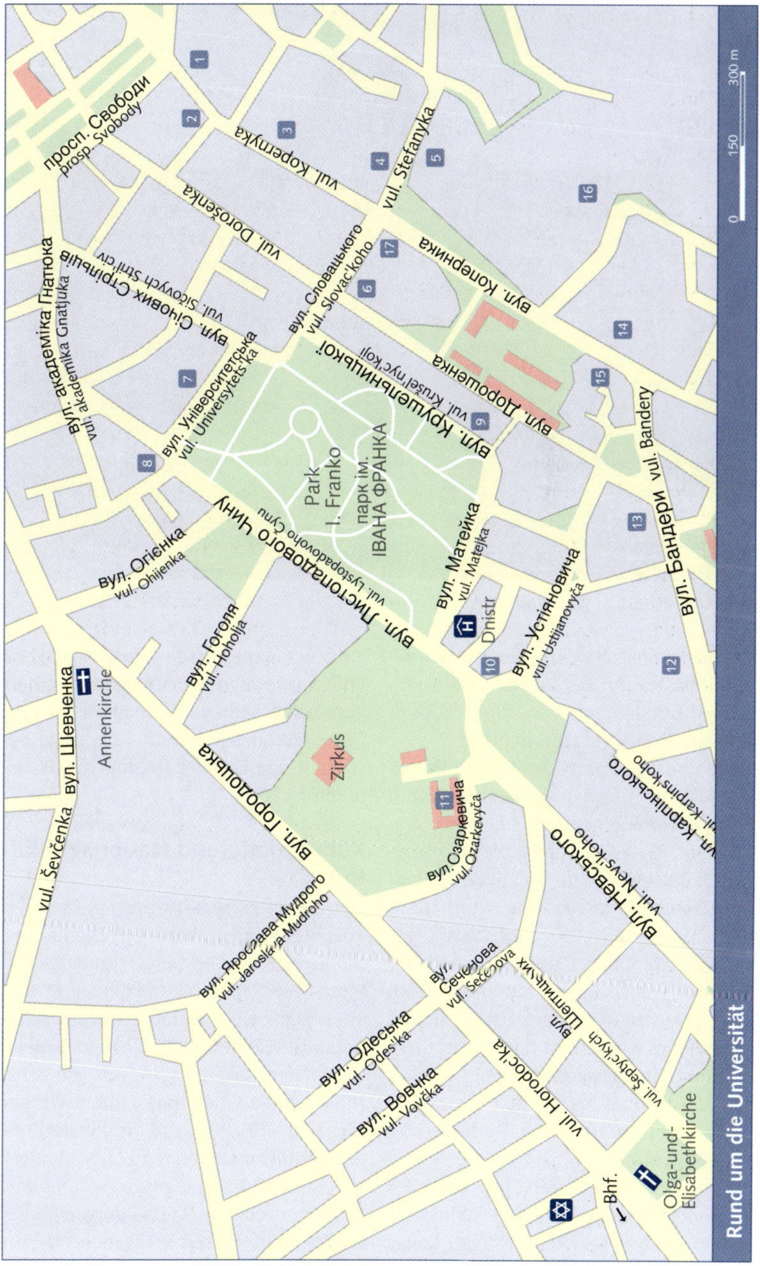
Rund um die Universität
0 150 300 m
просп. Свободи
prosp. Svobody
вул. Коперника
vul. Koperņyka
vul. Dorošenka
вул. Дорошенка
vul. Stefanyka
вул. Словацького
vul. Slovac'koho
вул. Січових Стрільців
vul. Sičovych Stril'civ
вул. академіка Гнатюка
vul. akademika Gnatjuka
вул. Університетська
vul. Universytets'ka
вул. Крушельницької
vul. Krušel'nyc'koji
Park I. Franko
парк ім. ІВАНА ФРАНКА
вул. Листопадового Чину
vul. Lystopadovoho Čynu
вул. Матейка
vul. Matejka
вул. Бандери
vul. Bandery
вул. Устіяновича
vul. Ustijanovyča
Dnistr
вул. Огієнка
vul. Ohijenka
вул. Гоголя
vul. Hoholja
вул. Шевченка
vul. Ševčenka
Annenkirche
Zirkus
вул. Городоцька
vul. Horodoc'ka
вул. Озаркевича
vul. Ozarkevyča
вул. Карпінського
vul. Karpins'koho
вул. Невського
vul. Nevs'koho
вул. Ярослава Мудрого
vul. Jaroslava Mudroho
вул. Сеченова
vul. Sečenova
вул. Шептицьких
vul. Šeptyc'kych
вул. Одеська
vul. Odes'ka
вул. Вовчка
vul. Vovčka
Olga-und-Elisabethkirche
Bhf.
1
2
3
4
5
6
7
8
9
10
11
12
13
14
15
16
17

Der Potocki-Palast

schmücken Nischen mit Vasen und ionische Pilaster. An der Attika sind plastische Darstellungen von Pferdeköpfen und eine Merkurstatue sichtbar.

Der ehemalige **Palast des Grafen Potokki** präsentiert sich in seiner eleganten Form auf der gegenüberliegenden Straßenseite. Er ist einer der schönsten Lemberger Paläste. Erbaut im Stil des frühen französischen Klassizismus, wurde er in den Jahren 1889/90 vom Lemberger Architekten Julian Cybulski im Stil der Neorenaissance nach Plänen von Ludwig d'Auvergne umgebaut. Bis zum Jahre 1999 wurden im damaligen Standesamt (Hochzeitspalast) Ehen geschlossen. Vor nicht allzu langer Zeit wurde er nach einer gründlichen Renovierung wieder geöffnet.

Neben dem Palast entstand im Jahre 1996 der ›**Kunstpalast**‹. Die Eckfassade schmückt die Figur des heiligen Lukas – der Schutzpatron der Maler. Im Palast finden verschiedene Ausstellungen und Veranstaltungen von Künstlern statt.

Den unteren Teil der vul. Kopernika beschließt das Empirehaus mit der Hausnummer 20.

Kunstgalerie und Nationalbibliothek

Der Spaziergang führt nach links in die vul. Stefanyka. Gleich zu Beginn der Straße hat die Lemberger Kunstgalerie ihren Platz. Diese Gemäldegalerie entstand dank einer im Jahre 1902 gegründeten Stiftung. Bereits 1907 wurde sie der Öffentlichkeit zugänglich gemacht. Innerhalb von mehreren Jahren wurden hier über 10 000 Gemälde, Skulpturen und Grafiken aus dem 15. Jahrhundert bis zur heutigen Zeit gesammelt. Früher unter dem Namen ›Gemäldegalerie‹ bekannt, trägt sie seit 1998 den Namen

›Lemberger Kunstgalerie‹. Sie gehört zu den größten dieser Art in der Ukraine und unterhält einige Filialen. Die Kunstgalerie besitzt eine großartige Kunstsammlung westeuropäischer Werke: italienische, flämische, spanische, französische, niederländische, deutsche, österreichische und auch russische Werke. Sie besitzt außerhalb Polens die größte Kollektion polnischer Kunstwerke an Gemälden, Plastiken, Grafiken aus der Zeit der Gotik bis zum 20. Jahrhundert. In den Ausstellungsräumen sieht man Werke berühmter großer Meister wie Leonardo da Vinci, Lucas Cranach, J. Kossak, J. Matejko, A. Grottger und vieler anderer.

Auf der gegenüberliegenden Straßenseite befindet sich die heutige Ukrainische Nationalbibliothek ›Vasyl Stefanyk‹ im ehemaligen Ossolineum-Gebäude. Vor dem Haupteingang steht das Vasyl-Stefanyk-Denkmal aus dem Jahre 1979 vom Bildhauer V. Skolozdra und dem Architekten M. Vendzylovyč.

Vasyl Stefanyk (1871–1936) wird als der Meister der psychologischen Erzählungen bezeichnet. In seinen Büchern stellt er vor allem das Leben ukrainischer Menschen dar. Zehn Jahre lang, von 1908 bis zum Zerfall des Habsburger Reiches im Jahre 1918, war er Delegierter der Region Pokutja zum Österreichischen Parlament; heute ist Pokutja Teil des Gebietes Ivano-Frankivs'k.

Die Slovac'koho-Straße

Westlich von der vul. Kopernika verläuft die vul. Slovac'koho, in der sich das **Hauptpostamt** der Stadt befindet. Auf dem Postamt kann man Briefmarken kaufen, die sonst nirgendwo in der Stadt erhältlich sind. Telefongespräche ins In- und Ausland können hier geführt und Faxe gesendet und empfangen werden.

In der vul. Slovac'koho wohnten viele bekannte Lemberger Bürger. So wurde beispielsweise das **Haus Nr. 8** für Leopold Baczewski, den Sohn des berühmten Wodka- und Likörproduzenten Adam Baczewski, gebaut. Hier wohnte der Architekt des Lemberger Opernhauses, Sigmund Gorgolewski. Er verstarb 1903 in diesem Haus.

Das **Haus Nr. 16** wurde in der zweiten Hälfte des 19. Jahrhunderts gebaut und war Eigentum der Familie Dunin-Borkowski. Zu dieser Familie gehörten bekannte Schriftsteller, Gelehrte und gesellschaftlich aktive Persönlichkeiten. Hier lebte und starb der berühmte Schriftsteller Alexander Friedrich Dunin-Borkowski (1811–1896), bekannt unter dem Pseudonym Leszek. Er studierte Recht und Philosophie und war Teilnehmer des Novemberaufstandes 1830. Zusammen mit Franz Smolka war er politisch aktiv und wurde zum anerkannten polnischen Abgeordneten im Wiener Parlament. Er war ein Forscher auf dem Gebiet der altindischen Literatur und suchte nach Möglichkeiten der Beendigung wachsender polnisch-ukrainischer Konflikte in Galizien. Leszek (Alexander) Graf Dunin-Borkowski verstarb 1896 im Alter von 85 Jahren.

Nebenan, im **Haus Nr. 18**, wohnte bis zu seinem Tode der Initiator der Aufschüttung des Hügels auf dem Schloßberg, Franz Smolka. Sein Grabmal befindet sich auf dem Lyčakivs'ke-Friedhof.

Geradeaus sieht man bereits das monumentale **Ivan-Franko-Denkmal**. Es befindet sich gegenüber dem Hauptgebäude der Lemberger Ivan-Franko-Universität und am Rande des Stadtparks, der ebenfalls den Namen Frankos trägt. Es wurde im Jahre 1964 von den Bildhauern W. Borysenko und D. Krvavyč sowie vom Architekten A. Šuljar geschaffen.

Das Ossolineum

In der Stadtgeschichte Lembergs kommt dem Ossolinski-Nationalinstitut, bekannt unter dem Namen ›Ossolineum‹, eine besondere Bedeutung zu. Es befand sich im Gebäude der heutigen Nationalbibliothek in der vul. Stefanyka 11.

Als Erstbebauung an diesem historischen Ort wurde in den Jahren 1671 bis 1677 die Kirche der heiligen Agniezka mit einem Kloster der Karmeliterinnen errichtet. Am 18. Oktober 1816 verkündete Graf Ossolinski den Entschluß, in Lemberg eine öffentliche Bibliothek als Privatstiftung unter seinem Namen zu gründen. Er kaufte im Jahre 1817 des Gebäude des zerfallenen Klosterensembles. Im Juni 1817 erhielt Josef Maximilian Ossolinski die offizielle Zustimmung vom österreichischen Kaiser Franz I. und am 13. November 1817 die Bibliothek den offiziellen Namen: Bibliothek des Ossolinski-Nationalinstituts.

Die Bibliothek umfaßte 5000 Handschriften, 5300 Autographe und 1700 Urkunden. Ossolinskis Testament verfügte, daß alle Sammlungen nach seinem Tode als Eigentum an das (polnische) Ossolinski-Nationalinstitut in Lemberg übergeben werden sollten. Nach seinem Tode übernahmen im Einverständnis mit dem Statut der Stiftung auserwählte Abgeordnete des Galizischen Landesparlamentes die Kontrolle über das Nationalinstitut. In die Bibliothek wurden Buchsammlungen hoch anerkannter polnischer Lemberger Persönlichkeiten aufgenommen.

Als Lemberg im Jahre 1939 durch die Rote Armee besetzt wurde, begann die Aktion ›Konzentration‹ mit dem Ziel, in einer einzigen Bibliothek alle Bücher und anderes polnisches Schriftgut, die das polnische Leben in den Ostgebieten aufzeigten, zu sammeln. Zum Ossolinski-Nationalinstitut wurden alle Bücher aus den Stadtbüchereien, Schulen, Klostern, Herrschaftshäusern und private Buchsammlungen aus ganz Kleinpolen (Westgalizien) gebracht. Im Februar 1940 wurde die Lemberger Bibliothek in eine Abteilung der Wissenschaftlichen Akademie der Ukrainischen Sozialistische Sowjetrepublik in Kiev umgewandelt. Nach der Besetzung Lembergs durch die Deutschen trug die Bibliothek den Namen ›Staatsbibliothek‹. Als die Deutschen Lemberg im Jahre 1944 verließen, nahmen sie in 60 Kisten Teile der wertvollen Sammlungen mit. Diese Kisten wurden aber weggeworfen und im Jahre 1945 in Zagrodnie, in der Nähe Zlotorijas in Niederschlesien gefunden und der Ossolinski-Sammlung in Breslau übergeben.

In den Jahren 1946 bis 1947 übergab die ukrainische Regierung an Polen ungefähr 270 000 Bücher, was etwa ein Drittel der Sammlungen des polnischen Nationalinstitutes ausmachte. Bis zum heutigen Tage befindet sich in Lemberg die Hälfte aller gesammelten Handschriften sowie ein Großteil der Landkarten, Akten, Zeichnungen, Kupferstiche, Musikalien sowie das Ossolinski-Archiv.

In den 60er Jahren des 20. Jahrhunderts wurde ein Teil der erhaltenen Buchsammlung aus der vul. Stefanyka in die bis heute geschlossene und im Inneren zerstörte Jesuitenkirche St. Peter und Paul gebracht (s. S. 117). Ein bedeutender Teil dieser Bücher und Zeitschriften überstand dies nicht. In den 80er Jahren des vergangen Jahrhunderts wurde begonnen, einen Teil der Sammlungen zu retten, indem sie an das Stadtarchiv Lembergs im ehemaligen Bernhardinerkloster übergeben wurden. Im Kloster befinden sich heute etwa 200 000 Bücher, davon 70 Prozent in polnischer Sprache. In der Jesuitenkirche verblieben bis heute weiterhin fast eine Million Exemplare.

Die Universität

Die Hauptfassade der Lemberger Universität kann man am besten von der Seite des Ivan-Franko-Denkmals bewundern. Als Universitätsgebäude besteht es seit dem Jahre 1919. Bis zum Jahre 1939 trug die Universität den Namen des polnischen Königs Jan Kasimir. Der Architekt J. Hochberger war in den Jahren 1877 bis 1881 der Erbauer des damaligen Galizischen Landtagsgebäudes. Der Bau entstand unter Einfluß der Wiener Neorenaissance-Architektur in der zweiten Hälfte des 19. Jahrhunderts. Im Mittelrisalit imponiert die Säulen-Balkonloggia. Den Haupteingang schmükken zwei große allegorische Kompositionen des Bildhauers T. Rieger, links die Skulptur ›Bildung‹ und rechts die ›Arbeit‹.

Die Attika wird von einer Figurengruppe desselben Meisters gekrönt: ›Die Schutzengel Galiziens‹, dargestellt sind Galizien sowie die Flüsse Weichsel und Dnister. Die Fassade zieren am breiten Attikafries die Skulpturen ›Liebe‹ und ›Gerechtigkeit‹ des Bildhauers Z. Trembecki sowie ›Recht‹ und ›Glaube‹ des Bildhauers F. Mikulski.

Das Portal der Universität

Rund um den Ivan-Franko-Park

Hinter dem Ivan-Franko-Denkmal befindet sich der älteste Park der Stadt, der Ivan-Franko-Park. Er wurde vom Lemberger Bürgermeister Scholz-Wolf Ende des 16. Jahrhunderts angelegt. Bis zum Jahre 1773 war das Gelände Eigentum des Lemberger Jesuitenkollegs, deswegen kennt man den Park auch unter dem Namen ›Jesuiten-Garten‹. Im Jahre 1799 wurde an seiner Stelle ein Garten von J. Höcht im französischen Stil angelegt. Mitte des 19. Jahrhunderts wurde der Park Stadteigentum. Der amtierende Stadtgärtner K. Bauer verlieh ihm innerhalb einiger Jahre den englischen Stil. Hier wachsen und blühen mehrere exotische Baumarten und Pflanzen, einige sind als Naturdenkmäler geschützt. Im Stadtpark befanden sich früher zahlreiche kleinere Pavillons, die zum Einkehren einluden.

Vom Denkmal geht es weiter geradeaus zur vul. Lystopadovoho-Čynu. Diese Straße gehört zu den ältesten der Stadt. Im 17. Jahrhundert trug sie den Namen St. Jura.

Bevor der Spaziergang bergauf nach links fortgesetzt wird, geht es ein paar Schritte über die Straße nach rechts. Das **Gebäude Nr. 8 der vul. Lystopadovoho-Čynu** ist das schönste Lemberger Bauwerk, das im französischen Neobarockstil errichtet wurde. Es wurde im Jahre 1897 in der Wiener Werkstatt Ferdinand Fellners und Hermann Helmers als Offizierscasino geplant. Das Gebäude imponiert mit seinem malerischen Balkon, den hohen Fenstern und den kleinen Dachfenstern, die ihm ein majestätisches Anlitz geben. Der Balkon wird beiderseitig von Portalen gestützt, die von athletischen Atlanten gestärkt werden. Heute befindet sich hier das ›**Haus der Gelehrten**‹.

Weiter geht es in entgegengesetzter Richtung, den Stadtpark auf der linken Seite. Ein paar Schritte weiter, in dem mächtigen Eckhaus, befindet sich seit 1913 die **Direktion der Lemberger Eisenbahn**. Zuvor gehörte das Gebäude Z. Marchwitzki, dem Direktor der Lemberger Allgemeinen Landesausstellung. Ein kurzer Abstecher führt etwas weiter links in die vul. J. Matejka, die südlich entlang des Parkes verläuft. Schon von weitem ist in der Straße das 1983 erbaute Vier-Sterne-Hotel ›Dnister‹ zu sehen. Hinter dem Hotel kreuzt sich die vul. Matejka mit der vul. Salomea Krušel'nyc'koji. Im Haus vul. Salomea Krušel'nyc'koji Nr. 23 befindet sich das **Salomea-Krušel'nyc'ka-Gedenkmuseum**, das der weltbekannten ukrainischen Opernsängerin gewidmet ist.

Wenige Schritte höher auf der vul. Lystopadovoho-Čynu ist auf der linken Straßenseite ein malerisch-romantisches Eckhäuschen aus roten Ziegelsteinen zu sehen. In dem Haus befindet sich das **Museum für Olek Novakivs'kyj**, einen bekannten ukrainischen Maler. In der Zeit zwischen den Weltkriegen befand sich hier die erste Künstlerakademie der Westukraine. Das Haus wurde vom Metropoliten der griechisch-katholischen Kirche, Andrej Šeptyc'kyj, 1911 für ukrainische Künstler gekauft. Ursprünglich wurde das Haus im Jahre 1888 nach Plänen von Julian Zacharewicz für den berühmten Maler Jan Styka (1859–1925) gebaut, der hier bis zum Jahre 1900 wohnte und arbeitete. Jan Styka war der Initiator des Rundgemäldes Panorama Racławicka, das 1894 zum 100. Jahrestag des Aufstandes von Kosciuszko geschaffen wurde. An diesem arbeiteten auch der berühmte Krakauer Maler Wojtek Kosak sowie der erfahrene Landschafts- und Rundgemäldemaler Ludwig Boller mit. Das Gemälde wurde 50 Jahre lang in Lemberg ausgestellt und war eine der größten Sehenswürdigkeiten der Stadt. Während einer Bombardierung Lembergs durch die sowjetische Armee wurde es 1944 beschädigt. Es wurde im Bernhardinerkloster zusammengerollt, sichergestellt und 1946 nach Breslau ausgeführt. Seit 1985 kann man es dort bewundern.

Georgskathedrale

Die vul. Lystopadovoho-Čynu führt weiter zum Platz des heiligen Georg (sv. Jur). Die Nordseite des pl. Jura wird vom schönsten Bauwerk der Lemberger Barockarchitektur gekrönt, der griechisch-katholischen (unierten) Kathedrale des heiligen Georg. Sie dominiert auf der malerisch gelegenen Anhöhe die Stadt, von der aus sie von weitem zu sehen ist. Die Kirche gehört mit zu den ältesten Gotteshäusern Lembergs. Hier soll sich um 1280 der erste Lemberger Missionar, Fürst Vasilko, der Bruder des galizischen Großfürsten Danylo, angesiedelt haben. Schon im 13. Jahrhundert stand den Erzählungen nach anstelle der heutigen Kathedrale eine Holzkirche, die in der Hälfte des 14. Jahrhunderts während des Überfall des polnischen Königs Kasimir des Großen in Brand geriet. Nach ihrer Zerstörung entstand in den Jahren

Die Georgskathedrale

1363 bis 1437 eine neue, steinerne Kirche, die jedoch Mitte des 18. Jahrhunderts abgetragen wurde. An deren Stelle entstand dank der Bemühungen des Erzbischofs Andrej Šeptyc'kyj die heutige Kathedrale. Erbauer dieses barocken Kunstwerkes war in den Jahren 1744 bis 1759 der bekannte Architekt Bernard Meretyn, nach seinem Tode setzte Sebastian Fessinger die Arbeiten fort. Der Bau wurde im Jahre 1764 beendet, obwohl die Ausschmückungsarbeiten bis zum Jahre 1780 andauerten. In der Anfangsphase des Baues trafen die Meister auf ein großes Problem. Der vorherige Bau war so massiv, daß man das untere Geschoss nicht abreißen konnte. Aus diesem Grunde steht das barocke Gotteshaus auf den erhaltenen Restfundamenten des vorherigen Baues.

Mit der St. Georgskathedrale sind historische Ereignisse verbunden. Im Jahre 1648, während der Belagerung Lembergs durch die Armee des Kosakenführers Bohdan Chmel'nyc'kyj, befand sich auf dem Platz vor dem Kirchenkomplex das Kosakenlager. Im Jahre 1655 war hier der Sitz des Hetmanns selbst.

Im Jahre 1596 wurde in der Kirche die ›Union von Lublin‹, die Vereinigung mit der römisch-katholischen Kirche verkündet. Im Jahre 1946 wurde diese Verkündigung durch die Sowjetführung für ungültig erklärt. Die Kathedrale wurde russisch-orthodox. Im Jahre 1990 wurde die Georgskathedrale an die ukrainische griechisch-katholische Kirche (UGKK) zurückgegeben, und Kardinal Lubačivs'kyj kehrte zurück.

Kathedralenhof

Durch das verzierte Eingangstor betritt man den großen Kathedralenhof. Linker Hand kann man die Fassade der Kathedrale bestaunen. Über dem monumentalen Portal schauen riesige Steinstatuen des Papstes Lew und des Patriarchen Athanasius – geschaffen vom Bildhauer Johann Pinsel – auf die Besucher hinab. Die Attika wird von einem der bekanntesten Werke des Bildhauermeisters Pinsel gekrönt: dem heiligen Georg, der den Drachen tötet.

Das Kircheninnere

Ein zweiseitiger Treppenaufgang führt auf eine Terrasse und von ihr ins Innere der Kathedrale. Im Presbyterium, zwischen dem Zweisäulen-Altaraufsatz, befindet sich das niedrige Zarentor, ein Meisterstück von Sebastian Fessinger aus dem Jahre 1768.

Die Ikonen im Hauptalter sind Werke von J. Radziwilowski sowie Luka Dolyns'kyj, die in den 1770er Jahren geschaffen wurden. An der Apsiswand sieht man das Christusbild von F. Smug-levyč vom Ende des 18. Jahrhunderts. Links des Hauptaltars befindet sich im Seitenschiff die wunderbringende Ikone der Terembovla-Gottesmutter, ein Werk aus dem 16./17. Jahrhundert. Das hell leuchtende Innere ist im Rokoko-Stil gehalten. Die Rokoko-Kanzel und der barocke Seitenaltar ziehen als erstes die Blicke auf sich.

In der Gruft der Kathedrale haben die Leichname des Kardinals S. Sembratovyč, des Metropoliten Andrej Šeptyc'kyj, des Kardinals Josyf Slypyj, des Bischofs Sternjuk sowie des Kardinals Lubačivs'kyj ihre letzte Ruhestätte.

Metropolitenpalast

Gegenüber der Kathedrale steht der im Rokoko-Stil erhaltene, mit klassizistischen Elementen verzierte Metropolitenpalast. Er wurde in den Jahren 1762 bis 1772 vom Architekten K. Fessinger gebaut. Im Juni 2001 diente dieser Palast Papst Johannes Paul II. während seines Lemberg-Aufenthalts als Residenz. Bis 2006 war es die Residenz des Metropoliten der unierten Kirche, Kardinal Husar, der inzwischen seinen Sitz in Kiev hat. Im Glockenturm, der sich nordwestlich der Kathedrale befindet, hängt die älteste Glocke der Ukraine. Sie wurde im Jahre 1341 in Lemberg gegossen und schlägt zu jeder Heiligen Messe und anderen kirchlichen Anlässen.

Die Polytechnische Hochschule

Zurück durch die vom bekannten Gärtner Rering angelegte Grünanlage auf dem Platz des heiligen Georg, geht es in die vul. Karpins'koho, die zur vul. Bandery führt. Schon in der vul. Karpins'koho geht man am Seitenflügel der Lemberger Polytechnischen Universität vorbei, das Hauptgebäude der Lemberger Polytechnika befindet sich in der vul. Bandery. Im 18. Jahrhundert noch ein Feldweg, war die vul. Bandery nach der Eröffnung des Lemberger Hauptbahnhofes im Jahre 1863 bereits eine Hauptstraße.

Die Polytechnische Hochschule

Das Gebäude der Polytechnischen Hochschule entstand in den Jahren 1873 bis 1877 im italienischen Renaissancestil nach Plänen des Lemberger Architekten und gleichzeitigen Rektors dieser Hochschule Professor Julian Zacharewicz.

Der prächtige Bau war zu seiner Zeit ein Vorbild für viele spätere öffentliche Gebäude oder auch Bürgerhäuser. In den Jahren 1877 bis 1921 trug die Institution den Namen Polytechnische Schule. Von 1921 bis 1939 hieß sie Lemberger Polytechnika (Polytechnische Hochschule) und seit 1939, nach dem Anschluß Galiziens an die Sowjetische Ukraine trug sie den Namen Lemberger Polytechnisches Institut. Heute heißt sie wieder Lemberger Polytechnika und gehört zur Nationalen Universität der Stadt. Sie ist die größte Polytechnische Hochschule der Ukraine.

Die mittlere Teil der Hauptfassade wird optisch durch Balkonloggien hervorgehoben. Sie werden von sechs schlanken korinthischen Säulen gestützt. Die Attika wird von der allegorischen Gruppe ›Wissenschaften und Kunst‹ des Bildhauers Leonard Marconi gekrönt. In dieser Gruppe vereinen sich ein Ingenieur, ein Architekt sowie ein Mechaniker. Die Polytechnika hat ein imposantes, großzügiges Treppenhaus. Im Erdgeschoß links steht die Marmorbüste des Professors Julian Zacharewicz. Sie wurde im Jahre 1910 vom Bildhauer Beltovs'kyj geschaffen.

Die Maria-Magdalena-Kirche

Auf der vul. Bandery geht es nun weiter geradeaus zum pl. M. Šaškevyča. Etwas erhöht steht die Maria-Magdalena-Kirche. Die anfangs hier erbaute Holzkirche wurde im Jahre 1600 von Anna Pstrokonska für die Dominikaner gestiftet. Die heutige barocke Backsteinkirche entstand um die Mitte des 17. Jahrhunderts nach Plänen der Baumeister Godny und Keller. Den ältesten Teil bildet das Presbyterium, das bereits 1630 erbaut worden war. Im Jahre 1758 wurde die große, zweitürmige, dreischiffige Filialkirche des Dominikanerordens von dem Architekten Martyn Urbanyk vollendet.

Im Jahre 1784 wurde sie in eine Pfarrkirche und das Kloster in ein Frauengefängnis umfunktioniert. Zu dieser Zeit wurde auch die Kirche umgestaltet. Sie erhielt einen nischenartigen Aufbau mit einer Galerie und eine Tür für den Chor über dem Haupteingang. Zu beiden Seiten des Giebels befinden sich zwei Sandstein-Rokokofiguren des Bildhauers S. Fessinger: der heilige Dominik und der heilige Jacek. Die Barockhelme der Türme sind Werke des Architekten Julian Zacharewicz.

Bereits in den Jahren zwischen den Weltkriegen wurde die Kirche in das Haus der Orgel- und Kammermusik umgewandelt. Heute finden an Sonn- und Feiertagen wieder katholische Messen statt. An anderen Tagen dient das Kirchengebäude weiterhin als Haus der Orgel- und Kammermusik, das der Lemberger Philharmonie angehört.

Das Kircheninnere

Das Hauptschiff zeichnet sich durch eine phantastische Akustik aus. Hier befindet sich die größte Orgel der Ukraine, gebaut im Jahre 1932 von der tschechischen Firma Gebrüder Rieger-Kloss. Das Instrument wurde im Jahre 1969 modernisiert.

Vom ursprünglichen Inneren der Kirche ist die kreuzüberwölbte Apsis erhalten geblieben. Von kunsthistorischem Wert ist der an den Apsiswänden angebrachte barocke Altaraufsatz. Es ist ein Kunstwerk von A. Kielar aus dem Jahre 1634 mit Szenen aus dem Leben der heiligen Maria Magdalena. Vor dem Altaraufsatz bewundert man einen neuen Alabasteraltar mit gefühlvoll gearbeiteten Engelsfiguren des Bildhauers J. Reichert-Toth aus dem Jahre 1926. Das ehemalige Klostergebäude gehört heute zur Lemberger Polytechnischen Hochschule.

Zurück zum Stadtboulevard

Die vul. Bandery mündet in die vul. Kopernika. Vor dem Einbiegen in diese Straße fällt der Blick auf das große Eckgebäude auf der rechten Straßenseite. Es entstand im Jahre 1890. Bis zum Jahre 1939 befanden sich hier eine Kaserne sowie die Polizei-Kommandantur. Nachdem die Sowjets im Jahre 1939 Ostgalizien besetzt hatten, befand sich im Gebäude ein Gefängnis. Wie in mehreren derartiger Lemberger Anstalten und der Westukraine wurden im Juni 1941 hunderte von Menschen, vorwiegend aus der ukrainischen Intelligenz, vom NKWD vor dem Abzug der russischen Armee aus Lemberg ermordet. In Gedenken an die Opfer dieses Massakers wurde hier Anfang der 1990er Jahre ein Ehrendenkmal enthüllt.

Ehemaliges Lazarusspital

Ein paar Schritte weiter und man befindet sich am oberen Teil der vul. Kopernika. Auf dem Hügel steht dort das ehemalige Kloster und Spital des heiligen Lazarus, dessen Anfänge in das 17. Jahrhundert zurückreichen. Der Architekt und zugleich Verwalter des Spitals, Ambrosius Prychyl'nyj, begann mit den Bauarbeiten am heutigen Gebäude des schon 1616 gegründeten Spitals erst im Jahre 1634. Nach seinem Tode setzte Martin Hodnyj die Arbeiten fort. Heute gehört der Komplex zur Schule für Chorgesang ›Dudaryk‹, in der Kirche werden Gottesdienste abgehalten.

Bergabwärts auf der linken Straßenseite steht das **Haus des Lehrers** (Nr. 42), das im ehemaligen Palast des Grafen Bielski seinen Platz hat. Das Haus wurde im Jahre 1923 nach Plänen des Architekten Ivan Bahens'kyj gebaut.

Sapieha-Palast

Nicht weit davon befindet sich der ehemalige Palast des Fürsten Leon Sapieha (Nr. 40) oder vielmehr der Teil des Palastes, der nach dem Zweiten Weltkrieg erhaltengeblieben ist. Der Palast wurde im Neobarockstil in der zweiten Hälfte des 19. Jahrhunderts vom Architekten A. Kuhn gebaut. Heute befindet sich hier der Sitz der Organisation für Denkmalschutz. Im Palast wohnten unter anderem Fürst Leon Sapieha, einer der Initiatoren der Eisenbahnverbindung nach Lemberg und Marschall des Galizischen Landtages in den Jahren 1861 bis 1875, sowie sein Sohn Adam Sapieha, ein bekannter Lemberger Politiker und Mitorganisator der Lemberger Allgemeinen Landesausstellung 1894.

Zitadelle

Auf der Anhöhe der rechten Straßenseite kann man einen Teil der Zitadelle sehen. Sie war als ein zukünftiger Teil der Stadtbefestigung gedacht. Die Pläne zur Errichtung der Befestigungsanlage, zu der das Fort mit vier Türmen gehört, wurden in den Jahren 1849/50 im Österreichischen Armee-Ministerium geschaffen. Die Zitadelle ist in den Jahren 1852 bis 1856 entstanden. Im Zweiten Weltkrieg befanden sich hier Konzentrationslager. Nach dem Zweiten Weltkrieg war der Zutritt verboten, es war russisches Armeegelände. Heute haben dort die ›Elektron-Bank‹, der Verlag ›Gerdan‹ sowie andere Privatunternehmen ihren Sitz.

Rusalka-Dnistrova-Museum

Etwas unterhalb, auf der linken Straßenseite, steht das Denkmal des ukrainischen Dichters Markian Šaškjevyč. Šaškjevyč (1811–1843) war einer der ersten, der in den 1830er Jahren versuchte, die ukrainische Sprache als Literatursprache einzuführen. Zusammen mit zwei Studenten des anliegenden griechisch-katholischen Seminars gründete er die Gemeinschaft ›Rus'ka Trijcja‹. Sie traten vor das Volk in ukrainischer Sprache, sammelten ukrainische Volkslieder und gaben im Jahre 1837 in Budapest das Buch ›Rusalka Dnistrova‹ heraus. In Galizien verbot die Verwaltung die Veröffentlichung dieses Buches.

Neben dem Denkmal steht der barocke Glockenturm der ehemaligen Kirche des heiligen Geistes, an deren Stelle sich heute das kleine Museum ›Rusalka Dnistrova‹ befindet, in dem Interessantes über die ukrainische Sprache und die Entstehung des gleichnamigen Werkes zu erfahren ist. Daneben sieht man die Fundamente der zu Beginn des Zweiten Weltkrieges durch Fliegerbomben zerstörten Kirche. Das Seminar wurde auch 1939 und 1944 beim Versuch, die Post zu zerstören, stark beschädigt. Schon in den 1960/70er Jahren wurde an der hinteren Wand des Hauptpostamtes die Lemberger Telefonzentrale errichtet. In den neueren Gebäuden des Seminars

hat die Geographische Fakultät der Ivan-Franko-Universität ihren Sitz.
An der Hausfassade, links der Kreuzung von vul. Slovac'koho und vul. Stefanyka, befindet sich eine kunstvoll gestaltete Gedenktafel mit dem Bronzerelief des Lemberger Kardinals der unierten Kirche, Josyf Slypyj, der in den 1940er Jahren Rektor des Seminars war. Die Gedenktafel wurde im Jahre 1997 vom Bildhauer J. Savko geschaffen.
Auf der vul. Kopernika entlang geht es bis zum pr. Svobody und damit zurück in das Zentrum der Stadt.

Zwischen Stadtboulevard und jüdischem Viertel

Westlich des Stadtzentrums lassen sich rund um das ehemals jüdische Viertel noch einige historische Spuren entdekken. Dieser Spaziergang führt zudem zum größten Markt der Stadt, dem Krakauer Markt, sowie zum sehenswerten Hauptbahnhof im Jugendstil.

Die Hnatjuk-Straße

Vom pr. Svobody, zwischen dem Ethnographischen Museum und dem Gebäude der Privat-Bank, verläuft die Hnatjuk-Straße. Sie bestand bereits im 18. Jahrhundert und trug den Namen Jesuitenstraße. Diesen Namen erhielt sie, da die Straße vom Jesuitenkloster mit der Jesuitenpforte zum Jesuitengarten, heute Ivan-Franko-Stadtpark, führte.

■ Kurbas-Theater

An der Kreuzung rechts beginnt die vul. Lesja Kurbasa. Nur ein paar Schritte nach links steht das architektonisch interessante neogotische Gebäude des ›Kurbas‹-Theaters, das die moderne Tradition der Aufführungen seines Gründers weiterpflegt. In dieser Straße lebte in den 1820er Jahren Franz Xaver Mozart, der Sohn von Wolfgang Amadeus Mozart, der in Lemberg die Gesangsgesellschaft der heiligen Cecilia gründete und als ihr Leiter tätig war. Im Jahre 1826 trat der Chor anläßlich des 35. Todestages des berühmten Komponisten und Gründers der Gesellschaft mit Mozarts ›Requiem‹ auf. Leider besteht dieses Gebäude heute nicht mehr.

■ Kindertheater

Im Haus Nr. 11 in der vul. Hnatjuka befindet sich das Erste Ukrainische Theater für Kinder und Jugendliche. Die erste Aufführung dieses Theaters fand im Jahre 1919 in Charkiv statt. In Lemberg hat dieses Theater seit der Zeit nach dem Zweiten Weltkrieg seinen Sitz. Vor dem Krieg befand sich an gleicher Stelle das Jüdische Theater. Im Erdgeschoß des Hauses lädt das im traditionellen ukrainischen Volksstil eingerichtete **Restau-**

Gedenktafel für Les Kurbas

rant Oselja zum Verweilen ein. Zu den Spezialitäten des Hauses gehören schmackhafte ukrainische Speisen.

Hryhorenk-Platz

Die vul. Hnatjuka endet am pl. Hryhorenka. Der Platz entstand im Jahre 1885 und trug bis zum Jahre 1944 den Namen des galizischen Politikers und Staatsmannes Franz Smolka (1810–1899). In der Mitte des Platzes stand in den Jahren 1913 bis 1946 das Denkmal Smolkas, der Architekt war Tadeusz Blotnicki. Heute steht an gleicher Stelle ein Denkmal, das den heiligen Georg im Kampf mit dem Drachen zeigt. Dieses Denkmal entstand 1999. Die Bildhauer waren die Brüder Suchorski, der Architekt O. Jarema. Hinter dem Denkmal befindet sich ein monumentaler neoklassizistischer Bau, der am Anfang des 20. Jahrhunderts von A. Zacharewicz für die Aktien- und Kooperativbank errichtet wurde. Heute sitzt in dem Haus die Gebietsverwaltung des Ministeriums für innere Angelegenheiten.
Links in dem Eckhaus, das als Landesbank nach Plänen des Architekten Cybulskyj im Jahre 1903 entstand, befindet sich heute der Fachbereich Sport der Universität.

Brigitte-Gefängnis

Gegenüber dem Kindertheater beginnt die vul. Nalyvajka. Bis zum 1939 war das Territorium hier und weiter nach Norden von Juden besiedelt. In der Straße gab es mehrere kleine Hotels, ein Bad und eine Spitalabteilung. In der Nähe befanden sich auch das Jüdische Kaufmännische Gymnasium und zahlreiche Geschäfte. Nach ein paar Metern kommt man auf die vul. Horodoc'ka, eine der Hauptverkehrsadern der Stadt.

An der gegenüberliegenden Straßenseite links zieht sich die lange dreistöckige Fassade des Lemberger Untersuchungsgefängnisses hin. Im 17./18. Jahrhundert befand sich hier das Kloster des Ordens der heiligen Brigitte sowie die St. Peterskirche. Im Jahre 1784 wurde das Kloster laut der Josephinischen Reform aufgelöst und in ein Gefängnis umgewandelt. Der Name ›Brigitte‹ (Brygitki) wurde beibehalten. Im 19. Jahrhundert wurde das Gefängnis ausgebaut. Die schrecklichste Zeit in der Geschichte des berühmten Gefängnisses waren die Jahre des Zweiten Weltkrieges, als der sowjetische Geheimdienst NKWD hier Massenexekutionen durchführte. Als die Deutschen im Juni 1941 die Sowjetunion überfielen, gaben die Sowjets die in ihren Gefängnissen Inhaftierten – meist Ukrainer – nicht frei, sondern transportierten sie entweder in Richtung Osten oder ermordeten sie an Ort und Stelle. In etwa 25 Gefängnissen führte der NKWD Massenexekutionen durch. In vielen von ihnen verlief es wie im Lemberger Brigitte-Gefängnis: Die Erschießungen begannen am 22. Juni 1941. Bis zum 28. Juni dauerte das Morden. Bevor das sowjetische Wachpersonal vor den am 30. Juni 1941 einrückenden deutschen Truppen flüchtete, schoß es noch blindlings in die Gefängniszellen hinein, um ja nur jeden Häftling umzubringen. Nach dem Abzug der Sowjets fanden die nach ihren Angehörigen Suchenden in den Kellern und einem auf dem Hof ausgehobenen Graben Berge von Leichen.

Das jüdische Viertel

Es geht nach rechts in Richtung Anfang der vul. Horodoc'ka. Links an der Ecke befindet sich das im Jahre 2003 nach der Restaurierung neueröffnete Kauf-

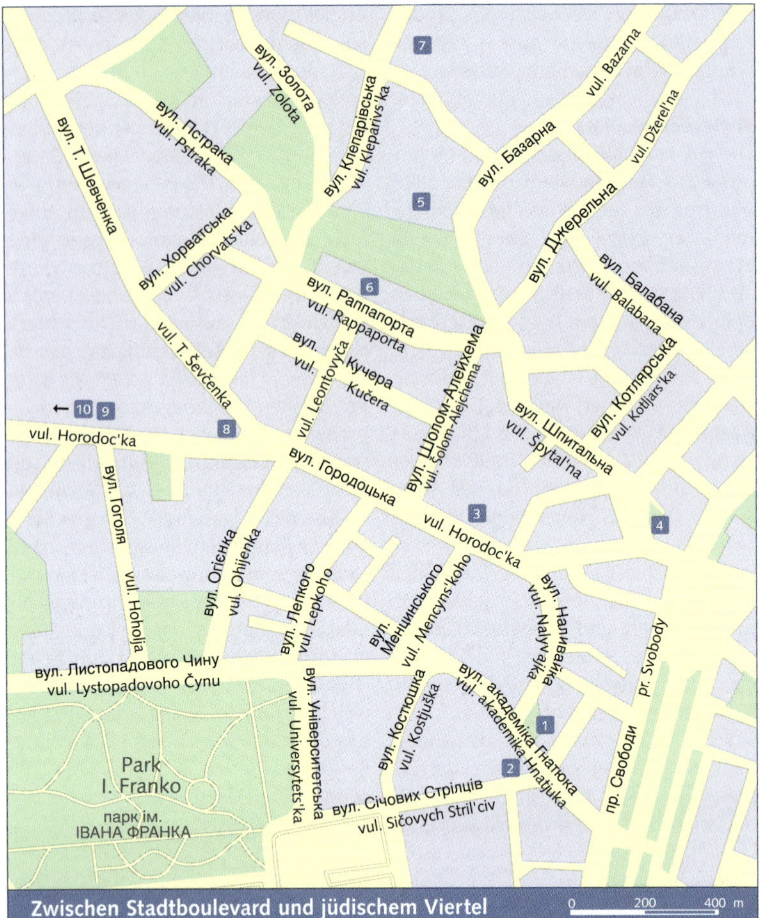

Legende

1 Kurbas-Theater (Молодіжний театр ім Л. Курбаса)
2 Erstes Ukrainisches Theater für Kinder und Jugendliche (Перший український театр для дітей та юнацтва)
3 Brigitte-Gefängnis
4 Gedenktafel für Scholem Alejchem
5 Krakauer Markt (Краківський ринок)
6 Ehemaliges jüdisches Spital
7 Lemberger Brauerei
8 St. Annakirche (храм св. Анни)
9 Olga- und Elisabethkirche (храм св. Олги-Елизавети)
10 Hauptbahnhof (Голобний вокзал)

haus ›Magnus‹. Als Warenhaus wurde es bereits im Jahre 1913 von dem Architekten R. Felinski erbaut.
Rechts an der Wand des Eckhauses befindet sich eine Gedenktafel mit der Inschrift ›Hier wohnte im Jahre 1906 der Klassiker der jiddischen Literatur Scholem Alejchem (1859–1917)‹. Scholem Alejchem, der eigentlich Scholem Rabinovič hieß, stammte aus einer Kaufmannsfamilie aus der Stadt Perejaslav südlich von Kiev. Durch sein Werk ›Tevje, der Milchmann‹, als Musical auch unter den Namen ›Anatevka‹ und ›Fiddler on the roof‹ bekannt, wurde er weltberühmt.
Die vul. Špytal'na entlang nach Norden läuft man auf dem Territorium des ehemaligen jüdischen Viertels. Das Territorium wurde schon im Mittelalter von der jüdischen Bevölkerung bewohnt. Die jüdische Gemeinde war bis zum Krieg eine der größten in Lemberg. Die ersten Juden kamen im 13. Jahrhundert in die Stadt. Sie siedelten sich zuerst in der Krakauer Vorstadt an. Nach 1350 teilte sich die jüdische Gemeinde. Die reicheren zogen in das befestigte Stadtzentrum, die ärmeren blieben in der Vorstadt. Jede Gemeinde hatte ihre eigenen Synagogen und Schulen, ihre eigenen Rechte, Privilegien und eine eigene Verwaltung. Die Straße führt zum ehemaligen jüdischen Spital und verdankt diesem ihren Namen.

Krakauer Markt

Weiter geht es in die vul. Bazarna, in der sich der Krakauer Marktplatz, der Krakivs'kyj rynok, der größte Markt der Stadt befindet. Er entstand in den Jahren nach dem Zweiten Weltkrieg. Der alte jüdische Friedhof, der sich an dieser Stelle befand, war im Krieg völlig zerstört worden. An der Kreuzung der vul. Bazarna mit der vul. Špytal'na geht die vul. Šoloma Alejchema ab. Bis 1941 bildete sie das kulturelle Zentrum der jüdischen Gemeinde. Bis Ende des 19. Jahrhunderts befand sich in dem Haus Nr. 11 die Handwerkergesellschaft ›Jad Charusim‹. Das Haus Nr. 12 war der Sitz der jüdischen Gemeindesverwaltung Lembergs sowie das jüdische Museum. Heute ist ein jüdisches Kulturzentrum untergebracht.

Ehemaliges jüdisches Spital

Entlang des Marktes, etwas bergauf, zieht sich die vul. J. Rappaporta. Diese Straße gibt es seit Mitte des 19. Jahrhunderts. An der rechten Seite befindet sich die vor kurzem eröffnete Botschaft von Kasachstan. Weiter vorne ist ein exotisches Bauwerk mit einer kunstvollen zwiebelförmigen Kuppel zu sehen. Das Haus Nr. 8 ist das ehemalige jüdische

Das ehemalige jüdische Krankenhaus im maurischen Stil

Auf dem Krakauer Markt

Spital, heute eine Frauenklinik. Das Gebäude wurde Ende des 19. Jahrhunderts als Maurizius-Lazar-Stiftung errichtet. Der Architekt war K. Moklowski.

Kleparivstraße

Die vul. Rappaporta mündet in die vul. Kleparivs'ka. Das ist eine der Straßen, die ihren Namen Andreas Klöpper verdankt. Sie führt zu dem von ihm Anfang des 15. Jahrhunderts gegründeten Dorf Klöpperhof – später Klepariv. Der Berg, an dessen Fuß sich die beiden Straßen kreuzen, heißt Kortum. Früher wurden an seinen Hängen Menschen hingerichtet. ›Berg der Todesstrafe‹ nannte man ihn deshalb. Die meisten Teilnehmer des Volksaufstandes, bekannt unter dem Namen ›Kolijivščyna‹, wurden dort Mitte des 18. Jahrhunderts hingerichtet.

Am Krakivs'kyj rynok schließt sich von der vul. Kleparivs'ka einer der ältesten Betriebe der Stadt, die **Lemberger Bierbrauerei**, an. Als Gründungsdatum gilt das Jahr 1715. Eines der besten ukrainischen Weizenbiere mit dem Namen ›1715‹ oder auch ›Pivo Lvivs'ke‹ (Lemberger Bier) kann man in der Brauerei kosten.

Vom jüdischen Spital gelangt man durch die vul. Leontovyča zurück in die vul. Horodoc'ka. Zuvor sieht man an der linken Seite der Straße die im romanischen Stil aus roten Ziegelsteinen gebaute Mittelschule. Das Gebäude wurde 1884 vom Architekten Hochberger als St.-Anna-Schule errichtet. Von hier aus öffnet sich ein schöner Blick auf das jüdische Spital.

Die St. Annakirche

Am Schnittpunkt der vul. Horodoc'ka und der vul. Ševčenka befindet sich die St. Annakirche. Die im Jahre 1507 anläßlich der Ermordung streikender und aus der Stadt fliehender Schneidergesellen gebaute Holzkirche wurde 1509 von den Walachen verbrannt. Im Jahre 1599 entstand eine neue Holz- und Backstein-Kirche mit einem Augustinerkloster. Gegen Mitte des 18. Jahrhunderts wurde die heutige Barock-Kirche errichtet, im 19. Jahrhundert entstand der Glokkenturm. Nach dem Zweiten Weltkrieg befand sich im Kircheninneren ein Möbelgeschäft. Von der früheren barocken Innengestaltung ist nichts erhalten geblieben. Die Kirche ist heute den Gläubigen der unierten Kirche zugänglich. Der neugestaltete Ikonostas und die Wandmalereien stammen aus den 1990er Jahren. Rechts von der Kirche beginnt die vul. Ševčenka, an deren Ende der Janivs'ke-Friedhof liegt.

Die Horodoc'ka-Straße

Mit ihren heute fast zehn Kilometern Länge war diese Straße immer schon eine verkehrsreiche Hauptstraße. Sie

Die Olga-und-Elisabethkirche

war als Handelsstraße unter diesem Namen bekannt und führt auch heute in Richtung des Städtchens Horodok und weiter zur polnischen Grenze. Sie beginnt am Opernhaus am pr. Svobody.
Die vul. Horodoc'ka von der St. Annakirche Richtung Westen spazierend, sieht man rechts das Gebäude der ehemaligen Kaserne ›Erzherzog Ferdinand‹ (Nr. 40) aus den 1850er Jahren. Weiterhin befindet sich auf der linken Straßenseite das runde Gebäude des Lemberger Zirkus. Das Gebäude entstand im Jahre 1963. Die Architekten sind A. Bachmatov und M. Kanievskij.
Auf dem Berg erblickt man links die St. Georgskathedrale sowie weiter die Straße entlang die majestätisch wirkenden schlanken Türme der ehemaligen Elisabethkirche.

Die Olga-und-Elisabethkirche

Der Eingang zur heutigen unierten Olga-und-Elisabethkirche befindet sich auf dem pl. Kropyvnyc'koho (siehe Karte S. 141). Seit fast 100 Jahren ist sie das Wahrzeichen der Stadt. Von weitem grüßt sie die Gäste mit ihren drei eleganten, hohen Türmen. Der höchste mißt 85 Meter.
Erbaut in den Jahren 1903 bis 1912 nach Plänen des Architekten Theodor Taljowski im neogotischen Stil, befindet sie sich auf dem höchsten Punkt des Stadtzentrums, nämlich genau auf der Hauptwasserscheide zwischen der Weichsel und dem Dnister. Sie wurde als Gedächtniskirche zum Gedenken an den tragischen Tod der österreichischen Kaiserin Elisabeth, genannt Sisi, errichtet.
Der Bau ist ein dreischiffiger monumentaler Bündelpfeiler-Ziegel-Rohbau mit einem Querschiff (lateinisches Kreuz). Was anerkannte Baumeister schufen, wurde mutmaßlich während der sowje-

tischen Zeit zerstört. Das betrifft vor allem die wundervolle Orgel, eine der damals größten im polnischen Reich der Vorkriegszeit. Das betrifft gleichfalls die Kapelle des heiligen Huberts mit ihren Mosaik-Glasfenstern und die Wandmalerei von Kasimir Sichulski aus dem Jahre 1926. Die einzig erhalten gebliebenen Kunstwerke sind die neobarocke Kanzel aus dem Jahre 1926 von P. Wojtowicz und L. Rzepichowski sowie der Hauptaltar der Architekten L. Gyurkowicz, J. Szostakiewicz und des Bildhauers J. Reichert-Toth, erbaut zwischen 1928 und 1933.

Nach dem Zweiten Weltkrieg lagerten in der Kirche Lebensmittel, sie verfiel immer mehr, und ihre wertvolle Ausstattung wurde nach und nach zerstört. Seit 1990 heißt die Kirche Olga-und-Elisabeth-Kirche. Die Kanzel sowie der Hauptaltar wurden restauriert und mit neuen Werken ergänzt. Den Altarbereich zieren Mosaik-Glasfenster von V. Šalenko, erschaffen zwischen 1996 und 1998.

Der Hauptbahnhof

Zurück auf der vul. Horodoc'ka muß die Fahrbahn überquert werden, um an der nächsten Ecke in die vul. Černivec'ka zu gelangen, die zum berühmten Lemberger Hauptbahnhof führt. Aber noch bevor man weiter zum Bahnhofgebäude läuft, kann man sich an der Kreuzung wieder nach rechts, in die vul. Chotyns'ka begeben, um zu der einzigen in Lemberg geöffneten **Synagoge** zu gelangen (siehe Karte S. 141). Sie befindet sich in der vul. Brativ-Michnovs'kych und wurde 1924 von dem Architekten A. Kornblut errichtet. Die Synagoge wird durch vielfältige Wandmalereien aus den 1930er Jahren vervollkommnet. Ein Rabbiner, der aus New York nach Lemberg gekommen ist, bemüht sich um die Wiederbelebung jüdischer Traditionen in der Stadt.

Das mächtige, kunstvolle Bauwerk des **Lemberger Hauptbahnhofs** entstand zu Beginn des 20. Jahrhunderts. Der Architekt war W. Sadlowski. Die Bahnhofsfassade vereint in sich den Stil der Neorenaissance und des Wiener Jugendstils. Zur Zeit seiner Entstehung war er einer der vollkommensten und modernsten Bahnhöfe auf dem Territorium des Österreichischen Reiches. Den Haupteingang krönt ein gläsernes Arkadenportal. Seine Nischen schmücken die allegorischen Skulpturen ›Handel‹ und ›Gewerbe‹ des Architekten A. Popel. Über dem Eingangsportal befindet sich das allegorische Gruppenbild von P. Wojtowicz, das die Stadt Lemberg sowie den Eisenbahnverkehr symbolisiert. In den zwei mit Glas überdachte Hallen befinden sich fünf Bahnsteige, die mit dem Bahnhofsgebäude verbunden sind. In den zwei großen Bahnhofshallen sind Fahrkartenschalter und Warteräume untergebracht.

Kriegszerstörungen und spätere Umbauten veränderten das Ansehen des Gebäudes Mitte des 20. Jahrhunderts, mehrere kunstvolle Details wurden entfernt. Wegen seiner Größe und seiner Schönheit bleibt der Bahnhof aber weiterhin eine touristische Attraktion. In einigen Restaurants im Wartebereich sind offensichtlich Teile der Originaleinrichtung erhalten geblieben.

Vom Bahnhof kommt man mit den Straßenbahnlinien Nr. 9 oder 1 sehr schnell zurück zum Stadtzentrum.

Der prächtige Lemberger Hauptbahnhof

ЛЬВІВ
100

Vom Zollplatz zum Freilichtmuseum

Die heutige vul. Lyčakivs'ka entstand im 15. Jahrhundert außerhalb der Befestigungsmauern. Damals hieß sie Glijanska-Straße und führte als Handelsweg nach Glijanski und von da weiter nach Osten bis Kiev und Moldawien und weiter nach Konstantinopel. Schon im 15. Jahrhundert entstand hier die erste Ansiedlung. Ende des 16. Jahrhunderts erhielt sie den Namen Lützenhofer Straße, der auf die deutschen Kolonisten Lützen zurückgeht. Die Familie Lützen gründete zu jener Zeit hier ein großes Landgut, das sich zusammen mit einem Dorf von 200 Häusern bis zur Mitte des 17. Jahrhunderts hier befand. Rund um die Häuser befanden sich Obstbäume und Weinreben. Lemberg hatte sogar eigene Weinkeller. Über diese Handelsstraße kamen auch die großen Fuhrwerke mit ihren Waren. Die großen Karawanen der Kaufleute kamen mit einem Fuhrmann, die Wagen wurden von riesigen Pferdegespannen gezogen. Der Weg war weit, oft von und in die Türkei. Aber auf diesem Wege kamen nicht nur die Kaufleute, sondern auch militärische Eindringlinge. Der Kosakenführer Bohdan Chmel'nyc'kyj hatte sein Feldlager 1648 gegenüber der heutigen Kirche St. Peter und Paul aufgeschlagen, und im Jahre 1672 standen an gleicher Stelle die Türken.

Im 18./19. Jahrhundert entstanden in der Straße die ersten Schulgebäude, und in der vul. Pekars'ka wurden die ersten medizinischen Fakultäten eröffnet.

Die Lyčakivs'ka-Straße

Die Bebauung der vul. Lyčakivs'ka begann Mitte des 19. Jahrhunderts. Historische Bauwerke der Straße stammen aus diesem Zeitraum und noch früheren Zeitepochen.

■ Rund um die Klarissenkirche

Den pl. Mytna krönt die ehemalige Klarissenkirche. Sie entstand zu Beginn des 17. Jahrhunderts. Nach der Auflösung des Ordens im Jahre 1782 befand sich im Klostergebäude ein Zollamt, nach dem der Platz seinen Namen erhielt. Heute hat hier die Polygraphische Technische Schule ihren Sitz. In der ehemaligen Kirche, die im Jahre 1946 geschlossen wurde, befindet sich seit 1996 das Johann-Pinsel-Museum, in dem vor allem Lemberger Barockskulpturen aus dem 18. Jahrhundert zu bewundern sind.

Gegenüber der Straße fällt der Blick auf das prachtvolle, mit Flachreliefs dekorierte Eckhaus im Empirestil. Es entstand zu Beginn des 19. Jahrhunderts. In der ersten Hälfte desselben Jahrhunderts gehörte es dem bekannten Lemberger Verleger Anton Piller, der im Nachbargebäude (Nr. 3) seine Druckerei hatte. Die kunstvoll gearbeiteten Flachreliefs mit

Legende

1. Ehemalige Klarissenkirche (костел Кларисок)
2. Russisch-orthodoxe Georgskirche (собор цв. Юра)
3. St. Antoniuskirche (костел св. Антонія)
4. Ehemaliges Piaristenkollegium
5. St.-Peter-und-Paul-Kirche (церква святих Петра і Павла)
6. Freilichtmuseum ›Ševčenko-Hain‹ (Шевченківський гай)
7. St. Pokrovakirche (храм Покрови)

Vom Zollplatz zum Freilichtmuseum
пл. Митна
pl. Mytna
1
2
3
4
5
6
7
вул. Личаківська
vul. Lyčakivs'ka
вул. Чернеча Гора
vul. Černeča Hora
вул. Нижинська
vul. Nižyns'ka
вул. Круп'ярська
vul. Krup'jars'ka
вул. Рєпіна
vul. Rjepina
вул. Острозького
vul. Ostroz'koho
вул. Харківська
vul. Charkivs'ka
вул. Кармалюка
vul. Karmaljuka
вул. Солодова
vul. Solodova
вул. Лисенка
vul. Lysenka
вул. Чернігівська
vul. Černihivs'ka
вул. Чехова
vul. Čechova
вул. Тершаковців
vul. Teršakovciv
вул. Левицького
vul. Levyc'koho
вул. Зелена
vul. Zelena
вул. Туган-Барановського
vul. Tuhan-Baranovs'koho
вул. Короленка
vul. Korolenka
вул. Смольського
vul. Smol's'koho
вул. Філатова
vul. Filatova
вул. Пекарська
vul. Pekarska
vul. Simzeriv
вул. Мечникова
vul. Mečnykova
вул. Некрасова
vul. Nekrasova
Vynnyky →
Парк Погулянка
Pohuljanka-Park
Личаківське Кладовище
Lyčakivs'ke-Friedhof
Eingang
0 200 400 m

Skulpturen zu mythologischen Themen schuf Johann Schimser. Die Werkstatt der in Lemberg bekannten Bildhauer deutscher Abstammung Hartman Witwer und Johann Schimser befand sich in der vul. Lyčakivs'ka Nr. 20.

Orthodoxe Georgskirche

Von dieser Straße geht nicht weit entfernt die vul. Smolska ab und führt nach ein paar Schritten in die vul. Korolenka. Hier befindet sich die russisch-orthodoxe Kirche des heiligen Georg. Sie wurde Ende des 19. Jahrhunderts nach Plänen des Wiener Architekten G. Sachs im byzantinisch-romanischen Stil erbaut. Diese orthodoxe Kirche ist die einzige in der Stadt, die dem Moskauer Patriarchat untersteht.

Armeespital

Zurück auf der vul. Lyčakivs'ka, ist rechts von Nr. 26, an der Ecke zur vul. Čechova, die Barockfassade des ehemaligen Spitals des Bonifrater-Ordens sichtbar. Aus der Stiftung Jan III. Sobieskis entstand im Jahre 1659 ein Kloster. Im Jahre 1687 wurde dieses Kloster in ein Spital und Heim für Kriegsinvaliden umgebaut. Im Jahre 1783 entstand ein Armeespital. Heute befindet sich in seinen erweiterten Anbauten das große Lemberger Garnisonsspital.

Die St. Antoniuskirche

Etwas die Straße hinauf befindet sich die St. Antoniuskirche. Diese Kirche ist neben der Marienkathedrale eines der Lemberger römisch-katholischen Gotteshäuser, die seit dem Ende des Zweiten Weltkriegs ununterbrochen für die Glaubensgemeinde geöffnet haben.
Der Erstbau der Kirche sowie des Klosters reicht in das Jahr 1669 zurück, ihr heutiges Aussehen verdankt sie dem Umbau in den Jahren 1718 bis 1739. Die barocke Fassadengestaltung entstand im Jahre 1765 durch den Architekten F. Kulčyc'kyj.
Die gesondert stehende Glockenturmwand, ein Werk des Architekten J. Markl, wurde 1818 errichtet. Zu der auf einer Erhöhung gelegenen Pfarrkirche führt eine Doppeltreppenterrasse mit einer aus dem Jahr 1755 stammenden Madonnenstatue im Rokokostil von S. Fessinger, die im Jahre 1901 erneuert wurde. Dieser Bildhauer schuf auch die Heiligenfigur des St. Antonius – erneuert 1894 –, die ihren Platz zwischen dem Glockenturm und der Kirche hat. Schon 1830 umgab eine Mauer das Pfarrgelände.
Das Innere der Kirche schmücken Wandbilder des Meisters T. Pelczar von 1893: Heiligenbilder der vier Evangelisten sowie verschiedene Szenen aus dem Leben Christi und der Apostel. Im Hauptschiff sind drei spätbarocke Altäre mit hölzernen, farbigen Figuren von Heiligen und Engeln zu bewundern sowie eine mit reichlich vergoldeter Schnitzarbeit verzierte Kanzel. Die Altäre wurden Mitte des 18. Jahrhunderts geschaffen und im 19. Jahrhundert ergänzt.
Im Blickfeld der linken Seitenkapelle sieht man ein Barock-Kruzifix aus dem Jahre 1739. Rechts ziert das bemalte Glasfenster zum Thema ›Grablegung‹ vom Beginn des 20. Jahrhunderts die Wand der Kapelle. In der gegenüberliegenden rechten Seitenkapelle befinden sich die Figuren des heiligen Josef und der heiligen Barbara.
Im Kircheninneren gibt es mehrere Ölgemälde, die zusammen ein Ganzes bilden. Sie stammen aus dem 18. bis 20. Jahrhundert, der Künstler ist J. Luczynski. In der Sakristei befinden sich zwei ovale Porträtgemälde vom Ende

des 17. Jahrhunderts: Fürst Konstantin Christoph Wisniowiecki (gestorben 1686) und dessen Gattin, Anna, die Stifterin dieser Pfarrkirche.
Das Kirchengebäude wie auch das Kircheninnere haben sich in ihren fast ursprünglichen Formen sehr gut erhalten. Das Kloster, das sich auf dem Pfarrgelände befindet, dient seit sowjetischer Zeit als Musikschule. Diese Pfarrkirche wird zu Heiligen Messen und kirchlichen Feiertagen gut besucht, vor allem von den in Lemberg wohnenden Polen sowie polnischen Touristen.

Ehemaliges Piaristenkollgium

Gegenüber dem Kircheneingang kommt man in die vul. Černihivs'ka. Das gesamte Territorium südlich der vul. Lyčakivs'ka nennt man heute ›das Städtchen der Medizinischen Universität‹ mit zahlreichen Unterrichtsgebäuden sowie Abteilungen der Uniklinik. Die vul. Černihivs'ka führt zum Gebäude des ehemaligen Piaristenkollegiums, das von der Mitte des 18. bis Ende des 19. Jahrhunderts errichtet wurde. Das Kollegium wurde 1748 gegründet und diente als Lehranstalt für Kinder aus adeligen Familien.

St.-Peter-und-Paul-Kirche

In der vul. Lyčakivs'ka befindet sich am Schnittpunkt mit der vul. Mečnykova die ukrainisch-orthodoxe autokephale Kirche St. Peter und Paul. Ihre heutige Gestalt stammt aus dem Jahre 1798. Diese ursprünglich im 18. Jahrhundert gestiftete einschiffige Kirche wurde Ende des 18. Jahrhunderts im bescheidenen Barockstil in eine orthodoxe Kirche umgebaut.
Ihr Vorbau mit dem verkürzten Turm im klassizistischen Stil bildet zugleich den Haupteingang ins Kircheninnere. Der Architekt war K. Fessinger. Das Kircheninnere schmücken ein barocker Ikonostas mit drei fein geschnitzten Türen aus dem 18. Jahrhundert sowie eine Rokoko-Kanzel und drei Altäre aus dem 18./19. Jahrhundert. Die Statuen der Apostel Peter und Paul vom Ende des 19. Jahrhunderts, die sich rechter Hand der Kirche im Kirchenhof befinden, bitten um ein Gebet oder laden zur Besichtigung ins Kircheninnere ein.

St. Pokrovakirche

An der östlichen vul. Lyčakivs'ka steht die steinerne **Kapelle der heiligen Gottesmutter**. Anfangs stand hier nur eine Steinfigur. Wer sie aufgestellt hat, ist unbekannt. Im Jahre 1850 wurde diese Heiligenfigur mit vier Säulen umgeben und überdacht. Später wurde die Kapelle mehrmals umgebaut. Sie wurde im Jahre 1998 nach der Rekonstruktion erneut an der Stelle geweiht, wo sie bereits im Jahre 1959 stand. Heute steht sie den römisch-katholischen Gläubigen erneut zur Verfügung.
Die Perspektive dieser langen Straße wird auf einer Anhöhe durch die ehemalige Kirche der Gottesmutter geschlossen. Sie wurde in den Jahren 1932 bis 1938 vom Architekten T. Obminskyj gebaut. Nach dem Krieg wurde sie wie fast alle Kirchen geschlossen und erst im Jahre 1992 als ukrainisch-orthodoxe **St. Pokrovakirche** wieder für die Gläubigen geöffnet.
Auf der gegenüberliegenden, rechten Straßenseite befindet sich auf einer Erhöhung der im Jahre 1892 angelegte 16 Hektar große **Lützenhofer Park**, der heute ›Spazierpark‹ (park Pohuljanka) heißt. Zur vul. Lyčakivs'ka steht auf einer Anhöhe das 1906 vom Bildhauer Julian Markowski geschaffene Denkmal von Bartek Glowaski, dem Teilnehmer am Kampf um Racławice im Jahre 1794.

Die Batiaren

Aus dem Milieu der Lemberger Vorstädte stammt nicht nur der Lemberger Dialekt, sondern auch vieles andere, was als typische Eigenart der Stadt andernorts belächelt und bewundert wurde. Besucher kannten Lemberg als eine humorvolle, lustige Stadt. Oft lebte man über seine Verhältnisse, unterhielt sich auf prächtigen Bällen, ging gerne ins Café, pflegte die Geselligkeit und machte sich wenig Sorgen. Am bekanntesten waren die Lemberger Batiaren aus der Lützenhofer Vorstadt. Man erkannte sie schon von weitem an der Kopfbedeckung, der Batiarowka, einer großen Schirmmütze aus Tuchstoff. Ein Batiar legte sehr viel Wert auf seine Unterscheidungsmerkmale und auf persönliche Freiheit. Jeder einzelne Batiar bemühte sich, als ein Original zu gelten. Diese Menschen erfanden die Lieder, die die Spatzen von den Dächern pfiffen. Lieder, die mit derbem Humor sehr treffend, aber nicht immer salonfähig das Stadtgeschehen besangen. Die Batiaren gehörten zum Stadtbild Lembergs. Sie besaßen ein freches Selbstbewußtsein, viel Originalität und oft ein wenig Galgenhumor. Schnell verbreiteten sich in der gesamten Stadt ihre Lieder, die auf aktuelle politische und gesellschaftliche Ereignisse oder auf bestimmte Eigenarten des bürgerlichen Lebens Bezug nahmen.

Ein besonderes Merkmal der Batiaren war ihre Sprache. Es war ein Idiom, das die Sprachelemente der Lemberger Völkervielfalt aufgenommen hatte. Neben Polnisch waren in dieser Fremdsprache vor allem Deutsch und Ukrainisch vertreten. So entstand zum Beispiel aus der deutschen Sprache das Wort ›Cyferblatt‹ als Gesicht und ›Staketen‹ als Zähne sowie ›Klaviatura‹ als Zahnprotese. Und die lustigste Drohung klang dann so: »Uch, jak ci cyferblat zalakieruje, to ci rodzona matka nie pozna.« (Ach, wenn ich dir das Zifferblatt lackiere, erkennt dich deine leibliche Mutter nicht mehr).

In der Lützenhofer Straße lebten Polen und Ukrainer über Jahrhunderte zusammen. Am bekanntesten waren die Hochzeiten, die hier tagelang gefeiert wurden. War es eine polnisch-ukrainische dann ging man erst in die St. Antoniuskirche, dann in die Kirche St. Peter und Paul. War es eine ukrainisch-polnische ging man erst in die Kirche St. Peter und Paul und dann in die St. Antoniuskirche. Die Feier dauerte oft eine ganze Woche!

Lemberger Vorstadtgasse

Das Freilichtmuseum

Gegenüber der vul. Mečnykova, die nach Süden zum Lyčakivs'ke-Friedhof führt, geht links eine kleine Straße bergauf. Sie ist seit dem 18. Jahrhundert unter dem Namen vul. Krupjars'ka (Graupenstraße) bekannt. Durch diese Straße gelangt man in die vul. Černeča Hora. Dort befindet sich das Freilichtmuseum ›Ševčenko-Hain‹, dessen riesige Parkanlagen einst auch unter dem Namen ›Kaiserwald‹ bekannt waren. Heute kann man im ›Museum für Volksarchitektur und Lebensweise‹, so der offizielle Name, auf 60 Hektar dörfliche Holzbauten aus der gesamten Westukraine besichtigen, darunter Kirchen, Wohnhäuser und Wirtschaftsbauten der Bojken, Lemken und Huzulen. Die orthodoxe Kirche St. Nikolaj aus dem Dorf Krivki, eine Bojken-Holzkirche aus dem Jahre 1763, wurde im Jahre 1930 nach Lemberg gebracht. Alle Exponate liegen eingebettet in eine schöne Parkanlage.

Vynnyky

Mit der Straßenbahn Nr. 2 oder mit Kleinbussen kann man von der vul. Lyčakivs'ka aus zurück zum Stadtzentrum fahren. Man kann aber auch stadtauswärts mit den Kleinbussen Nr. 96 oder 75 nach Vynnyky, in die ehemals deutsche Vorstadt Weinbergen, fahren. Die Fahrt dauert etwa 15 Minuten.

Von 1785 bis 1939 lebten in Weinbergen 132 deutsche Familien. In Weinbergen gab es eine Ortsgruppe des Bundes der Christlichen Deutschen, deren Hauptsitz sich in Lemberg befand. Es gab ein Deutsches Haus und eine Volksbücherei. In Weinbergen gab es eine einklassige evangelische Privatvolkshochschule, und 1919 wurde eine neue deutsche Schule eröffnet. Die Leitung übernahm der Lehrer Josef Müller aus Unterbergen, sein Nachfolger war Rudolf Bredy aus Weinbergen. Diese Schule bestand bis zum Jahre 1924.

Nicht weit von Weinbergen entfernt befand sich die deutsche Siedlung Unterbergen. Dort lebten bis zum Beginn des Zweiten Weltkrieges 52 deutsche Familien. In Vynnyky gibt es ein interessantes Ortsmuseum sowie mehrere Kirchen. Von Vynnyky kann man mit den Kleinbussen Nr. 96, 75 und 36 in 20 Minuten ins Stadtzentrum Lembergs zurückfahren.

Speicher im Freilichtmuseum

Stadtspaziergänge

Die Umgebung von Lemberg

Wer Zeit hat, sollte die Gelegenheit nutzen und auch einigen Zielen in der Umgebung Lembergs einen Besuch abstatten. Die meisten kann man im Rahmen einer Tagestour besuchen. Die Reisebüros in Lemberg sind gerne bei der Organistaion behilflich.

Für Naturliebhaber und Wanderer bietet sich ein Ausflug in die etwa 100 Kilometer südlich Lembergs gelegenen Karpaten an, eine weitgehend unberührte und dünnbesiedelte Mittelgebirgslandschaft, die allerdings mit ihrem höchsten Gipfel, der Hoverla (2061 Meter) durchaus Hochgebirgscharakter erreicht. Beliebte Ausgangspunkte für Wanderungen sind die Orte Jasinja und Jaremča.

Žovkva

In einer malerischen Gegend 23 Kilometer nördlich von Lemberg liegt die Stadt Žovkva (Жовка), die zahlreiche Sehenswürdigkeiten bietet. Die ganze Stadt ist ein Meisterwerk der Renaissance.

Geschichte

Die Stadtgeschichte beginnt mit der altruthenischen Siedlung Vynnyky. Die erste schriftliche Erwähnung dieser Sied-

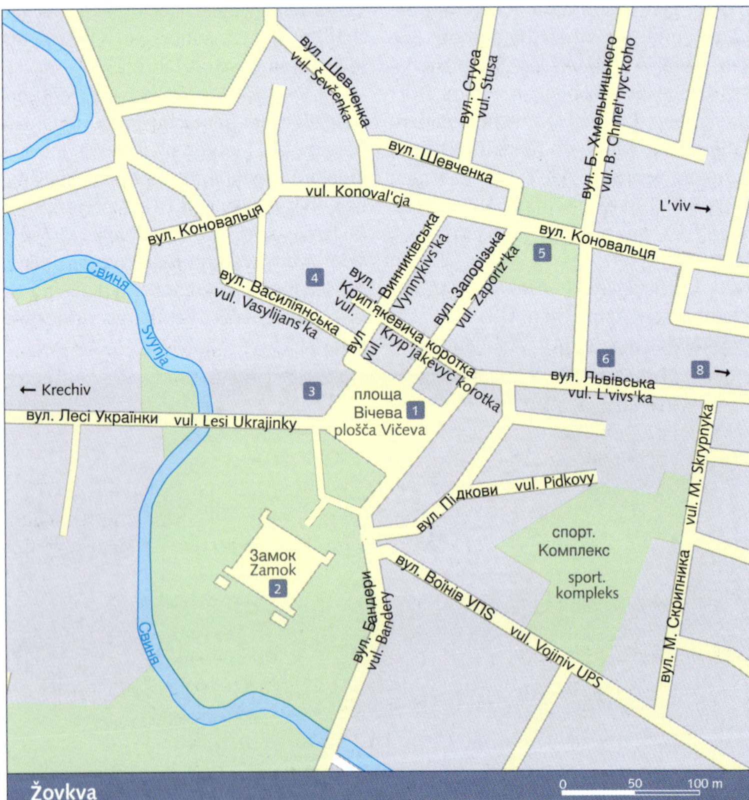

Žovkva

lung stammt aus dem Jahre 1368. Im Laufe der nächsten 200 Jahre wechselten die Inhaber dieser Siedlung häufig, und im Jahre 1560 bekam die reiche polnische Familie Szolkewsky sie als Geschenk. Gegen Ende des Jahrhunderts legte der polnische Kronhetman Stanislav Szolkewsky die Stadt mit dem Familienschloß an.

Schon 1603 nannte man die Stadt Žovkva, nach dem Namen des Großgrundbesitzers, und sie bekam zugleich das Magdeburger Recht. Nach dem Wunsch von Stanislav Szolkewsky sollte Žovkva als ›ideale Stadt‹ erbaut werden. Am Anfang des 17. Jahrhunderts erschien Žovkva in alten Chroniken als eine gut befestigte, von Mauern umgebene Stadt mit einem Marktplatz, einem Schloß und vielen schönen Kirchen.

Die erste Blütezeit erlebte die Stadt, nachdem Stanislav Szolkewsky 1618 zum Kanzler des Königreiches ernannt worden war. Aber noch reicher und schöner wurde die Stadt in der zweiten Hälfte des Jahrhunderts, als sie zu einer Residenz des Königs Jan III. Sobieski wurde.

In dieser Zeit wurde die Žovkvaer Künstlerschule bekannt. Hier wirkten ukrainische Maler wie Demjan Roevyč, Ivan Polachovyč, Choma Veselovyč, Jurij Šymonovyč, Vasyl Petrachnovyč sowie die Bildhauer Symeon Putjatyc'kyj, Hnat und Ivan Stovbens'kyj, Oleksandr Kulavs'kyj und viele andere. Eingeladen wurden auch berühmte europäische Meister. Seit 1681 lebte und arbeitete in Žovkva einer der hervorragendsten ukrainischen Maler dieses Jahrhunderts, Ivan Rutkovyč, der dank seiner zahlreichen Ikonostasen zu Ruhm kam.

Ende des 18. Jahrhunderts wurde Žovkva mehrmals verkauft und verfiel. In der Zeit der österreich-ungarischen Monarchie gab es Versuche, den ehemaligen Ruf zu erneuern. In der Stadt wurde viel gebaut, und Žovkva entwickelte sich zum administrativen Zentrum der Provinz, aber es gelang nie wieder, die vergangene Größe zu erreichen.

1951 wurde die Stadt von den Sowjets umbenannt und erhielt den Namen Nesterov nach einem Kampfflieger aus dem Ersten Weltkrieg, der aus dieser Gegend stammte. In der unabhängigen Ukraine bekam die Stadt 1991 ihren alten Name Žovkva zurück.

Im Jahre 1977 gründete man eine geschichtlich-architektonische Denkmalschutzvereinigung. 2003 hat die Stadt ihr vierhundertjähriges Jubiläum gefeiert, und die meisten Häuser im Stadtzentrum wurden aus diesem Anlaß restauriert. Fast alle Sehenswürdigkeiten befinden sich um den alten Marktplatz, dem heutigen pl. Vičeva.

Marktplatz

Die Häuser auf dem Marktplatz bilden ein wunderschönes Renaissanceensemble. Es sind meist zweistöckige Ge-

Legende

1 Marktplatz (Ринок)
2 Schloß (Замок)
3 Laurentiakathedrale
4 Vasilius-Kloster (монастир о.о. Василіян)
5 Dominikanerkloster (Домініканський монастир)
6 Synagoge (Синагога)
8 Dreieinigkeitskirche (церква Святої Троїці)

Der Marktplatz in Žovkva

bäude mit breiten Arkaden aus dem 17. Jahrhundert, die einst für zahlreiche Kaufleute als Handelsstände dienten. Direkt am pl. Vičeva stehen zwei Meisterwerke der Renaissance: das Schloß und die Laurentiakathedrale.

Schloß

Das Schloß wurde 1594 bis 1606 errichtet. Der Baumeister war der auch in Lemberg tätige Paul der Römer (ukr. Ščastlyvyj). Das Schloß beherbergte unter anderem auch die Residenz von Jan III. Sobieski und wurde in dieser Zeit mit dekorativen Elementen verziert. Als Verteidigungsgebäude geplant, erhielt das Schloß nun den Charakter eines öffentlichen Baus. Die quadratische Anlage mit vier durch Galerien verbundenen Ecktürmen diente sowohl Wohnzwekken als auch öffentlichen Einrichtungen. Im Schloß gab es zahlreiche Gemäldesammlungen, denn der König Jan III. Sobieski brachte nach erfolgreichen Feldzügen viele Trophäen hierher. Hinter dem Schloß wurde 1606 am Ufer der Svynja ein malerischer Garten, ›Zvirynec‹ genannt, angelegt. Am Schloß befindet sich auch das neue, 1920 errichtete Rathaus.

Nach der Errichtung des Schlosses wurde die Stadt mit Verteidigungsanlagen umgeben. In die Mauern wurden vier Eingangstore eingebaut. Von diesen Bauten sind zwei Tore erhalten, das ›Hlynsker‹ und das ›Zvirynec‹-Tor, sowie drei Türme, die von der ehemaligen Wehrfähigkeit der Stadt zeugen.

Laurentiakathedrale

Die Hauptzierde der Stadt ist die Laurentiakathedrale. Dieses Gotteshaus wurde von Stanislav Szolkewsky 1606 in Auftrag gegeben. Die Kathedrale ist in einigen Details der Maria-Entschlafens-Kirche in Lemberg ähnlich, da beide von denselben Architekten, nämlich Paul dem Römer und Ambrosius Prychyl'nyj, errichtet wurden. Der reich geschmückte Kreuzkuppelbau hatte schon 1640 sieben Altäre und eine große Bibliothek. Der großzügige Stifter war Jan III. Sobieski. Er schmückte die Laurentiakathedrale mit vielen Skulpturen und Schlachtengemälden von den bekannten Meistern Martino Altamonte, Schymon Bohusch und Andreas Stech. Riesige Bilder von den Schlachten bei Klušyn (1610), Chotyn (1675) und Wien (1683) stellten die Kriegserfolge und den Ruhm des Königs dar. Diese Gemälde hingen an den Wänden der Kathedrale, die erhalten gebliebenen Meisterwerke gehören jetzt der Lemberger Gemäldegalerie und ihren zahlreichen Außenstellen. Die ›Schlacht bei Wien‹ ist heute beispielsweise im Museum des Schlosses Olesko aufgestellt.

Das Innere der Kathedrale ist mit wundervollen Steinschnitzereien ausgestattet. Die Kuppel wird von zahlreichen Kassetten und Rosetten bedeckt und von Medaillons mit den Evangelisten verziert. In der Kathedrale sind fünf geschnitzte Holzaltäre zu sehen. In der Krypta sind Mitglieder der adeligen Familien Szolkewsky, Danylovyč und Sobieski begraben. Im Altarraum kann man Marmorgrabmäler aus dem 17. Jahrhundert besichtigen, die glänzende Beispiele der Renaissancebildhauerei sind.

Hinter der Kathedrale steht ein achtekkiger ehemaliger Verteidigungsturm, der später umgebaut wurde und jetzt als Glockenturm dient. An seine ehemalige Wehrfunktion erinnern noch drei Reihen mit Schießscharten.

Basilianerkloster

Wenige Schritte entfernt lenkt das Vasilius-(Basilius)Kloster mit der Kirche des Christfestes die Aufmerksamkeit auf sich. Diese herrliche Barockkirche entstand in den 1680er Jahren. Hier wurden die Reliquien des heiligen Märtyrers Ivan Sučavs'kyj untergebracht, und die Kirche des Christfestes wurde zum Ziel der Pilgerfahrten von Orthodoxen. Von den Spenden der Pilger wurde das Kloster ausgebaut und die Kirche reich verziert. Der Ikonostas wurde von dem bekannten ukrainischen Maler Ivan Rutkovyč angefertigt, heute befindet er sich in Lemberg. Im Jahre 1723 wurde der Glockenturm gebaut, der zugleich als Haupteingang in das Kloster diente. 1784 bekam das Kloster aus Wien die Überreste des Märtyrers Partenij aus dem aufgelösten Klarissenkloster. Seine Blütezeit erlebte das Kloster am Ende des 19. Jahrhunderts. Im Kloster wurde eine große Druckerei gegründet, und es wurde zu einem der bedeutendsten Verlagszentren der griechisch-katholischen Kirche in der Westukraine. Von 1902 bis 1907 wurde die Kirche nach dem Entwurf des Architekten und damaligen Rektors des Lemberger Politechnikums Edgar Kovač im byzantischen Stil rekonstruiert. An der Fassade ist das ursprüngliche Steinportal erhalten geblieben. Im Tympanon sind die Mosaiken mit den Darstellungen von Christus und Engeln noch zu sehen. 1911 bis 1939 wurde die Innenausstattung der Kirche vom Maler Julian Butsmanjuk im ukrainischen Jugendstil völlig neu gestaltet. Nach dem Zweiten Weltkrieg wurde das Kloster geschlossen und die Kirche der russisch-orthodoxen Kirche übergegeben. Erst 1990 wurde die Kirche den unierten Gläubigen zurückgegeben und 1994 die Arbeit der Druckerei wiederaufgenommen.

Synagoge

Nicht weit vom Markt kann man auch eine Spur des einst bewegten jüdischen Lebens der Stadt sehen, die Synagoge. Die erste Erwähnung von Juden in Žov-

Die Synagoge

kva stammt aus dem Jahr 1600, aber erst am Ende des 17. Jahrhunderts bekamen die Juden vom König die Erlaubnis, eine Synagoge zu bauen. Das mächtige Gebäude hatte wehrhaften Charakter mit massiven Strebemauern und Schießscharten in der Fassade, aber auch mit einer wunderschönen Attika und mit hübschen Ecktürmchen. Die Fassade wurde mit prächtigen Portalen geschmückt. Damals war die Synagoge eine der größten im Königreich Polen. Das Bauwerk hatte solch ein raffiniertes Aussehen, daß es die Katholiken verboten, sie weiß anzustreichen, damit sie die Kirchen nicht überstrahlte. 1935 bis 1938 wurde bei einem Umbau die Polychromie in der Innenausstattung vernichtet, auch den Verteidigungscharakter der Fassade büßte das Gebäude ein. Während des Zweiten Weltkriegs wurde die Synagoge durch einen Brand schwer beschädigt, und obwohl sie in den 1950er Jahren restauriert wurde, sieht sie jetzt nicht mehr so beeindruckend wie früher aus. Trotz allem gehört die Synagoge in Žovkva immer noch zu den schönsten Renaissancebauten Galiziens.

Dominikanerkloster

An der vul. Lvivs'ka sind noch zwei bemerkenswerte Bauten zu sehen: das Ensemble des barocken Dominikanerklosters und die hölzerne Dreieinigkeitskirche. Das Geld für die Errichtung des Dominikanerklosters spendete in der Mitte des 17. Jahrhunderts Teofilija Sobieska – die Enkelin des Hetmans Stanislaw Szolkewsky und die Mutter von König Jan III. Sobieski. Das Gotteshaus wurde nach dem Vorbild einer Kirche in Neapel gebaut. Mehrmals stand das Kloster in Brand, und in der Zeit der österreich-ungarischen Monarchie wurde es völlig vernachlässigt. In der Sowjetzeit waren hier verschiedene administrative Einrichtungen untergebracht. Erst 1994 wurde das Gebäude der griechisch-katholischen Gemeinde übergegeben und als Kirche des heiligen Josaphat neu geweiht.

Das Innere der Kirche ist mit verschiedenen Plastiken geschmückt, und die Wände sind mit den Wandmalereien von Karl Polityns'kyj bedeckt. In der Kirche sind auch Grabmäler von einigen Mitgliedern der Familie Sobieski erhalten geblieben.

Dreieinigkeitskirche

Etwas weiter vom Stadtzentrum entfernt, in der ehemaligen Lemberger Vorstadt, steht die herrliche, typisch ukrainische Holzkirche der heiligen Dreieinigkeit. Sie beeindruckt durch ihre

Plastizität und Vollkommenheit. Am Anfang des 18. Jahrhunderts gebaut, wurde die Kirche 1976 bis 1978 restauriert und 2002 ihr Schindeldach erneuert. Dieses Bauwerk gehört zu den schönsten Beispielen der galizischen Schule der Volksarchitektur. Aber die größte künstlerische Kostbarkeit ist der bekannte vierrangige versilberte Holzikonostas mit den 50 Ikonen der Meister der Žovkvaer Künstlerschule aus dem 18. Jahrhundert.

Es gibt auch andere Sakralbauten in der Stadt, die eine Besichtigung wert sind, beispielsweise die hölzerne Maria-Geburts-Kirche (1705) auf einem Friedhof und die Kirche des heiligen Lazarus (1735), ein ehemaliges Frauenkloster.

Krechiv

Von Žovkva lohnt es sich, am gleichen Tag ins zwölf Kilometer entfernte Dorf Krechiv (Крехів) zu fahren, um dort einen eigenartigen Klosterkomplex, das Vasiliuskloster des heiligen Nikolai, zu besichtigen. Die Fahrt führt durch die schöne Landschaft des Naturschutzgebiets Rostočja.

Vasiliuskloster

Das Vasiliuskloster liegt etwas außerhalb des Dorfes Krechiv in einem Wald. Anfang des 17. Jahrhunderts hatten die beiden Mönche Joil und Silvester sich hier auf einem Berg angesiedelt und dort in einer Höhle kleine Klosterzellen angelegt. Diese Höhlen sind bis heute erhalten geblieben, und man kann sie im Wald am Kloster besichtigen. Nicht weit entfernt im Wald befindet sich eine heilkräftige Quelle, an der nach einer Legende einige Menschen die Erscheinung der Gottesmutter gesehen haben. Im Jahr 1628 erhielt das Kloster das Stauropigianrecht, 1669 wurde die St. Nikolaikirche errichtet, und das Territorium des Klosters wurde mit Verteidigungsmauern und Türmen umringt. Das

Ikonostase in der Klosterkirche von Krechiv

Kloster haben viele berühmte Persönlichkeiten besucht: die Metropoliten Petro Mohyla, Andrej Šeptyc'kyj, die Hetmanen Bohdan Chmel'nyc'kyj, Petro Dorošenko, Ivan Mazepa, der Schriftsteller Ivan Franko, Jakiv Holovac'kyj und viele andere.

In der Sowjetzeit wurde das Kloster aufgelöst und verschiedene Einrichtungen dort untergebracht. Erst 1990 kamen wieder Mönche hierher, wundertätige Ikonen wurden ins Kloster gebracht, und Krechiv wurde wieder zu einem beliebten Ziel der Pilgerfahrten der griechisch-katholischen Kirche in der Ukraine. In den 1990er Jahren wurden alle Gebäude des Vasiliusklosters restauriert, und jetzt sieht das Kloster prächtig aus.

Erwähnenswert ist der reich geschnitzte **Ikonostas** mit den volkstümlichen Motiven in der St. Nikolaikirche.

Erst vor kurzem wurde im Hof des Klosters eine hübsche Holzkirche im Stil der ukrainischen Volksbaukunst errichtet.

Das Goldene Hufeisen

In der Westukraine sind eine Reihe Verteidigungsanlagen wie Schlösser, Stadtbefestigungen, altruthenische befestigte Anlagen, Verteidigungskloster, Kirchen, Synagogen und Türme erhalten geblieben. In Galizien sind vor allem viele ehemalige Residenzen von Magnaten zu besichtigen. Als ›Goldenes Hufeisen‹ ist eine Route zu verschiedenen Schlössern bekannt.

Schloß Oles'ko ist eine Außenstelle der Lemberger Gemäldegalerie

Oles'ko

Etwa 75 Kilometer östlich von Lemberg in Richtung Kiev liegt das Dorf Oles'ko (Олесько). Schon von weitem sieht man das auf einem Hügel emporragende **Schloß**, ein bedeutendes Bauwerk, dessen Geschichte bis ins 13. Jahrhundert zurückreicht. Im 16. Jahrhundert wurde die altruthenische Festung des 14. Jahrhunderts im Stil der Renaissance erneuert. Am 1. August 1629 wurde hier Jan Sobieski, der spätere polnische König, geboren. Hier diente der Vater von Bohdan Chmel'nyc'kyj, und auch der junge Bohdan verbrachte hier einige Jahre. Das Schloß war 34 Jahre lang eine königliche Residenz. Das Gebäude wurde in dieser Zeit von der Frau des Königs Marija Kazimira – auch Marizenka genannt – reich verziert. Leider ist die damalige Innenausstattung fast völlig verlorengegangen. Nach den langen Restaurationsarbeiten von 1965 bis 1975 wurde im Schloß ein Museum gegründet, eine Abteilung der **Lemberger Gemäldegalerie**. Hier werden Kunstwerke des 10. bis 18. Jahrhunderts ausgestellt: Gemälde, Ikonen, Möbelstücke, Tapeten und Skulpturen. Das Schloß ist von einem schönen Park mit modernen Skulpturen umgeben. In den letzten Jahren wurde im Schloß das Restaurant ›Hrydnycja‹ in altruthenischem Stil mit originellen Speisen eröffnet. Das Schloß bietet also eine gute Möglichkeit, sich ein wenig zu erholen und ein schmackhaftes Mittagessen zu genießen.

Am Fuße des Hügels befindet sich das **Kapuzinerkloster** aus dem 18. Jahrhundert. Weiter in Richtung Brody, nicht weit von Oles'ko, steht hinter einer Wegbiegung ein monumentales **Denkmal für die Rote Reiterarmee**, die hier 1920 unter der Führung von Budënnyj während des Bürgerkriegs gegen Polen und Ukrainer kämpfte.

Schloß Pidhirci

Auf dieser interessanten Reiseroute liegen noch zwei sehenswerte Bauwerke in Pidhirci und Zoločiv, die ebenfalls zur Lemberger Gemäldegalerie gehören. Das Schloß in Pidhirci wurde für den polnischen Magnaten Konecpolski nach dem Entwurf des Architekten Andrea del Aqua und des Baumeisters Hijom Levasser de Boplan in der Mitte des 17. Jahrhundertes errichtet. Das Schloß lag in einer Parkanlage mit prächtigen Skulpturen und Terassen. Auch die Innenausstattung war sehr reich verziert. Einige Zeit war dort ein Militärmuseum untergebracht, das in ganz Europa bekannt war. Zum Ensemble des Schlosses gehören auch ein Gästehaus und die Kirche der Kreuzerhöhung. Leider hat die Zeit das Schloß nicht geschont, und eine Renovierung würde viel Zeit und Geld kosten. In Pidhirci lohnt es sich, auch die hölzerne **St. Michaelskirche** von 1720 und das **Vasiliuskloster**, das auf dem Territorium der ehemaligen altruthenischen Siedlung Plisnesk steht, zu besichtigen.

Schloß Zoločiv

Das Schloß in Zoločiv ist ein architektonisches Denkmal des 17. Jahrhunderts. Bei seiner Errichtung wurden alle damals bekannten Errungenschaften der Befestigungskunst berücksichtigt. Der Schloßhof wurde von hohen Erdwällen mit vielen Bastionen umringt. Im Hof sind bis heute der Große Palast und der Chinesische Palast erhalten geblieben. Im Jahr 1986 begann man, das Schloß zu restaurieren, diese Arbeiten dauern noch an. Demnächst will man den Chinesischen Palast für die Besucher öffnen. Er wird das Museum der orientalischen Kulturen mit interessanten Kunstsammlungen beherbergen. Am Eingangstor des Schlosses steht eine neue, im Jahre 1995 geweihte Kapelle – ein den Opfern des kommunistischen Regimes gewidmetes Denkmal.
In der Umgebung von Lemberg gibt es weitere Schlösser, beispielsweise in Pomorjany, Svirž, Stare Selo, Murovane und Bilyj Kamin, aber sie sind momentan in baufälligem Zustand und nur für Fachleute, die sich mit der Geschichte Galiziens beschäftigen, von Interesse.

Brody

»Anders als in den kleinen Städten Westeuropas ist der Mensch in den galizischen Kleinstädten. In den galizischen Kleinstädten hastet die Tobsucht der großen Weltstädte. Es ist Bewegung ohne sichtbaren Zweck und aus geheimnisvoller Ursache.« So beschreibt Joseph Roth, der wohl berühmteste Sohn der Stadt, die kleinen Städte Galiziens, unter ihnen auch Brody (Броди), in dem bis heute die Zeit stehengeblieben scheint.

Geschichte

Die erste schriftliche Erwähnung der Stadt stammt aus dem 12. Jahrhundert; damals gehörte sie zum galizisch-wolynischen Fürstentum. Unter der polnischen Herrschaft wurde in der Stadt ein Schloß gebaut, von dem fast nichts erhalten blieb. Die Blütezeit erlebte die Stadt in der Zeit der Habsburger Herrschaft. Brody war die östlichste Stadt der Monarchie. Von 1779 bis 1880 war die Stadt Freihandelszone, eine Tran-

Dieses Gymnasium hat einst Joseph Roth besucht

sitstadt zwischen Rußland und der Donaumonarchie und zog viele Kaufleute, ausländische Firmen und Banken an. Damals war Brody zweitgrößte Stadt Galiziens, aber nach dem Verlust ihrer Privilegien verarmte sie.

In Brody wohnten seit alters her viele Juden; sie bildeten bis zu zwei Drittel der Bevölkerung. In der Stadt standen zwei große Synagogen. Eine ist bis heute erhalten geblieben, aber leider nur als Ruine. Am Rande der Stadt kann man einen jüdischen Friedhof besuchen. Juden prägten immer das Leben dieser Stadt. Im Zweiten Weltkrieg wurden im Ghetto von Brody etwa 20 000 Juden von den Faschisten ermordet.

Heute leben kaum noch Juden in der Stadt, aber noch immer kann man in den kaum veränderten kleinen Straßen die Atmosphäre des alten jüdischen Schtetl spüren.

Joseph Roth

Am 2. September 1894 wurde in Brody Joseph Roth geboren. Sein Geburtshaus steht nicht mehr. Roth absolvierte in Brody das k.u.k. Kronprinz-Rudolf-Gymnasium, das zu seiner Entwicklung zum deutschsprachigen Schriftsteller viel beigetragen hat. Es war eines von zwei Gymnasien in Galizien, an denen der Unterricht in Deutsch gehalten wurde. Weiter war Roth 1913/14 für ein Semester an der Lemberger Universität eingeschrieben, bevor er sein Germanistikstudium in Wien begann. Im Gebäude des ehemaligen Gymnasiums befindet sich jetzt die Mittelschule Nr. 1 der Stadt Brody. Vor der Schulfassade steht eine Gedenktafel für fünf namhafte Absolventen des Gymnasiums, der jüngste ist Joseph Roth. Im Museum der Schule kann man eine Ausstellung über Joseph Roth besichtigen, den sein Beruf als Schriftsteller und Reisejournalist durch viele Regionen Europas führte und dessen Thema immer wieder die untergehende Kultur des Habsburger Reiches war. Seine wohl berühmtesten Romane sind ›Radetzkymarsch‹ und ›Kapuzinergruft‹.

Brody ist auch heute eine typische Kleinstadt. Aber eine Besonderheit hat das Städtchen aufzuweisen: Brody ist vielleicht die einzige Stadt, durch die zwei Erdölleitungen verlaufen, die noch in der Sowjetzeit gebaute ›Družba‹-Trasse und die schon in der unabhängigen Ukraine angelegte Erdölleitung Odessa–Brody.

Drohobyč

Drohobyč (Дрогобич) ist eine Stadt mit einer einzigartigen Seele, mit einem unvergeßlichen Gesicht. Es ist deshalb kein Zufall, daß in dieser Stadt so viele hervorragende Persönlichkeiten großgeworden sind.

Die Stadt liegt in den Vorkarpaten am Fluß Tysmenycja. Drohobyč wurde noch in der Fürstenzeit gegründet. Dank der Salzgewinnung und als Transitstadt im Handel mit Ungarn gewann sie mehr und mehr an Bedeutung. 1459 erhielt sie das Magdeburger Stadtrecht. Den mächtigsten Anstoß zur Entwicklung der Stadt gab die Erdölgewinnung. Erdöl

Die hölzerne Georgskirche in Drohobyč

wurde in der Umgebung von Drohobyč in der zweiten Hälfte des 19. Jahrhunderts gefunden, und der Ort wurde zum Industriezentrum Galiziens. Seit 1872 verband die Eisenbahn Drohobyč mit Lemberg und anderen Städten.

Vor dem Zweiten Weltkrieg bildeten Juden etwa 40 Prozent der Stadtbevölkerung. Es gab sieben Synagogen, von denen nur eine, die 1865 im neoromanischen Stil gebaute Choralsynagoge, als Erinnerung an das einmals rege jüdische Leben der Stadt erhaltengeblieben ist. Während der faschistischen Okkupation der Stadt wurde im Zentrum ein jüdisches Ghetto gebildet. In Drohobyč wurden etwa 11 000 jüdische Einwohner ermordet. Auf dem Platz, auf dem viele Bürger erschossen wurden, steht ein eindruckvolles Denkmal, die sogenannte ›Wand der Trauer‹.

Sehenswürdigkeiten

Auf dem Marktplatz der Stadt steht das am Anfang des 20. Jahrhunderts errichtete Rathaus. Ein paar Schritte entfernt ragt das einzige Denkmal des gotischen Drohobyč über die Stadt – die römisch-katholische **St. Bartholomäuskirche** aus dem 15. Jahrhundert. Im 18. Jahrhundert wurde die Kirche restauriert und barockisiert. An der Kirche steht der Rest der alten Verteidigungsanlagen, ein mächtiger Befestigungsturm aus dem 13. Jahrhundert. Etwas weiter entfernt von der Kirche steht ein interessantes Denkmal, eine Arbeit der modernen Lemberger Künstlerin Teodosija Bryš. Dieses Denkmal ist einem bekannten ukrainischen Gelehrten des 15. Jahrhunderts, Jurij Drohobyč (Kotermak), gewidmet.

Noch zwei Kirchen in der Stadt sind sehenswert, wunderschöne Holzkirchen im Stil der ukrainischen Volksbaukunst: die **Georgskirche** und die **Kreuzerhöhungskirche**, beide im 15. Jahrhundert gebaut. Diese Meisterwerke ukrainischer Baumeister sind in gutem Zustand und gehören zu den glänzendsten Beispielen der galizischen Renaissancearchitektur.

In und um Drohobyč gibt es viele Orte, die mit den Namen bekannter Persönlichkeiten verbunden sind. Der berühmteste ist natürlich Ivan Franko, der nicht weit von Drohobyč im Dorf Nahuevyči geboren wurde und lange Zeit in der Stadt studierte. In Drohobyč wohnten auch Schriftsteller wie Vasyl Stefanyk, Les' Martovyč, Kazimiež Viešyns'kyj, Bruno Schulz und andere.

Truskavec'

Am Fuße der Karpaten, 400 Meter über dem Meeresspiegel und zehn Kilometer von Drohobyč entfernt, befindet sich die malerische Stadt Truskavec' (Трускавець). Der größte Schatz dieser Stadt ist Mineralwasser; es gibt zahlreiche Heilquellen. Seit 1827 ist Truskavec' ein balneologischer Kurort. Das bekannteste und beste Mineralwasser heißt ›Naftusja‹. Heute ist Truskavec' ein großes Erholungszentrum, es gibt 19 Sanatorien, 20 Pensionen und einige Kinderferienlager. In der Umgebung von Truskavec' liegen weitere malerische Orte, in die man kurze Ausflüge ins Grüne machen kann. Besonders sehenswert sind die Reste der altruthenischen **Festung Tustan'** in der Nähe des Dorfes Uryč; sie wurde zwischen dem 9. und dem 13. Jahrhundert erbaut.

Von Lemberg aus ist es leicht, auch in die **Karpaten** zu fahren. Die ukrainischen Karpaten sind zu jeder Jahreszeit zauberhaft, und es gibt verschiedene interessante Orte, an denen man sich gut erholen kann. In letzter Zeit hat sich ein Netz von Bauernhöfen entwickelt, die gerne Gäste empfangen und verschiedene Möglichkeiten zur Erholung im Grünen bieten. Im Winter kommen tausende von Skiläufern, besonders populär sind die Skiorte Slavs'ke und Tysovec'.

Počajiv

Einen Abstecher wert ist auch das **Maria-Himmelfahrts-Höhlenkloster** im Städtchen Počajiv (Почаїв), das etwa 135 Kilometer von Lemberg entfernt und nur wenige Kilometer abseits der Straße nach Kiev liegt. Das wunderschöne orthodoxes Kloster ist nach dem Kiever Höhlenkloster das zweitgrößte in der Ukraine. Die ersten Erwähnungen über eine Einsiedelei in den Höhlen und über die Erscheinung der heiligen Gottesmutter in diesem Ort stammen aus dem 13. Jahrhundert. Seit dieser Zeit kommen zahlreiche Pilger hierher. 1833 wurde dem Kloster der Ehrenname Lavra verliehen.

Der Klosterkomplex steht auf einem hohen Berg und beeindruckt schon von weitem mit dem Gold seiner Kuppeln. Im Klosterhof kann man zahlreiche Gebäude ansehen, aber Anziehungspunkt der meisten Pilgerfahrten ist die **Maria-Himmelfahrts-Kathedrale**, die Ende des 18. Jahrhunderts im Stil des Barock unter der Leitung des Architekten J. Hofmann errichtet wurde. In dem riesigen Gotteshaus können 6000 Gläubige am Gottesdienst teilnehmen. In dieser Kirche hängt auch die sehr verehrte wundertätige Ikone der Gottesmutter von Počajiv aus dem 16. Jahrhundert. Die Kirche steht auf einer Terrasse und, unter diesem Gebäude liegt eine originelle Höhlenkirche, die in Bogenform gebaut wurde. Hier sind alte Höhlenkapellen zu besichtigen, in denen die Reliquien des Klosterbegründers liegen. Beide Kirchen sind reich mit prächtigen Wandmalereien und Ikonen verziert, die eine mysteriöse Atmosphäre schaffen.

Außer diesen zwei Kirchen kann man noch einen 65 Meter hohen Glockenturm, die Kirche der heiligen Dreieinigkeit, ein Refektorium und Zellengebäude besuchen. Alle Gebäude sind in ähnlichem Stil errichtet und bilden das wunderschöne Ensemble des orthodoxen Klosters.

Bruno Schulz

In der letzten Zeit wurde dem Namen Bruno Schulz, der oft ›Kafka aus Drohobyč‹ genannt wird, mehr Aufmerksamkeit geschenkt. Er wurde 1892 in Drohobyč in einer jüdischen Familie geboren und war in der ersten Hälfte des 20. Jahrhunderts als talentierter Maler und später als Schriftsteller berühmt. 1942 wurde er im Ghetto von einem SS-Offizier erschossen. Im Jahre 2001 wurden in Drohobyč im Hause des Gestapochefs Wandmalereien von ihm gefunden. Aber erst als einige Stücke davon heimlich nach Israel transportiert wurden, erwachte auch international das Interesse am Schaffen von Bruno Schulz. Er schrieb seine Werke in polnischer Sprache und beschrieb sehr oft seine Heimatstadt. Die Atmosphäre der galizischen Provinzstadt, die Bruno Schulz schilderte, ist auch heute noch in Drohobyč zu spüren. An seinem Wohnhaus in der vul. Jurija Drohobyča 12 wurde eine Gedenktafel angebracht.

In seinem wohl bekanntesten Werk ›Die Zimtläden‹ beschreibt er seine Kindheit in Drohobyč:

»Im Juli fuhr mein Vater alljährlich ins Bad und gab mich samt der Mutter und den älteren Brüdern den weißglühenden und betäubenden Sommertagen preis. Wir blätterten, verrückt vom Licht, in dem großen Ferienbuch, dessen Blätter sämtlich vor Hitze brannten und auf ihrem Grund den bis zur Ohnmacht süßen Matsch goldener Birnen hatten. (...)

Durch die dunkle Wohnung im ersten Stock des steinernen Hauses am Ring ging jeden Tag der ganze große Sommer hindurch: die Stille zitternder Luftschichten, die glänzenden Sonnenquadrate mit ihren fanatischen Träumen auf dem Fußboden, die Melodie eines Leierkastens, aus der tiefsten goldenen Ader des Tages geholt, zwei drei Takte eines Refrains, irgendwo auf einem Klavier gespielt, immer wieder von neuem ohnmächtig zusammenbrechend in der Sonne auf den weißen Trottoiren, verloren im Feuer des tiefen Tages. (...)

An den Samstagen ging ich mit der Mutter spazieren. Aus dem Halbdunkel des Flurs traten wir mit einem Schritt in das Sonnenbad des Tages. (...) Der Ring war leer und gelb von der Glut, staubgekehrt von den heißen Winden gleich der biblischen Wüste. Die stacheligen Akazien, emporgewachsen aus der Leere des gelben Platzes, brodelten über ihm mit hellem Laub, Bukette edelgegliederter grüner Filigrane, wie Bäume auf alten Gobelins. Es schien, als affektierten diese Bäume den Wind, indem sie theatralisch ihre Kronen schüttelten, um in pathetischen Biegungen und Beugungen die Vornehmheit der Blattfächer mit ihren silbernen Unterleibern gleich dem Futter edler Fuchspelze zu zeigen. Die alten Häuser, poliert vom Wind vieler Tage, vergnügten sich mit Reflexen der großen Atmosphäre, Echospielen, Erinnerungen an Farben, die verstreut in der Tiefe der bunten Aura saßen. Es schien, als wären ganze Generationen Sommertage (wie geduldige Stukkatoren) dabei, die verlogene Glasur abzuschlagen, von Tag zu Tag deutlicher die wahren Gesichter der Häuser, die Physiognomie ihrer Schicksale und ihres Lebens herauszuarbeiten, welche sie von innen her geformt hatten. Jetzt schliefen die Fenster, geblendet vom Glanz des leeren Platzes; die Balkone bekannten dem Himmel ihre Leere, die offenen Flure rochen nach Kühle und Wein.«

Bruno Schulz, Die Zimtläden und andere Erzählungen, Berlin 1982.

Auf den Friedhöfen der Stadt liegen zahlreiche berühmte Persönlichkeiten aus einigen Jahrhunderten Stadtgeschichte begraben. Wegen seiner vielen Grabskulpturen ist vor allem der Lyčakivs'ke-Friedhof einen Besuch wert.

Lemberger Friedhöfe

Geschichte der Lemberger Friedhöfe

Die multikulturelle Geschichte der Stadt spiegelt sich vor allem auf ihren Friedhöfen wider. Als steinernes Geschichtsbuch geben sie Auskunft über Lebensweisen, Kultur, Wissenschaft und die Wechselbäder der Geschichte, denen die Stadt Lemberg seit ihrer Entstehung ausgesetzt war. Friedhöfe sind kulturhistorische Denkmäler von unschätzbarem Wert. Wer Lemberg entdecken und verstehen möchte, sollte den historischen Gottesacker Janivs'ke, aber vor allem den Friedhof Lyčakivs'ke besuchen. Berühmte Architekten, Beamte, Politiker, Künstler, Wissenschaftler, deren kunstvolle, oft einmalige Werke während der Stadtbesichtigung bewundert werden konnten oder von dessen Wirken man gehört und gelesen hat, fanden hier ihre letzte Ruhestätte.

Bereits im 14. Jahrhundert entstanden die ersten Friedhöfe der Stadt. Als in Europa das Christentum dominierte, wurden die Friedhöfe an den Kirchen die Orte der Begräbnisse. Das schnelle Anwachsen der Bevölkerungszahl der Städte brachte es mit sich, daß die Friedhöfe neben den Kirchen bald zu klein wurden. Im 18. Jahrhundert entschloß man sich zur Schaffung von Begräbnisstätten

Die Grabstätte der verehrten Opernsängerin Salomea Krušel'nyc'ka

in den Vorstädten. So auch in Lemberg. Als die Stadt im Jahre 1772 unter die kaiserliche Regierung Österreichs gelangte, wurden die Beerdigungsstätten neben den Kirchen abgeschafft. Jede Vorstadt erhielt ihren eigenen Friedhof. In Lemberg entstanden Grodecki (geschlossen 1875), Zólkiew (geschlossen 1856) und Stryj (geschlossen 1893).

Die schnelle Stadterweiterung, der Bau der Eisenbahnlinie sowie die Entstehung von Kleinbetrieben und neuen Wohnvierteln hatten zur Folge, daß die entstandenen Friedhöfe geschlossen werden mußten. Es wurde beschlossen, den bereits im 16. Jahrhundert für Pestopfer errichteten Lützenhofer Friedhof (Lyčakivs'ke kladovyšče) zu erweitern und als Beerdigungsstätte des östlichen Stadtteils zu nutzen. Für die Bewohner des westlichen Teils der Stadt entstand im Jahre 1883 der damals größte unter ihnen, der Friedhof Janowski (Janivs'ke kladovyšče).

Der alte jüdische Friedhof im Stadtviertel Klepariv (Klöpperhof) war 1855 geschlossen worden, zugleich wurde aber der neue hinter der Kortumer Anhöhe, in der Nähe der Vorstadt Janiv, errichtet. Während der Hitlerokkupation – Anfang des Jahres 1943 – wurde mit dessen Zerstörung und späteren totalen Vernichtung begonnen. Den Nazis fiel auch die im Jahre 1856 auf diesem Friedhof errichtete Synagoge zum Opfer wie auch alle Grabdenkmäler und Grabstätten. Während der Sowjetzeit befand sich der jüdische Friedhof in den Händen der jüdischen Stadtgemeinde. Sofort nach Beendigung des Zweiten Weltkrieges wurden in einem Massengrab die Leichname aus den zerstörten Gräbern erneut beerdigt. An dessen Stelle steht heute auf dem Friedhof ein Granit-Obelisk. Seit 1962 wurden auf dem jüdi-

schen Friedhof auch nichtjüdische Lemberger Einwohner zu Grabe getragen.
Zu Beginn der 1960er Jahre kam es zur Auflösung der jüdischen Lemberger Gemeinde, der neue jüdische Friedhof wurde an den Janivs'ke-Friedhof angeschlossen.
Seit dem Jahre 1975 werden auf dem Lyčakivs'ke-Friedhof keine Beerdigungen mehr durchgeführt. Ausnahmen bildeten verdienstvolle Lemberger. Seit dem Jahre 1991 können auch wieder Lemberger Bürger, deren Familiengräber sich auf diesem Friedhof befinden, in diesen begraben werden.
Auch auf dem Janivs'ke-Friedhof finden seit dem Jahre 1980 keine Begräbnisse mehr statt. Seine Fläche konnte nicht vergrößert werden. Ab 1975 bestimmte man neue Ruhestätten. Der größte kommunale Friedhof des heutigen Lemberg entstand in den 1970er Jahren in der Nähe der neu entstandenen Wohnsiedlung Sichiv, eine andere in Lemberg-Brjuchovyči.

Der Janivs'ke-Friedhof

Der Janivs'ke-Friedhof befindet sich westlich des Stadtzentrums in der vul. Ševčenka. Vom Zentrum erreicht man diesen Friedhof mit der Straßenbahn Nr. 2 und 7. Die Haltestelle befindet sich unmittelbar vor dem Haupteingang.
Der Janivs'ke Friedhof wurde im Jahre 1883 errichtet. Auf einer Fläche von 38 Hektar fanden mehr als zweitausend Lemberger Bürger ihre letzte Ruhestätte. Unter ihnen Polen und Ukrainer, die in den Jahren 1918/19 im Verteidigungskampf um die Stadt gefallen sind und bekannte Lemberger Persönlichkeiten. Hier befinden sich auch Grabdenkmäler von Gefallenen aus dem Ersten Weltkrieg.

Grabstein auf dem jüdischen Friedhof

Der Friedhof ist in 68 Felder aufgeteilt. Am Eingang zum jüdischen Friedhof erinnert ein Granit-Obelisk an die Opfer, die der Zerstörung des alten jüdischen Friedhofes zum Opfer fielen und die nach dem Zeiten Weltkrieg an diesem Orte in einem Massengrab erneut zu Grabe getragen wurden. Innerhalb des Feldes Nr. 6 befindet sich das Grabmal des Kustors der Pfarrkirche St. Anna, Blazej Ziemianski. In einem nächsten Massengrab, genannt ›Drei Kreuze‹, wurden alle nicht idendifizierten Opfer aus dem Lemberger Brigitte-Gefängnis begraben. Es befindet sich im Feld Nr. 55.
Am westlichen Randgebiet des Friedhofs befinden sich einige, allerdings schlecht erhaltene Gräber deutscher Kriegsgefangener, die während des Zweiten Welkrieges nach Lemberg kamen. Auf eigenen Wunsch wurde auf diesem Friedhof und nicht auf einem Ehrenhain der Lemberger römisch-katholische Erzbischof Josef Bilczevsky zu

Lemberger Friedhöfe

Grabe getragen. Auf seiner Reise in die Ukraine wurde er von Papst Johannes Paul II. im Juni 2001 in Lemberg heiliggesprochen. Im Feld Nr. 32 findet man das Mausoleum des Jesuitenordens. In ihm ruhen die Leichname der Pfarrer, die während der Sowjetzeiten trotz Verbots für das ständige Bestehen der Lemberger Kirchen eingetreten waren. Der erneuerte Kriegs-Ehrenfriedhof der Sič-Schützen befindet sich im Feld 38. Hier ruhen Kämpfer, die ihr teilweise sehr junges Leben während der Novemberkämpfe 1918 um Lemberg und in den darauffolgenden Jahren im polnisch-bolschewistischen Krieg verloren hatten. Insgesamt fielen in diesen Kämpfen 1070 Sič-Schützen. In späteren Jahren wurde hier auch der Führer der UGA (Ukrainische Galizische Armee), Myron Tarnawski, gestorben 1938, beigesetzt.

Überall trifft man auf schöne Grabskulpturen

Der Lyčakivs'ke-Friedhof

Der Lyčakivs'ke-Friedhof (Lützenhofer Friedhof) ist einer der ältesten Friedhöfe in Europa. Erstmals erwähnt wurde dieser Gottesacker im Jahre 1567 als Begräbnisstätte der Pestopfer der Stadt. Seit dem Jahre 1786 werden hier die Toten zu Grabe getragen. Außer der letzten Ruhestätte einiger tausender Lemberger ist der Lyčakivs'ke-Friedhof noch viel mehr eine ›Galerie der Kunstwerke‹. Der städtische Gärtnermeister und Leiter des Botanischen Universitätsgartens, Karl Bauer, verstand es hervorragend, das natürlich bergige Gelände zur Errichtung dieses Friedhofs zu nutzen. Sein Werk vollendete Tytus Tchórszewski in der zweiten Hälfte des 19. Jahrhunderts. Diesen Friedhof zieren mehr als dreitausend Skulpturen Lemberger Bildhauer. Die architektonisch schönsten und wertvollsten unter ihnen haben oftmals eine über 200jährige Geschichte. Die prächtigen Kunstwerke – Mausoleen, Kapellen und Grabmäler – sind malerisch eingebettet in ein parkähnliches Gelände. Der 42 Hektar große Friedhof wurde in 83 Felder geteilt. Auf ihnen befinden sich annähernd 300 000 Grabmäler, über 2000 Familiengräber, ungefähr 500 Denkmäler und Grabskulpturen sowie 23 Kapellen.

Lemberg war einst eine sehr reiche Stadt, vor allem eine Stadt reicher Kaufleute, berühmter hoher Beamter, Politiker, Künstler, Kirchenvertreter, Architekten und anderer Persönlichkeiten. Seit Beginn des 19. Jahrhunderts bekam der Lyčakivs'ke-Friedhof einen besonders repräsentativen Charakter und zeichnete sich durch den Reichtum seiner Grabdenkmäler aus. Nur hier entstanden die prunkvollen Mausoleen und Kapellen der reichen Patrizier, Magnaten, Beamten, Künstler und Glaubensvertreter verschiedenster Glaubensrichtungen. Die besondere Sorge der Meister der Bildhauerkunst galt den Hauptalleen, an denen besonders verdiente Stadtbürger beigesetzt wurden.

Auf dem Friedhof befinden sich über zwanzigtausend polnische Grabdenkmäler, unter ihnen die Gräber verdienter Lemberger Polen wie Seweryn Goszczynski, Julius Konstanty Ordon, Stefan Banach, Maria Konopnicka, Artur Grottger und viele andere. Zur ewigen Ruhe

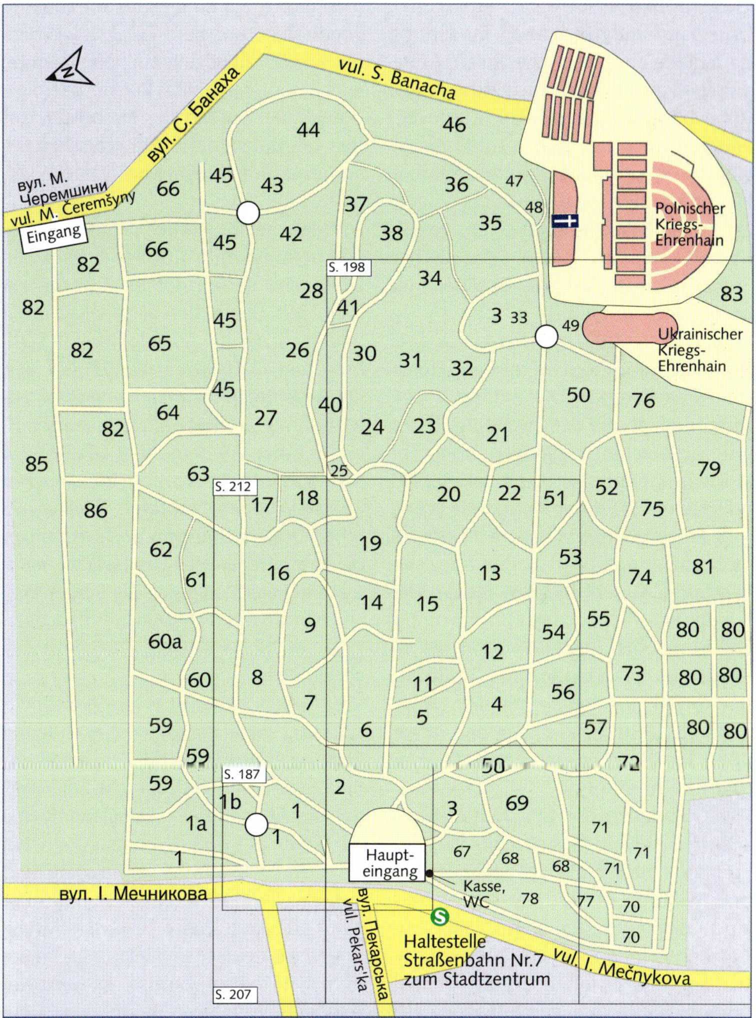

Lyčakivs'ke-Friedhof, Übersicht

wurden hier die berühmten ukrainischen Persönlichkeiten Ivan Franko, Markijan Šaškevyč, Salomea Krušel'nyc'ka, Stanislav Ludkevyč, Volodymyr Barvins'kyj, Volodymyr Ivasjuk und viele andere getragen.

Geschichte

Über Jahrhunderte hinweg fanden auf diesem Friedhof Deutsche, Polen, Armenier und nach 1945 auch Russen ihre Ruhestätte. Im Jahre 1875 wurde der Friedhof mit einer langen roten Ziegelsteinmauer umzäunt. Zwei neogotische Haupttore bildeten den Eingang. Heute gehen die Besucher durch eines von ihnen, das im Jahre 1875 im neogotischen Stil aus Grabsteinen alter Grabdenkmäler errichtet worden ist.

Zu Beginn des 20. Jahrhunderts gehörte der Lyčakivs'ke-Friedhof zu den interessantesten Europas. Die großen Kriegszerstörungen, die der Zweite Weltkrieg mit sich brachte, ›umgingen‹ diesen historischen Gottesacker. Im Jahre 1991 erklärte die Stadt Lemberg diese prächtige Beerdigungsstätte zum Friedhofsmuseum.

Die lange Geschichte des Lyčakivs'ke-Friedhofs kann man drei Epochen unterteilen, die sich in der Sprache der Inschriften widerspiegeln: deutsche Inschriften dominieren aus den Jahren 1786 bis 1830, polnische in den Jahren 1830 bis 1945 sowie ukrainische und russische nach 1945.

Die Grabdenkmäler mit deutschen Inschriften befanden sich links des Eingangs der Nekropole, genauer gesagt in den Sektoren 61/62. Nur sehr wenige sind erhalten geblieben. Als der Lyčakivs'ke-Friedhof errichtet wurde, wurden sogar polnische Namen in deutscher Schreibweise geschrieben. 1785 plante man, die Josephinische Reform in den Ämtern einzuführen, das heißt, alle Beamten sollten innerhalb von drei Jahren die deutsche Sprache beherrschen. Der größere Teil der damaligen Bevölkerung waren polnische und ukrainische Bauern. Diese wurden aber nicht auf diesem Friedhof begraben, sie bekamen ihre letzte Ruhestätte auf anderen Friedhöfen. Auf dem Lyčakivs'ke-Friedhof wurden zu Beginn nur hohe Beamte, reiche Kaufleute und Bürger beerdigt. Manchmal wurden die Inschriften auf den Grabtafeln der österreichischen Beamten auch in lateinischer Sprache verfaßt.

Mit dem Ausbruch der polnischen Novemberaufstände 1863/64 ging die Dominanz der deutschen Sprache zurück. Mit Erhalt der Selbstverwaltung und der Stärkung des Polentums in Lemberg und Ostgalizien wurden auf den neu errichteten Epitaphen und Denkmälern immer stärker polnische Aufschriften sichtbar. Ab dem Jahre 1870 findet man nur noch Aufschriften in polnischer Sprache auf den Grabtafeln. Viele Deutsche, Österreicher und auch Armenier, die katholischen Glaubens waren, heirateten in jener Zeit polnische Bürger. Diese Ehen trugen nicht unwesentlich dazu bei, den Polonisierungsprozeß zu beschleunigen.

Wenn man heute über die Nekropole spaziert, sollte man immer auch einen Blick nach rechts und links werfen. Im Plural der polnischen Sprache bekommt der Familienname (bei Familiengräbern) die Endung -owie. Kommt einem ein Familienname deutsch vor, so sollte man sich die Endung wegdenken und man kann auf diese Weise sehr viele Familiennamen deutschen Ursprungs erkennen wie beispielsweise Mayerowie, Kunowie, Weiglowie, Brayerowie, Neumanowie oder Schabingerowie.

Meister der Bildhauerkunst

In über 200 Jahren des Bestehens des Lyčakivs'ke-Friedhofs wirkten Meister der Bildhauerkunst, deren Schüler und Nachkommen verschiedener Nationen. Die größten und bedeutendsten Meister werden hier vorgestellt.

Hartman Witwer (gestorben 1827) war deutscher Abstammung und siedelte sich Ende des 18. Jahrhunderts in Lemberg an. Er war Absolvent der Wiener Kunstakademie. Seine Werke schuf er im klassizistischen Stil. Sie zeichnen sich besonders durch das feinfühlige Herausarbeiten der Muskeln, Hände, Gesichter und Augen aus. Zu seinen Kunstwerken gehören auch die im Jahre 1793 auf Bestellung des Stadtrates geschaffenen vier Brunnenskulpturen an den Ecken des Lemberger Rathauses. Witwer gehört zu den Mitschaffenden der ältesten erhalten gebliebenen Kapelle des Friedhofs, der Dunin-Borkowski-Kapelle aus dem Jahre 1812.

Grabskulptur von Anton Schimser

Anton Schimser (1790–1836) war ein deutscher Meister der Sakralskulpturen. Er studierte in Wien und Paris. Nach Lemberg kam er im Jahre 1812. Die Werkstatt der Bildhauer Witwer und Schimser befand sich in der vul. Lyčakivs'ka Nr. 20.

Johannes (Jan) Schimser (1793–1856) war der Bruder Antons. Auch er absolvierte die Wiener Kunstakademie. In Lemberg siedelte er sich im Jahre 1826 an. Er wurde der Meister der Schaffung menschlicher Silhouetten genannt.

Leopold Schimser (1833–1888) war der Sohn Johannes Schimsers. Nach Beendigung seines Studiums an der Wiener Kunstakademie widmete er sich der Bildhauerei, aber noch mehr der Leitung der Firma.

Julian Markowski (1846–1903) war ein geborener Lemberger. Seine Mutter war die Tochter Johann Schimsers. Dank finanzieller Unterstützung der polnischen Grafenfamilie Dzieduszycki konnte er an der Wiener Kunstakademie studieren. Nach seiner Rückkehr eröffnete er in Lemberg eine eigene Werkstatt. Auf dem Lyčakivs'ke-Friedhof hinterließ er neben Pawel (Paul) Eutele die meisten und auch die schönsten sakralen Denkmäler.

Pawel Eutele (1801–1889) kam 1828 nach Lemberg. Er besaß keine fachliche Ausbildung und trat die Arbeit als Steinmetz in der Firma Schimser an. Später gehörte er zu den führenden Persönlichkeiten des Kreises der Lemberger Bildhauerkünstler. Er schuf auf dem Lyčakivs'ke-Friedhof über 50 prächtige sakrale Kunstwerke.

Abel Maria Perier (1825–1881) kam im Jahre 1828 aus Paris nach Lemberg. Hier heiratete er die Polin Maria von Staszkiewicz. Er war mit der Werkstatt Leopold Schimsers verbunden, auf deren Bestellungen er zahlreiche sakrale Denkmäler schuf.

Henryk (Heinrich) Perier (1863–1928) war der Sohn Abel Marias, der das Talent und die Werkstatt von seinem Vater geerbt hatte. Die Firma Perier bestand in Lemberg bis Mitte September 1939. Sein Sohn Kasimir verließ im Jahre 1945 Lemberg und arbeitete in der Nähe von Breslau, in Strzegom. Im Jahre 1959 gründete er in Krakau – nach

Lemberger Familientradition - einen Steinmetzbetrieb.

Paris Filippi (1836–1874) wurde in Krakau geboren und kam im Jahre 1866 nach Lemberg. Er war ein Freund des polnischen Malers und Grafikers Arthur Grottger. Auf dem Lyčakivs'ke-Friedhof befinden sich sechs seiner kunstvollen Grabdenkmäler.

Antoni Popiel (1865-1910) war ein Schüler des polnischen Malers Jan Matejki. Schöpfer des Denkmals von Adam Mickiewicz in Lemberg sowie Tadeusz Kosciuszkis in Washington.

Leonard Marconi (1835–1899) siedelte sich im Jahre 1874 in Lemberg an und übernahm einen Lehrstuhl als Professor an der Lemberger Politechnika. Seine Werke sind zahlreiche Büstenbilder, Skulpturen sowie Denkmäler. Seine Kunstwerke finden sich in der Architektur der Stadt wie auch auf dem Lyčakivs'ke-Friedhof.

Tadeusz Baroncz (1849–1905) war ein in Lemberg geborener Künstler des Bildhauerhandwerks. Er studierte an der Kunstakademie in Krakau in den Jahren 1868/69. Von 1872 bis 1875 verweilte er in Florenz. Nach seiner Rückkehr eröffnete er in Lemberg eine eigene Steinmetzwerkstatt, in der sich die Lemberger Kulturwelt traf. Er ist der Schöpfer zahlreicher Büstenstandbilder, Plastiken und Grabdenkmäler.

›Tod der Artistin‹ von Julian Markowski

Erster Rundgang

Die Führungen durch die ›Galerie der sakralen Kunstwerke‹ werden von den Fremdenführern vor Ort nicht in deutscher Sprache durchgeführt. Im nachfolgenden Teil wird reichhaltiges Informationsmaterial übermittelt, die es gestatten, diesen wundervollen Friedhof selbständig zu besichtigen. Es werden vier Routen über den Friedhof beschrieben, die laufenden Nummern in eckigen Klammern beziehen sich auf die in der Karte eingetragenen Grabdenkmäler und Skulpturen. Für alle vier Routen

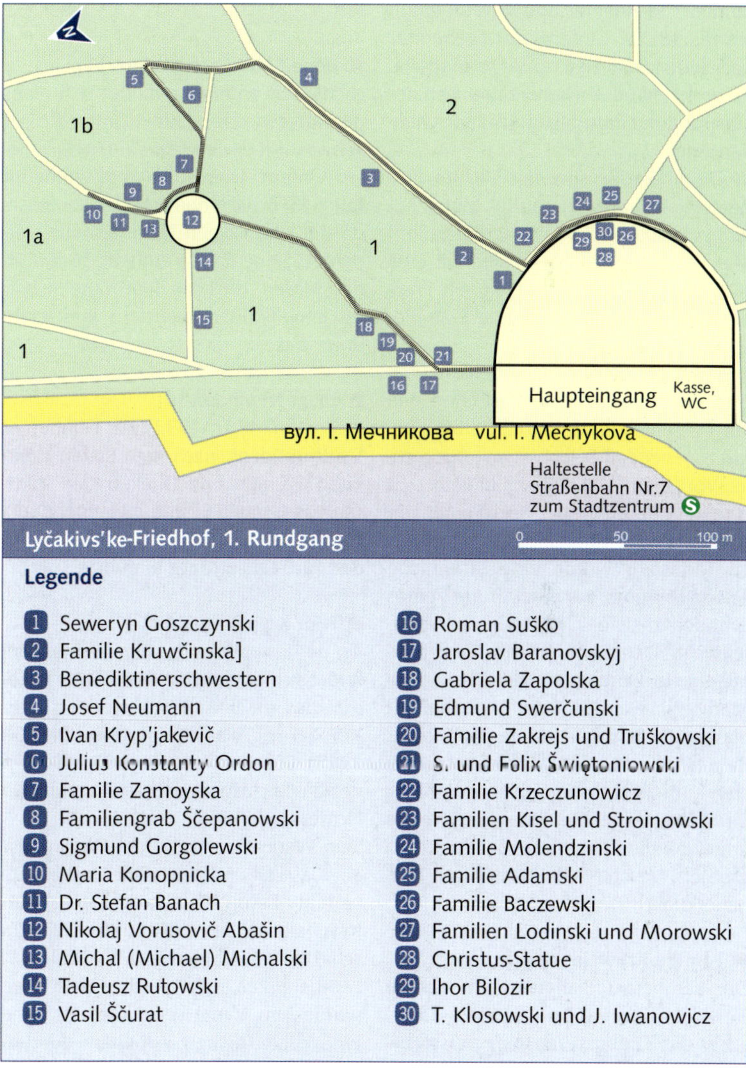

Lyčakivs'ke-Friedhof, 1. Rundgang

Legende

1 Seweryn Goszczynski
2 Familie Kruwčinska]
3 Benediktinerschwestern
4 Josef Neumann
5 Ivan Kryp'jakevič
6 Julius Konstanty Ordon
7 Familie Zamoyska
8 Familiengrab Ščepanowski
9 Sigmund Gorgolewski
10 Maria Konopnicka
11 Dr. Stefan Banach
12 Nikolaj Vorusovič Abašin
13 Michal (Michael) Michalski
14 Tadeusz Rutowski
15 Vasil Ščurat
16 Roman Suško
17 Jaroslav Baranovskyj
18 Gabriela Zapolska
19 Edmund Swerčunski
20 Familie Zakrejs und Truškowski
21 S. und Felix Świętoniowski
22 Familie Krzeczunowicz
23 Familien Kisel und Stroinowski
24 Familie Molendzinski
25 Familie Adamski
26 Familie Baczewski
27 Familien Lodinski und Morowski
28 Christus-Statue
29 Ihor Bilozir
30 T. Klosowski und J. Iwanowicz

sowie den Besuch der zwei anliegenden Ehren-Kriegsfriedhöfe sollte man etwa drei Stunden Zeit haben.

Seweryn Goszczynski [1]

Goszczynski (1801–1876) war ein bedeutender polnischer Dichter und Revolutionär, Teilnehmer am Novemberaufstand 1830, Organisator geheimer Verbände in Galizien, Autor revolutionärer Lyrik und poetischer Erzählungen der Kosakenaufstände gegen den herrschenden Adel.

In Originalgröße sitzt der Dichter und Revolutionär auf einem drei Meter hohen Sockel. Auf den eingemauerten Marmorplatten im Sockel sind die Titel seiner Werke verewigt sowie ein Fragment des Gedichts ›Botschaft an Polen‹.

Dieses monumentale Grabdenkmal besitzt einen hohen künstlerischen wie auch geschichtlichen Wert. Galizien besaß zu jener Zeit Selbstverwaltungsrechte. Vor allem in Lemberg bildete sich eine neue Tradition der Beerdigung von verdienten Stadtbürgern heraus. Noch im Todesjahr wurde eine öffentliche Ausschreibung zur Schaffung eines Grabdenkmals des Verstorbenen veröffentlicht. Der junge, noch unbekannte talentierte Lemberger Bildhauer Julian Markowski war der Sieger und schuf mit diesem Denkmal im Jahre 1876 eines der ersten und eines der hervorragendsten Kunstwerke seines Lebens. Mit der Errichtung dieses Denkmals begann die ungewöhnliche Karriere des späteren größten Meisters der Lemberger Bildhauerkunst.

Familie Kruwčinska [2]

Der Lemberger Bildhauer armenischer Herkunft, Tadeusz Barącz (1849–1905) schuf das Grabmal der jung verstorbenen Zdislava Kruwčinska (1867–1890). Auf einem steinernem Podium sitzt ein beflügelter Engel mit einem fein modellierten Gesicht. Sein Blick ist auf die Grabplatte gerichtet, als warte er auf das Signal vom Himmel, diese aufzudekken, um die Toten auferstehen zu lassen.

Benediktinerschwestern [3]

Nicht weit entfernt befindet sich eines der ältesten katholischen Grabmale der Schwestern des im Jahre 530 gegründeten Ordens. Dieses Grabmal wurde im Jahre 1879 nach dem Muster der Fassade der ehemaligen Festungsmauer errichtet. Seine Größe umfasst 16 qm, in den Jahren 1881 bis 1910 fanden hier 28 Benediktinerschwestern ihre letzte Ruhestätte.

Josef Neumann [4]

Neumann (1857–1932) war Lemberger Stadtpräsident, nach dem Ersten Weltkrieg Gründer und Direktor der Stadtsparkasse sowie Eigentümer einer Drukkerei und erster polnischer Drucker, der den Farb-Offsetdruck einführte.

Ivan Kryp'jakevič [5]

An der Ecke, links des Hauptweges befindet sich das kunstvoll errichtete Grabmal des ukrainischen Historikers Ivan Kryp'jakevič/Іван Крип'якевич (1886–1967). Er galt als talentiertester Student des Geschichtswissenschaftlesr Mychajlo Hruševs'kyj (1866–1934)

Sein Werk ›Geschichte der Ukraine‹ ist ein Klassiker und wurde über Jahrzehnte verlegt. Zehn Jahre lang leitete Ivan Kryp'jakevič das Institut der Wissenschaftlichen Akademie der Ukraine in Lemberg. Lange Zeit nach seinem Tode wurde sein Name verschwiegen, seine wissenschaftlichen Arbeiten durften nicht veröffentlicht, und verlegt werden, außer der Monografie ›Galizisch-wolhynisches Fürstentum‹. Ende der 1980er Jahre wurden Ivan Kryp'jakevič und seine Gattin von ihrer Ruhestätte in Feld 62 in die prunkvolle Grabstätte auf Feld 59 überführt. Das Grabdenkmal hat das Aussehen eines Postamentes in Form eines rechteckig grob bearbeiteten Granitblockes. Linkerseits wurde in den Granitblock eine bronzene Skulptur, ein galizischer Krieger mit einem Schild, aber (was eigenartig ist) ohne Schwert eingearbeitet. Die damaligen örtlichen sowjetischen Machthaber hatten es verboten Skulpturen mit einem Kriegsschwert, darzustellen. Um den Krieger friedliebend darzustellen, ›entwaffnete‹ ihn der Bildhauer Teodozi Bryš auf das ›Schutzschild‹ mit dem galizischen Wappen.

Julius Konstanty Ordon [6]

Ordon (1810–1887) nahm am Novemberaufstand 1830/31 teil, er war Offizier in piemontesischen, türkischen und italienischen Diensten. Während der Verteidigung Warschaus tat sich Ordon als heldenhafter Kommandant hervor. Ordon wurde vom Dichter Adam Mikkiewicz in seinem Gedicht ›Reduta Ordon‹ verewigt. Mit 77 Jahren nahm er sich in Florenz das Leben. Der letzte Wille Ordons war es, seinen Leichnam nach dem Tode zu verbrennen und seine Asche in einigen Jahren nach Lemberg zu überführen.

Die pompöseste, individuelle Grab-Gedenkstätte des Lützenhofer Friedhofes befindet sich am höchsten Punkt dieses Platzes. Sie besitzt die Gestalt einer Pyramide, die vom Meister der Bildhauerkunst, Julian Markowski gemeinsam mit dem Bildhauer Tadeusz Barącz geschaffen wurde. Weit oben sitzt ein aus Stein geschnitzter Adler auf der Krone der Gottesmutter symbolisch für alle, die unter dieser Krone ihr Leben gaben. An der Frontseite der Pyramide, unterhalb des Medaillons des legendären Artilleristen, sitzt ein mächtiger Löwe. Er wurde von einem Pfeil getroffen. Seine starken Pranken, sein vom Schmerz erfülltes Gesicht zeugen von seinem Leiden. Dennoch ist er bereit, aufzuspringen.

An der Seitenwand des Denkmals steht die Inschrift: ›Das heldenhafte Warschau der Stadt Lwów‹.

Das Grabmal von Julius Konstanty Ordon

Familie Zamoyska [7]

Eine der teuersten Grabstätten der Nekropoleist das FamilienGrabmal von Gräfin Rosalie Zamoyska (1810–1902) und ihrer Tochter Wanda (1837--902). Auf Bestellung der Familienangehörigen wurde das Grabmalaus schwedischen Granit in Einzelteilen aus Belgien nach Lemberg angeliefert und in der Werkstatt des Steinmetzes Ludwik Tyrowič, errichtet. Mit dieser Grabstätte ist folgende Legende verbunden: die Asche beider Gräfinnen befindet sich in aus Kristall vergoldeten, märchenhaften Schuhen. Damit diese niemand stehlen kann, besitzt der Eingang dreifache Eingangstüren. Hinter der dekorativen Eingangstür wurde eine starke Steinplatte angebracht, hinter der ein Gang ins Innere führt. An geheimnisvollen Ecken befinden sich ober- und unterhalb des Ganges Stahlstäbe mit scharf geschliffenen Enden, die sich bei Gefahr kreuzen. Angeblich besteht die Möglichkeit, ins Innere der Grabstätte zu gelangen, aber niemals zurück.

Familiengrab Ščepanowski [8]

In der Grabgedenkstätte ruhen Stanislav Ščepanowski (1846–1900) und sein Sohn, der Ingenieur Johannes (Jan) Ščepanowski (1908–1938), der bei einer Flugzeugkatastrophe ums Leben kam.

Dieses Grabdenkmal in Gestalt einer Pyramide wurde aus großen Gesteinsbrocken errichtet, die zu diesem Zweck aus den Karpaten gebracht wurden. Als ein Pionier der polnischen Petroleumindustrie durchwanderte Stanislav Ščepanowski das Gebirge auf der Suche nach diesem ›Gold‹. Auf dem obersten Gebirgsstein ist die Gestalt eines Adlern mit gespannten Flügeln zu sehen. Unter ihm, auf einem hervorstehenden Podium, steht das bronzene Büstenstandbild des Verstorbenen.

Sigmund Gorgolewski [9]

Gorgolewski (1845–1903) war ein berühmter europäischer Architekt und Professor an der Lemberger Polytechnika (Technische Hochschule).

Zu Beginn seiner Karriere war er unter anderem am Hof des preußischen Kaisers, Wilhelm II. tätig. Sein größtes und angesehenstes Projekt war sicherlich das Lemberger Opernhaus, auserwählt auf der Ausschreibung in Leipzig 1896. Zudem war er ein berühmter und hochgeschätzter Konservator vieler galizischer Denkmäler.

Maria Konopnicka [10]

Die weltbekannte Schriftstellerin (1842–1910) und Mitbegründerin der Frauenzeitschrift ›Svit‹ (Dämmerung) wurde besonders bekannt durch ihre Lyrik über die ländliche Bevölkerung, in der sie sich auf die Volkskunst stützt. Sie ist die Autorin poetischer Zyklen: ›In den Bergen‹, ›Bilder‹, ›Italien‹. In ihren Novellen versetzt sie die Kinder von einer armen in eine bunte Welt. Ihre Werke wurden von den ukrainischen Schriftstellern Ivan Franko und Lesja Ukrainka sehr geschätzt und ins Ukrainische übersetzt. Die letzten acht Lebensjahre verbrachte Maria Konopnicka in Galizien.

Für die junge Bildhauerin Luna Drexler war das bronzene Büstenbild Maria Konopnickas im Jahre 1922 ihr erstes Kunstwerk. Es wurde in den Jahren des Zweiten Weltkrieges zerstört oder gestohlen. Im Jahre 1950 schuf der ukrai-

Grab der Schriftstellerin Maria Konopnicka

nische Bildhauer Volodymyr Skolozdra eine Nachbildung nach einer Fotografie. Unter dem Büstenbild ist das Fragment eines Verses von Konopnicka zu lesen: »Bittet Gott um solch ein Grab,/das keine Tränen will, weder/Mitleid noch Beschwerden/Sondern zu geben dem Herzen die/Kraft, um zu schaffen für den Tag/der Zukunft .../Auf dem Friedhof.«

Dr. Stefan Banach [11]
Der weltbekannte polnische Mathematiker (1892–1945), geboren in Krakau, legte die Grundlagen zur Funktionsanalyse und schrieb wichtige Beiträge zur Theorie der reellen Funktionen, der Orthogonalreihen, der Maßtheorie und zur Theorie normierter linearar Räume, der sogenannten Banach-Räume. Er war ohne selbst an einer Hochscchule studiert zu haben Mitbegründer der Lemberger Mathematikschule und bekannter Mathematikprofessor an der Krakauer Universität. An der Lemberger Universität lehrte er ab 1924.
Seine mathematischen Erfindungen entstanden nicht am Schreibtisch an der Universität, sondern im Lemberger ›Schottischen Café‹ (Prospekt Ševčenko). Hier verbrachte der Professor im Kreise seiner Studenten die meiste Zeit. Zunächst wurden die Formeln, Aufgaben und selten die Lösungen auf die weiße Marmor-Tischplatte geschrieben. Das war ein Problem für die Kellner! Und so kaufte ein Kellner von seinem eigenen Geld ein Heft und schenkte es dem Professor. Die Mathematiker waren etwas beschämt, aber ab sofort schrieben sie ihre Aufgaben in dieses Heft, das bekannt wurde als ›Schottisches Mathematikbuch‹.
Er ruht in der Grabstätte der reichen Lemberger Kaufmannsfamilie E. Riedel, mit deren Tochter Jadwiga er verheiratet war.

Nikolaj Vorusovič Abašin [12]
Im Zentrum einers runden Platzes befindet sich eine schwarze Marmorplatte mit der Aufschrift: Generaloberst der Sowjetarmee Nikolaj Vorusovič Abašin / 12.12.1922–3.9.1989.
Auf seinen Befehl fuhr im August 1968 der erste Panzer in die tschechische Hauptstadt Prag ein!

Michal (Michael) Michalski [13]
Michalski (1847–1907) war Lemberger Stadtpräsident, Handwerker (Schmied) und Abgeordneter des Galizischen Landtages.
Das Grabmal ist das einzige Kunstwerk des Bildhauers Tadeusz Blotnicki (1858–1928) auf dem Lyčakivs'ke-Friedhof. Auf dem Sockel eines pyramidenähnlichen Grabdenkmals befindet sich das bronzene Büstenbild des bekannten Politikers. Auf dem Grabsockel aus Sandstein steht die Inschrift: »Michal Michalski/29 IX 1846–13 V 1907/Schmied, Soldat 1863/Abgeordneter zum Parlament 1889–1907 Stadtpräsident 1905–1907/ Hervorragender Lemberger Bürger«..
In dieser Grabstätte war anfangs die polnische Schriftstellerin Maria Konopnicka begraben, von wo aus sie nach zwölf Jahren zu ihrer heutigen Grabgedenkstätte überführt wurde.

Tadeusz Rutowski [14]
Schon von weitem sieht man die monumentale Grab-Gedenkstätte von Tadeusz Rutowski (1853–1918). Er war Lemberger Stadtpräsident und Rechtsanwalt. Ein mächtiger, brüllender Löwe mit hypnotisierendem Anblick wacht auf einem hohen, trapezförmigen Sockel. Dieses Werk schuf Sigmund Kurčinsky.

Vasil Ščurat [15]

Vasil Ščurat/Васил Щурат (1871–1948) war Literat und Übersetzer, Poet und Folklorist der Ukrainischen Wissenschaftlichen Akademie, seit 1914 Mitglied der Wissenschaftlichen Ševčenko-Gesellschaft. Das Professorenkollegium der Geheimen Ukrainischen Universität ernannte ihn im Jahre 1921 zu seinem ersten Rektor.

In diesem Grabmal ruht ebenfalls sein Sohn, Stefan Ščurat (1909–1990), Literaturkenner, Leiter der Sektion ukrainische Literatur am Ukrainischen Institut in Lemberg. Als Fotograf verfaßte und verlegte er das erste ukrainische Journal für Fotografen ›Licht und Schatten‹ sowie im Jahre 1937 das Journal ›Unser Vaterland‹.

Roman Suško [16]

Im Jahre 1993 wurde die Ruhestätte des militärischen und politischen Funktionärs, Oberst der Armee der Ukrainischen Volksrepublik (1918), Mitglied der Leitung Ukrainischer Nationalisten, erneuert.

Während des Ersten Weltkrieges kämpfte Roman Suško/Роман Сушко (1894–1944) als Kommandant der Ukrainischen Sič-Schützen im Frontgebiet. Nach seiner Rückkehr aus der russischen Gefangenschaft setzte er sich für die Gründung der Organisation der Ukrainischen Sič-Schützen in Kiev ein.

In den Jahren von 1927 bis 1930 wirkte er als Kommandant der Ukrainischen Militärorganisation, später als Hauptreferent der Partei der ukrainischen Nationalisten. Im geheimen Auftrag der Organisation weilte er in Südamerika, wo er unter der ukrainischen Diaspora propagandistische Tätigkeit leistete. Im Jahre 1944 wurde er in Lemberg erschossen.

Jaroslav Baranovskyj [17]

Unmittelbar daneben befindet sich ebenfalls eine erneuerte Grabgedenkstätte. Es ist die Ruhestätte des Mitgliedes und Sekretärs der Leitung der OUN (Organisation der Ukrainischen Nationalisten), Doktor der Rechtswissenschaften Jaroslav Baranovskyj/Ярослав Барановський (1906–1943).

Als aktives Mitglied der Ukrainischen Militärorganisation wurde er im Jahre 1926 vom polnischen Gericht verurteilt und ins Gefängnis ›Brigidki‹ in Lemberg gebracht. Im Jahre 1930 ging er ins Ausland als Referent für Kontakte zwischen der Partei und dem Lande. Während eines Aufenthaltes in Lemberg im Jahre 1943 wurde er erschossen.

Gabriela Zapolska [18]

Ihr eigentlicher Namen war Maria Bločka. Die Schriftstellerin, Publizistin und Schauspielerin (1859–1921) wandte sich für das Theater von der familiären bürgerlichen Umwelt ab. In ihren Werken rückte sie die Wahrheit des Lebens ans Tageslicht und verlachte das bürgerliche Verhalten. Bekannt wurde sie auch als Theaterschauspielerin in der Aufführung ihres eigenen Theaterstükkes ›Die Moral der Frau Dulska‹, geschrieben in Lemberg 1906.

Der Sarkophag Gabriela Zapolskas wurde nach Entwürfen von Prof. Josef Galzowski geschaffen, An seiner Seitenwand befinden sich in Stein eingeschnitzt 56 Titel von Erzählungen und Dramen dieser großen Künstlerin.

Edmund Swerčunski [19]

Edmund Swerčunski (gest. 1932) war Bankier. Sein Wunsch war es, daß seine Familie eine besondere Grabstätte haben sollte. So entstand das Grabmal in Form eines Tresors. Eindruck hinterläßt nicht nur das Bronzeschloß im Zentrum, auf dem christliche Symbole eingraviert sind, sondern auch die hohen, quadratischen Säulen, die sich an den Seiten befinden. Das Geheimnisvollste und Interessanteste ist das, daß sich beide Säulen um die eigene Achse drehen. In ihren Inneren befindet sich wahrscheinlich ein Geheimcode. Nur derjenige, der diesen kennt, kann das Grabmal öffnen.

Einige Jahre nach der festlichen Beisetzung des Bankiers wußte niemand mehr die Codezahl, keiner aus der Familie konnte sich daran erinnern, wie viele Male die eine, danach die andere Säule zu drehen war, um den › sakralen Tresor‹ für neue Beisetzungen zu öffnen. So sagt es die Legende. In Wahrheit aber wird in den Archivunterlagen bestätigt, das sich im Grabmal Platz für acht bis zehn Familienangehörige befindet. Aus den Dokumenten geht hervor, daß nur eine einzige Person in ihm ruht - Edmund Swerčunski!

Familie Zakrejs und Truškowski [20]

In diesem Grabmal ruhen der Bruder des ›Ritters vor dem Grabe Christus‹, Feliks Dragoslaw-Truškowski (1839–1915), Oberinspektor der Staatlichen Eisenbahn sowie Ester Sofia Zakrejs (1840–1915), Marcin d'Everard (1850–1923) Kommissar der Schatzkammer und Franciśek von Westheimer-Gärtner (1810–1902).

Das Grabdenkmal der Familie Zakrejs und Truškowski gehört zu den allerschönsten Grabdenkmälern der Zwischenkriegszeit auf dem Lyčakivs'ke-Friedhof. Diese sakrale Gedenkstätte besitzt vor allem einen hohen künstlerischen Wert. Das Denkmal setzt sich aus vier Elementen zusammen, wobei jedes von einem anderen Künstler geschaffen wurde. Auf den hohen, schwarzen Marmorsockel, geschaffen vom Bildhauer Henryk (Heinrich) Perier, setzte Jan Julian Nalborčyk die Bronzeplastik der trauernden Frauengestalt. Den Sockel schmückt ein kunstvoll gearbeitetes Bronze-Flachrelief von B. Soltys. Ein Ritter in mittelalterlicher Ritterausrüstung kniet vor dem Eingang des Grabes Christi in Jerusalem nieder. Unter dem Flachrelief befindet sich eine mit zwei Wappen geschmückte Tafel aus der bekannten Warschauer Gießerei der Gebrüder Grzegorz und Feliks Lopienski. Die Beschriftung informiert: »In Jerusalem, in den Katakomben der Ordensbrüder der Assumptionisten ruht in ewigem Frieden Wladyslaw des Familienwappens Dragoslaw Truškowski, Ritter am Grab Christi, Hauptmann und Kommandant der Artillerie in der österreichischen Armee an der türkischen Front, gefallen des heldenhaften Todes in der Schlacht bei Gaza 26 III 1917, ausgezeichnet mit mehreren österreichischen, deutschen und türkischen Verdienstorden.«

Das Besondere dieses kunstvoll geschaffenen Grabdenkmals ist das auf dem Haar der Frauengestalt zu sehende Haarband. Tauender Schnee oder leichter Regen sammelt sich auf dem hinteren Teil des Bandes und fließt allmählich zu den Augen, was bewirkt, daß Tränen auf dem Gesicht erscheinen.

Stanislaw und Felix Świętoniowski [21]

Dieses imposante Grabdenkmal verdient besondere Achtung. Es wurde aus Granitblöcken verschiedener Formen und Größen errichtet. Den vierten Block schmückt ein Marmor-Medaillon mit dem Porträt des jungen Lemberger Aristokraten Stanislaw Świętoniowski

(1867–1895), der in der Blüte seiner Kräfte plötzlich aus dem Leben gerissen wurde. Unter dem in Gold eingerahmten Medaillon sind in einem Stillleben Fotoapparat, Palette, Pinsel sowie eine Leier als Zeugen der verschiedensten Fähigkeiten dieses jungen Menschen zu sehen. Der plötzliche Tod des einzigen, innigst geliebten Sohnes brachten dem Vater, Felix Świętoniowski (1833-1900) qualvolles Leiden. Er verlor das Interesse am Leben, verschenkte seine Ersparnisse und Immobilien für Stipendien an die Studenten an der Polytechnika in Lemberg.

Die Werkstatt Julian Markowski errichtete dieses interessante Grabdenkmal, an dem der Vater die Zeit vom hellen Tagesanbruch bis in die Nacht hinein verbrachte. Das Grabmal selbst schmückte der Vater mit verschiedensten Lämpchen, Grabgebinden sowie Blumen. Nach fünf Jahren verstarb er am Grabmal und wurde neben seinem über alles geliebten Sohn beigesetzt.

Kapellen

Es geht nunmehr auf den großen Platz hinter dem Eingang zurück, von dem aus die Haupt- und Nebenwege des Lyčakivs'ke-Friedhofs wie ein Netz in sein Inneres führen.

Vorne sind vier der 23 Kapellen des Friedhofes zu sehen. Eine der charakteristischen Eigenschaften polnischer Kirchen waren in früheren Jahrhunderten, daß neben ihnen Familienkapellen errichtet wurden. Man kann sie nicht nur neben den Kirchen der Stadt, sondern auch auf Dörfern oder in kleinen Siedlungen antreffen. Als zu Beginn des 19. Jahrhunderts die Errichtung der Friedhöfe außerhalb der Stadt angeordnet wurde, blieb auch die Errichtung dieser Kapellen erhalten. Mausoleen wurden

Eingangsportal des Friedhofs

zu einem verbindlichen Element moderner Friedhöfe.

Kapelle der Familie Krzeczunowicz [22]

Linker Hand befindet sich die Kapelle der Familie Krzeczunowicz. Die reiche Patrizierfamilie Krzeczunowicz, die im 17. Jahrhundert von der Krim nach Lemberg kam, war einige Jahrzehnte mit der Stadt verbunden. Walery Krzeczunowicz (1790–1866) beschäftigte sich mit Viehhandel, der ihm zu Reichtum verhalf. In der Geschichte Galiziens wird er als ein hervorragender Landwirt und Viehzüchter beschrieben. Er gehörte unter anderem zu den Organisatoren der Lemberger Landesausstellungen und war Mitbegründer des Lemberger Veterinärinstituts. Auch seine eigenhändig erarbeiteten und herausgegebenen Broschüren über Bienen- und Pferdezucht sowie über die Zucht der Seidenraupen waren sehr bekannt. Sein Sohn Kornel Krzeczunowicz (1815–1881) war ein angesehener Politiker und mehrere Jahre Abgeordneter im Galizischen Parlament Er studierte Recht und Wirtschaft an Hochschulen in Italien, der Schweiz und Frankreich.

Die Kapelle wurde nach Entwürfen des Architekten Fillip Roman Pokutynski im neoromanischen Stil, aus roten, speziell für diese Kapelle gebrannten Ziegelsteinen errichtet. Breite Stufen führen zur Kapelle, die auf einer Anhöhe steht. Bewundernswert ist die steinerne Balustrade, von der sie umgeben ist. Eine aufwendige Steinrosette über der Eingangstür schmückt die Frontseite.

Kapelle der Familien Kisel und Stroinowski [23]

Die nebenanstehende kleine Kapelle in ähnlicher architektonischer Form ist die Kapelle der Familien Kisel und Stroinowski. Zu ihr führen von zwei Seiten Stufen. Über der Eingangstür befindet sich im Tympanon ein Flachrelief mit einem Engel, der in seinen Händen eine Schriftband hält mit der Aufschrift ›Sanctus‹. In der Gruft der Kapelle ist Karol Kisel (1830–1893) begraben. Zunächst Wäscher im Brauhaus, wurde er viele Jahre später Besitzer der bekanntesten Lemberger Brauerei in der Vorstadt Pidzamče. Das Bier aus seiner Brauerei wurde nicht nur in Lemberg getrunken, sondern in ganz Ostgalizien.

Er unterstützte finanziell die lernende Jugend. Seinen Namen trug die einst sehr bekannte Wasserheilanstalt in Pidzamče, die sich am Fuße des Schloßberges befand. Karol Kisel war Präsident der Lemberger Industrie- und Handelskammer, in desren Gebäude auf dem pr. Ševčenka sich heute die Lemberger Staatsanwaltschaft befindet. In der Gruft der Kapelle ruht auch der Leichnam seines Bruders Ferdynand, der im Jahre 1884 verstarb.

In der Zwischenkriegszeit wurden in der Kapelle auch sein Schwiegersohn und sein Enkel begraben. Sein Schwiegersohn, Dr. Edward Stroinowski, lebte bis zum Jahre 1926. Er war ein anerkannter Lemberger Arzt und der Gründer der ersten Lemberger Unfallklinik.

Kapelle der Familie Molendzinski [24]

Die kleinste Kapelle des Lyčakivs'ke-Friedhofs gehört der Bürgerfamilie Molendzinski.

Kapelle der Familie Adamski [25]

Die sehr einfach gebaute Kapelle neben der Molendzinski-Kapelle gehört der Familie Adamski. Zum Eingang führen breite, achtstufige Treppen. In der Gruft ruhen Franz Adamski (1794–1870), napoleonischer Legionär, später bekannter Lemberger Kaufmann und Vorsitzender der Galizischen Sparkasse, seine Gattin Barbara, Sohn Franz sowie Schwiegertochter und die Enkelin Evelina.

Kapelle der Familie Baczewski [26]

Rechter Hand am Hauptweg befindet sich das Mausoleum der Familie Baczewski. Es entstand im Jahre 1883 nach Entwürfen des Lemberger Architekten Johannes (Jan) Schultz auf Bestellung des reichen und in ganz Europa bekannten Industriellen Adam Josef Baczewski (1829–1911). Nicht nur in Polen kannte man den berühmten Likör und Wodka in den von Baczewski eigens signierten Flaschen. Die Tradition des Spirituosenbetriebes reicht zurück bis zum Jahre 1782. Zu Beginn des 19. Jahrhunderts brachte Leopold Maximilian Baczewski den Betrieb nach Zniesienia, einen Ort weit außerhalb des Stadtgebietes Lembergs. Den Erfolg verdankte der Betrieb vor allem Adam Baczewski, dem Sohn Leopolds. Er lebte 80 Jahre. Der in seinem Betrieb hergestellte Alkohol konnte auf dem Märkten des Landes wie auch im Ausland aller Konkurrenz standhalten. Leopold führte seine Erzeugnisse auf den Weltmarkt ein, er war ein Meister der Kalkulation und ein vorzüglicher Kaufmann.

Adam Baczewski ließ das Mausoleum nach dem Tode seiner Eltern errichten, er selbst verstarb im Mai 1911. In der Gruft des Mausoleums sind auch seine Söhne Leopold (1924) und Heinrich (1930) begraben.

Kapelle der Familien Lodinski und Morowski [27]

In dieser neogotischen Kapelle ruhen ebenfalls Franziček (Franz) Illjasewič (1807–1887), Bürgermeister von Žowka und Sampor, Präsident des Gerichtes in Tarnopol sowie Ludwig Lodinski (1845–1919), Rechtsanwalt.

An den vier Seiten oberhalb der Kapelle befindet sich der jüdische Davidstern. Das Türmchen selbst wird durch ein Kreuz ergänzt. Unfehlbar kann behauptet werden: In der Kapelle wurden Persönlichkeiten jüdischer Herkunft beigesetzt, die offensichtlich ihren Glauben geändert haben. Die Wahrheit aber ist interessanter: Die wohlhabenden und sehr einflußreichen Lemberger Familien Lodinski und Morowski genossen in der jüdischen Gemeinschaft sehr große Anerkennung. Zum Dank wurde diese Kapelle für sie errichtet. Eine Bedingung sollte dabei erfüllt werden: das älteste jüdische Zeichen als Schmuck unter der symbolischen Belastung des Kreuzes ›einzubauen‹. Auf dem zentralen Platz stehend und in einem gewissen Winkel auf die Kapelle sehend, bemerkt man, daß auch das Kreuz auf dem Türmchen einem Davidstern ähnelt.

Christus-Statue [28]

An der knienden Christus-Statue sollte man nicht einfach vorbeigehen. Sie befand sich bis nach dem Zweiten Weltkrieg auf dem Grabe von Alexandra z Kownackich (Ottonowa Hausnerowa), der langjährigen Vorgesetzten des dritten Ordens des Heiligen Vinzenz und Paul sowie Nonne des dritten Ordens der Heiligen Teresa (1822–1909). Es befindet sich im Feld 71, hinter dem Kriegsfriedhof der ›Eisernen Kompanie‹ (Rundgang 2, Nr. 17a). Seit Jahrzehnten schmückt die Statue jedoch den zentralen Platz am Eingang des Friedhofs. Das Gesicht ist traurig, aus seinen Augen fließen Tränen, seine zarten Hände sind zum Gebet gefaltet.

Ihor Bilozir [29]

Der bekannte ukrainische Komponist (1955–2000) wurde hier zu Grabe ge-

Grab des Komponisten Ihor Bilozir

tragen. Seine Beisetzung war eine große Demonstration. wurde in einem Straßencafé auf dem pr. Ševčenka während eines Streitgespräches mit russischen Gästen geschossen. Er schleppte sich verletzt noch bis zum heutigen Gebäude der Lemberger Staatsanwaltschaft, wo er zusammenbrach. Er verstarb nach drei Wochen Bewußtlosigkeit im Krankenhaus.

Teresa Klosowski und Josef Iwanowicz [30]

Direkt hinter der Grabgedenkstätte des ukrainischen Komponisten befindet sich ein architektonisch seltenes Grabmal. Der Bildhauer Pawel Eutele ist der Schöpfer der Skulpturen der Grabstätte von Teresa Klosowski und Josef Iwanowicz.

Auf dem höher liegenden Grabmal steht auf einem Sockel das Madonnenstandbild, kleine Engel knien zu beiden Seiten ihres Gewandes. Am Fuße des Sockels, auf einem Mauervorsprung, schuf der Bildhauer die Büste von Josef Iwanowicz und neben ihm die Plastiken seiner beiden treuesten Freunde, der Jagdhunde Pluto und Nero. Josef Iwanowicz war leidenschaftlicher Jäger.

Da Tierfiguren auf Gräbern unüblich sind, mußte Pawel Eutele zunächst das Einverständnis der Familie des Verstorbenen einholen, bevor er die treuen vierbeinigen Freunde ihres Herrn gestaltete. Ihre Geschichte ist mit einer Tragödie verbunden. Nach der Beerdigung ihres Herrn legten sich beide auf dessen Grabstelle und verließen sie nie mehr. Sie nahmen weder Fressen noch Trinken an und verstarben nach fünf Tagen an gleicher Stelle. Und wenn man Pluto und Nero näher betrachtet, so sieht man auch die Tränen in ihren Augen, die sie ›weinten‹.

Zweiter Rundgang

Markijan Šaškevyč [1]

Das Grab des ukrainischen Dichters Markijan Šaškevyč (1811–1843) schmückt seit über 150 Jahren die zierliche Plastik ›Galicja‹ aus schwarzem Heban-Holz, eines der schönsten Kunstwerke von Abel Maria Perier.

In den 1830er Jahren bildete sich in Lemberg die Dichtergruppe ›Rus'ka trijcja‹ (Ruthenischer Dreier). Im Zentrum dieser Gruppe standen drei Studenten, durchdrungen von den Ideen Herders. An ihrer Spitze standen Markijan Šaškevyč, Ivan Vahylevyč und Jakiv Holovac'kyj. Ihr Ziel war es, die ›ruthenische‹ Sprache von kirchlichen und fremdsprachigen ›Manierismen‹ zu befreien und zum Niveau der literarischen Sprache zu führen. Sie verwendeten die ukrainische Volkssprache in ihrer Dichtung, deren Hauptthema die nationale Wiedergeburt der Ukraine war.

Volodymyr Barvins'kyj [2]

Die Grabstätte des ukrainischen Schriftstellers und Publizisten Volodymyr Barvins'kyj (1850–1885) ist eines der schönsten Grabdenkmäler, das im Jahre 1892 vom polnischen Bildhauer Stanislaw Roman Lewandowski errichtet wurde: Eine stehende junge Frau in ukrainischer Volkstracht, hält in der erhobenen rechten Hand eine brennende Fackel als Zeichen der Erneuerung, mit der linken drückt sie ein Kreuz an ihr Herz. Vor ihr kniet ein Bauernjunge, der in seiner rechten Hand das Wappen des Halyčer Landes festhält. Mit seiner linken hält er einen Lorbeerzweig über dem Medaillon Barvins'kyjs.

Jaroslav Kulačkov'skyj [3]

Dieses Grabdenkmal finanzierten die Angehörigen der Versicherungsgesellschaft ›Dnister‹ für 15 000 Kronen. Den Obelisk schmückt ein bronzenes Medaillon mit dem Potrait von Jaroslav Kulačkowski/Яросла Кулачковсъкий 1863–1909). Er war Gründer und Direktor der Versicherung sowie Ehrenmitglied der ukrainischen Volksbildungs-Gesellschaft ›Proswita‹. Er wirkte mit bei der Erstellung zahlreicher Gesetze in Galizien. Das Flachrelief am Obelisken

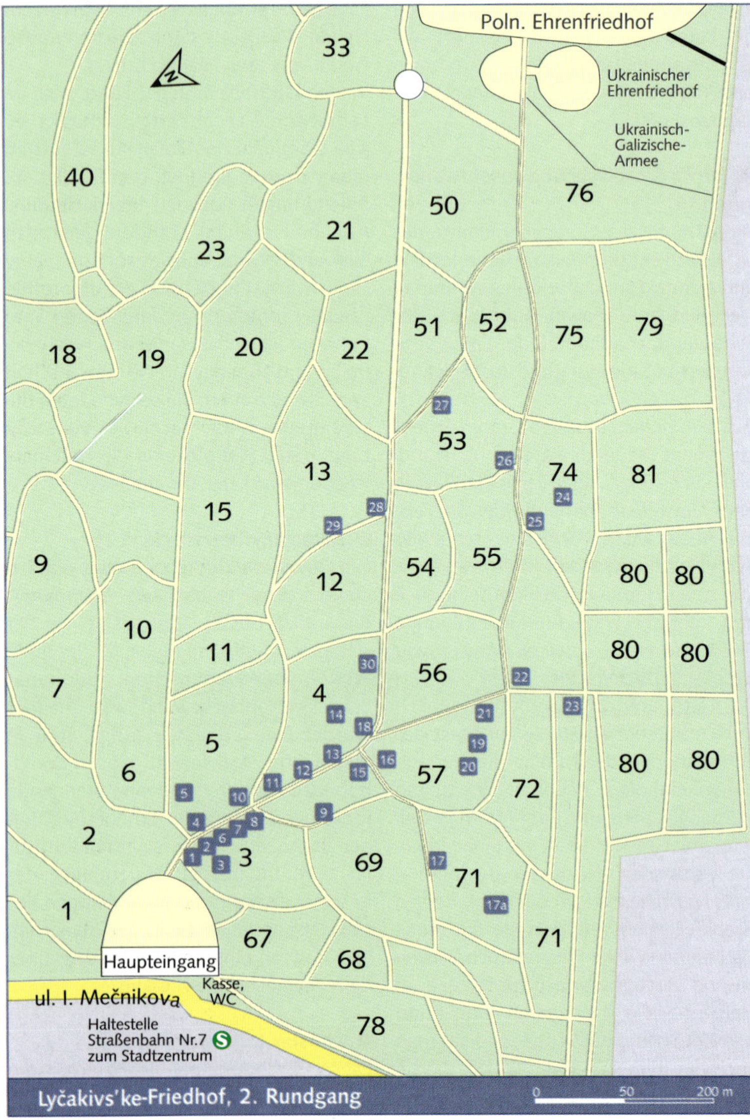

Lyčakivs'ke-Friedhof, 2. Rundgang

stellt eine trauernde galizische Bauernfamilie dar, die seinen Tod beweint. Die zwei kunstvoll gearbeiteten Metallleuchter vor der Grabgedenkstätte ›beleuchten‹ den Eingang in die überirdische Welt.

Arthur Grottger [4]

Der polnische Grafiker und Kunstmaler Grottger (1837–1867) war einer der führenden Vertreter der Romantik in der Malerei. Arthur Grottger verstarb im Dezember 1867 in den französischen Pyrenäen. Sein letzter Wille war es, nach seinem Tode in Lemberg zu Grabe getragen zu werden. Seine Verlobte Wanda Monné erfüllte ihm diesen Wunsch.

Auf dem Sakrophag wurde vom besten Freund des Dichters, dem Bildhauer Paris Fillipe, ein Felsgestein errichtet, auf dem eine junge traurige Frau kniet. Neben ihr hat sich ein Falke, Symbol der Liebe und Treue, niedergelassen. Darunter befindet sich das Medaillon mit dem Abbild Grottgers, das eigenhändig von Wanda Monné modelliert wurde. Eine gebrochene Leier und eine zerbrochene Malerpalette, das Symbol des vorzeitigen Verlöschens eines Talentes sowie ein Totenkopf haben ihren Platz am Gestein. Neben dem Medaillon befindet sich die Gestalt eines Buches, auf dessen Umschlag alle großen Titel der Malerwerke Grottgers eingemeißelt sind: ›Warszawa‹, ›Polonia‹, ›Winterabende‹, ›Lithuania‹ und ›Krieg‹.

Die Grabtafel ziert eine von Wanda Monné selbst erstellte Inschrift: »Christus, der Dich zu sich rief, nehme Dich auf, ihm zu Ehren sollen Dich die Engel begleiten«.

Wanda Monné selbst lebte in Lemberg bis ins hohe Lebensalter. Sie verbrachte an der Grabstätte viele Stunden und pflegte sie persönlich. Seit Bestehen dieses Grabdenkmals wurde diese Stätte das Ziel zahlreicher Wallfahrten, und auch heute trifft man hier auf ständig frisch niedergelegte Blumen und brennende Grablichter.

Julian Markowski [5]

Julian Markowski (1846–1903) war der Lemberger Meister der Steinmetzkunst.

Legende

1 Markijan Šaškevyč
2 Volodymyr Barvins'kyj
3 Jaroslav Kulačkov'skyj
4 Arthur Grottger
5 Julian Markowski
6 Mikolaj Filaretovič Kolessa
7 Stanislav Ludkevyč
8 Marceli Ciemierski
9 Familie Markowski
10 Dr. Josef Torosiewicz
11 Ivan Franko
12 Kosciuszki-Soldatengräber
13 Salomea Krušel'nyc'kai
14 Olga Franko
15 Karol (Karl) Szajnocha
16 Josef Szmiechowski
17 Kriegsfriedhof der ›Eisernen Kompanie‹
18 Samuel Cyryl Stefanowicz
19 Anton Popiel
20 Leonard Marconi
21 Zygmunt Samolewicz
22 Grzegorz Michal Szymonowicz
23 Schwestern des St. Josef-Ordens
24 Zygmunt Gorazdowskii
25 Grafenfamilie Dzieduszycki
26 Julian Oktavian Zacharewicz
27 Franciszek Stefczyk
28 Franciszek Smolka
29 Volodymyr Ivasjuk
30 Viktor Čukarin

Grabmal für den Grafiker Arthur Grottgerr

Auf dem Lyčakivs'ke-Friedhof hinterließ er die größte Anzahl der Grabskulpturen. Und so ›einfach‹ sein Leben war, so ist auch sein Grab sehr einfach gestaltet. Die Inschrift lautet: »Julian Maryan Szeliga Markowski/Künstler der Bildhauerei/Meister der Steinmetzkunst/Soldat in den Jahren 1863/64/geb. 1846 gest. 13.1.1903/Im stillen Gedenken«.

Mikolaj Filaretovič Kolessa [6]

Bekannter ukrainischer Komponist (1903–2006). In den Jahren 1940 bis 1950 war Mikolaj Kolessa Dirigent des Lemberger Symphonieorchesters sowie des Lemberger Opernhauses. In den Jahren 1953 bis 1965 wirkte er als Rektor des Lemberger Musikkonservatoriums. Für sein Schaffen wurde er mit dem Verdienstorden ›Held der Ukraine‹ ausgezeichnet. Sein Lehrbuch ›Grundlagen der Technik des Dirigierens‹ wurde Handbuch für alle ukrainischen Musiker.

Stanislav Ludkevyč [7]

Der weltbekannte ukrainische Komponist Stanislav Ludkevyč (1879– 1979) war derjenige, der die Poesie Taras Ševčenkos am schönsten musikalisch interpretierte. Zu seinen Meisterwerken gehörte die Vertonung der symphonischen Kantaten ›Kaukasus‹ und ›Zapovit‹ (Testament). Er schrieb musikalische Werke zu den Dichtungen Ivan Frankos, unter ihnen das symphonische Werk zu Frankos ›Steinbrecher‹ und ›Moses‹. Nicht zu vergessen sind seine vielen anderen instrumentalen und vokalen Werke. Seit Beginn des 20. Jahrhunderts gehörte Ludkevyč zu den aktivsten Organisatoren des galizistischen Musiklebens. Er war der Gründer der Lemberger Musikschule und ihrer zehn Filialen in verschiedenen galizischen Städten. Ludkevyč organisierte das erste ukrainische Symphonieorchester in Lemberg. Der Komponist lebte 100 Jahre und hinterließ viele Zeugnisse seiner großen Schaffenskraft. Über sein Leben und seine Werke kann man im Ludkevyč-Museum viel erfahren, auch über seine enge Beziehung zur deutschen Kultur.

Marceli Ciemierski [8]

Ciemierski (1824–1885) war Sekretär des Lemberger Benediktinerinnenkonvents. Das Medaillon ist das Werk Julian Markowskis. Es wird umrahmt von einer in Stein geschnitzten Flöte (links) sowie einer Sichel (rechts). Auf einem Gesteinsblock steht in natürlicher Größe ein wundervoller, ebenfalls von Julian Markowski geschaffener Engel mit leicht geöffneten, meisterhaft geschnitzten Flügeln. In seinen Händen hält er eine

Urne. Es macht den Eindruck, als wolle er im nächsten Moment zum Himmel aufsteigen.

Familie Markowski [9]

Zu den wertvollsten Grabskulpturen, die der Meister der Bildhauerkunst Julian Markowski auf dem Lyčakivs'ke-Friedhof schuf, gehört die ›Schlafende Schöne‹. Ludwig Markowski, aus der näheren Familie des Meisters, bestellte nach dem Tode seiner Frau Regina (gest. 1885) dieses Grabdenkmal. Sieben Jahre arbeitete Julian Markowski daran und belebte mit seinem Talent einen großen Block aus Sandstein. Auf dem oberen Teil liegt wie eine zerbrechliche Rose auf einem ›Theaterkissen‹ (Symbol des frühzeitigen Todes) diese zarte, zerbrechliche Gestalt einer jungen Künstlerin. Es wird der Eindruck vermittelt, als wäre sie gerade erst eingeschlafen. Bis nach dem Zweiten Weltkrieg befand sich hinter dem Kopf der Entschlafenen ein trauernder Engel in menschlicher Größe. Das Kissen lag auf seinem Knie auf. So wie viele Grabskulpturen, wurde auch dieser Engel während der sowjetischen Zeit in Lemberg, mutwillig zerstört. Außer Regina, die so plötzlich aus dem Leben gerissen wurde, ruhen hier mit ihr der Sohn Andrij (18 Monate) sowie der siebenjährige Witold Markowski.

Dr. Josef Torosiewicz [10]

Das Grabdenkmal von Dr. Josef Torosiewicz (1734–1869) wurde vom Bildhauer Edmund Jaskólki geschaffen. Der Künstler hinterließ auf dem Lyčakivs'ke-Friedhof nur wenige Werke.
Josef Torosiewicz war ein bekannter Lemberger Philantrop, Doktor der Medizin und Entdecker der Mineralquellen in Morsztyna und Truskavec'. Er stammte aus einer bekannten armenischen Arztfamilie. Torosiewicz war der Gründer und Stifter des Kinderwohnheimes für elternlose armenische Kinder.
Auf dem Steinpodium sitzt in natürlicher Größe ein etwas älterer Herr mit einem gutmütigen Gesicht und kurzgeschnittenem Bart. Er trägt eine polnische Volkstracht mit einem gebundenen breiten Gürteltuch und an seinem Hemd das Verdienstkreuz. Zwei barfüßige, ärmlich gekleidete Mädchen schmiegen sich an ihn. Das jüngere stützt sich auf sein Knie und schaut vertrauensvoll zu ihm hinauf. Das ältere Mädchen, ein aufgeschlagenes Buch in der Hand, horcht den Worten des Pflegers.

Ivan Franko [11]

Das Grabdenkmal des bekannten ukrainischen Dichters, Journalisten und Politikers Ivan Franko (1856– 1916) wurde vom Bildhauer Sergij Lytvynenko, einem Praktikanten der Lemberger Bildhauerwerkstatt von Ludwik Tyrowicz, errichtet. Es entstand im Jahre 1933 auf Initiative der Lemberger ukrainischen Intelligenz und mit finanzieller Unterstützung der Regierung der Ukrainischen SSR.
In seinem Zentrum befindet sich die allegorische bronzene Gestalt eines ›Steinbrechers‹ nach dem gleichnamigen Werk Ivan Frankos. In der Westukraine wirkte sich Ende des 19. Jahrhunderts der literarische Modernismus auf die ukrainische Literatur aus. Hier machte sich besonders der Einfluß der deutschen Literatur bemerkbar. Einer seiner Vertreter war der noch der realistischen Tradition zugehörige Lyriker und Novellist Ivan Franko. Er schrieb für verschiedene polnische und ukrainische Zeitschriften sozialkritische Artikel mit demokratischer Tendenz. Neben seiner vielfältigen publizistischen und politischen Arbeit

übersetzte er die Werke von Goethe, Schiller, Heine, Puschkin und anderer bekannter Schriftsteller in die ukrainische Sprache. Als politischer Funktionär war Ivan Franko einer der überzeugtesten ukrainischen Nationaldemokraten und sein Lied ›Не пора, не пора, не пора Москалеві й ляхові служить...‹(›Noch nicht Zeit, noch nicht Zeit, noch nicht Zeit – die Moskauer und Lachen [ukrainischer Ausdruck für Polen, Anmerkung der Verf.] hören mit...‹) wurde zur Hymne der Westukraine.

Sehr viel Interessantes über diese große ukrainische Persönlichkeit kann man im ›Ivan-Franko-Museum‹ (siehe S. 137, 238) erfahren.

■ Kosciuszki-Soldatengräber [12]

Auf dem Lyčakivs'ke-Friedhof fanden sehr viele Soldaten, die für ein unabhängiges freies Polen kämpften, ihre letzte Ruhestätte, unter ihnen Soldaten Kosciuszkis. An dieser Stelle sind die Kosciuszki-Soldatengräber von Franciszka Zar´by (gestorben 1863) und daneben das Grab von Antoni Piórecki (gestorben 1870) zu sehen.

■ Salomea Krušel'nyc'ka [13]

›Orpheus‹ krönt das mächtig wirkende Grabdenkmal einer berühmten ukrainischen und einst auf den größten Opernbühnen der Welt bekannten Sängerin: Salomea Krušel'nyc'ka (1872–1952). Das Denkmal wurde nach den Entwürfen der ukrainischen Künstlerin Teodozja Bryz' im Jahre 1984 errichtet.

■ Olga Franko [14]

Rechts hinter dem Grabmal von Salomea Krušel'nyc'ka befindet sich die Ruhestätte der Gattin von Ivan Franko, Olga Franko (geb.Chorušynsky) (1864–1941).

■ Karol (Karl) Szajnocha [15]

Das Grab des anerkannten polnischen Historikers, Publizisten, Schriftstellers und Kustors der Lemberger ›Ossolinski‹-Bibliothek Karol (Karl) Szajnocha (1818–1869) wurde 1868 von den Bildhauern Paris Fillipe und Abel Maria Perier geschaffen. Das Denkmal hat die Gestalt einer Pyramide, auf deren Abschluß sich ein Adler mit ausgebreiteten Flügeln niedergelassen hat.

In der Nische befindet sich das von Fillipe aus weißem Marmor gemeißelte Büstenbild Karl Szajnochas. Auf die Gedenktafel schauen zwei in natürlicher Größe sitzende Frauengestalten. Die Muse Clio (Geschichte) hält in ihrer rechten Hand einen Ritzel (Stift), in der linken eine aufgerollte Papierrolle. Die zweite ist die in Gedanken versunkene Melpomene, Muse der Tragödie. Auf der oberen Stufe des Denkmals steht angelehnt an das Denkmal ein Schild mit den Wappen Polens, Litauens und Rutheniens.

■ Josef Szmiechowski [16]

Gleich neben dem Denkmal geht es auf den kleinen rechtsabbiegenden Weg. Etwas versteckt und doch unübersehbar befindet sich unmittelbar auf der linken Seite ein wundervolles Kunstwerk Julian Markowskis, die Grab-Gedenkstätte von Josef Szmiechowski (1798–1875), General im Novemberaufstand 1863/64. Den großen, mit einer Flagge bedeckten Felsstein, auf der Gebinde von Eichenblättern sowie die Kopfbedeckung der Aufständigen liegen, krönt ein mächtiger, kunstvoll gemeißelter Adler, dessen kräftige Krallen sich in den Stein bohren. Zwei Aufschriften befinden sich auf den Grabplatten: »Josef Szmiechowski, Major aus dem Jahre 1831, ausgezeichnet mit dem Verdienstorden Virtuti Militari,

1963 zum General ernannt, lebte 77 Jahre« und »Dem General sowie Josef Szmiechowski – das Volk«.

Kriegsfriedhof der ›Eisernen Kompanie‹ [17]

Im Quartier der sogenannten ›Eisernen Kompanie‹ standen in den Jahren 1881 bis 1916 in vier Reihen aufgestellt 47 einfache, schwarze, eiserne Kreuze mit weißen Namenstafeln für die Teilnehmer am Unabhängigkeitskampf 1830/31. Anläßlich des 50. Jahrestages des Novemberaufstandes beschlossen die Stadtväter Lembergs im Jahre 1880 die Errichtung einer 500 Quadratmeter großen Parzelle für dieses Quartier. Die sich heute an dieser Stelle befindenden Kreuze sind symbolisch aufgestellt, die eigentlichen Gräber wurden zu sowjetischer Zeit zerstört. Geblieben ist das berühmteste Denkmal des Bildhauers Henryk (Heinrich) Perier aus dem Jahre 1886, der sogenannte Sarkophag der ›Eisernen Kompanie‹. Auf diesem kleinen Kriegsfriedhof befand sich auch das Grab von Josef Reitzenheim (1809–1883), dem Sohn eines hohen österreichischen Beamten. Nach Beendigung des Aufstandes kam er nach Lemberg zurück. Aufgrund eines Zerwürfnisses mit seinem Vater emigrierte er 1832 nach Paris. Dort begab er sich in die Gesellschaft der dort lebenden Polen, unter anderem war er der Mitbegründer der Polnischen Bibliothek in Paris, die bis heute besteht. Er lernte den polnischen Schriftsteller Juliusz Slowacki kennen, und es verband sie bis an ihr Lebensende eine sehr große Freundschaft. Im hohen Alter kam Reitzenheim nach Lemberg zurück, wo sich auch die Gräber seiner Eltern befanden. Er starb im Alter von 74 Jahren im Jahre 1883 und fand hier seine letzte Ruhestätte.
Hinter dem steinernen Sarkophag rechts sieht man ein schwarzes Grabmal. Zu ihm gehört die Christus-Statue, die jetzt auf dem Platz am Eingang des Friedhofes steht [17a].

Verwunschene Ecken

Samuel Cyryl Stefanowicz [18]

Es geht den Weg zurück zum Hauptweg. An der Wegkreuzung ist linker Hand ein sakrales Kunstwerk von besonderer Schönheit zu bewundern. Lemberg ist weltweit die einzige Stadt, die drei Erzdiözesen besitzt, die römisch-katholische, griechisch-katholische (unierte) und die armenisch-katholische, so war sie auch der Ort häufiger Beerdigungen ihrer Erzbischöfe (Metropoliten).
Im neogotischen Stil entstand der wundervolle Sarkophag auf der Grabstätte des armenischen Erzbischofes Samuel Cyryl Stefanowicz (1755– 1858). Es wurde im Jahre 1904 vom Bildhauer Juliusz Wojciech Boltowski geschaffen. In natürlicher Größe liegt die Gestalt des Metropoliten in seinem Ornat unter einem kunstvoll errichteten Baldachim.

Anton Popiel [19]

Vom Denkmal aus den linken Weg weitergehend, sieht man schon von weitem die schwarze Figur der Gottesmutter mit dem Kind auf dem Grabmal der Familie Szembek.

Vor ihr, auf der gegenüberliegenden, rechten Seite, etwas im Inneren, befindet sich die Grabstätte von Anton Popiel (1865–1910), des bekannten Lemberger Architekten und Bildhauers. Er war ein Schüler des polnischen Malers Jan Matejki. Er ist auch der Schöpfer des Denkmals Adams Mickiewiczs in Lemberg sowie Tadeusz Kosciuszkis in Washington.

Leonard Marconi [20]

Nicht weit davon befindet sich das Grabmal des Lemberger Architekten und Bildhauers Leonard Marconi (1835–1899), unter anderem Schöpfer des Denkmals von Alexander Fredro, das heute den Breslauer Marktplatz krönt und vieler architektonischer Details an Lemberger Stadtgebäuden.

Zygmunt Samolewicz [21]

Wieder zurück auf dem Hauptweg, kommt man rechter Hand an der Grabstätte von Zygmunt Samolewicz (1842–1898) vorüber. Samolewicz war ein anerkannter Pädagoge, Verfasser einer lateinischen und griechischen Grammatik, Professor und später Direktor an Lemberger Gymnasien. Er verfaßte auch Schulbücher. Das Marmormedaillon ist das Werk Julian Markowskis.

Grzegorz M. Szymonowicz [22]

Das Denkmal des armenischen Erzbischofs Grzegorz Michal Szymonowicz (1800–1875) ist ein Kunstwerk von Julian Markowski. In der kunstvoll geschaffenen Kapelle mit einem Frontteil im gotischen Stil sitzt in einer Nische die Figur des Erzbischofs. In technischer Vollkommenheit ist sein Ornat in Stein gearbeitet. Während der Sowjetzeit wurden viele Skulpturen beschädigt, so auch diese.

Schwestern des St. Josef-Ordens [23]

Grabdenkmalsstätte der Schwestern des St. Josef-Ordens, die im Lemberger Gebiet tätig waren. Ihre Kirche befand sich in der heutigen vul. Lysenka 45 (früher vul. Kurkova).

Zygmunt Gorazdowski [24]

Der im Juni 2001 durch Papst Johannes Paul II. heiliggesprochene Priester Zygmunt Gorazdowski (1845–1920) war der Gründer des Schwesternordens St. Josef und zahlreicher wohltätiger Einrichtungen in Lemberg, was ihm den Beinamen ›Vater der Armen‹ einbrachte. Gorazdowskis Grabstätte wird häufig von Ordensschwestern aus Polen und anderen Ländern aufgesucht.

Ehemalige Kapelle der Lemberger Grafenfamilie Dzieduszycki [25]

An dieser Stelle befand sich bis zum Jahre 1944 die Kapelle der Lemberger Grafenfamilie Dzieduszycki. Sie wurde als einzige bei einen Artielleriebeschuß im Jahre 1944 zerstört. Die Grafenfamilie hatte sich sehr um die Stadt Lemberg verdient gemacht. Sie gaben unter anderem finanzielle Unterstützung beim Bau der Kirche und des Klosters der Franziskanerschwestern – heute eine ukrainisch-orthodoxe Kirche – in der vul. Lysenka, sie unterstützten den Priester Gorazdowski beim Errichten des Altersheimes, eines Armenhauses und eines Heims für unheilbar Kranke. Dank ihrer Unterstützung konnte der Bildhauer Julian Markowski an der Wiener Kunstakademie studieren. Von der Grafenfamilie lebt noch Wlodzimierz Dzieduszycki in Breslau. Er ist bereits im fortgeschrittenen Alter und in Polen ein bekannter Künstler des Theaters, der Opernkunst und Kenner der Lemberger Folklore.

■ **Julian Oktavian Zacharewicz [26]**
Der bekannte Lemberger Architekt Julian Oktavian Zacharewicz (1837–1898) war der beste Freund des Architekten Leonard Marconi. Auf Spaziergängen durch die Stadt sind viele Bauwerke dieses großen Architekten und zugleich Professors der Lemberger Politechnischen Hochschule zu bewundern. Die Grabgedenkstätte wurde im Stil der Pseudorenaissance vom Architekten selbst entworfen.

■ **Franciszek Stefczyk [27]**
Dieses neu restaurierte, weiße Grabdenkmal ist die Ruhestätte von Franciszek Stefczyk (1861–1924). Der Bildhauer Andrzej Albrycht (Andreas Albrecht), der mit dem bekannten Lemberger Bildhauer Henryk Perier zusammenarbeitete, schuf dieses Denkmal. Franciszek Stefczyk war unter anderem der Gründer der galizischen Sparkassen, aus denen sich heute in Polen die sogenannten Genossenschaftsbanken ›SKOK‹ herausgebildet haben. Jährlich treffen sich am 14. Juli an dieser Gedenkstätte alle Direktoren dieser Bankeinrichtung aus verschiedenen polnischen Städten und gedenken ihres Gründers.

■ **Franciszek Smolka [28]**
Dieses einfache eiserne Grabdenkmal steht auf der Ruhestätte eines großen galizischen Staatsmannes, Franciszek Smolka (1810–1899). Smolka stammte aus Schlesien (Oppeln), seine Frau Leokarde (1815–1861), die ebenfalls hier begraben ist, war deutscher Abstammung. Smolka war in Lemberg eine hochgeschätzte Persönlichkeit. Er war der Initiator der Aufschüttung des Gedächtnishügels auf dem Schloßberg anläßlich des 300. Jahrerstages der Lubliner Union (1869). Es gehört zur Stadtlegende, daß man diesen damals bereits älteren Herrn über Jahre hinweg oft in seiner Freizeit mit verschwitzter Stirn angetroffen hat. Eigenhändig soll er die mit Erde beladene Schubkarrre hinauf zum ›Kopiec‹ geschoben haben.

■ **Volodymyr Ivasjuk [29]**
Dieses immer mit frischen Blumen und angezündeten Grablichtern bunt geschmückte Denkmal zeigt die Gestalt des bekannten ukrainischen, in Lemberg geborenen Komponisten Volodymyr Ivasjuk (1949–1979). Sein Musikwerk ›Červona Ruta‹ ist als Hymne auf die Ukraine heute weiterhin populär. Er wurde wahrscheinlich durch den KGB ermordet. Man fand ihn aufgehängt an einem Baum im Lemberger Wald. Die genauen Umstände seines Todes sind bis heute rätselhaft.

■ **Viktor Čukarin [30]**
Viktor Čukarin/Віктор Чукарін (1921–1984) war ein verdienter ukrainischer Sportler, der in Helsinki und Melbourne olympisches Gold gewann. Mit dem rechten Arm stützt er sich auf sein Sportgerät, den Barren.

Dritter Rundgang

Der Rundgang beginnt auf dem ›Platz der ehrenhaften Beisetzungen ukrainischer Persönlichkeiten‹ (alle im Feld 67).

■ **Michajlo Sorok [1]**
Als erster wurde hier der ukrainische politische Funktionär und Nationalist Ing. Michajlo Soroka/Михайло Сорока (1911–1971) beigesetzt. Von den Polen wurde er im Jahre 1930 für seine Aktivitäten in der Organisation Ukrainischer Nationalisten (OUN) verhaftet. Nach seiner Freilassung (1939) wurde er we-

nige Monate später wieder verhaftet, diesmal von den Bolschewiken, und verbrachte weitere acht Jahre im Gefängnis. Nach seiner Rückkehr nach Lemberg wurde er 1949 nach Sibirien verbannt und 1952 zu 25 Jahren strengem Lager verurteilt. In diesem starb er 1971. Nach 20 Jahren wurde sein Leichnam ins Vaterland überführt und an dieser Stelle feierlich beigesetzt.

Katherina Zarytzki [2]

Das Gericht verurteilte ebenfalls Soroks Gattin Katherina Zarytzki/Катерину Зарицъку (1914–1986). Auch sie war eine aktive Funktionärin der nationalistischen Bewegung, Vorsitzende der Frauenorganisation im Landesverband der OUN und Organisatorin des illegalen Ukrainischen Roten Kreuzes. Im Jahre 1934 wurde sie zusammen mit anderen OUN-Funktionären für die Teilnahme am Attentat auf den polnischen Minister für Innenpolitik, B. Peratzki, verhaftet. Im September 1939 wurde sie aus dem Gefängnis freigelassen. Nicht für lange, denn die Organe des sowjetischen NKWD (KGB) sperrten sie im Jahre 1940 in das furchtbare Gefängnis ›Brigidki‹. Dort kam ihr Sohn Bogdan zur Welt. Am 21. September 1947 wurde sie erneut verhaftet. Während der Vernehmung versuchte sie sich zu vergiften, überlebte jedoch. Nach 25 Jahren wurde sie im 1972 aus dem Gefängnis freigelassen, aber es wurde ihr verboten, ihren Wohnsitz im westukrainischen Teil der Ukrainischen Sowjetrepublik zu nehmen.

So wie der Sohn von Katherina Zarytzki kamen viele Kinder damals in den Gefängnissen im Gebiet Lemberg zur Welt. Sie hatten keine Chance zum Überleben und verstarben sehr schnell. Insgesamt wurden 130 tote Neugeborene, die in Lemberger Gefängnissen, vor allem im ›Brigidki‹, zur Welt kamen, nachts heimlich in einen Bombentrichter auf dem Lyčakivs'ke-Friedhof ins Massengrab geworfen und vergraben. Diese Stelle ist vor ein paar Jahren gefunden worden und heute steht an dieser Stelle ein großes Kreuz (Feld 45, siehe Karte auf S. 185).

Petro Dužyj [3]

Das aktive OUN-Mitglied Petro Dužyj/Петро Дужий (1916–1997) war Redakteur der Zeitschrift der Organisation der Ukrainischen Nationalisten ›Ідея і Чин‹ (Idee und Tat) sowie Autor von Artikeln, Erzählungen und Bücher. Dužyj war Gefangener in polnischen, deutschen und sowjetischen Gefängnissen und in Konzentrationslagern. Er wurde zweimal zur Hinrichtung verurteilt, im Jahre 1943 von den Hitler-Machthabern und 1947 von den bolschewistischen Machthabern.

Mykolaj Dužyj [4]

Im Jahre 2001 wurde Mykolaj Dužyj/Миколай Дужй (1901–1955) vom Feld Nr. 15 hierher überführt. Er war ein Mitkämpfer Stefan Banderas und letzter Sekretär der Gesellschaft ›Proswita‹ (1933–1939), Redakteur der Zeitschrift ›Повстанецъ‹ (Der Aufständische), Teilnehmer und Sekretär des Präsidiums der Ukrainisch-Galizischen Freien Republik (1944–1945) überführt.

In den Jahren 1918 bis 1920 kämpfte er in der Ukrainisch-Galizischen Armee, danach war er Student der Geschichte an der Geheimen Universität Lemberg. Seit 1941 Mitglied der OUN, im Oktober 1944 stand er an der Spitze des Kommandos UPA-West (UPA – Ukrainische Aufstands-Armee). Im Jahre 1945 vom NKWD zum Tode verurteilt, geän-

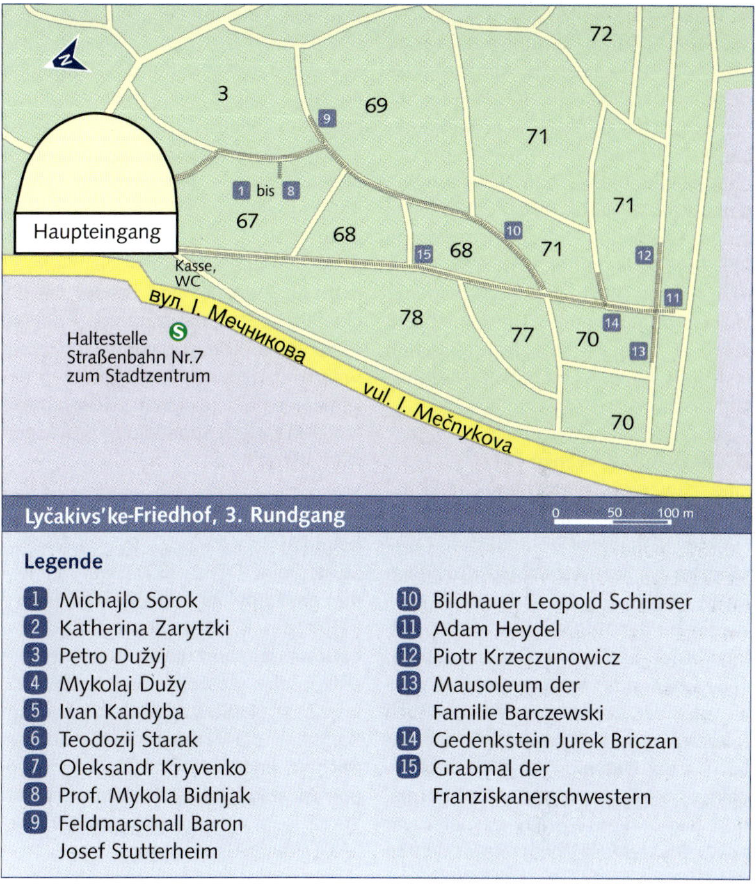

Lyčakivs'ke-Friedhof, 3. Rundgang

Legende

1 Michajlo Sorok
2 Katherina Zarytzki
3 Petro Dužyj
4 Mykolaj Dužy
5 Ivan Kandyba
6 Teodozij Starak
7 Oleksandr Kryvenko
8 Prof. Mykola Bidnjak
9 Feldmarschall Baron Josef Stutterheim
10 Bildhauer Leopold Schimser
11 Adam Heydel
12 Piotr Krzeczunowicz
13 Mausoleum der Familie Barczewski
14 Gedenkstein Jurek Briczan
15 Grabmal der Franziskanerschwestern

dert auf 20 Jahre Gefängnishaft. Wegen seines schlechten Gesundheitszustands aus dem Gefängnis entlassen, verstarb er 12 Tage später in Lemberg.

Ivan Kandyba [5]

Der Politiker und Publizist Ivan Kandyba/Іван Кандиба (1930–2000) wurde im Jahre 1961 verhaftet und verurteilt zu 15 Jahren strengem Lager für die Gründung der politischen Organisation ›Ukrainischer Arbeiter- und Bauernverband‹, die den Austritt der Ukraine aus dem sowjetischen Lager zum Ziel hatte. Nach seiner Entlassung im Jahre 1967 wurde er Gründungsmitglied der im Jahre 1988 in Lemberg gegründeten ›Ukrainischen Helsinki-Gruppe‹, in der fast alle Mitglieder ehemals politisch Verhaftete waren.

Im Jahre 1990 gründete Ivan Kandyba die allgemeine ukrainische politische Vereinigung ›Unabhängiger Staat Ukraine‹. Im Jahre 1997 wurde er Ehrenmitglied der Leitung der ›Organisation Ukrainischer Nationalisten‹.

Teodozij Starak [6]

Teodozij Starak/Теодозій Старак (1931–1999) war erster Abgeordneter der Unabhängigen Ukraine in Polen sowie politischer Gefangener sowjetischer Lager. Außerdem aktiver Teilnehmer der national-demokratischen Bewegung in den Jahren 1988 bis 1991. Er studierte an der Lemberger Universität slawische Philologie. Wiederholt verhaftet, verlor er im Jahre 1965 das Recht, an der Universität tätig zu sein. Im Jahre 1998 stand er an der Spitze des Polnischen Institutes an der Lemberger National-Universität.

Oleksandr Kryvenko [7]

Eine schwarze abgebrochene Granitsäule steht auf der Grabgedenkstätte des talentierten jungen Journalisten Oleksandr Kryvenko/Олександр Кривенко (1963-2003).

Zu Beginn der 1990er Jahre war er Mitbegründer politischer Organisationen wie ›Gesellschaft des Löwen‹, ›Memorial‹ oder der Organisation ›Рух‹ (Ruch – Bewegung), der Vorgängerin der Partei ›Unsere Ukraine‹. Ab 1996 Chefredakteur der Fernsehagentur für Information ›Вікно‹ (Fenster). Etwas später war er als Berater des Ministerpräsidenten der Ukraine tätig und stellvertretender Leiter des Pressedienstes. In den Jahren 1998 bis 1999 arbeitete er als Chefredakteur des Fernseh-Nachrichtendienstes TSN. Im Jahre 2002 übernahm er die Leitung des Presse-Sekretariats der Vereinigung der Politiker der Opposition (Forum der nationalen Rettung). Er kam 2003 bei einem Autounfall ums Leben.

Prof. Mykola Bidnjak [8]

Als 15 jähriger arbeitete Nikola Bidnjak/Микола Бідняк (1930–2000) als Zwangsarbeiter auf dem Feld eines deutschen Bauern. Auf dem Feld explodierte eine Mine und er verlor die Hände und ein Auge, aber bewahrte den Optimismus zum Leben.

Er entwickelte sein Maltalent und schuf Meisterwerke – den Pinsel im Mund haltend. Zu seinen Werken zählen: Landschaften, Porträts, Stilleben, Buchgraphiken und historische Gemälde. Er lebte als Kanadier und bekam nie die ukrainische Staatsbürgerschaft. Im Jahre 1990 verließ er Kanada und kam in sein Vaterland Ukraine. Den Studenten der Lemberger Kunstakademie vermachte er ein großzügiges Stipendium, das seinen Namen trägt.

Feldmarschall Baron Josef Stutterheim [9]

Stutterheim (1764–1831) war Teilnehmer am Napoleonischen Krieg, Heeresführer des Königreiches Galizien und Lodomerien und Besitzer zahlreicher militärischer Auszeichnungen. Vom 21. bis 22. April 1809 wurde er als Held im Kampf in der Nähe von Wien ausgezeichnet, in dem den französischen Truppen schwere Niederlagen erlitten. Baron Stutterheim verstarb während der Cholera-Epidemie in Lemberg

Bildhauer Leopold Schimser [10]

Man kann an diesem kunstvoll gearbeiteten Grabdenkmal von Leopold Schimser (gest. 1888) nicht einfach so vorübergehen – es ist ein Meisterwerk. Kein anderes Grabmal auf dem Friedhof vereint in sich eine so vielfältige Anhäufung verschiedener Farben Arten der Steinbearbeitung. Jeder interessierte Betrachter bemerkt, wie hier nach und nach der Prozess der Verwandlung des Steines perfekt demonstriert wird. Direkt aus der Erde wächst der zusammengesetzte Block, der (angeblich unberührt von menschlicher Hand) umgeben von großen Bruchstücken grauen Granits das delikate Gesims aus rot gefleckten Granit trägt. Auf dem Gesims befindet sich ein mit großer Sorgfalt geschliffenes, einzigartig ausgearbeitetes weißes Marmorkreuz. Unter ihm ein Eichenstamm, an dem wie an einer Felswand Farnkraut, Efeu, Margeriten und Rosen wachsen.

Adam Heydel [11]

Der Architekt Leonard Marconi schuf auf dem Lyčakivs'ke-Friedhof nur wenige sakrale Denkmäler. Ein Kunstwerk ist jedoch diese Grabgedenkstätte im Stil eines antiken Tempels für den jungen Baron Adam Heydel (1846–1887). In ganz Galizien war er als ein ausgezeichneter ›Hausherr‹ und noch mehr als Eigentümer eines ausgezeichneten Rennpferdestalles bekannt. Auf der Grabtafel steht: ›Dieses Grabmal wurde für meinen einzigen Sohn im Jahre 1887 von Waleria von Podlewski Baronin Heydel errichtet.‹

Piotr Krzeczunowicz [12]

Grabmal des bekannten Lemberger Chirurgen Piotr Krzeczunowicz (1819–1887). In ihm haben ebenfalls seine Gattin Anna (1835–1907) sowie sein Sohn Wlodzimierz (1862– 1925) – er war gleichfalls Arzt – ihre letzte Ruhestätte. Die interessante Gestaltung des Grabdenkmals lenkt das Augenmerk des Vorübergehenden auf sich.

In einer Kapelle aus Sandstein sitzt auf einer Bank in natürlicher Größe eine junge Frau, geschnitzt aus weißem Alabaster. Die linke Hand auf das Knie gestützt, hält sie in der rechten eine Lampe aus Alabaster mit geschnitzter Flamme.

Mausoleum der Familie Barczewski [13]

Das Mausoleum der Familie Barczewski ist die teuerste und zugleich schönste Familiengruft auf dem Lyčakivs'ke-Friedhof. Es wurde im Jahre 1885 im pseudobyzantinischen Stil nach den Entwürfen Vladyslav Halyc'kyjs von der Bildhauerwerkstatt Leopold Schimser gebaut. Es ist ein Kunstbauwerk, das den griechischen und orthodoxen Sakralbauten ähnelt. Der Stifter war einer der reichsten Menschen Podoliens, Probus Piotr Wlodzimierz Barczewski (1833–1884). Für den Kauf des Grundes und das Errichten des Mausoleums sah Probus Barczewski 50 000 Gulden vor.

Im Inneren des Mausoleums wurde auf Wunsch des Stifters eine Gemäldegalerie mit reliösen Bildern, die aus der eigenen Sammlung Barczewskis stammten, eingerichtet. Über dem Eingang zur Kapelle befand sich ein Flachrelief mit Abbildung des heiligen Felix, des Schutzpatrons der Familie Barczewski, sowie das Familienwappen, auf dem Samson mit dem Löwen zu sehen ist. Nach Beendigung der Bauarbeiten fanden in der Gruft unter der Kapelle die Leichname seiner Verwandten ihre letzte Ruhestätte. Probus Barczewski selbst hatte keine eigene Familie.

Mit dem Tod seiner jüngeren Schwester im Jahre 1900 endete der Familienstammbaum der Familie Barczewski. Ihr Leichnam wurde aus Paris in dieses Mausoleum überführt. Noch während des Zweiten Weltkrieges und vielleicht auch später wurde es ausgeplündert und sein wertvolles Inneres komplett zerstört.

Gedenkstein Jurek Briczan [14]

Der Gedenkstein erinnert an den Tod des jüngsten polnischen ›Kleinen Adlers‹, der am 20. November 1918 im Alter von nur 14 Jahren fiel, Jurek Briczan. Sein Leichnam ruht in den Katakomben des Kriegsfriedhofes ›Kleine Adler‹.

Grabmal der Franziskanerschwestern [15]

Die Kirche und das Kloster der Franziskanerschwestern befanden sich bis zum Zweiten Weltkrieg in der heutigen vul. Lysenka 41, heute gehört das Gebäude der autokephalen orthodoxen Kirche, und im Kloster befindet sich das ukrainisch-orthodoxe Seminarium. Das Lemberger Kloster spielte eine wichtige geschichtliche Rolle, zahlreiche Ordensstiftungen nahmen hier ihren Anfang.

Vierter Rundgang

Dieser Rundgang führt zu den ältesten Grabdenkmälern im zentralen Teil des Friedhofes. Hier wurden angesehene reiche Bürger, Gouverneure des Königsreiches Galizien und Lodomerien, Gelehrte und andere Persönlichkeiten beigesetzt. Auf den Feldern dieses Rundganges befindet sich eine gewisse Konzentration der ältesten sakralen Kunstdenkmäler großer Bildhauermeister wie Hartman Witwer (gest. 1827), Anton Schimser (1790–1836), Johannes Schimser (1793–1856).

Grabgedenkstätte der ukrainisch-griechisch-katholischen Erzbischöfe [1]

Die Gruft wurde aus Anlaß des 130. Jahrestages ihrer Errichtung im Jahre 1998 restauriert. Das Mausoleum besteht aus drei Kammern. In der dritten Kammer wurden in Sarkophagen religiöse Persönlichkeiten, Erzbischöfe und Metropoliten beigesetzt.

Auf dem Friedhof für die Januaraufständischen

Familienkapelle Dunin-Borkowski [2]

Diese auf einer Anhöhe errichtete Familienkapelle zählt zu den ältesten und architektonisch wertvollsten auf dem Lyčakivs'ke-Friedhof. Sie wurde im Jahre 1812 für den Grafen Leonhard Wincenty Dunin-Borkowski (1768–1839) errichtet. Der Name des Baumeisters ist unbekannt. Bekannt ist der Schöpfer der beiden Skulpturen zwischen den korinthischen Kolumnen, der Bildhauer Hartman Witwer. Links steht auf einem Podium eine traurig-nachdenkliche Jungengestalt mit einem sehr muskulösen Körper und bekleidet in einem leichten Tuchgewand. Auf der rechten Seite steht die Skulptur einer Weinenden, die

ihr Gesicht mit einem Tuch verdeckt. Der Stifter kommt aus einer polnischen, bürgerlichen Familie. Aus ihr stammen für das polnische Reich gesellschaftlich aktive Persönlichkeiten, Gelehrte, Literaten, Handwerker und Armeeangehörige, unter ihnen der bekannte Schriftsteller Alexander Friedrich Dunin-Borkowski (1811–1896). Er war unter dem literarischen Pseudonym Leszek bekannt, studierte Recht und Philosophie und war Forscher der altindischen Literatur.
Unter den vielen Persönlichkeiten, die aus der Grafenfamilie DuninBorkowski hervorgegangen sind, soll auch Josef Dunin-Borkowski (1809–1843) genannt werden. Er starb mit 33 Jahren an Tuberkulose. Er war Übersetzer der deutschen, rumänischen und türkischen Sprache, interessierte sich für die Geschichte des Altertums, schrieb Artikel für die moldauische Tageszeitung und vieles andere. Man sollte auch Mieczyslaw Dunin-Borkowski (1815–1888) nennen. Er war ein anerkannter Chemiker, Absolvent der Wiener Politechnischen Hochschule und Besitzer eines Chemielabors, in dem er Arznei herstellte. Wie viele andere war auch Ludwika Dunin-Borkowska (1814–1887) in Lemberg eine anerkannte und sehr verehrte Persönlichkeit. Sie gründete eine Stiftung ihres Namens, die es erlaubte, über viele Jahre hinweg die ›Volksküche‹ finanziell zu unterstützen.

Henryk Mosing [3]

Der Lemberger Priester und Professor Henryk (Heinrich) Mosing (1910– 1999) war ein ungewöhnlicher Arzt und geschätzter Gelehrter. Der Epidemiologe, der am Institut Emil von Behring arbeitete, war der wichtigste Mitarbeiter des Institutsleiters, des bekannten Bakteriologen Professor Rudolf Weigel. Professor Weigel war der Entdecker der Methode zur Züchtung von Erregern im lebenden Organismus der Kleiderläuse, Entdecker des Flecktyphuserregers und Erfinder der ersten erfolgreichen Schutzimpfung gegen diese Krankheit.
Henryk Mosing war nicht nur ein angesehener Forscher, sondern auch ein tief religiöser Mensch Als er im Jahre 1960 die erste Genehmigung erhielt, in die damalige Volksrepublik Polen zu reisen, erhielt er unter größter Geheimhaltung in Warschau, im gemeinsamen Einverständnis mit dem Erzbischof und Krakauer Metropoliten Karol Wojtyla, vom polnischen Kirchenoberhaupt Kardinal Stefan Wyszynski die Priesterweihe.

Dymitry Gojan [4]

Das ausdrucksvolle Grabmal auf der Ruhestätte des Priesters Dymitry Gojan (1816–1858) schuf der Bildhauer Pawel Eutele. Der Künstler schuf in natürlicher Größe die leidende Gestalt Christi unter der Last des Kreuzes.

Celestyna Czajkowska [5]

Ein Motiv des Bildhauers Pawel Eutele sind die Grabmäler schmückenden Engel mit einer erlöschenden Fackel. Solch eine Engelplastik finden wir auf der Grabstätte von Celestyna Czajkowska (1835–1854)
.

Franz von Hauser [6]

Dieses etwas abseits vom Wege stehende pompöse Grabdenkmal ist die Grabgedenkstätte des kaiserlichen Gouverneurs von Galizien und Lodomerien, Baron Franz von Hauser (1757–1822). Sie wurde vom Bildhauermeister Anton Schimser geschaffen. Das Denkmal ist eine Kopie des bekannten Grabmals von Papst Clemens XIII. Über dem Eingang zum Mausoleum wurde ein großer

Kranz aus Eichenblättern, das Symbol der Kraft, des Glaubens und des Rechts, angebracht. Im Kranzinneren befindet sich eine lateinische Inschrift. Vor dem Eingang ruhen auf einem erhöhtem Podium zwei mächtige Löwen. Der rechte, den Kopf auf seine starken Pranken gelegt, scheint zu schlafen, der linke hat die Position eines Beobachters eingenommen.

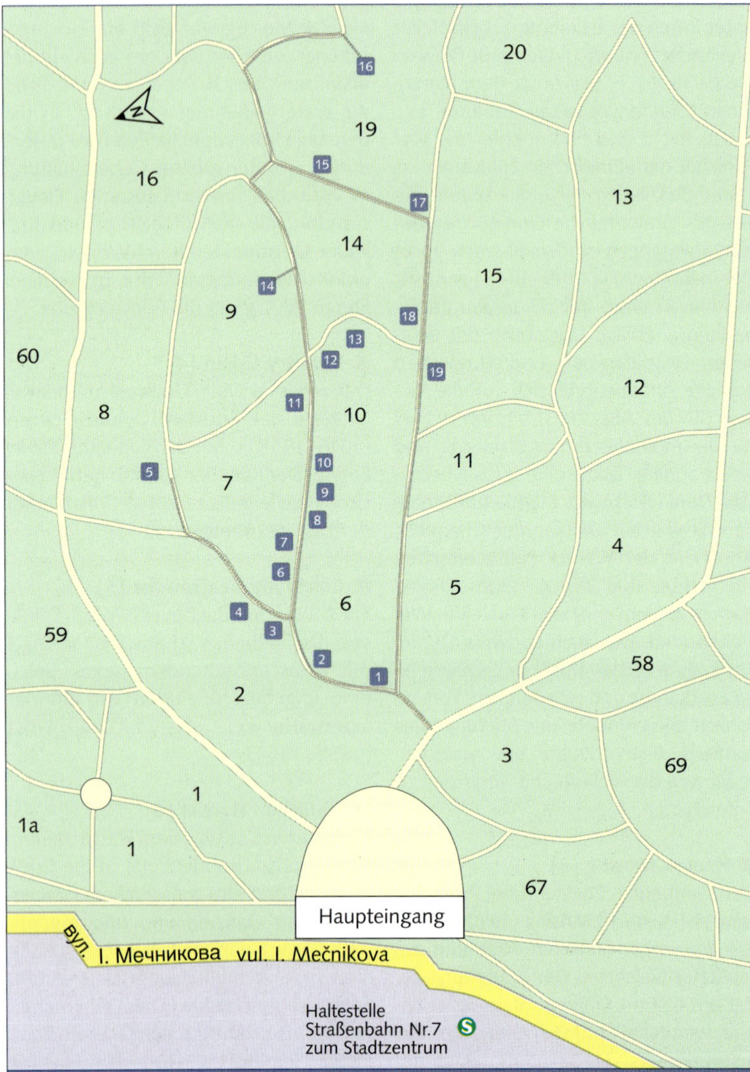

Lyčakivs'ke-Friedhof, 4. Rundgang

Kajetana Gryyf-Czajkowski [7]

Ein weiteres Motiv Pawel Euteles sind die weinenden Frauengestalten, angelehnt an eine Säule oder einen Sockel wie hier auf dem Grabmal von Kajetana Gryyf-Czajkowski (1787–1859).

Familien Bräuer, Tränkel und Weigel [8]

Den großen Bildhauer Anton Schimser interessierten in seinen sakralen Werken vor allem Kompositionen von Skulpturgruppen. Die bis heute zu den hervorragendsten Kompositionen zählende allegorische Gruppe schmückt das Grab dreier Lemberger Bürgerfamilien, der Familien Bräuer, Tränkel und Weigel. Josef Bräuer (1808–1877) war ein reicher Kaufmann, Präsident der Lemberger Industrie- und Handelskammer, Abgeordneter des Landtages und Wiener Parlageborene Tränkel, war eine bekannte Lemberger Stifterin.

Neben der Urne stehen drei lebensgroße Steinfiguren: Tod, Sorge und Schmerz. Während der geflügelte Tod in seiner rechten Hand ein Bund mit drei Mohnkapseln hält, hält seine linke die Hand der jungen Frau, aus deren Gesicht Traurigkeit, aber zugleich auch Vertrauen spricht. Neben ihnen steht eine Jungengestalt im griechischen Gewand. In vorgebeugter, trauernder Haltung hält er einen Tränenbecher (lacrimarium) mit beiden Händen.

Julianna Newater [9]

Ein weiteres interessantes sakrales Kunstwerk schuf der Bildhauer Anton Schimser als Grabdenkmal auf der Ruhestätte von Julianna Newater, geborene Schabinger. Die Göttin der Nacht geht auf die eine Treppe herunterkommende junge Frau zu und möchte ihr die mit Sternen verzierte Krone abnehmen. Die junge Frau hält diese fest, sie symbolisiert damit das irdische Leben. Dieser Szene sieht ein abseits stehender kleiner geflügelter Knabe – der Tod – zu. Seine Stirn ziert ein Diadem mit dem brennenden Feuer der Ewigkeit. Mit seiner linken Hand hält er einen über die Schulter geworfenen Palmenzweig fest, und mit der rechten zeigt er auf diesen wie auf einen gewonnenen Preis.

Symbolisiert im klassizistischen Kunststil ein Palmenblatt den Sieg, so stellt es hier das Symbol der Gerechtigkeit, der Jungfräulichkeit und des moralischen Sieges dar.

Legende

1. Grabgedenkstätte der ukrainisch griechisch-katholischen Erzbischöfe
2. Familienkapelle Dunin-Borkowski
3. Henryk Mosing
4. Dymitry Gojan
5. Celestyna Czajkowska
6. Franz von Hauser
7. Kajetana Gryyf-Czajkowski
8. Familien Bräuer, Tränkel und Weigel
9. Julianna Newater
10. Julian Schrangnerr
11. Johann Haisruk
12. Älteste Grabplatte des Friedhofs
13. Franz Masoch
14. Franz Heinrich Richter
15. Kapelle der Familie Centner
16. Kriegsfriedhof der Aufständischen 1863/64
17. Stanislaw Skarbek
18. Antoni Amor hrabia Tarnowski
19. Familie Bauer

Julian Schrangner [10]

Der Meister der Bildhauerei, Hartman Witwer, ist der Schöpfer dieses Grabmales von Julian Schrangner (gest. 1801). Witwer strebt in seinem Werk danach, das Leiden wiederzugeben.
Mit hohem Kunstgefühl gelingt es dem Meister, nicht nur ein detailliertes Bild der Trauernden, sondern auch den Sinn für Schönes in den Konturen der zarten Frauengestalt im altertümlichen, faltigen Gewand, zu vermitteln.

Johann Haisruk [11]

Einen kolossalen Eindruck macht die vertikale, symmetrische Konstruktion über dem Grabmal des Statthalters Ostgaliziens, Johann Haisruk (gest. 1801). Man kann erkennen, daß seine Form einem großen Schwert ähnelt. Es ist geschmückt mit verschiedenartigen Symbolen und heraldischen Zeichen, unter denen vor allem das schön erhaltene Wappen des Österreichischen Imperiums, ein zweiköpfiger gekrönter Adler, auffällt.
Die oberhalb abgebrochene Klinge des Schwertes ist ein Symbol für den frühen Tod des Statthalters.

Älteste Grabplatte des Friedhofs [12]

Ganz an der Ecke des Feldes Nr. 10 gelangen wir zum Feld 9. Hier befindet sich die älteste Grabplatte des Friedhofs, datiert aus dem Jahre 1675 und mit altarmenischer Aufschrift über dem Familienwappen. Auf der gegenüberliegenden, schmalen Seite der Kreideplatte kann man eine Aufschrift in polnischer Sprache und das Datum ›1791‹ erkennen. Es ist das Todesjahr einer gewissen Gertrude (von Moschinski). Es wird angenommen, daß der Grabstein zweimal benutzt wurde und auf den Lyčakivs'ke-Friedhof gelangte, als die Friedhöfe an den Kirchen im 18. Jahrhundert abgeschafft wurden. Man nimmt an, daß ähnliche Grabplatten von den abgeschafften Friedhöfen auch zum Bau der Fundamente damals neu entstandener Häuser verwendetet wurden.

Franz Masoch [13]

Der Mediziner und Rektor der Lemberger Universität Franz Masoch (1763–1845) war der Großvater des Schriftstellers Leopold von Sacher-Masoch.
Auf dem Obelisk sieht man eine geflügelte Erdkugel, eine Allegorie der vergänglichen Zeit, und eine sich in den Schweif beißende Schlange als Symbol der Zeitfolge. Masoch war auch Mitglied der Organisation der Freimaurer. Aus diesem Grunde findet man am Obelisken auch freimaurerische Zeichen und Symbole: Dreieck, Mohn, Auge.
Sein Enkel, Leopold Masoch (1836–1895), der bis zu seinem 12. Lebensjahr in Lemberg, danach in Prag, Graz und Wien lebte, beschäftigte sich auf wissenschaftlich-literarischem Gebiet.

Franz Heinrich Richter [14]

Auf dem Grabmal des Buchhändlers, Druckerei-Eigentümers und Verlegers Franz Heinrich Richter (1837–1883) schuf Julian Markowski eines seiner beliebten Motive, einen Engel. Das Augenmerk fällt zuerst auf die hervorragend und präzise gearbeiteten Flügel. Die Engelsgestalt steht vor einem Felsen, und mit einem Ritzel in der rechten Hand zeichnet er das Zeichen eines Kreuzes

Grabskulptur von Julian Markowski

über dem Namen des Verstorbenen. Mit dem linken Arm stützt er sich auf einen Felsvorsprung, seine Hand stützt den nach vorn gebeugten Kopf.

Kapelle der Familie Centner [15]

Diese im Stil der Neogotik errichtete Kapelle der Familie Centner wurde nach Plänen von J. Lewinski errichtet. Aus der Familie stammen mehrere Armeeangehörige und Wojewoden. Wahrscheinlich kamen sie bereits im 16./17. Jahrhundert aus Schlesien in die Westukraine.

Kriegsfriedhof der Aufständischen 1863/64 [16]

Einer der bekanntesten Orte des Lyčakivs'ke-Friedhofs ist in seinem ältesten Teil die Anhöhe, auf der sich der polnische ›Kriegsfriedhof der Aufständischen 1863/64‹ befindet. Er wird auch der ›Friedhof der Januaraufständischen‹ genannt. In 18 Reihen, unter eisernen schwarzen Kreuzen ruhen 230 Kriegsveteranen, ehemalige Aufständische. Am Eingang steht das Denkmal des legendären Fahnenträgers Szymon Wizunasa Szydlowski (gestorben 1906). Das Denkmal schuf der Bildhauer Alexander Zagórski im Jahre 1906.

In den 1860er Jahren, als mehrere tausende polnische Aufständische sich irgendwo in Europa aufhielten oder in Kämpfen ihr Leben lassen mußten, wurde auf dem Lyčakivs'ke-Friedhof ein symbolisches großes ›Kreuz der gefallenen Aufständischen 1863/64‹ errichtet. Im Jahre 1887 entstand der Verband der Veteranen 1863/64, aus dem sich im Jahre 1888 die ›Gesellschaft der Gegenseitigen Hilfe für die polnischen Aufständischen aus den Jahren 1863/64‹ herausbildete. Das schöne Grabdenkmal sowie die eisernen Kreuze wurden in den Jahren 1984/85 erneuert.

Stanislaw Skarbek [17]

In dieser Grabstätte wurde im Jahre 1848 Graf Stanislaw Skarbek (1780–1848), der Erbauer des Skarbek-Theaters, heute M. Zan'kovec'ka-Theater, beigesetzt. Seine Urne wurde später ins Familiengrab außerhalb Lembergs überführt.

Antoni Amor hrabia Tarnowski [18]

Der Bildhauer Pawel Eutele ist der Schöpfer dieses Grabdenkmals. Auf dem kunstvoll mit Flachreliefs von militärischen Emblemen geschmückten Sakrophag ruht seit über 150 Jahren ein mächtiger Steinlöwe. Auf der Inschrift ist zu lesen, daß dies die Grabgedenkstätte des Generalmajors der österreichisch-königlichen Armee, Antoni Amor hrabia (Graf) Tarnowski (1777–1843), ist.

Familie Bauer [19]

Dieses Denkmal schuf der Bruder des Bildhauers Anton Schimser, Johann. Sein interessantestes Grabdenkmal auf dem Lyčakivs'ke-Friedhof ist die sogenannte ›Gruppe des Mathias Bauer‹, Ratsmitglied und Stadtbürger Lembergs. In dieser Grabgedenkstätte ruht Mathias Bauer (gest. 1835).

Der Bildhauer bringt den Schmerz und das Leiden der hinterlassenen Familie zum Ausdruck, die zum Grabe des Vaters und Ehemannes gekommen ist: die trauernde Ehefrau mit den fünf Kindern. Die Gestalt des älteren Sohnes, gekleidet in ein altrömisches Gewand, stellt Ferdinand Bauer (1825–1893) dar, den zukünftigen Kriegsminister des österreichischen Imperiums. Nach seinem Tode wurde der Leichnam des Feldmarschalls aus Wien in die Hauptstadt Galiziens transportiert und ebenfalls im Familiengrab beigesetzt.

Die Kriegsfriedhöfe

Am südöstlichen Rand des Lyčakivs'ke-Friedhofs liegen zwei Kriegs-Ehrenfriedhöfe mit sehr unterschiedlicher Geschichte.

Während des Ersten Weltkrieges war Galizien Schauplatz der größten und blutigsten Kämpfe an der Ostfront. Nach 1910 waren von den 206 000 Einwohnern Lembergs 19 Prozent Ukrainer. Als die Großmächte Rußland, Österreich-Ungarn und Deutschland am Ende des Ersten Weltkrieges zusammenbrachen, führte diese Situation zwischen den Ukrainern und Polen zum Kampf um Lemberg und Ostgalizien. Vom 1. November 1918 bis 30. Juni 1919 kämpften auf beiden Seiten vor allem sehr junge Menschen. Zu diesem Zeitpunkt gab es auf der Landkarte weder einen polnischen noch einen ukrainischen Staat.

Man kann durchaus von einem Bruderkrieg sprechen. Die Kinder polnisch-ukrainischer Eltern entschieden selbst, ob sie als Polen oder als Ukrainer leben wollten. Es entstand die Situation, daß aus solchen Lemberger ›gemischten Ehen‹ ein Sohn auf polnischer, der andere auf ukrainischer Seite in diesem Kampf sein Leben einsetzte. In diesem ›Städte-Freiheitskampf‹ fielen 1918/1919 über 1700 ukrainische Sič-Schützen und mehr als 2000 polnische Pfadfinder. Der Kampf der Polen erweiterte sich bis 1923 gegen die Bolschewiken in Ostgalizien.

Beide Kriegs-Ehrenfriedhöfe sind Sammelfriedhöfe. Sie wurden am 24. Juni 2005 in Anwesenheit des ukrainischen Präsidenten, Viktor Juščenko, des polnischen Präsidenten, Alexander Kwaszniewski, des katholischen Erzbischofs von Lemberg, Kardinal Marian Jaworski sowie des Metropoliten der griechisch-katholischen Kirche, Kardinal Lubomir Husar und tausenden von in- und ausländischen Gästen und Touristen eröffnet.

Der ukrainische Kriegs-Ehrenhain

Seit dem Jahre 1998 entsteht vor dem polnischen der monumentale ukrainische Kriegs-Ehrenhain. Links der Granitsäule steht man vor dem symbolischen Ehrenmal der ›Gefallenen im Verteidigungskampf um die Stadt Lemberg 1918/1919‹. Die Hauptgedenkstätte der ukrainischen Sič-Schützen, der Teilnehmer am Kampf um Lemberg 1918/1919 sowie auch später gefallener ukrainischer Kämpfer befindet sich auf dem Lemberger Janivs'ke-Friedhof. Das Projekt des hiesigen halbrunden Mahnmals aus 41 braunen Granitplatten mit goldenen Inschriften wurde von den ukrainischen Bildhauern M. Posikiry, D. Krvavyč sowie dem Architekten M. Fedyka geschaffen. Hier stehen die Namen 239 junger gefallener Sič-Schützen, deren Gräber sich nach 1919 auf dem Lyčakivs'ke -Friedhof befanden.

Die Inschrift lautet: ›Sie starben für den ukrainischen Staat«. Links befindet sich die Aufschrift ›Als sie starben, läuteten keine Glocken – niemand beweinte sie‹.

Rechts ragt eine 14 Meter hohe Granitsäule in die Höhe, die von der Statue des Erzengels Michael gekrönt wird. Die goldene Aufschrift an der Säule heißt: ›Den Kämpfern der Ukrainisch-Galizischen Armee‹ sowie weiter ›Den Gefallenen im Verteidigungskampf um Lemberg 1918/1919‹. Die Granitsäule ist das Symbol der Kraft. Auf ihr thront der Erzengel Michael, der Schutzpatron Galiziens, als himmlischer Ritter, als Kämpfer für Gerechtigkeit, auf einer Wolke stehend. Das erhobene Schwert in seiner rechten und der Palmenzweig in seiner linken Hand sind Symbole eines Märtyrers.

Die Ukrainisch-Galizische Armee (UGA) formierte sich aus einer Legion der ukrainischen Sič-Schützen. Sie bestand nur aus Ukrainern und war Bestandteil der österreichisch-ungarischen Armee. Bis 1918 war sie der Ukrainischen Zentralrada untergeordnet. Der UGA gehörten etwa 30000 Kämpfer an.

Links von der Gedenksäule befinden sich an der monumentalen Granitwand fünf Krypten für ehrenvolle Bestattungen. In der ersten Krypta befindet sich die im Jahre 2002 aus Wien überführte Urne des Gründers der ukrainischen Pfadfinderorganisation ›PLAST‹ (1911), Dr. Alexander Tysowski (1886-1968). Er war Professor der Lemberger Universität, seine Pfadfinderstatuten stützten sich auf die Traditionen der Zaporožer Kosaken sowie auf die Regeln englischer Pfadfinder. Der Spruch lautet: ›PLAST ist unser Stolz und Traum – dem Vaterland gehört unsere Tat‹. Außerdem befindet sich auf der Gedenktafel der Name von Irena Drot-Tysowski (1878–1971).

In der zweiten Krypta befindet sich die Urne des ersten Kommandanten der ukrainischen Sič-Schützen, Dr. Michajlo Halučyns'kyj (1878–1931).

In der dritten Krypta befindet sich die im Jahre 2002 aus Berlin überführte Urne des Staatssekretärs für Militärangelegenheiten der Westukrainischen Volksrepublik, Oberst der Ukrainisch-Galizischen Armee Dimitri Vitovs'kyj (1887–1919). Während des Ersten Weltkrieges leitete er eine Hundertschaft in den blutigen Kämpfen gegen die Rote Armee in den Karpaten. Er gehörte dem Ukrainischen Nationalrat an. Im Jahre

Der ukrainische Ehrenhain

1918 stand er an der Spitze der Novemberkämpfe und war Delegierter der Pariser Friedenskonferenz . Auf dem Rückflug kam er bei einer Flugzeugkatastrophe ums Leben. In der gleichen Krypta befindet sich die Urne seines Adjutanten, Julian Čučmann (1895–1919). Unter der Inschrift ›Zu Ehren den Kämpfern der Ukrainischen Galizischen Armee gefallen im Verteidigungskampf um Lemberg 1918/1919‹ befindet sich der ukrainische Dreizack.

Von der Gedenksäule führen Granitstufen in den unteren Teil des ukrainischen ›Pantheons‹. An seiner Hauptfront entsteht seit dem Jahre 2006 ein steinernes Monument.

In der roten Kapelle befindet sich die Urne des Präsidenten der Westukrainischen Volksrepublik (1918/19), Jevhen Petruševič (1863–1941). Er war Abgeordneter des galizischen Parlaments in den Jahren 1907 bis 1918, Vorsitzender des ukrainischen Parlaments und Mitglied des Ukrainischen Nationalrates (1919). Nach dem Beschluß der Pariser Friedenskonferenz, Ostgalizien bis zur früheren österreichisch-russischen Grenze unter polnische Verwaltung zu nehmen, führte Petruševič den diplomatischen Kampf um die Selbstbestimmung des galizischen Landes an und formierte die ukrainische Exilregierung (1920–1923). Nach seinem Tode wurde er auf dem Berliner Hugenottenfriedhof beigesetzt. Mit Unterstützung des Verbandes ehemaliger Kämpfer der ukrainischen SS-Division Galizien wurde die Urne mit der Asche Petruševičs im Jahre 2002 in die Ukraine überführt und auf dem ukrainischen Kriegs-Ehrenhain beigesetzt.

Gegenüber der Kapelle befindet sich das Ehrendenkmal der Kämpfer der UNA (Ukrainische Nationalistische Armee).

Der polnische Kriegs-Ehrenhain ›Kleine Adler‹

Dieser Gedenkfriedhof ist vor allem den ›Gefallenen im Verteidigungskampf um Lemberg 1918 bis 1919‹ gewidmet sowie den Gefallenen im Kampf gegen die Bolschewisten in Ostgalizien 1920 bis 1923. Die Wiederherstellung dieser 1971 von russischen Panzern zerstörten Nekropole dauerte von 1989 bis 2001. Im Verteidigungskampf um Lemberg verloren über 2000 Pfadfinder, Kinder und Jugendliche gemeinsam mit kämpfenden Frauen und später dazugekommenen Armeeangehörigen ihr Leben. Bereits im November 1918 wurde damit begonnen, die Gefallenen zu begraben. Alle Gefallenen auf einem Friedhof zu begraben, sollte den Willen der Polen zur Vereinigung aller polnischen Gebiete aus den drei annektierten Regionen veranschaulichen.

Im Jahre 1921 wurde ein Wettbewerb für ein Projekt zur Gestaltung des Kriegs-Ehrenhains ausgeschrieben. Rudolf Indruch, damaliger Architekturstudent an der Lemberger Polytechnischen Hochschule und selbst Teilnehmer am Kampf um Lemberg, erhielt den ersten Preis. Die Realisierung dauerte bis zum Ausbruch des Zweiten Weltkrieges. Dieser Kriegsfriedhof wurde ebenso wie der angrenzende Lützenhofer (Lyčakivs'ke-) Friedhof während des Krieges nicht zerstört. In der sowjetischen Zeit bemühte man sich, zielgerichtet und systematisch die polnischen Spuren der Stadt zu verwischen. Besonders barbarische Handlungen trafen diese Nekropole am 25. August 1971, als sowjetische Panzer über die Gräber rollten, ganze Fragmente des Friedhofes sowie den Triumphbogen und seine an ihm angebrachten zwölf Kolumnen zerstörten. Auf 300 Gräbern, die sich an der östlichen Seite des Friedhofes befanden, wurde die heutige Asphaltstraße errichtet. Über den Katakomben entstanden Autowerkstätten, auf den Gräbern eine Stadtmüllhalde! Alles war ummauert und mit Stacheldraht umzäunt.

Die Polen haben sich nie mit der mutwilligen sowjetischen Zerstörung des Kriegs-Ehrenfriedhofes abgefunden. Nach langen polnisch-ukrainischen Verhandlungen und polnischer Finanzierung fuhren erstmals am 20. Mai 1989 Busse mit Facharbeitern sowie Geräten und Anlagen der Krakauer Firma ›Energopol‹ auf den Friedhof und begannen mit den Aufräum- und Restaurierungsarbeiten. Bis zum Jahre 2001 dauerte der Wiederaufbau und die Rekonstruktion der Grabdenkmäler und der architektonischen Bauten des Friedhofes. Die Überreste zahlreicher Gefallener wurden in den Jahren 1997 bis 1998 exhumiert, unter ihnen alle, die in den Gräbern östlich sowie unter der Asphaltstraße lagen. Die erneute feierliche Beisetzung fand im November 1998 statt. Diese Gräber befinden sich heute links und rechts der Kapelle.

Auf dem polnischen Kriegsfriedhof ruhen 2859 polnische Kinder, Jugendliche, Frauen, Zivilisten, Soldaten und Offiziere. Es ist die einzige Kriegsnekropole, auf der kämpfende Frauen und Sanitäterinnen ihre letzte Ruhestätte gefunden haben.

Der wiederhergestellte polnische Kriegsfriedhof

■ **Rundgang durch den Ehrenhain**

Betritt man den Ehrenhain, befindet sich links des Hauptweges die Kapelle. Sie wurde im November 1925 eingeweiht.

In ihr befinden sich Originalfotografien des Ehrenhains aus den Jahren 1925 bis 1971. Öfters finden Gottesdienste polnischer Touristen zu Ehren der Gefallenen statt. Zum anderen kann man in der Kapelle ›Ziegelsteine‹ erwerben, deren Erlös zur Erhaltung der Nekropole dient.

Auf den Tafeln der acht Gruften im Arkadengang befinden sich die Namen von Gefallenen, die von verschiedenen Orten des polnisch-ukrainischen sowie des polnisch-bolschewistischen Kampfes exhumiert und hierher überführt worden sind.

Zwischen dem linken Treppenaufgang und den Katakomben befindet sich das Denkmal der amerikanischen Piloten. Es ist die Kopie des hier im Jahre 1925 vom Bund der Polen in Chicago gestifteten Denkmals. Es stellt einen beflügelten Piloten dar, der zum Himmel schaut.

Die Geschichte der Teilnahme amerikanischer Flieger, hauptsächlich im polnisch-bolschewistischen Krieg (1919–1923) begann 1919, als Kapitan Merian Cooper und Major Cedric Faunt Le Roy sich gemeinsam mit fünf anderen amerikanischen Flugpiloten sich im Hauptquartier der polnischen Streitkräfte meldeten, um für Polen zu kämpfen.

An der gegenüberliegenden Seite, zwischen den Katakomben und dem rechten Treppenaufgang, befindet sich das Denkmal der französischen Infanteristen, errichtet zum Gedenken an die gefallenen Franzosen in der Zeit des Kampfes um Lemberg und Ostgalizien in den Jahren 1919 bis 1920.

Französische Soldaten kamen im Mai 1919 nach Lemberg. Sie hielten es für ihre Pflicht, die polnische Armee zu unterstützen. Es ist schwer festzustellen, wie viele Franzosen im polnisch-ukrainischen und polnisch-bolschewistischen Kampf um Ostgalizien gefallen sind. Auf dem polnischen Kriegs-Ehrenhain fanden siebzehn ihre letzte Ruhestätte. Auf Wunsch der Familien wurden sechzehn gefallene französische Soldaten exhumiert und nach Frankreich überführt. Verblieben sind die sterblichen Überreste des Gefreiten Jean Largueta.

Der Lemberger Architekt Anton Nastarowski leitete die Arbeiten zur Errichtung der Katakomben. Er leitete ebenfalls die Arbeiten zur Errichtung des Triumphbogens mit seinen (ehemaligen) zwölf Kolumnen.

Die Hauptgedenkplatte vor dem Triumphbogen ist die Ruhestätte fünf unbekannter Soldaten. Sie ist ständig mit Blumen und Grablichtern geschmückt.

Von der Gedenkplatte aus nach rechts gehend, ist von weitem, in der vierten Reihe, ein in schwarzen Granit eingerahmtes Grabmal zu sehen. Es ist die Grabstelle des Unbekannten Soldaten. Auf ihm steht die Aufschrift: ›Der Leichnam wurde am 29. Oktober 1925 exhumiert und feierlich in den Tagen vom 30.–31. Oktober sowie am 1. November nach Warschau überführt, wo er im Mahnmal auf dem Jozef-Piłsudski-Platz, ehemals Sächsischer Platz, als Leichnam des Unbekannten Soldaten beigesetzt wurde.‹

Bevor man den polnischen Kriegsfriedhof verläßt, kann man auf den Gedenktafeln an den Steinkreuzen links außer polnischen sehr viele deutsche und österreichische Familiennamen lesen: Kiebel, Haas, Friedel, Fok, Menzel, Heck, Büttner, Kraus, Reichenberg, Reischer, Krämer, Theuer, Hinke, Langner, Stieber, Szrajner (Schreiner), Lorenz, Andler, Hilger, Hybel, Schoenewitz, Buchmann, Szuman (Schuhmann).

Sprachführer

In der gesamten Ukraine ist nach der Unabhängigkeitserklärung 1991 Ukrainisch als offizielle Amtssprache eingeführt worden. Während in der Ostukraine dennoch vorwiegend Russisch gesprochen wird, hört man in der Westukraine fast ausschließlich die ukrainische Sprache. Für die eindeutige Transliteration der kyrillischen Buchstaben sowie deren Aussprache ist im folgenden eine Transliterationstabelle aufgeführt.

Ukrainische Transliteration

Kyrillisch	Lateinisch	Aussprache
А, а	a	›a‹ in Vater
Б, б	b	›b‹ in Ball
В, в	v	›w‹ in Wasser
Г, г	h	›h‹ in Hose (immer hörbar)
Ґ, ґ	g	›g‹ in gut
Д, д	d	›d‹ in Dom
Е, е	e	›e‹ in Bett (halboffen)
Є, є	je	›je‹ in jemand
Ж, ж	ž	stimmhaftes ›sch‹ wie in Garage oder Journal
З, з	z	›s‹ in Rose (stimmhaft)
И, и	y	›e‹ in Gesang (halboffen)
І, і	i	›i‹ in Mine
Ї, ї	ji	›ji‹ in jiddisch
Й, й	j	vor a, o, e und u wie ›j‹ in Maja; nach a, o, e, u und y kürzer, wie ›i‹ in Mai
К, к	k	›k‹ in Karte
Л, л	l	›l‹ in Lampe
М, м	m	›m‹ in Mutter
Н, н	n	›n‹ in Nase
О, о	o	›o‹ in Sommer (offen)
П, п	p	›p‹ in Post
Р, р	r	rollendes Zungenspitzen-r wie im Italienischen
С, с	s	›s‹ wie in was
Т, т	t	›t‹ in Tante
У, у	u	›u‹ in Mut
Ф, ф	f	›f‹ in Feder
Х, х	ch	vor a, o, e, u ein ch-Laut wie in

Kyrillisch	Lateinisch	Aussprache
Х, х	ch	vor a, o, e, u ein ch-Laut wie in Bach; vor i ein ich-Laut wie in richtig
Ц, ц	c	›z‹ in Zebra
Ч, ч	č	›tsch‹ in deutsch (stimmlos)
Ш, ш	š	›sch‹ in Schule (stimmlos)
Щ, щ	šč	›schtsch‹ (stimmlos)
Ю, ю	ju	›ju‹ in Juni
Я, я	ja	›ja‹ in Jasmin
ь		vorangehender Mitlaut wird weicher

deutsch	ukrainisch	Transliteration
Begrüßungsformeln/Allgemeines		
Guten Morgen!	**Доброго ранку!**	**Dóbroho ránku**
Guten Tag!	**Добрий день!**	**Dóbryj den'!**
Guten Abend!	**Добрий вечір!**	**Dóbryj véčir!**
Gute Nacht!	**Добраніч!**	**Dobránič!**
Sei gegrüßt!	**Привіт!**	**Pryvít!**
Seien Sie gegrüßt!/Seid gegrüßt!	**Здрастуйте!**	**Zdrástujte!**
Wie heißt Du/Sie?	**Як тебе/вас звуть?**	**Jak tebé/vas zvut'?**
Ich heiße....	**Мене звуть…**	**Mené zvut'…**
Herr!	**пан**	**pan**
Frau	**пані**	**páni**
Danke!	**Дякую!**	**Djákuju!**
Bitte!	**Будь ласка!**	**Bud' láska!**
Ja!	**Так!**	**Tak**
Nein!	**Ні!**	**Ni!**
Ich verstehe nicht!	**Я не розумію!**	**Ja ne rozumíju!**
Tschüß!	**Бувай/Бувайте!**	**Buwáj (Einz.)/Buwájte (Mehrz.)!**
Wie geht es Ihnen?	**Як здоровя?**	**Jak zdoróvja?**
Danke, gut.	**Дякую, добре.**	**Djákuju, dóbre.**
In Ordnung!	**Гаразд!**	**Harázd!**
Entschuldigung!	**Вибачте!**	**Výbačte!**

Sprechen Sie deutsch/ englisch?	**Ви розмовляєте по німецькому/ англійському?**	**Vy rozmovljáete po niméc'komu/anhlíjs'komu?**

Zeitangaben

Wie spät ist es?	**Котра година?**	**Kótra hodyna?**
heute	**сьогодні**	**s'ohódni**
morgen	**завтра**	**závtra**
übermorgen	**післязавтра**	**pisljazávtra**
gestern	**вчора**	**včóra**
vorgestern	**позавчора**	**pózavčora!**
Stunde	**година**	**hodyna**
am Morgen	**ранком**	**ránkom**
am Abend	**ввечері**	**vvéčeri**
Nacht	**ніч**	**nič**
Woche!	**тиждень**	**tyžden'**

Wochentage

Montag	**понеділок**	**ponedílok**
Dienstag	**вівторок**	**vivtórok**
Mittwoch	**середа**	**seredá**
Donnerstag	**четвер**	**četvér**
Freitag	**п'ятниця**	**p'játnycja**
Sonnabend	**субота**	**subóta**
Sonntag	**неділя**	**nedílja**
Monat	**місяць**	**mísjac'**

Ortsangaben

wo	**де**	**de**
rechts	**праворуч**	**pravóruč**
links	**ліворуч**	**livóruč**
geradeaus	**прямо**	**prjámo**
hier	**тут**	**tut**

dort	там	tam
Wo ist...?	Де знаходиться?	De znachódyt'sja...?
Brücke	міст	mist
Eingang	вхід	vchid
Ausgang	вихід	vychid
Geschäft	магазин	mahazyn
Kaufhaus	універмаг	univermáh
Kirche	церква	cérkva
Kloster	монастир	monastyr
Bank	банк	bank
Postamt	поштамт	poštámt
Platz	площа	plóšča
Straße	вулиця	vúlycja
Tankstelle	автозаправна станція	avtozaprávna stáncija
Toilette	туалет	tualét
Mann	чоловік, Abk.: Ч	čolovík
Frau	жінка, Abk.: Ж	žínka

Reise

Geldwechsel	обмін валют	obmín valjút
Bahnhof	вокзал	vokzál
Zug	потяг/поїзд	potjáh/pójizd
Fahrkarte	квиток	kvytók
Haltestelle	зупинка	zupynka
Abfahrt	відправлення	vidprávlennja
Ankunft	прибуття	prybuttjá
Vorspätung	спізнення	spíznennja
Bus	автобус	avtóbus
Straßenbahn	трамвай	tramváj
Vorortzüge	приміські поїзди	prymis'kí pojizdy
Flugplatz	аеропорт	aeropórt

Essen und Trinken

Restaurant	ресторан	restorán
Frühstück	сніданок	snidánok
Mittagessen	обід	obíd

Abendessen	вечеря	večérja
Speisekarte	меню	menjú
Vorspeisen	закуски	zakúsky
warme Speisen	гарячі страви	harjáči stravy
kalte Speisen	холодні страви	cholódni strávy
Dessert	десерт	desért
Fisch	риба	ryba
Fleisch	м'ясо	m'jáso
Rindfleisch	яловичина	jálovyčyna
Schweinefleisch	свинина	svynyna
Käse	сир	syr
Obst	фрукти	frúkty
Gemüse	овочі	óvoč
Brot	хліб	chlib
Saft	сік	sik
Mineralwasser	мінеральна вода	minerál'na vodá
Tee	чай	čaj
Kaffee	кава	káva
Wein	вино	vynó
Bier	пиво	pyvo
Guten Appetit!	Смачного!	Smačnóho!
Prost!	Будьмо!	Búd'mo!

Gesundheit

Arzt	лікар	líkar
Zahnarzt	зубний лікар	zubnyj likar
Krankenhaus	лікарня	likárnja
Apotheke	аптека	aptéka
Medikament	медикамент	medykamént

Zahlen

eins	один	odyn
zwei	два	dva
drei	три	try
vier	чотири	čotyry
fünf	п'ять	p'jat

sechs	шість	šist'
sieben	сім	sim
acht	вісім	vísim
neun	дев'ять	dév'jat'
zehn	десять	désjat'
elf	одинадцять	odynadcjat'
zwölf	дванадцять	dvanádcjat'
dreizehn	тринадцять	trynádcjat'
vierzehn	чотирнадцять	čotyrnadcjat'
fünfzehn	п'ятнадцять	pjatnádcjat'
sechzehn	шестнадцать	šestnádcat'
siebzehn	сімнадцять	simnádcjat'
achtzehn	вісімнадцять	visimnádcjat'
neunzehn	дев'ятнадцять	devjatnádcjat
zwanzig	двадцять	dvádcjat'
einhundert	сто	sto
eintausend	тисяча	tysjača

Nützliche Fragen

Haben Sie ...?	Чи маєте ...?	Čy májete ...?
Wo kann man ... kaufen?	Де можна купити ...?	De móžna kupýty ...?
Wieviel kostet ...?	Скільки коштує ...?	Skíl'ky kóštuje ...?
Wo ist/befindet sich ...?	Де ...?	De ...?
Wie komme ich nach...?	Як Мені добратися до ...?	Jak mení dobtrátysja do ...?
Wie weit ist es bis ...?	Як далеко до ...?	Jak daléko do ...?

Sprachführer

Lemberg-Informationen

Allgemeines

Apotheken

In Lemberg gibt es sehr viele moderne, vor allem private Apotheken, in denen man gut beraten wird. Viele Medikamente gibt es zudem rezeptfrei.

Bankautomaten/Geldwechsel

Reiseschecks, EC-Karten und Kreditkarten wie American Express oder Visa werden in Banken sowie in Hotels und in zunehmender Zahl in Restaurants und Geschäften akzteptiert.

In den Hauptstraßen der Stadt stehen viele Bankautomaten und Wechselstuben zur Verfügung. Im Sommer 2008 bekam man für 1 Euro etwa 7,5 ukrainische Hryvnja (UAH).

Fotogeschäfte

Im Zentrum der Stadt Lemberg gibt es zahlreiche Fotogeschäfte, in denen ein reichhaltiges Angebot an Qualitätsfilmen für Foto- und Videoapparate angeboten wird: Euro-Foto, Kodak-Express, Fujdschi-Film oder Foto Quelle. Eine Farbfilmentwicklung dauert ca. 2 Tage. Farbfilme kosten ca. 2 Euro, Abzüge je nach Größe ca. 25 Cent pro Foto. Diafilme sind allerdings kaum erhältlich.

Internetcafés

In Lemberg befinden sich sehr viele Internetcafés (Кафе-Интернет), das San Remo ist das größte. Es ist 24 Stunden geöffnet und befindet sich 10 Minuten vom Zentrum entfernt, in der vul. Zelena, nahe der evangelisch-baptistischen Kirche in der gleichen Straße.

Information

Die Touristeninformation Lembergs befindet sich in der vul. Pidvalna 3, im Internet findet man sie unter **www.tourism.lviv.ua.** Leider hat sie außer einem Stadtplan und einigen kleinen Broschüren nicht viel anzubieten. Wer sich beispielsweise über aktuelle Veranstaltungen informieren möchte, sollte lieber einen Blick auf die an vielen Orten der Stadt aushängenden Veransstaltungsplakate werfen, die für den jeweils laufenden Monat gelten. Wer des Ukrainischen mächtig ist, kann sich natürlich auch über die Tageszeitungen informieren.

Im Internet bietet die Seite **www.lviv-best.com** auf Ukrainisch, Russisch und Englisch Informationen zur Geschichte und Kultur der Stadt sowie einen Stadtplan, auf dem unter anderem auch Hotels und Restaurants zu finden sind. Auch auf der Seite der Stadtverwaltung, **www.city-adm.lviv.ua** (mehrsprachig, auch deutsch), finden sich zahlreiche nützliche Links.

Die Internetseite einer privaten Touristeninformation ist **www.tourinfo.lviv.ua.**

Öffentliche Verkehrsmittel

Das Lemberger Verkehrsnetz ist sehr gut ausgebaut. Straßenbahnen, Trolleybusse, Kleinbusse (Maršrutka) und Busse verkehren von 6 Uhr morgens bis um

Lemberger Straßenbahn

Mitternacht. Die Fahrscheine werden im jeweiligen Verkehrsmittel beim Schaffner bzw. in den Kleinbussen beim Fahrer, der zugleich Schaffner ist, gekauft. Der Fahrpreis in den Trolleybussen sowie in den Straßenbahnen beträgt pro Person 50 Kopeken, im Kleinbus pro Person 1,5 Hryvnja. Die Kleinbusse halten nicht nur an den vorgegebenen Haltestellen, sondern auch überall dort, wo jemand ein- oder aussteigen möchte. Eine Übersicht über das Straßenbahnnetz befindet sich auf der hinteren Klappkarte in diesem Buch.

So wie einst stehen die Taxis und warten auf die Fahrgäste, aber heutzutage können es sich nicht mehr viele Lemberger leisten, mit dem Taxi zu fahren. Es gibt eine große Anzahl von Privattaxis, aber viele dieser Autos sind oft in einem schlechten (und schmutzigen) Zustand. Bei Privattaxis sollte man vorsichtig sein. Mit den Fahrern muß der Preis vor Antritt der Fahrt ausgehandelt werden, sonst kann es passieren, daß man, einmal als Ausländer erkannt, einen Preis zahlt, der höher als in westlichen Ländern ist.

Auf Lembergs Straßen fahren auch halbstaatliche Taxis. Diese modernen Autos besitzen schwarzgelbe Quadrate und große Nullen auf der Seitenkarosserie. Mit diesen kommt man bequem und schnell ans Ziel. Abgerechnet wird der Preis, den der Taxameter anzeigt.

Öffnungszeiten

Während sehr viele Geschäfte, die Supermärkte sowie Bauernmärkte sehr früh öffnen, sind in der Regel die größeren Geschäfte, Kaufhäuser und Institutionen von 10 bis 20 Uhr geöffnet. Lebensmittelgeschäfte sind auch am Samstag und Sonntag geöffnet. Die Museen und Ausstellungen öffnen normalerweise um 11 Uhr, Restaurants und Cafés oft um 10 Uhr.

Auf dem Krakauer Markt

Post

Das Lemberger Hauptpostamt befindet sich in der Nähe des pr. Svobody, in der vul. Slovac'ka, und bietet die einzige Möglichkeit, außerhalb der Hotels Faxe zu versenden. Im Postamt kann man auch Telefonkarten kaufen. Dabei muß man beachten, daß es Telefonkarten für Stadtgespräche sowie Telefonkarten für Auslandsgespräche gibt (siehe auch Telefon). Außer der Hauptpost gibt es in der Stadt noch einige kleine Postämter. Briefmarken sind ausschließlich in den Postämtern erhältlich. Ein Brief oder eine Postkarte ins Ausland braucht bis zu 10 Tage.

Stadtpläne und Bücher

Ein reichhaltiges Angebot an Landkarten sowie Stadtplänen und Ansichts- und Postkarten erhält man in Buchhandlungen. Die größte Buchhandlung befindet sich am pl. Mickevyča 8.

Fremdsprachige Bücher, Souvenirs und Kunstgegenstände findet man im Antiquariat in der vul. Virmens'ka 35 und in der Gotischen Halle am Marktplatz (pl. Rynok 6).

Die beste Auswahl an Büchern und Karten bietet der Buchladen Bukva (Буква) in der vul. Ševs'ka 6 (nordwestliche Ecke des Marktpatzes).

Toiletten

Das Problem der öffentlichen Toiletten wird mehr und mehr gelöst. Die neuentstandenen sind modern und sauber. Eine öffentliche Toilette befindet sich in der Mitte des Hauptboulevards. Auf dem Schloßberg und am Eingang des Lyčakivs'ke-Friedhofes stehen gepflegte Toiletten zur Verfügung. Die Benutzungsgebühr beträgt 50 Kopeken. Neben den üblichen Symbolen stehen an den Türen häufig kyrillische Anfangsbuchstaben:
Damentoilette Ж, Herrentoilette Ч.

Unterkunft

Wie in allen Staaten der früheren Sowjetunion ist es auch in der Ukraine schwierig, Hotelzimmer zu angemessenen Preisen zu bekommen. Hotels der oberen Preisklasse sind meist überteuert, preiswertere Häuser strahlen oft noch einen gewissen sowjetischen Charme aus. In älteren Hotels gibt es erhebliche Preisunterschiede zwischen bereits renovierten und noch nicht renovierten Zimmern.
In Lemberg sieht es etwas besser aus als im Rest des Landes. Nach und nach etablieren sich auch kleinere private Hotels, in denen man angenehm unterkommen kann. Der Tourismus hat in Lemberg in den letzten zwei Jahren allerdings so sehr zugenommen, daß die Hotelkapazitäten oft nicht ausreichen. Es ist sehr zu empfehlen, eine Reservierung vorzunehmen.
In der Regel fährt man am besten, wenn man vorab über einen Reiseveranstalter bucht. Die Preise werden zur besseren Vergleichbarkeit in Euro angegeben, wobei 1 Euro etwa 7,5 Ukrainischen Hryvnja entspricht. Zur Lage der einzelnen Hotels siehe hintere Klappkarte.

Grand Hotel ****
Sehr schönes traditionsreiches Luxushotel mit 60 Zimmern im Zentrum der Stadt. Außer zwei Restaurants und zwei Bars stehen ein Business- und Fitness-Zentrum zur Verfügung, ein Wagen mit Fahrer kann bestellt sowie Gäste vom Flughafen bzw. Bahnhof abgeholt werden. Unter den Waggons auf der Zugstrecke L'viv–Kiev fährt der Schlafwagen des Hotels Grand-Tur, die Tickets für diesen Zug können im hoteleigenen Reisebüro gekauft werden.
Der Preis für eine Übernachtung beträgt ab 80 Euro für ein Standard-Einzelzimmer, bis zu 130 Euro für ein Doppelzimmer, Suiten sind zwischen 150 und 230 Euro zu haben.
Prospekt Svobody 13
79000 L'viv
Tel. 003 80/322/72 40 42
Fax 76 90 60
www.ghgroup.com.ua.

Hotel Opera ****
Komfortables Hotel in einem Gebäude im Jugendstil gegenüber dem Opernhaus.
Alle Zimmer verfügen über Isolierfenster, Klimaanlage, Kabel/Sateliten-TV, Internetanschluß. Das Hotel bietet zwei Restaurants sowie Räume und technische Anlagen für Konferenzen. Preis 80 Euro für ein Standard-Einzelzimmer, 110 Euro für ein Doppelzimmer.
Prospekt Svobody 45
79007 L'viv
Tel. 003 80/322/2590 00
Fax 25 90 01
www.hotel-opera.lviv.ua

Hotel Dnister ****

Das Hotel mit seinen 220 Zimmern wurde 1983 eröffnet. Es befindet sich in einem Plattenbau im Zentrum der Stadt, gegenüber der Lemberger Universität und ganz in der Nähe der St.-Georgs-Kathedrale. Vor dem Hotel befindet sich der Ivan-Franko-Stadtpark. Das Hotel wird von ausländischen Touristengruppen sehr gern besucht. Der Preis je Doppelzimmer beträgt zwischen 65 Euro und 130 Euro.
Vulycja Matejka 6
79000 L'viv
Tel./Fax 003 80/322/97 10 17
dnister@cscd.lviv.ua
www.dnister.lviv.ua.

Treppenhaus im Hotel George

Hotel Suputnyk ****

Komfortabler Plattenbau mit etwa 200 Zimmern, Café und mehreren Restaurants südwestlich des Stadtzentrums. Es gibt eine Sauna und verschiedene Tagungs- und Seminarräume. Es befindet sich ganz in der Nähe der Ausfahrtsstraße zur polnischen Grenze und wird von vielen ausländischen Touristen und besonders von Reisegruppen sehr gern besucht. Mit der Straßenbahn Nr. 3 erreicht man das Zentrum in 15 Minuten. Doppelzimmer kosten je nach Kategorie 40 bis 70 Euro.
Vulycja Knjahyni Ol'hy 116
79060 L'viv
Tel. 003 80/322/65 24 21
Fax 64 15 23
suputnyk@mail.lviv.ua
www.suputnyk.com.

Hotel George (Žorž) ***

Das Hotel George ist ein Hotel mit langer Tradition und ist aus dem Stadtbild Lembergs nicht wegzudenken. Es wurde 1901 vom berühmten Wiener Architektenduo Helmer und Fellner erbaut und besitzt einen warmen, alten und gemütlichen Stil. Ständig werden und wurden Modernisierungen in den 75 Zimmern vorgenommen und vor allem die Sanitäranlagen sowie Dusch-/Badezimmer modernisiert. Das Hotel befindet sich am zentralen Punkt der Stadt und wird von den ausländischen Touristen sehr gern besucht. Der Preis eines renovierten Doppelzimmers beträgt je nach Kategorie zwischen 60 und 80 Euro. Für die im noch alten Stil eingerichteten Zimmer ohne eigenes Badezimmer beträgt der Preis zwischen 25 (EZ) und 30 (DZ) Euro.
Plošča Mickevyča 1
79000 L'viv
Tel. 003 80/322/72 59 52
Fax 297 11 44
info@georgehotel.com.ua
www.georgehotel.com.ua

Hotel Hetman ***

Das Hotel Hetman befindet sich mit seinen 95 Zimmern in einem Plattenbau im Südwesten der Stadt, in einem Neubaugebiet. Mit der Straßenbahn Nr. 3

oder dem Kleinbus Nr. 73 fährt man 15 Minuten ins Stadtzentrum. In der Nähe des Hotels befindet sich das größte und beliebteste moderne Einkaufszentrum Pivdzjenje (täglich von 10 bis 20 Uhr geöffnet). Die Preise betragen ab 25 (EZ) bis 65 (DZ) Euro.
Vulycja Volodymyra Velykoho 50
79053 L'viv
Tel. 003 80/322/64 84 67, 64 85 74
Fax 64 84 72
hetman@mail.lviv.ua
www.hetman.lviv.ua

Hotel Enej ***
Kleines, empfehlenswertes Hotel mit 14 komfortablen Zimmern direkt am Lyčakivs'ke-Friedhof. Das vor wenigen Jahren neu erbaute Hotel verfügt über ein Restaurant und eine Sauna. Empfehlenswert ist seine ukrainische wie auch internationale Küche. Alle Menükarten sind in deutscher Sprache ausgeschrieben. Zum Hotel gehört auch ein Sommergarten mit Schwimmbasin. Gemütliche Atmosphäre und englischsprechendes Personal. Die Preise liegen bei 75 bis 105 Euro für ein Doppelzimmer.
Vulycja Šimzeriv 2
79044 L'viv
Tel./Fax 003 80/322/76 87 99
eney@mail.lviv.ua
www.eney.lviv.ua

Hotel NTON ***
Das relativ neue Hotel NTON befindet sich 2,5 Kilometer vom Stadtzentrum entfernt in Richtung Flughafen. Den Gästen stehen 97 moderne Zimmer zur Verfügung. Vom Stadtzentrum ist das Hotel mit der Straßenbahn Nr. 7 (bis Endstation) in 15 Minuten direkt zu erreichen. Alle Zimmer haben Klimaanlage, Sat-TV sowie ein modernes Badezimmer. Zum Hotel gehört ein bewachter Parkplatz, ein elegant eingerichtetes Restaurant sowie eine Tages- und Nachtbar. Die Zimmerpreise betragen 24 bis 65 Euro.
Vulycja Ševčenka 154
79032 L'viv
Tel. 003 80/322/33 31 23, 33 71 72
Fax 98 17 53
hotelnton@ukr.net
www.hotelnton.lviv.ua

Hotel Volter ***
Das Hotel öffnete im Jahre 2004. Es befindet sich 3,5 Kilometer nördlich vom Stadtzentrum an der Ausfahrtsstraße nach Kiev. Es ist mit der Straßenbahnlinie 6 (Endhaltestelle) und den Kleinbussen 14, 30 bequem zu erreichen und aufgrund seines giftgrünen Anstrichs kaum zu verfehlen. Das Hotel bietet Platz für 40 Personen. Zum Hotel gehören zwei Restaurants und ein bewachter Parkplatz. Die Zimmer Lux und Halblux haben ein Wohn- und Schlafzimmer sowie ein Badezimmer. Das Hotel eignet sich besonders für Dienstreisende sowie kleine Reisegruppen.
Die Preise liegen zwischen 50 Euro (EZ) und 70 bis 110 Euro (DZ, je nach Komfort).
Vulycja Lypyns'koho 60a
79024 L'viv
Tel. 003 80/322/294 88 88
Fax 29 48 88
hotelvolter@mail.lviv.ua
www.hotelvolter.com.ua

Hotel Lion's castle (Zamok Leva) ***
Kleines gemütliches Hotel in einem Schlößchen im englischen Stil aus dem 19. Jahrhundert, umgeben von einem alten Park mit wunderschönen Bäumen. Etwa 2 Kilometer südlich des Stadtzentrums gelegen und mit den Straßenbah-

nen Nr. 3, 9 und 1 in 10 Minuten vom Zentrum aus zu erreichen. Das Hotel bietet große Zimmer, eine sehr freundliche Atmosphäre und gute Küche. Doppelzimmer kosten je nach Kategorie 60 bis 80 Euro.
Vulycja Hlinky 7
79012 L'viv
Tel. 00380/322/386116, 971563
Tel./Fax 386115
www.lionscastle.lviv.ua.

Camping

In der gesamten Ukraine und auch in und um Lemberg gibt es nur sehr wenige Campingmöglichkeiten. Der einzige Campingplatz findet sich nördlich außerhalb der Stadt an der vul. Bohdana Chmel'nyc'koho, der Straße in Richtung Kiev. Dort werden auch spartanische Holzhäuschen vermietet.

Restaurants

Im Stadtzentrum wie auch außerhalb des Zentrums erwarten viele Restaurants und Cafés mit gemütlicher Atmosphäre ihre Gäste. Hier einige Tips:

Restaurant und Diskothek Niagara
Prospekt Svobody 5
150 Plätze, 5 Säle, Menü-Karte in ukrainischer und englischer Sprache, Kreditkarten werden akzeptiert.

Restaurant Veža Kramariv (Krämerturm)
Prospekt Svobody 16/18
Eigener Parkplatz, 120 Plätze, 6 Säle im fürstlichen Stil und Jägerstil, ukrainische und europäische Küche.

Schnellrestaurant Titanic
Vulycja Teatral'na 4/6
70 Plätze, 3 Säle, zum Teil Selbstbedienung, Kreditkarten werden akzeptiert.

Restaurant Musa
Vulycja Krušel'nyc'koji 17
48 Plätze, 2 Säle, altukrainische Küche, Kreditkarten werden akzeptiert.

Restaurant Peking
Vulycja Hruševs'koho 8
30 Plätze, 2 Säle, 70 Plätze (Sommergarten), original chinesische Küche (chinesische Köche), Kreditkarten werden akzeptiert.

Restaurant Amadeus
Vulycja Katedral'na 7
Eigener Parkplatz, 30 Plätze, 2 Säle, ukrainische und europäische Küche, Kreditkarten werden akzeptiert.

Restaurant Kupol
Vulycja Čajkovs'koho 37
55 Plätze, 3 Säle, 50 Plätze (Sommergarten), Hausspezialität: Citadella, Kreditkarten werden akzeptiert.

Restaurant Paljanicja
Vulycja Pekars'ka 24
Restaurant im ukrainischen Stil, 32 Plätze, 2 Säle, ukrainische und europäische Küche.

Cafés

Wiener Caféhaus
Prospekt Svobody 14
Eine sehr angenehme Atmosphäre hat dieses Café vorzuweisen, das seine Gäste in der Nähe des Opernhauses mit Wiener Charme begrüßt.

Welt des Cafés
Plošča Katedral'na
Zwischen zwei der bedeutendsten Sehenswürdigkeiten Lembergs, der Lateinischen Marienkathedrale und der Boim-Kapelle, lädt dieses kleine Café zum Verweilen ein, an wärmeren Tagen auch als Straßencafé.

Veronyka
Prospekt Ševčenka
Reizendes, gemütliches Café.

Kaffee auf Lemberger Art
Vulycja Kovžuna
Wunderschönes Café.

Restaurant in der Innenstadt

Italienischer Hof im Kornjakt-Haus
Rynok 6
Hier kann man nach der Besichtigung des Marktplatzes eine Tasse echten türkischen Kaffee und ein Stück phantastischen, täglich frisch angelieferten Quarkkuchen genießen.

Einkaufen

Antikes und Kunstgewerbe

Im Stadtzentrum Lembergs gibt es verschiedene Geschäfte, in denen man Antikes und Kunstgewerbeartikel erwerben kann:

Antiquariat
Vulycja Gnatjuka 5
Geöffnet Mo–Sa 11–17 Uhr, Mittagspause 14–15 Uhr.
Gotik Chol (Gotische Halle)
Rynek 6
Mo–Sa 11–17 Uhr, Mittagspause 14–15 Uhr.
Vernisaž
Galerie gegenüber dem Opernhaus, Nähe vul. Teatral'na.
Kunstgewerblicher Salon
Vulycja Voronoho 2
Mo–Sa 11–17 Uhr, Mittagspause 14–15 Uhr.
Gemälde, Glas, Schmuck, Pissanki (bemalte Eier), Blumenstickereien und vieles andere ist im Angebot.

Lebensmittel

Es ist heutzutage sehr einfach, sich in Lemberg selbst zu versorgen. Die Geschäfte sind modern und das Angebot reichhaltig, und es gibt sehr viele Selbstbedienungsläden und Supermärkte. Eines der größten Einkaufszentren befindet sich in der Siedlung Sichuv und heißt Arsen.
In allen Brot- und Lebensmittelgeschäften bekommt man auch samstags, sonn- und feiertags dreimal täglich Brot- und Bäckereiwaren zu kaufen.
Außer den Lebensmitteln des täglichen Bedarfs gibt es noch einige typische Spezialitäten, die man probieren sollte. Zum Beispiel Kvas, ein typisches Getränk des Landes, das unter Verwendung von Brot hergestellt wird. Kvas wird in Lebensmittelgeschäften angeboten.

Bier und Wodka

Die Lemberger Bierbrauerei hat eine lange Tradition und das Bier schmeckt vorzüglich. Wer guten Wodka kaufen möchte, sollte dies nur in den Geschäften tun. Jeder Wodka hat mindestens 40 Prozent und schmeckt am besten gut gekühlt, aber nicht eisgekühlt. Und wenn man einen oder zwei zu viel trinkt – keine Angst, der Kopf tut am nächsten Tag bestimmt nicht weh!

Märkte

Auf den Bauernmärkten bieten Bauern und Händler aus verschiedenen Regionen des Landes ihre Ware an. Bis vor nicht all zu langer Zeit konnte man Fleisch und Wurst nur auf diesen Märkten kaufen. Heute entstehen immer

Spirituosenhandlung

mehr moderne private Metzgergeschäfte. Das Marktleben ist bunt und interessant – für Touristen oft auch exotisch. Besonders schmackhaft ist das Obst aus den weiten, sonnigen Regionen des Landes, vor allem Melonen, Granatäpfel oder Kürbisse. Auch Tomaten oder Paprika haben einen ganz anderen Geschmack, als wir ihn aus unseren Geschäften kennen. Die schönsten Blumensträuße und -gebinde findet man in reicher Auswahl – auf Wunsch auch frisch gebunden – auf dem Blumenmarkt am pl. Halyc'ka.

Die Märkte der Stadt befinden sich am pl. Krakivs'ka/Ecke vul. Bazarna, am pl. Privokzal'na/Ecke vul. Horskoji 2 und am pl. Stryjs'ka/Ecke vul. Ivana Franka.

Museen

Geschichtsmuseum der Stadt Lemberg
Rynek 4, 6 und 24
tägl. außer Mi 10–18 Uhr
(Karte S. 94)

Der Gedanke, in der Stadt ein Geschichtsmuseum einzurichten, entstand bereits Ende des 19. Jahrhunderts. Der Initiator war der Lemberger Historiker und Sammler Alexander Czolowski. Die ersten Exponate befanden sich im Rathaus der Stadt. Auf Beschluß des Lemberger Magistrats wurde im Jahre 1908 das Haus Nr. 6 am Marktplatz, das Königshaus, seiner Bestimmung als Nationalmuseum Jan III. Sobieski übergeben und die bereits vorhandenen Exponate aus dem Rathaus hierher gebracht.

Im Haus Nr. 4, dem Schwarzen Haus, eröffnete das Nationalmuseum im September 1926 in 18 Sälen die erste Ausstellung. Ebenfalls im Haus Nr. 24 befindet sich seit 1947 eine Filiale des Geschichtsmuseums.

Das heutige Lemberger Geschichtsmuseum ist eines der größten und umfangreichsten seiner Art in der Ukraine. Die gegenwärtigen Sammlungen zählen über 300 000 Exponate: archäologische Funde, Unterlagen, Bilder und Gemälde, Statuen, Bekleidung, Grafiken und Fotografien. Sie werden in insgesamt 36 Ausstellungsräumen gezeigt.

Museum für Möbel und Porzellan
Rynek 10
tägl. außer Mo/Di 10–17 Uhr
(Karte S. 94)
Dieses Museum befindet sich im ehemaligen Lubomirski-Palast und ist eine Abteilung des Museums für Ethnographie und Kunstgewerbe. Die Exponate umfassen Stilmöbel aus der Zeit vom 15. bis 19. Jahrhundert, Stoffe, Tapeten, Wandteppiche, Erzeugnisse aus Metall, Porzellan, Fayencearbeiten sowie Glas von der Renaissance bis zum Beginn des 20. Jahrhunderts.

Apothekenmuseum
Vulycja Drukars'ka 2
tägl. außer So 10–18 Uhr
(Karte S. 94)
Bereits im Jahre 1735 wurde in diesem Haus eine Apotheke eröffnet. Als Museum dienen die Räume seit 1966. Die Ausstellung zeigt einzigartige Gebrauchsgegenstände verschiedener Epochen: Bücher, Manuskripte, Rezepte und Dokumente über die pharmazeutische Entwicklung. Zu den interessantesten Schätzen des Museums zählt ein original eingerichtetes Alchimistenlabor und die erstmals in Lemberg verwendete Petroleumlampe.

Museum des Waffenarsenals
Vulycja Pidval'na 5
tägl. außer Mi 10–18 Uhr
(Karte S. 101)
Das Museum hat seit 1981 im Städtischen Arsenal seinen Platz und ist eine Filiale des Geschichtsmuseums. Unter den Ausstellungsstücken befinden sich Schwerter, Säbel, Kampfmesser, Bajonette, Waffen und Munition aus verschiedenen Zeiten sowie ein Schwert der Kreuzritter, das zusammen mit anderen Trophäen aus der Schlacht von Grunwald im Jahr 1410 nach Lemberg gelangte. Von den ausgestellten Ritterausrüstungen zeichnet sich besonders die prunkvolle Husaren-Ausrüstung aus. Zur Sammlung gehört auch eine große Zahl von Feuerwaffen, darunter auch einige Kanonen, die in Lemberg im 16./17. Jahrhundert angefertigt wurden und mit dem Stadtwappen geschmückt sind.

Ethnographiemuseum
Prospekt Svobody 15
tägl. außer Mo 10–18 Uhr
(Karte S. 125)
Das Museum befindet sich in einem historischen Gebäude der ehemaligen Galizischen Sparkasse. Zu sehen sind über 12 000 Ausstellungsstücke aus den Bereichen Weberei, Stickerei, Keramik, Holzschnitzerei, Pissanki (bemalte Ostereier) sowie eine Uhrensammlung.

Nationalmuseum
Prospekt Svobody 20
Sa–Do 11–18 Uhr (Karte S. 125)
Im Nationalmuseum können Ikonen des 14. bis 18. Jahrhunderts sowie Gemälde berühmter ukrainischer Meister des 19. und 20. Jahrhunderts bewundert werden. In der Abteilung für ukrainische Volkskunst gibt es Kunstwerke vergangener Epochen und Werke der modernen angewandten Kunst zu sehen.

Nationalmuseum Andrej Šeptyc'kyj
Vulycja Drahomanova 42
Sa–Do 11–18 Uhr (Karte S. 132)
Diese Zweigstelle des Nationalmuseums befindet sich in einem Barockpalast. Auf Initiative des Lemberger Metropoliten Andrej Šeptyc'kyj entstand eine außergewöhnliche Sammlung ukrainischer Kunst des 20. Jahrhunderts. Zu sehen sind Werke von Ivan Truš, Olek

Postamt in der Innenstadt

Novakivs'kyj, O. Kulčyc'ka und anderen ukrainischen Künstlern.

Lemberger Kunstgalerie
Vulycja Stefanyka
tägl. außer Mo 11–19 Uhr, 2 Hryvnja
(Karte S. 141)
Der Beschluß des Magistrates von 1897, in Lemberg eine europäische Kunstgalerie zu eröffnen, fand bereits im Jahre 1902 mit dem Ankauf von Werken Lemberger und polnischer Meister seine Verwirklichung. Erst im Jahre 1907 wurde jedoch eine umfangreiche Kollektion westeuropäischer Kunstwerke für die damalige Galerie angekauft, so daß man diese Zeit als Eröffnungsdatum der Galerie nennt. Im Jahre 1914 konnte das heutige Gebäude erworben werden. Sein Besitzer war der Lemberger Universitätsprofessor und Sammler Vladyslav Lozyns'kyj. Die Sammlung der Galerie der Künste besteht heute aus mehr als 50 000 Gemälden, Bildern, Statuen und Grafiken aus dem 15. Jahrhundert bis zur heutigen Zeit. Früher unter dem Namen Gemäldegalerie bekannt, trägt sie seit dem Jahre 1998 den Namen Lemberger Kunstgalerie. Sie gehört zu den größten Sammlungen dieser Art in der Ukraine. In ihren Sälen finden sich Werke berühmter Meister wie Leonardo da Vinci, Lucas Cranach, Martin Schongauer, François Gerard, Juliusz Kossak, Jan Matejko und vieler anderer. Unter den Ausstellungsexponaten haben polnische, italienische, deutsche, österreichische, französische, niederländische, holländisch-flämische sowie europäische Kunstschätze ihren festen Platz. Zu den Besonderheiten zählt das einzige in der Ukraine vorhandene Werk von Georg de Latura: ›Beim Wucherer‹ aus dem Jahre 1620. Auf der ganzen Welt gibt es nur 30 Kunstwerke dieses bekannten Malers. Nicht weniger interessant ist für Besucher das ebenfalls einzige in der Ukraine erhalten gebliebene Gemälde der italienischen Malerin Sofonisba Anguisciola, das Porträt einer jungen Adligen aus dem Jahre 1558. Anguisciola (1532–1625) war eine Zeitgenossin Michelangelos und die erste berühmte und anerkannte Frau in der Welt der Kunstgeschichte.

Boim-Kapelle
Plošča Katedral'na, neben der Lateinischen Kathedrale
tägl. außer Mo 11–16 Uhr
(Karte S. 101)
Diese beeindruckende Grabkapelle aus der Spätrenaissance gehört zur Lemberger Kunstgalerie.

Museum der Buchkunst
Vulycja Kopernika 15a, hinter dem Potocki-Palast
tägl. außer Mo 11–16 Uhr
(Karte S. 132).
In diesem ebenfalls zur Kunstgalerie gehörenden Museum kann man mittelal-

terliche ukrainische Inkunablen und andere europäische Zeugnisse aus der Frühzeit des Buchdrucks sehen. Außerdem sind eine Druckmaschine aus dem 17. Jahrhundert und eine Papierpresse ausgestellt.

Rusalka-Dnistrova-Museum
Vulycja Kopernika 40,
tägl. außer Mo 11–16 Uhr
(Karte S. 132)
Dieses kleine Museum ist ebenfalls eine Abteilung der Kunstgalerie und hat im barocken Glockenturm der ehemaligen Kirche des Heiligen Geistes seinen Sitz. Es zeigt Exponate zum ersten in ukrainischer Sprache gedruckten Buch.

Museum sakraler Kunst
Staryi Rynok, vul. Užgorods'ka 1
tägl. außer Mo 11–17 Uhr
(Karte S. 86)
Dieses Museum ist in der Johanneskirche am Fuße des Schloßberges untergebracht und zeigt kirchliche Kunstgegenstände und archäologische Funde aus der Frühzeit der Stadt.

Museum für Religionsgeschichte
Vulycja Stavropihijs'ka 1
tägl. außer Mo 10–19 Uhr
(Karte S. 101)
Im ehemaligen Dominikanerkloster kann man sich über die Geschichte der vielen in Lemberg beheimateten Religionsgemeinschaften informieren.

Ivan-Franko-Museum
Vulycja Ivana Franka 154
tägl. außer Di 10–17 Uhr
(vordere Klappkarte)
Das Ivan-Franko-Museum befindet sich in dem für seine Familie 1902 erbauten Haus, in dem der große ukrainische Schriftsteller, Übersetzer, Publizist und Politiker bis zu seinem Tode im Jahr 1916 lebte. Es liegt am südöstlichen Rand des Stryjs'kyj-Parks. Man erreicht es mit Straßenbahn Nr. 4 in südliche Richtung bis zur Haltestelle vul. Parkova. Von dort muß man die vul. Ivana Franka nach Süden weiterlaufen. Alle Zimmer sind original erhalten geblieben, viele persönliche Dinge liegen auf seinem Schreibtisch. Schränke mit eigenen wertvollen Schriften und Büchern nicht nur deutscher und polnischer Klassiker stehen in der Bibliothek. An den Wänden hängen Gemälde und Zeichnungen seines Freundes, des Lemberger Malers Ivan Truš.

Mychajlo-Hruševs'kyj-Museum
Vulycja Ivana Franka 154
tägl. außer Di 10–17 Uhr
(hintere Klappkarte)
Über den grünen Rasen hinter dem Haus von Ivan Franko kommt man auf den Weg der 1000 ehrenwerten Schritte, der unmittelbar in das ebenfalls 1902 gebaute Wohnhaus von Michajlo Hruševs'kyj führt. Es zeigt die nachgebildeten Zimmer des größten ukrainischen Geschichtsforschers und Politikers, der in diesem Hause fast 40 Jahre mit seiner Familie verbrachte. Besonders beeindruckend sind die originalen Dokumente, Zeitungsberichte und Materialien aus der Zeit 1918, als Mychajlo Hruševs'kyj als Vorsitzender der ukrainischen Zentralrada, der Regierung der ersten ukrainischen Volksrepublik, tätig war.

Johann-Pinsel-Museum
Ploščа Mytna 1
tägl. außer Mo 11–16 Uhr
(Karte S. 161)
Das Museum zeigt Werke aus dem Schaffen von Johann Georg Pinsel, dem großen Lemberger Meister und Gründer

der Lemberger barocken Bildhauerschule, der im 18. Jahrhundert etwa 40 Bildhauer angehörten.

Ivan-Truš-Museum
Vulycja Truša 28
tägl. außer Sa und So 11–18 Uhr
(hintere Klappkarte)
Das Museum befindet sich in dem Haus, das der Künstler im Jahre 1910 für sich bauen ließ und in dem er über 30 Jahre lang wohnte und arbeitete. Es werden seine Werke aus der Zeit zwischen 1902 und 1941 vorgestellt und über sein Leben Auskunft gegeben. Man erreicht das Museum vom Stadtzentrum aus mit der Straßenbahn Nr. 2 in südliche Richtung. Von der Endhaltestelle aus muß man ein Stück zurücklaufen, die erste Straße rechts ist die vul. Truša.

Salomea-Krušel'nyc'ka-Museum
Vulycja Salomea Krušel'nyc'koji 23
tägl. außer Mo 11–16 Uhr
(Karte S. 141)
Im Wohnhaus der ukrainischen Opernsängerin Salomea Krušel'nyc'ka (1873–1952) wurde 1991 ein interessantes Gedächtnismuseum eingerichtet, das auch der Musikforschung dient. Nach ihrer Ausbildung in Lemberg wurde Salomea Krušel'nic'ka auf den Opernbühnen in aller Welt berühmt. Ihr breites Repertoire umfaßte mehr als 50 Rollen, darunter Aida, La Gioconda, Brunhild und Salome. Ihr Grab befindet sich auf dem Lyčakivs'ke-Friedhof.

Olek-Novakivs'kyj-Museum
Vulycja Lystopadovoho-Čynu 11
tägl. außer Mo 11–16 Uhr
(Karte S. 141)
Olek Novakivs'kyj war einer der bedeutendsten Vertreter der modernen Malerei in Galizien. Zunächst dem Impressionismus verpflichtet, wandte er sich später den Expressionisten zu. Er begründete in den 1920er Jahren eine Malschule, die eine ganze Generation moderner Maler beeinflußte.

Stanislav-Ludkevyč-Museum
Vulycja Ludkevyča 7
Fr/Sa 14–17 Uhr
(hintere Klappkarte)
Im Wohnhaus des derühmten ukrainischen Musikers und Komponisten kann man anhand persönlicher Dokumente und Bilder viel über sein Leben und seine Arbeit erfahren. Zum Museum kommt man mit der Straßenbahn Nr. 4. Von der Haltestelle an der vul. Stryjs'ka muß man die vul. I. Franka ein Stück in Fahrtrichtung weitergehen, dann zweigt links die vul. Ludkevyča ab.

Lyčakivs'ke-Friedhof
Haupteingang in der vul. Mečnykova
1. April–1. Oktober 9–20 Uhr, 1. Oktober–1. April 9–18 Uhr
(Karte S. 183)
Der Friedhof ist mit der Straßenbahnlinie Nr. 7 vom Stadtzentrum aus zu erreichen. Mit dem Bus oder dem PKW erreicht man den Lyčakivs'ke-Friedhof über die vul. Lyčakivs'ka. Eintritt 1–3 Hryvnja, Fotografieren 3–8 Hryvnja, Filmen 8 Hryvnja (privat), 75 Hryvnja (beruflich). Eine Führung über den Friedhof dauert ca. 1,5 bis 2 Stunden und kostet für Gruppen bis 10 Personen 25 Hryvnja pro Person, für Gruppen über 10 Personen 40 Hryvnja pro Person.

Freilichtmuseum
Vulycja Černeča Hora 1
tägl. außer Mo 10–18 Uhr
(Karte S. 161)
Das Ethnographische Freilichtmuseum der Volksarchitektur (Skansen) befindet

sich im nordöstlichen Stadtteil Lembergs, in einem 60 Hektar großen Park, dem sogenannten Ševčenko-Hain, bekannt auch als Kaiserwald. Hier wurden einmalige Holzbauten aus der gesamten Westukraine zusammengetragen. Sie repräsentieren die Architektur der Huzulen, Bojken und Lemken. Unter den Exponaten befinden sich Wirtschaftsgebäude, Mühlen, Bauernhäuser, Ställe und sechs Holzkirchen. Zu den ältesten Kirchen gehört die St. Nikolauskirche aus dem Jahr 1763, die 1930 aus dem Dorf Krivki nach Lemberg gebracht worden ist.
Man erreicht das Museum vom Stadtzentrum mit der Straßenbahn Nr. 2 und dann über die vul. Krupjars'ka und die vul. Černeča Hora.

Landesgeschichtliches Museum in Vynnyky (Weinbergen)
Vulycja Halyc'ka 26, Vynnyky
Das Museum wurde im Jahre 1991 eröffnet. Über 13 000 Exponate zeigen die Geschichte der ehemals deutschen Vorstadt Weinbergen vom 19. Jahrhundert bis heute.
Vynnyky liegt 17 Kilometer östlich von Lemberg und ist sehr bequem mit dem Kleinbus Nr. 76 vom Stadtzentrum aus in etwa 20 Minuten zu erreichen.

Kultur, Festivals und Feiertage

Opernhaus
Prospekt Svobody.
Die Aufführungen finden im Opernhaus nicht täglich statt. Aber wenn man mehr als einen Tag in Lemberg verweilt, sollte man unbedingt einen Opernbesuch einplanen. Jede Vorstellung beginnt um 18 Uhr und endet um 21 Uhr. Eintrittskarten kann man im Vorverkauf und an der Abendkasse kaufen. Der Preis liegt zwischen 10 Hryvnja (1,80 Euro) und 50 Hryvnja (9 Euro).

Feiertage
In der Westukraine haben wir es mit mehreren ethnischen Gruppen zu tun, und aus diesem Grunde werden einige Feiertage in manchen Familien zweimal begangen. Das betrifft besonders den 24. Dezember, zu dem insbesondere die deutsche und polnische Bevölkerung bereits den Weihnachtsbaum aufstellt und das Weihnachtsfest begeht. Seit geraumer Zeit feiern auch immer mehr Gläubige der unierten Kirche Weihnachten an diesem Tage. Man versucht, sich so mehr und mehr dem europäischen Leben anzuschließen. Das Weihnachtsfest der unierten, orthodoxen und armenischen Kirche wird offiziell nach dem alten Julianischen Kalender am 6. Januar gefeiert.
Während sich am 24. Dezember die Gläubigen der katholischen Kirche um Mitternacht zur Christmesse in die Katedrale und in die St. Antoniuskirche begeben, treffen sich die anderen zum

In der Oper

ukrainischen Heiligabend am 6. Januar, gegen Mitternacht auf dem pr. Svobody, wo man von weitem wunderbare Männerchöre hören kann, die sich unorganisiert hier und dort bilden. Hier wäre noch zu erwähnen, daß nach der Oktoberrevolution das Wort Weihnachtsfest abgeschafft und durch das Wort Neujahrsfest ersetzt wurde. Erst seit dem Jahre 1992 sind der 7. und 8. Januar wieder offizielle ukrainische Weihnachtsfeiertage.
Einen unvergeßlichen Eindruck hinterläßt in Lemberg die Silvesternacht, wenn sich die Lemberger um Mitternacht auf dem pr. Svobody treffen und gemeinsam das Neue Jahr begrüßen. Von weitem schon kann man die herrlichen Stimmen verschiedener spontan gebildeter Chöre hören.
Auch das Osterfest wird von der deutschen und katholischen Stadtbevölkerung zwei Wochen vor dem ukrainischen begangen.

Die wichtigsten ukrainischen Feiertage sind:
6. Januar, Heiligabend
7., 8. und 9. Januar, Weihnachtsfest
8. März, Internationaler Frauentag
Osterfest, das wichtigste Fest der unierten, orthodoxen und armenischen Kirche
Fest der Dreieinigkeit Troica, entspricht dem Pfingstfest
2. Mai, Tag der Stadt
9. Mai, Tag der Befreiung
24. August, Tag der Unabhängigkeit (1991)
8. November, Jahrestag der Oktoberrevolution

Festivals
Lemberg als Stadt der Kunst und Kultur bietet seit vielen Jahren verschiedene Festivals, die sich bei Teilnehmern und Besuchern großer Beliebtheit erfreuen. Das musikalische **Kunstfestival Virtuose** findet jährlich im Mai statt. An ihm nehmen Künstler und Ensembles aus verschiedenen Städten der Ukraine und dem Ausland wie Polen, Italien, Frankreich, Österreich, der Schweiz, Holland, Deutschland, England, Litauen, den USA, Kanada und Japan teil. Zum Programm gehören Konzerte der Sinfonie- und Kammermusik, der Vokalmusik sowie Auftritte von Chören.
Am internationalen **Theaterfestival Goldener Löwe**, das jährlich im November stattfindet, nehmen Theatergruppen aus der Ukraine und aus vielen Ländern der Welt teil. Von Jahr zu Jahr begeistern die Erstaufführungen und die Inszenierungen immer wieder aufs neue die Theaterliebhaber.
Das **Lemberger Bierfestival** wird im Herbst (September/Oktober) gefeiert. Die Traditionen der ukrainischen Bierbrauereien reichen in das 17. Jahrhundert zurück. Die Stadtbrauerei existiert seit dem Jahre 1775, und noch heute braut man nach alter Rezeptur, was dem Lemberger Bier seine Originalität und einen guten Geschmack verleiht.
Während des Festivals treffen sich Traditionalisten und Neuerer, um die Leistungen der ukrainischen Bierbrauereien vor den Bierliebhabern zu beweisen. Auf keinen Fall kann man dieses Festival mit dem deutschen Oktoberfest vergleichen.
Die **Tage der Stadt Lemberg** finden jährlich Ende September statt und schließen Konzerte der ukrainischen Volks-, Pop- und Rock-Musik, Straßentheater, Orchesterparaden und viele andere interessante Kulturprogramme ein. Es lohnt sich, während dieser Zeit in der Stadt zu Besuch zu sein.

Ukraine-Reisetips von A bis Z

Anreise mit dem Auto

Lemberg erreicht man am bequemsten über die polnischen Grenzübergänge zur Ukraine in Korczowa/Krakovec, Medika/Šehyni, Hrebenne sowie Rava Rus'ka. Von Görlitz/Zgorzelec bis zur polnisch-ukrainischen Grenze sind ca. 670 km Fahrt zurückzulegen, von der ukrainischen Grenze bis nach Lemberg ungefähr 75 km.

Aus der Slowakei befinden sich die Grenzübergänge in die Ukraine in Užhorod und Čop. Man sollte eine beglaubigte Übersetzung der Fahrzeugpapiere bei sich zu haben, wenn Fahrer und Fahrzeugbesitzer nicht identisch sind. Eine solche Übersetzung bekommt man in den Botschaften der Ukraine.

Anreise per Bahn

Aus dem westlichen Ausland gibt es keine Direktverbindungen mit der Bahn bis nach Lemberg. Man kann Lemberg aber sehr gut und problemlos von den polnischen Städten Breslau, Warschau, Krakau und Przemyśl mit Zügen nach Kiev oder Odessa, die über Lemberg führen, erreichen. Unter www.bahn.de gibt es nähere Informationen (nach ›Lwow‹ suchen). Von Berlin ist man ungefähr 24 Stunden unterwegs (Nachtzug mit Schlafwagen, 1x umsteigen). Hin- und Rückfahrt ca. 130 Euro.

Bei der Buchung von Zugtickets (auch für innerukrainische Strecken) helfen zum Beispiel ›Gleisnost‹ aus Freiburg (www.gleisnost.de) oder die Bahnagentur Spindlersfeld (Ernst-Grube-Straße, S-Bahnhof Spindlersfeld, 12555 Berlin, Fax 030/65 47 28 02, bahnagentur.spindlersfeld@t-online.de). Beide Agenturen versenden die Tickets auch unkompliziert per Post.

Anreise per Bus

Mit einem Linienbus kann man von Przemyśl bequem, schnell und sehr günstig nach Lemberg reisen. Der Autobusbahnhof befindet sich direkt gegenüber dem Hauptbahnhof. Diese Busse verkehren zwischen 8 Uhr morgens und 20.30 Uhr alle zwei Stunden und kommen drei Stunden später auf dem Lemberger Autobusbahnhof (Avtovokzal) an. Die Fahrkarte für 4 Euro bekommt man am Fahrkartenschalter in Przemysl.

Auch vom Hauptbahnhof in Krakau fahren regelmäßig Busse nach Lemberg.

Im beeindruckenden Bahnhof

Anreise per Flugzeug

Der Flughafen Sknilov liegt etwa zehn Kilometer westlich des Stadtzentrums. Die Trolleybuslinie 9 verbindet das Zentrum (Endhaltestelle Ivan-Franko-Universität) mit dem Flughafen.

Ab Deutschland (Frankfurt/Main, Düsseldorf, Berlin) kann man täglich z.B. mit Lot Polish, Austrian Airlines und Ukraine International fliegen, allerdings gibt es nur wenig Direktflüge. Ukraine International fliegt über Kiev. Lot fliegt über Warschau nach Lemberg. Austrian Airlines bietet mehrmals wöchentliche

Flüge über Wien nach Lemberg an. Je nach Route beträgt die Flugzeit 3 bis 4 Stunden. Die Preise für Hin- und Rückflug liegen zwischen 400 und 900 Euro. Bei Buchung im Internet muß man manchmal Lvov oder Lwow eingeben, um Flüge nach Lemberg zu finden.

Autowerkstätten

Wer eine Panne hat und nicht selbst zurechtkommt, kann den Lemberger Abschleppdienst zu Hilfe rufen, Tel. 967 00.

Im Landesinneren sowie in Lemberg selbst gibt es gute Autowerkstätten. Ersatzteilfragen und Reifenrunderneuerungen (ukr.: Vulkanizacja) können schnell bearbeitet werden. Moderne Wagen aus westeuropäischen Ländern findet man seit mehreren Jahren auf den Straßen des Landes, daher gibt es heute auch Werkstätten mit hohem Niveau, die allerdings sonn- und feiertags geschlossen sind. In der Stadt gibt es größere und kleinere Geschäfte mit Autoersatzteilen, und in der vul. Zelena befindet sich ein Ersatzteilmarkt.

Bettler

Die unstabile wirtschaftliche Lage des Landes erschwert einem großen Teil der Menschen das tägliche Überleben. Auch in Lemberg sind die sehr hohe Arbeitslosigkeit, keine regelmäßigen Gehaltszahlungen und niedrige Renten ein Problem. Seien Sie vorsichtig, denn viele Menschen, die wirklich Hilfe und Unterstützung benötigen, sitzen ruhig und traurig in ihren Wohnungen, für wiederum andere ist das Betteln zum Beruf geworden.

Botschaften

Die Generalkonsulate der verschiedenen diplomatischen Vertretungen befinden sich hauptsächlich in Kiev:

Deutsche Botschaft
vul. Bohdana Chmel'nyc'koho 25
01901 Kiev

Der Trolleybus Nr. 9 verbindet den Flughafen mit dem Zentrum

Ukraine-Reisetips von A bis Z

Tel. 003 80/44/247 68 00
Fax 247 68 18

Botschaft der Republik Österreich
vul. Ivana Franka 33
01030 Kiev
Tel. 003 80/44/220 57 59
Fax 227 54 65
Botschaft der Schweiz
vul. Ivana Fedorova 12
01901 Kiev
Tel. 003 80/44/220 54 73
Fax 246 65 13

Diplomatische Vertretungen der Ukraine:

Botschaft der Ukraine in Deutschland
Albrechtstr. 26
10117 Berlin
Tel. 030/28 88 72-14 (Auskunft)
Fax -19
ukremb@t-online.de
www.botschaft-ukraine.de

Botschaft der Ukraine in der Schweiz
Feldeggweg 5
3005 Bern
Tel. 031/352 23 16, Fax 351 64 16

Botschaft der Ukraine in Österreich
Naaffgasse 23
1180 Wien
Tel./Fax 01/479 71 72

Einreisebestimmungen

Für die Bürger aller EU-Staaten, der Schweiz, der USA, Kanadas und einer Reihe weiterer Staaten wurde die Visumspflicht aufgehoben. Dies gilt nur für Aufenthalte zu touristischen Zwekken, die die Dauer von 90 Tagen nicht überschreiten dürfen. Man benötigt zur Einreise einen noch mindestens einen Monat über das Reiseende hinaus gültigen Reisepaß sowie den **Nachweis einer Reisekrankenversicherung**, die in der Ukraine gültig sein muß. Diese Versicherung kann nicht an der Grenze abgeschlossen werden.

Eine derartige Versicherung, die auch einen Rücktransport einschließt, sollte man ohnehin für jede Auslandsreise haben. Sie ist für wenig Geld bei allen großen Versicherungsgesellschaften zu bekommen (Preisvergleich: www.reiseversicherung.com).

Auch an den Grenzübergangsstellen haben sich die Modalitäten vereinfacht: Man muß nur noch ein **Einreiseformular** (Immigration card) ausfüllen. Deren eine Hälfte verbleibt bei der Paßkontrolle, die andere sollte man während des gesamten Aufenthaltes mit sich führen, bei der Ausreise wird sie wieder eingesammelt. Für den Grenzübertritt sollte man – auch bei wenig Andrang – etwa 1 bis 2 Stunden einplanen.

Bei der Einreise ist eine Registrierung gesetzlich vorgeschriebenen, d.h. es wird der Aufenthaltsort in der Ukraine erfaßt. Es sollten also genaue Angaben zum vorgesehenen Aufenthaltsort gemacht werden können. Es empfiehlt sich die Angabe einer Hotelanschrift oder einer Privatanschrift. Eine Einschränkung der Bewegungsfreiheit ist damit nicht verbunden!

Elektrizität

Die Stromspannung beträgt wie in Deutschland 220 Volt, die Frequenz 50 Hertz, allerdings treten gelegentlich Schwankungen auf, die für empfindliche Geräte problematisch sein können. Die Steckdosen sind meist mit herkömmlichen deutschen Steckern kompatibel, oft fehlt allerdings der Schutzkontakt. Allerdings gibt es auch Schuko-Steckdosen, die nicht kompatibel sind, daher empfiehlt es sich, einen Adapter (Südeuropa) mitzunehmen.

Fernsehen

In Lemberg sowie in weiteren Teilen der Westukraine ist der Empfang über Satelliten sehr populär. Jedes moderne Hotel hat in den Zimmern Fernsehgeräte mit Satellitenprogrammen. Man hat die Auswahl zwischen einigen ukrainischen, russischen, deutschen, englischen, französischen und italienischen Programmen sowie Eurosport.

Fotografieren und Filmen

Ebenso wie in westlichen Ländern ist es verboten, Militärund Industrieobjekte, Flughäfen und Orte, an denen Schilder auf ein Verbot hinweisen, zu fotografieren.

In einigen Museen muß für die Erlaubnis des Fotografierens oder Videofilmens gesondert bezahlt werden. In Kirchen und Kathedralen darf man filmen und fotografieren, in Klosteranlagen hingegen benötigt man eine Genehmigung.

Galiziendeutsche

Nähere Informationen gibt es beim
Hilfskomitee der Galiziendeutschen
Vorsitzender: Oskar Wolf
Heinrichstraße 3
32584 Löhne

Referent für die Kontaktpflege zur Galizischen Heimat
Rudolf Mohr
Heinestraße 10
64295 Darmstadt

Geld

Die Währung in der Ukraine sind Hryvnja und Kopeken. 1 Hryvnja sind 100 Kopeken. Im Umlauf sind Münzen zu 1, 2, 5, 25 und 50 Kopeken sowie 1 Hryvnja. Als Geldscheine sind im Umlauf: 1, 2, 5, 10, 20, 50, 100 und 200 Hryvnja. An den Grenzen, auf dem Flughafen sowie in allen Vorstädten und Städten gibt es ausreichend Wechselstuben/Kantore. Geld sollte nur in Banken und Kantoren gewechselt werden. In jedem von ihnen kann man vom Euro, englischen Pfund und Schweizer Franken bis zum polnischen Złoty und russischen Rubel fast jede europäische Währung in Hryvnja bzw. andere Währungen umtauschen. Auch der Tausch von US-Dollar und kanadischen Dollar ist problemlos möglich. Der Kurs ist im Landesinneren immer günstiger als an den Grenzübergängen. Im Sommer 2008 lag der Tauschkurs Euro zu Hryvnja bei 1:7,5.

Wechselstube

Es hat sich als praktisch erwiesen, das Geld in kleinerer Stückelung einzuführen, um beim Umtausch nicht zu große Beträge zu erhalten.

Geldautomaten

Sie sind mittlerweile in jeder Stadt vorhanden. Selbst kleine Kreisstädte verfügen mindestens über ein, zwei Automaten, die VISA-Karten und meist auch Maestro-Karten (EC-Karten) akzeptieren. Manchmal geben die Geldautomaten auch Dollar heraus.

Medizinische Versorgung

Empfohlen wird Impfschutz gegen Diphtherie, Tetanus und Polio. Darüber hinaus empfiehlt sich auch ein Impfschutz gegen Hepatitis A.
Außerdem sollte man eine Auslandskrankenversicherung mit Rücktransport abschließen, da zwischen Deutschland und der Ukraine kein Krankenversicherungsabkommen besteht und ohne den Nachweis einer derartigen Versicherung die Einreise verweigert werden kann (s.a. Einreisebestimmungen).
Staatliche Schnelle Medizinische Hilfe: Tel. 03.
Private Schnelle Medizinische Hilfe ›Bohdan‹: Tel. 056.

Notruf
Feuerwehr: Tel. 01
Polizei: Tel. 02

Reiseveranstalter

Lemberg ist bislang bei deutschen Reiseveranstaltern noch nicht sehr populär. Die wenigsten haben pauschale Angebote im Programm. Die nachfolgenden Firmen bieten für Einzelreisende zumeist Hotelvermittlung sowie Fahrkartenreservierung und stellen nach Anfrage Gruppenprogramme zusammen. Der Veanstalter Stattreisen bietet jährlich eine interessante Kulturstudienreise an, die einen Blick hinter die Kulissen erlaubt.

DNV-Tours
Heubergstraße 21
70806 Kornwestheim
Tel. 071 54/131 83-0
www.dnv-tours.de

Dreizackreisen
Graunstr. 36
13355 Berlin
Tel. 030/46 77 71 46
www.dreizackreisen.de

Ex Oriente Lux
Neue Grünstraße 38
10179 Berlin
Tel. 030/62 90 82 05
www.eol-reisen.de.

GO EAST Reisen GmbH
Bahrenfelder Chaussee 53
22761 Hamburg
Tel. 040/8969090
Fax 89 49 40
www.go-east.de

GUSReisen Stephan Zurfluh
Altenburgstraße 5
CH-5430 Wettingen
Tel. 00 41/56/426 54 30
www.lviv.ch, www.gusreisen.ch

Lernidee Reisen
Eisenacher Str. 11
10777 Berlin
Tel. 030/786 00 00, Fax 786 55 96
www.lernidee.de

Perelingua Sprachreisen
Goßlerstr. 24
12161 Berlin
Tel. 030/851 80 01.
www.perelingua.de

StattReisen Berlin e.V.
Malplaquetstraße 5
13347 Berlin
Tel. 030/45 80 39 47, Fax 45 80 00 03
www.stattreisenberlin.de

Ukraine Touristik Service GmbH
50999 Köln
Sürther Hauptstr. 61-69
Tel. 022 36/96 69 66.

Ventus Reisen GmbH
Krefelder Straße 8

10555 Berlin
Tel. 030/391 00 33-2, -3
www.ventus.com

Reiseagenturen vor Ort:
Lviv Inturtrans
79005 Lviv
vul. Saksahanskoho 22/3
Ansprechpartner: Ihor Sharyak
Tel. 00380/322/97 09 14
Fax 98 05 30
Mobil: +380/67/931 81 91
trans@mail.lviv.ua

Lembergtour
79000 Lviv
vul. Ševska 6 (Buchhandlung Litera)
Ansprechpartner: Wolodymyr Kačmar
Tel./Fax: 003 80/322/94 82 04
Mobil: +380/67/906 29 41
lemberg-tour@ukr.net

Sprache

Den ukrainischen Einwohnern der Stadt tut es sehr weh, wenn man sich bemüht, Russisch zu sprechen. Sie haben es lieber, in ihrer Muttersprache angesprochen zu werden, aber sie nehmen es keinem Europäer übel, wenn er ihre Sprache nicht kennt. In Lemberg sowie in der gesamten Westukraine kommt man sehr gut mit der polnischen Sprache zurecht. Westeuropäische Besucher können vielerorts ohne Probleme Deutsch oder Englisch sprechen.

Straßenverkehr

In der gesamten Ukraine beträgt die Höchstgeschwindigkeit in geschlossenen Ortschaften 60 km/h und außerhalb von Ortschaften 110 km/h – sie kann auch durch Ausschilderung auf 90 km/h eingeschränkt sein. Für Motorräder und Autos mit Anhängern gelten außerhalb von Ortschaften generell 80 km/h. Ausländische Fahrzeuge werden gern von der Polizei angehalten. Die Verständigung ist dann fast unmöglich. Man sollte ein kleines ›Trinkgeld‹ bereithalten, denn es geht nicht darum, einen Strafzettel auszustellen, sondern die Polizisten wollen etwas verdienen!
Es gilt die Null-Promille-Grenze.
Man sollte unbedingt vermeiden, nachts mit dem Auto unterwegs zu sein, da viele Fahrzeuge schlecht bis gar nicht beleuchtet sind. Außerdem sind herumlaufende Menschen und Tiere, herumliegende Gegenstände und Schlaglöcher kaum noch zu erkennen.
Autos sollten nachts nach Möglichkeit auf bewachten und umzäunten Parkplätzen (platnaja stojanka/платная стоянка) abgestellt werden. Solche Plätze gibt es oft bei Hotels, und sie sind im Normalfall umgerechnet höchsten ein bis zwei Euro touer (nur in Kiev kann es etwas teurer werden). Auch tagsüber sollte man das Auto nach Möglichkeit auf so einem bewachten Parkplatz abstellen.

Strom

In Lemberg sowie in der gesamten Ukraine funktioniert die Stromversorgung wie in Westeuropa, d. h. mit 220 V Wechselstrom. Es ist vorteilhaft, einen Universal- oder Zwischenstecker im Reisegepäck zu haben, da es unterschiedliche Steckdosen gibt.

Tankstellen

Die Zeiten der veralteten, kleinen Tankstellen sind endgültig vorbei. Entlang der Transitstraßen und auch auf den größeren Straßen des Landes, besonders nach Lemberg und in der Stadt selbst bietet sich mehr und mehr die Möglichkeit, an modern ausgerüsteten, größtenteils privaten, kleineren Tankstellen oder Großtankstellen zu tanken. Diese bieten auch die Möglichkeit, eine kleine Rast einzulegen, eine moderne Toilette zu benutzen und kleinere Einkäufe für unterwegs zu tätigen. Achtung: An keiner Tankstelle kann man eine Wechselstube finden. Man kann aber mit US-Dollar, kanadischen Dollar oder Euro bezahlen. Das Geld wird nach dem in den Wechselstuben gültigen Kurs umgerechnet. Man bekommt überall bleifreies Benzin sowie Benzin, gekennzeichnet mit A-98, A-95 und A-93 (Oktan) und Diesel. Auch Gas kann meist getankt werden. Der Benzinpreis liegt durchschnittlich bei 60 Cent pro Liter. Man begibt sich zuerst an die Kasse, nennt die Benzinsorte und die Literzahl, bezahlt und betankt erst dann den Wagen.

Diese Souvenirs sind garantiert zollfrei

Telefon/Handy

Telefonieren ist heute absolut kein Problem mehr und auch nicht kostspielig. Telefonkarten für das Ausland kann man im Hotel kaufen, wenn man nicht das Zimmertelefon benutzen möchte. Die Vorwahl bei Auslandsgesprächen aus der Ukraine ist 8-10. Nach Berlin würde man also beispielsweise wählen: 8-10-49-30-Nummer. Bei Anrufen zu einem Handy in Deutschland wählt man 8-10-49-Handynummer. Bei Gesprächen vom Ausland nach Lemberg ist die Vorwahl der Ukraine zu wählen, 00380, und anschließend die Ortsvorwahl von Lemberg, 322.

Trinkgeld

Trinkgeld ist in den Restaurants üblich; mit etwa fünf bis zehn Prozent ist man dabei – je nach Zufriedenheit. Stadt- und Museumsführer sind übrigens auch auf einen Obolus angewiesen.

Wasser

In Lemberg bestehen seit sehr vielen Jahren Probleme mit der Wasserversorgung. Veraltete Wasserrohre, der Anstieg der Einwohnerzahl durch die Industrialisierung der Stadt nach dem Zweiten Weltkrieg sind die Gründe, daß das Wasser oft nicht den ganzen Tag aus den Leitungen fließt. Die Hotels haben ihre eigene, ganztägige Wasserversorgung. Leitungswasser sollte nicht getrunken werden.

Zeitverschiebung

Der Zeitunterschied zur Mitteleuropäischen Zeit (MEZ) beträgt plus eine Stunde. Auch in der Ukraine besteht die Winter- und Sommerzeit.

Karpatenlandschaft

Zollbestimmungen

Bei der Einreise muß eine **Zollerklärung** ausgefüllt werden, die man gut aufbewahren sollte, damit man bei der Ausreise keine Schwierigkeiten bekommt. Es empfiehlt sich, alle wertvollen Gegenstände (z.B. Schmuck, Videokamera), in die Zollerklärung eintragen zu lassen, um eine reibungslose Wiederausfuhr sicherzustellen. Gegenstände für den persönlichen Bedarf wie Wäsche, Kleidung, Schuhe, Toilettenartikel usw. können zollfrei mitgeführt werden. Hierzu zählen auch 1 Fotoapparat, 1 Schmalfilmkamera oder 1 Videokamera, 1 Kofferradio sowie 1 tragbares Musikinstrument. Ferner bleiben zollfrei bei über 18 Jahre alten Personen 250 Zigaretten oder 250 g Tabak, 1 l Spirituosen und 2 l Wein. Geschenke im Wert bis zu umgerechnet 200 Euro bleiben ebenfalls abgabenfrei.

Bargeld oder Reiseschecks können bis zum Gegenwert von 10 000 USDollar ein- und ausgeführt werden. Offiziell muß man nur Beträge über 1000 Dollar deklarieren, sollte sicherheitshalber aber auch geringere Summen in der Zollerklärung angeben. Es darf nicht mehr Geld ausgeführt werden, als eingeführt wurden; darauf sollte man achten, wenn man in der Ukraine Bargeld am Geldautomaten abhebt. Ebenso dürfen Ukrainische Gryvnja weder ein- noch ausgeführt werden.

Für in der Ukraine gekaufte Waren sollte man bei höheren Summen die Quittungen vorweisen können. **Kunstwerke und Antiquitäten** dürfen nur mit offizieller Genehmigung ausgeführt werden, wobei Gegenstände, die vor 1950 hergestellt wurden, generell nicht ausgeführt werden dürfen, dies gilt auch fur Bücher, die vor 1945 erschienen sind. Die Genehmigung zur Ausfuhr von erlaubten Kunstgegenständen kann man in Lemberg beim Zollamt in der vul. Kostjuška 1 erhalten. Kauft man ein modernes Bild, sollte man sich eine Rechnung mitgeben lassen, die als Bescheinigung dient, daß es kein Kunstgegenstand bzw. keine Antiquität ist.

Glossar

Abendland Bezeichnung für den west- und mitteleuropäischen Kulturkreis, auch Okzident genannt, im Gegensatz zum Orient bzw. Morgenland.

Ambo, Ambonen Kanzelartiges Lesepult an oder vor den Chorschranken in altchristlichen Basiliken.

Akanthus Antikes Stilmittel in Form eines Blattornamentes.

Apsis Meist halbkreisförmiger östlicher Abschluß des Kirchenraums, von einer Halbkuppel überdeckt und in der Regel Standort des Altars.

Attika Brüstungsartiger Aufbau oder niedriger geschlossener Mauerstreifen über dem Hauptgesims eines Gebäudes, einer Säulen- oder Pilasterordnung.

autokephal eigenständig, mit eigenem Oberhaupt.

Bema Freistehende, baldachinartige Sängertribüne in der Mitte des Männerraumes einer Synagoge.

Bojaren (1) Freie Gefolgsleute der Fürsten im Kiever Reich; bezeichnet seit dem 12. Jahrhundert den politisch einflußreichen russischen Landadel, der in der zweiten Hälfte des 16. Jahrhunderts mit dem Dienstadel verschmolz.

(2) Bezeichnet in den Donaufürstentümern im 13. und 14. Jahrhundert eine Art militärischen Dienstadel (boieri), der seit dem 15. Jahrhundert Staatsämter am Hof und im Heer und seit dem 17. Jahrhundert in der Verwaltung innehatte.

Bukowina auch Buchenland (rumänisch Bucovina). Historische Region in den Nordostkarpaten und deren Vorland; die Hauptstadt ist Černivci (Czernowitz).

Das Buchenland kam mit der Moldau 1511 unter türkische Herrschaft und wurde 1774 an Österreich abgetreten; deutsche Siedler trugen zur wirtschaftlichen und kulturellen Entwicklung bei. Seit 1849 bildete die Bukowina ein eigenes Kronland. 1919 fiel das Buchenland an Rumänien, 1940 der Nordteil mit Czernowitz an die Sowjetunion. Die Deutschen – zuletzt ca. 68 000 wurden nach Deutschland umgesiedelt.

Curzon-Linie Demarkationslinie zwischen SowjetRußland und Polen, die 1920 vom britischen Außenminister G. Curzon zur Beilegung des sowjetisch-polnischen Krieges vorgeschlagen wurde. Sie diente im Zweiten Weltkrieg der Sowjetunion als Grundlage für ihre Gebietsforderungen an Polen. Die 1945 festgelegte Ostgrenze Polens entspricht weitgehend der Curzon-Linie.

Druschina Gefolgschaft der altrussischen Fürsten; insbesondere im Kiever Reich, aus der ein Teil des russischen Adels hervorging.

Hetman (1) in Polen und Litauen vom 15. Jahrhundert bis 1792 Titel des vom König ernannten Oberbefehlshabers des Heeres (seit 1581 Groß-Hetman, Feld-Hetman). (2) Bei den Kosaken (vor allem am Dnjepr) ursprünglich Bezeichnung für den auf ein Jahr gewählten Anführer, 1567 bis 1764 für den frei gewählten Heerführer aller Kosaken.

Hospodar Seit dem 14. Jahrhundert Titel der Fürsten der Moldau und Walachei.

Ikone (griech.) das Kultbild der Ostkirche mit der Darstellung Christi, Maria, Heiliger oder heiliger Ereignisse, meist auf Holz gemalt, auch aus Metall gebildet. Die ältesten erhaltenen Ikonen stammen aus dem 6./7.Jahrhundert.

Ikonostas(e) Bilderwand aus drei Teilen, die in orthodoxen Kirchenden Gemeinde- und Altarraum voneinander trennt.

Jiddisch Volkssprache der nichtassimilierten aschkenasischen Juden; früher auch als ›Jüdisch‹ oder ›Hebräisch-

Deutsch‹, im Jiddischen selbst als ›Mameloschn‹ (Muttersprache) oder ›Uschonenu‹ (unsere Sprache) bezeichnet. Etwa. 5 bis 6 Millionen Sprechern, vor allem in den USA, Isreal, Ost- und Westeuropa, ist Jiddisch zumindest als Zweitsprache geläufig. Jiddisch entwickelte sich nach der Einwanderung von Juden aus den romanischen in die rheinländisch und donauländischen Regionen im 10. Jahrhundert. Flucht und Vertreibung führten ab dem 14. Jahrhundert zu einer Ausbreitung der jiddischen Sprache im osteuropäischen Raum (Böhmen, Mähren, Polen), was die Aufnahme slawischer Sprachelemente zur Folge hatte. Heute ist das Neujiddisch (seit dem 19. Jahrhundert) weitgehend mit dem Ostjiddisch identisch.

Kosake das Wort stammt aus dem Turko-Tatarischen und bedeutet ›freie Krieger‹. Seit dem 16. Jahrhundert teilten sich die Kosaken in zwei Gruppen: die dem Moskauer Staat auf Dauer verbundenen städtischen Kosaken, die am mittleren Dnjepr wohnten und sich vor allem der Grenzverteidigung, aber auch dem Handel widmeten, sowie die Zaporoger (›unterhalb der Stromschnellen‹) Kosaken am unteren Dnjepr, von denen fast alle anderen Kosakengruppen abstammen (u.a. Don-Kosaken, Ural-Kosaken). 1648 erhoben sich die Zaporoger Kosaken und versuchten, sich als unabhängiger Staat gegen Polen-Litauen, Osmanen und die Krimtataren zu behaupten; der Druck dieser Mächte veranlaßte sie jedoch, den Schutz des russischen Zaren zu suchen und sich unter dessen Oberhoheit zustellen. Katharina II. hob 1775 die Autonomie der Saporoger Kosaken auf. Die Kosaken eroberten und erschlossen Sibirien; innerhalb von 70 Jahren drangen sie vom Ural (1581 – Feldzug Jermaks) bis zur Beringstraße (1648) und zur Amurmündung (1645) vor.

Lawra (auch Laura) Griechisch für Gasse. Ostkirchliches Kloster. In Rußland tragen bedeutende Großklöster diese Bezeichnung als Ehrentitel.

Michael Schutzpatron Galiziens.

Metropolit In der katholischen Kirche der Leiter einer Kirchenprovinz, der zugleich der Erzbischof der Hauptdiözese ist. In der orthodoxen Kirche ursprünglich der Bischof einer Provinzhauptstadt, heute der Leiter einer autokephalen Kirche ohne Patriachatsrang.

Ostkirche Gesamtheit der Kirchen, die aus der alten Kirche in der östlichen Hälfte des Römischen Reiches hervorgegangen sind, auch als orthodoxe Kirche bezeichnet.

Die Selbstbezeichnung ist Rechtgläubige allumfassende Kirche des Ostens. Im einzelnen sind die Verfassungen der verschiedenen orthodoxen Kirchen sehr verschieden. Der Kultus ist Vergegenwärtigung der Heilsgeschichte und Empfang des Heilsgutes. Ihm dient der reich mit Bildern geschmückte und als Symbol des Weltalls verstandene Kirchenraum. Mittelpunkt des kirchlichen Lebens ist die Feier der in einer der liturgischen Sprachen gehaltenen Messe. Außer der Eucharistie gelten als Sakramente: die Taufe, die Firmung, die Buße oder Beichte, Empfang der Ordination zum Priesteramt, die Ehe und die Krankenölung. Die Mutter Christi, die Engel und Heiligen, deren Reliquien und Bilder werden hoch verehrt.

OUN Organisation Ukrainischer Nationalisten. 1929 in Wien geründet; ihr Ziel war die Unabhängigkeit der Ukraine. Ihre Nachfolgeorganisation, das Komitee der Ukrainischen Nationalisten, ist heute als Partei im Kiewer Parlament vertreten.

Ruthenen Name für die Ukrainer im Gebiet Ostgalizien, Nordost-Ungarn und in Teilen der Bukowina.

Pietà Italienisch für Frömmigkeit. Vesperbild, Andachtsbild.

Polnischer Adel Der Adel bildete sich in Polen im 10. bis 12. Jahrhundert aus freien Grundbesitzern und fürstlichen Gefolgsleuten. Vom 14. bis 18. Jahrhundert stellte die Schlachta (von polnisch ›szlachta‹, Geschlecht) die bestimmende politischen Kraft im Land dar. Allein Mitglieder der Schlachta hatten Staats-, Landes- und höhere Kirchenämter inne, während Bürger und Bauern vom Grundbesitz ausgeschlossen waren. 1863 beendete der Januaraufstand die Vormachtstellung der Schlachta im Land.

Presbyterium Hochaltarraum in der Apsis.

Proswita (auch Prosbita). Kulturwissenschaftliche Ukrainische Gesellschaft, die 1868 in Lemberg geründet wurde. Proswita spielte eine wichtige Rolle im politischen Leben der Ukrainer in Lemberg und Galizien. Sie war Herausgeber ukrainischer Schriften, Schulbücher sowie Zeitschriften. 1939 wurde die Gesellschaft liquidiert, ihr Vermögen beschlagnahmt, Archive und der größte Teil der Bücher vernichtet. Die Tradition der Gesellschaft wird heute in der ›Wissenschaftlichen Ševčenko-Gesellschaft‹ fortgesetzt.

Risalit Vom italienischen ›risalto‹, Vorsprung. Teil eines Gebäudes, der über dessen Fluchtlinie in ganzer Höhe um ein Geringes hervortritt.

Sokol Polnische Pfadfinderorganisation, die 1911 in Lemberg von Andrzej Malkowski gegründet wurde.

Sič-Schützen Der 1900 gegründete Verband der Sič-Schützen stellt einen Vorläufer der Ukrainisch-Galizischen Armee (UGA) dar, eine Legion innerhalb der österreich-ungarischen Armee, nach 1919 als Galizische Armee bezeichnet.

Tympanon Griechisch für Pauke. Bezeichnet das meist mit einem Relief ausgefüllte Bogenfeld über einem Portal, besonders häufig im Kirchenbau des Mittelalters.

Ukrainische Sprache Früher auch kleinrussische und in Galizien ruthenische Sprache genannt. Sie bildet mit dem Russischen und dem Weißrussischen den ostslawischen Zweig der slawischen Sprachen. Es gibt zwei Hauptgruppen von Mundarten: das Nord- und das Südukrainische. Die moderne ukrainische Schriftsprache entwickelte sich auf der Grundlage der Südost-Mundart, nahm jedoch später viele Elemente des Südwestukrainischen (Galizien) an. Geschrieben wird das Ukrainische in kyrillischer Schrift.

UPA Ukrainische Aufständische Armee. 1942 als Militärischer Arm der OUN gegründet. Kämpfte in den 40er Jahren vor allem gegen die Rote Armee.

Wolhynien Gebiet in der nordwestlichen Ukraine zwischen oberem Pripjat und oberem Westlichen Bug. Wichtigste Städte: Luc'k, Rivne. Wolhynien wird als die Urheimat altslawischer Stämme angesehen. Der Name Wolhynien wurde bereits in Handschriften von 990 und 1077 genannt. 1386 kam Wolhynien mit Litauen an Polen und bildete eine eigene Woiwodschaft, die bei den Teilungen Polens 1793 und 1795 als Gouvernement an Rußland kam. 1921 bis 1939 wieder polnisch.

Literatur

Galizien/Bukowina

Baselgia, Guida; Dohrn, Verena: Galizien, Frankfurt a. Main, Jüdischer Verlag, 1993

Gold, Hugo (Hrsg.): Geschichten der Juden in der Bukowina, Bd. 1–2, Tel Aviv 1958–1960

Blecking, Diethelm: Kultur und Gewalt – vom Ruhrgebiet nach Galizien. Ein interkulturelles Schulprojekt, Dortmund, Forschungsstelle Ostmitteleuropa, 2000

Bredetzky, Samuel: Reisebemerkungen über Ungarn und Galizien, Berlin, Scherer, 1990

ders.: Briefe über den itzigen Zustand von Galizien. Ein Beitrag zur Statistik und Menschenkenntnis, Berlin, Scherer, 1990

Broszat, Martin: Von der Kulturnation zur Volksgruppe. Die nationale Stellung der Juden in der Bukowina im 19. und 20. Jahrhundert. In: Historische Zeitschriften, Bd. 200, 1965, S. 572–605

Döblin, Alfred: Reise in Polen, München, dtv, 1993. (1924 reiste Döblin zwei Monate durch Polen, um die politischen und gesellschaftlichen Verhältnisse des Landes kennen zu lernen, sein Hauptinteresse galt der jüdischen Bevölkerung u.a. Krakau und Lemberg)

Dohrn, Verena: Reise nach Galizien. Grenzlandschaft des alten Europas, Frankfurt a. Main, S. Fischer, 1991

Franko, Ivan, Beiträge zur Geschichte und Kultur der Ukraine, Schriften 1882–1915, Berlin 1963.

Goltschnig, Dietmar; Schwob, Anton (Hrsg.): Die Bukowina. Studien zu einer versunkenen Literaturlandschaft. Tübingen 1990

Haumann, Heiko, Geschichte der Ostjuden, dtv München 1990.

Herzog, Elisabeth, Zborowski, Mark: Das Schtetl. Die untergegangene Welt der osteuropäischen Juden, München, Beck, 1991

Hilfskomitee der Galiziendeutschen A.u.H.B. ›Galizienbände‹, Band 1 und 2, zu erwerben beim Vorsitzenden Oskar Wolf (siehe auch Reisetips von A bis Z, Oskar.Wolf@t-online.de.)

Hoffmann, Eva: Im Schtetl. Die Welt der polnischen Juden, Wien, Zsolnay, 2000

Jandaurek, Julius: Das Königreich Galizien und Lodomerien und das Herzogtum Bukowina, Wien (u.a.), Archiv-Verlag, 1998

Bodek, A.; Sandkühler, Th. (Hrsg.): Friedrich Katzmann. Die Lösung der Judenfrage im Distrikt Galizien, Bericht, Berlin, Edition Hentrich, 1996

Colin, Amy; Kittner, Alfred (Hrsg.): Versunkene Dichtung der Bukowina. Eine Anthologie deutschsprachiger Lyrik, München 1994

Corbea, Andrea; Astner, Michael (Hrsg.): Kulturlandschaft Bukowina. Studien zur deutschsprachigen Literatur des Buchenlandes nach 1918, Iasi 1990

Krleza, Miroslav: Galizien, Königstein/Ts., Athenäum, 1985

Landmann, Salcia: Erinnerungen an Galizien, Knaur, 1986

Nositschka, Gudrun: Wege durch den Nebel. Eine Geschichte aus Galizien und Masuren für junge Menschen, Dortmund, Forschungsstelle Ostmitteleuropa, 1995

Pohl, Dieter: Nationalsozialistische Judenverfolgung in Ostgalizien 1941–1944. Organisation und Durchführung eines staatlichen Massenverbrechens, München, Oldenbourg Verlag, 1996

Pollack, Martin: Nach Galizien. Von Chassiden, Huzulen, Polen und Ruthenen. Eine imaginäre Reise durch die verschwundene Welt Ostgaliziens und der Bukowina, Wien, Brandstätter Verlag, 1994

Ransmayr, Christoph (Hrsg.): Im blinden Winkel. Nachrichten aus Mitteleuropa, Wien, Brandstätter Verlag, 1985

Röskau-Rydel, Isabel: Deutsche Geschichte im Osten Europas, Bd. 5: Galizien, Bukowina, Moldau, Berlin, Siedler, 1999

Roth, Joseph: Werke in 6 Bänden, Bd. 2 Das journalistische Werk 1924–1928, Büchergilde Gutenberg, 1994.

Sandkühler, Thomas: Endlösung in Galizien. Der Judenmord in Ostpolen und die Rettungsinitiativen von Berthold Beitz 1941-1944, Bonn, Dietz, 1996

Schieb, Roswitha: Eine Reise nach Schlesien und Galizien. Eine Archäologie des Gefühls, Berlin 2000

Simonek, Stefan (Hrsg.): Galizien, Klagenfurt, Wieser, 1998 (Reihe Europa erlesen)

Turczynski, Emanuel: Geschichte der Bukowina in der Neuzeit. Zur Sozial- und Kulturgeschichte einer mitteleuropäisch geprägten Landschaft, Wiesbaden 1993

Vishniac, Roman: Verschwundene Welt, Bildband, München, Kindler, 1996

Werner, Klaus (Hrsg.): Fäden ins Nichts gespannt. Deutschsprachige Dichtung der Bukowina, Frankfurt a. Main/ Leipzig 1991

Yönes, Eliyyah: Die Strasse nach Lemberg. Zwangsarbeit und Widerstand in Ostgalizien 1941–1944, Deutsche Erstausgabe, Frankfurt a. Main, Fischer Tb-Verlag, 1999

Czernowitz

Bornemann, Irma; Tiefenthaler, Paula; Wagner, Rudolf (Hrsg.): Czernowitz. Eine Stadt im Wandel der Zeit mit besonderer Berücksichtigung ihres deutschen kulturellen Lebens., Stuttgart 1988

Braun, Helmut (Hrsg.): Czernowitz. Die Geschichte einer untergegangenen Kulturmetropole, Berlin, Ch. Links Verlag, 2005

Corbea-Hoisie, Andrei (Hrsg.): Czernowitz. Jüdisches Städtebild, Frankfurt a. Main, Jüdischer Verlag, 1998

Sternberg, Hermann: Zur Geschichte der Juden in Czernowitz, Tel Aviv, Olamenu, 1962

Wagner, Rudolf (Hrsg.): Alma Mater Francisco Josephina. Die deutschsprachige Nationalitäten-Universität in Czernowitz, Festschrift zum 100. Jahrestag ihrer Eröffnung 1875, München, Menschendörfer, 1979

Wichner, Ernst (Hrsg.): In der Sprache der Mörder. Eine Literatur aus Czernowitz, Bukowina, Ausstellungsbuch, Literaturhaus Berlin, 1993

Lemberg

Friedman, Benedikt: Ich träume von Brot und Büchern. Zornige Erinnerungen eines jüdischen Österreichers, Wien, Promedia, 1992

Genin, Salomea: Scheindl und Salomea. Von Lemberg nach Berlin, Frankfurt a. Main, Fischer Taschenbuchverlag, 1993

Wittlin, Józef: Mein Lemberg, Frankfurt a. Main, Suhrkamp, 1994

Biographisches

Böttiger, Helmut: Orte Paul Celans, München, Zsolnay, 1996

Chalfen, Israel: Paul Celan. Biographie seiner Jugend, Frankfurt a. Main, Suhrkamp 1999

Crnjanski, Milos: Tagebuch über Carnojevic, Frankfurt a. Main, Suhrkamp, 1993

Granach, Alexander: Da geht ein Mensch. Autobiographischer Roman, Augsburg, Ölbaum Verlag, 2003

Grynberg, Henryk: Drohobycz, Droho-

bycz. Galizische Erinnerungen. Zwölf Lebensbilder, Wien, Zsolnay, 2002
Helfrich, Cilly: Rose Ausländer, Weinheim, Beltz Quadriga, 1995

Romane/Erzählungen

Andruchowytsch, Juri: Das letzte Territorium. Essays, Frankfurt a. Main, Suhrkamp, 2005
ders.: Zwölf Ringe, Frankfurt a. Main, Suhrkamp, 2005
ders.: Mein Europa, Frankfurt a. Main, Suhrkamp, 2006
Andruchowytsch, Juri (Hrsg.): Reich mir die steinerne Laute. Ukrainische Lyrik des 20. Jahrhunderts, Brodina Verlag 1996
Agnon, Samuel Josef: Herrn Lublins Laden, Frankfurt a. Main, Fischer TB, 2002
Bergelson, David: Das Ende vom Lied, Frankfurt a. Main, Insel, 1965
Buber, Martin: Die Erzählungen der Chassidim, Zürich, Manesse, 2006
Charney, Ann: In Dobryd. Eine polnische Kindheit, Frankfurt a. Main, Suhrkamp, 1996
Deresch, Ljubko: Kult, Frankfurt a. Main, Suhrkamp, 2005
Dichter, Wilhelm: Das Pferd Gottes, Rowohlt Berlin, 1998
Franzos, Karl Emil: Erzählungen aus Galizien und der Bukowina, Berlin, Nicolai, 1988
ders.: Moschko von Parma. Drei Erzählungen, Berlin, Rütten & Löning, 1984
ders.: Der Pojaz, Hamburg, Europäische Verlagsanstalt, 1994
Haupt, Zygmunt: Der Ring aus Papier. Erzählungen, Paris, Kultura Verlag, 1963
Herassymjuk, Wassyl: Der Dichter in der Luft. Huzulische Erzählgedichte, Verlag Brodina 2001.
Hilsenrath, Edgar: Jossel Wassermanns Heimkehr, München (u.a.), Piper, 1993
Horbatsch, Anna H. (Übersetzerin): Stimmen aus Tschornobyl. Eine Anthologie, Verlag Brodina 1996
Horbatsch, Anna H.: Die Ukraine im Spiegel ihrer Literatur. Beiträge zur ukrainischen Kultur- und Literaturgeschichte, Verlag Brodina 2002
Horbatsch, Anna H. (Hrsg.): Kerben der Zeit. Ukrainische Lyrik der Gegenwart, Verlag Brodina 2003
Horbatsch, Anna H. (Hrsg.): Die Kürbisfürstin. Eine Anthologie zum Frauenthema in der Ukraine, Verlag Brodina 1999
Horbatsch, Anna H. (Hrsg.): Ein Rosenbrunnen. Junge Autoren aus der Ukraine, Verlag Brodina 1998
Karasek-Langer, Alfred: Sagen der Deutschen in Galizien, Plauen i. Vogtland, Wolff, 1932
Katz, Henry W.: Die Fischmanns, Weinheim (u.a.), Beltz Quadriga, 1994
Kostenko, Lina: Grenzstein des Lebens. Gedichte, Verlag Brodina 1998
Kurkow, Andrej: Ein Freund des Verblichenen, Zürich, Diogenes, 2003
ders.: Picknick auf dem Eis, Zürich, Diogenes, 2000
Lam, Jan: Die große Welt Zappowitz, Köln, Kiepenheuer, 1991
Landmann, Salcia: Jüdische Witze, München, dtv, 1963
Lem, Stanislaw: Das Hohe Schloß, Frankfurt a. Main 1998, Suhrkamp (Roman über seine Kindheit in Lemberg).
Morgenstern, Soma: In einer anderen Zeit. Jugendjahre in Ostgalizien, Lüneburg, Klampen Verlag, 1995
Roth, Joseph, Radetzkymarsch, Köln 1999.
Sacher-Masoch, Leopold: Mondnacht. Erzählungen aus Galizien, Berlin, Rüt-

ten & Loening, 1991
Scheer, Evelyn (Hrsg.): Ukraine-Lesebuch. Literarische Streifzüge durch die Ukraine, Berlin, Trescher Verlag, 2006
Sforim, Mendele Moicher; Perez, Jizhak Lejb; Scholem Alejchem: Jiddische Erzählungen, Zürich, Manesse, 1984
Scholem Alejchem: Menachem Mendel und Scheine-Scheindel. Briefe von und nach Galizien, Nördlingen, Greno, 1987
Schulz, Bruno: Die Zimtläden, München, Hanser, 2008
ders.: Gesammelte Werke, 2 Bände, München, Hanser, 1992
Schweiger, Brigitte; Deutsch, Eva: Die Galizianerin, Wien, Zsolnay, 1982
Stryjkowski, Julian: Stimmen in der Finsternis, Berlin, Henssel, 1963
Ševčenko, Taras: Der Kobsar, Verlag für fremdsprachige Literatur, Moskau 1951.
Wolqovis, Selomo: Das Grab bei Zloczow. Geschichte meines Überlebens - Galizien 1939- 1945, Berlin, Wichern-Verlag, 1996
Zagajewski, Adam: Ich schwebe über Krakau. Erinnerungsbilder, München, Hanser, 2000
Zabarko, Boris (Hrsg.): Nur wir haben überlebt. Holocaust in der Ukraine. Zeugnisse und Dokumente, Berlin, Dittrich, 2004

Die Autorin

Ania Klijanienko, Jahrgang 1950, geboren in Böhlitz-Ehrenberg/Leipzig, lebt seit über 30 Jahren in Polen (Breslau/Rzeszow) und verfolgt seit fast zehn Jahren die Geschehnisse in der Ukraine, besonders in Lemberg. Sie hat eine Reihe polnischer Reisekataloge ins Deutsche übersetzt und selbst in polnischer Sprache die Broschüre ›Auf den Spuren der Kleinen Adler‹ verfaßt. Ihre besondere Vorliebe für Lemberg entdeckte sie im Jahre 1995 als Touristin und später als Reiseleiterin für polnische Reisegruppen nach Lemberg und bei ihren längeren privaten Aufenthalten in dieser interessanten Großstadt.

Danksagung

Die Autorin möchte allen danken, die am Entstehen des Buches Anteil genommen haben.
Besonderer Dank gilt meiner ukrainischen Gastgeberfamilie, Familie Hladun, die es mir ermöglichte, Materialien zum Text zu diesem Buch durch monatelangen Aufenthalt in Lemberg an Ort und Stelle zu verarbeiten. Ein ebenfalls besonderen Dank gilt den Lemberger deutschsprachigen Stadtführern Wolodymyr Kachmar und Ihor Sharyak, deren Teilbeiträge zum ukrainischen Leben in Lemberg, aber vor allem über das Umland das Buch bereichern.
Besonders herzlich möchte ich mich bei Herrn Oskar Wolf, dem Vorsitzenden des Hilfskomitees der Galiziendeutschen bedanken. Nur Dank der übersandten Buchmaterialien ›Galizien 1772–1939‹ und der Geschichtsbände ›Heimat Galizien – ein Gedenkbuch‹ Band 1 und 2 ist es möglich gewesen, das Leben der Deutschen in Lemberg so ausführlich darzustellen. Ein herzliches Dankeschön möchte ich auch Frau Karin Regierer aussprechen, die mich oft längere Zeit in Berlin aufgenommen hat und mir ihre reichhaltigen Lexika über Kunst, Kultur und Geschichte der Völker zur Verfügung gestellt hat.

Ortsregister

A
Alte Jüdische Straße 104
Alter Ringplatz 85
Andreolli-Haus 99
Apothekenmuseum 110, 236
Armeespital 162
armenische Kathedrale 112
Armenische Straße 111
Avenštok-Haus 100

B
Bandinelli-Haus 94
Bernhardinerkloster 122
Bohdan-Chmel'nyc'kyj-Park 137
Boim-Kapelle 120, 237
Brigitte-Gefängni 153
Büchermarkt 108

D
Denkmal des Großfürsten Danylo 121
Denkmal für Mychajlo Hruševs'kyj 133
Dnister-Haus 102
Dominikanerkloster 109

E
Ehemaliges jüdisches Spital 155
Ehemaliges Piaristenkollgium 163
Erzbischöfliches Haus 97
Ethnographiemuseum 128, 236

F
Freilichtmuseum 165, 239

G
Gedächtnishügel 86
Georgskathedrale 146
Geschichtsmuseum der Stadt Lemberg 235
Ghetto-Denkmal 90
Grand Hotel 127, 230

H
Halyc'ka-Straße 121
Hanel-Haus 95
Hauptbahnhof 158
Haus der Offiziere 117
Haus zur Gottesmutter 110
Heppner-Haus 99
Hotel George 125, 231

I
Ivan-Franko-Denkmal 143
Ivan-Franko-Museum 137, 238
Ivan-Franko-Park 145
Ivan-Pidkova-Denkmal 117
Ivan-Truš-Museum 239

J
Janivs'ke-Friedhof 181
Johann-Pinsel-Museum 238
Johanneskirche 88
Jüdisches Kulturzentrum 90

K
Kilianst-Haus 100
Klarissenkirche 160
Königliches Arsenal 108
Kopernikusstraße 140
Kornjakt-Haus 95
Kornjakt-Turm 103
Krakauer Markt 155
Krakauer Straße 113
Krakauer Vorstadt 87
Kunstgalerie 142
Kurbas-Theater 152

L
Landesgeschichtliches Museum in Vynnyky 240
Lateinische Kathedrale 118
Lemberger Kunstgalerie 237
Lubomirski-Palast 97
Lyčakivs'ke-Friedhof 182, 239

M
Maria-Entschlafens-Kirche 102

Maria-Magdalena-Kirch 150
Maria-Schnee-Kirche 90
Maria-Schutz-Kathedrale 133
Marktplatz (pl. Rynok) 91
Massar-Gordon-Haus 99
Mazanczow-Haus 99
Metropolitenpalast 148
Michaelskirche 107
Mickiewicz-Platz 124
Museum der Buchkunst 237
Museum des Waffenarsenals 236
Museum für Möbel und Porzellan 236
Museum für Religionsgeschichte 110, 238
Museum sakraler Kunst 238
Mychajlo-Hruševs'kyj-Museum 238
Mykolaš-Haus 140

N

Nationalbibliothek 143
Nationalmuseum 128, 236
Nationalmuseum Andrej Šeptyc'ky 236
Naturwissenschaftliches Museum 117
Niederes Schloß 115

O

Olek-Novakivs'kyj-Museum 146
Olek-Novakivs'kyj-Museum 239
Olga-und-Elisabethkirche 157
Onufrij-Kirche 88
Opernhaus 129, 240
Orthodoxe Georgskirche 162

P

Palast des Grafen Potocki 142
Paraskieva-Kirche 89
Philharmonie 130
Polytechnische Hochschule 149
Pulverturm 108

R

Rathaus 92
Rottendörfer-Haus 100
Rusalka-Dnistrova-Museum 151, 238

S

Salomea-Krušel'nyc'ka-Museum 146, 239
Sapieha-Palast 151
Schloß 85
Schloßberg 85
Scholz-Wolf-Haus 98
Schwarzes Haus 95
Ševčenko-Denkmal 127
Ševčenko-Prospekt 131
Skarbek-Theater 115
Slovac'koho-Straße 143
Sprecher-Haus 124
St.-Peter-und-Paul-Kirche (Jesuitenstift) 117
St.-Peter-und-Paul-Kirche (orthodox) 163
St. Annakirche 156
St. Antoniuskirche 162
St. Nikolauskirche 87
St. Pokrovakirche 163
Stadtboulevard 124
Städtisches Waffenarsenal 105
Stanislav-Ludkevyč-Museum 239
Staryj Rynok (Alter Ringplatz) 87
Stryjs'kyj-Park 135
Synagoge 158
Synagoge Goldene Rose 104

T

Trut-Haus 100

U

Ukrainische Nationalbank 140
Universitätsbibliothek 135

V

Venezianisches Haus 98
Verklärungskirche 113
vul. Chmel'nyc'koho 89
Vynnyčenka-Straße 106
Vynnyky 165

W
Wening-Haus 98
Wiener Café 128
Wolf-Haus 94

Z
Zipper-Haus 100
Zitadelle 151

Umgebung von Lemberg

Brody 173
Drohobyč 174
Krechiv 171
Oles'ko 172
Pidhirci 173
Počajiv 176
Truskavec' 176
Zoločiv 173
Žovkva 166

Bildnachweis

Hinnerk Dreppenstedt: 23, 30, 47, 80, 123, 126, 137, 164, 228, 231, 243.
Hofmann/Just: 15, 26, 27, 33, 34, 36, 38, 40, 43, 44, 45, 49, 51, 56, 59, 63, 65, 71, 77, 78, 82, 84, 93, 95, 96, 97, 98, 99, 103, 104, 106, 107, 110, 113, 114, 121, 122, 127, 129, 131, 142, 145, 147, 149, 155, 156, 157, 159, 178, 180, 181, 185, 186, 189, 190, 194, 196, 200, 203, 210, 214, 218, 220, 229, 234, 235, 237, 240, 245, 247, 248, 249.
Volodymyr Kachmar: 172, 173.
Ania Klianienko: 32.
Karin Regierer: 53.
Claudia Quaukies: Titel, 12, 18, 21, 42, 81, 136, 139, 152.
Klaus Schameitat: 8, 41, 60, 68, 89, 102, 108, 111.
Gert Schmidt: 88, 105, 118, 168, 170, 174, 175.

Titel: Löwe vor dem Lemberger Rathaus (Quaukies).
Vordere Umschlagklappe: Das Opernhaus (Schameitat)
Hintere Umschlagklappe: Am Marktplatz (Schameitat)
S. 12/13 Außenwand der Boim-Kapelle (Quaukies).
S. 82/83 Blick vom Schloßberg auf die Walachische Kirche und die Dominikanerkirche (Hofmann/Just).
S. 178/179 Grabmal auf dem Ličakivs'ke-Friedhof (Hofmann/Just)

Kartenlegende

Bahnhof	Autobahn
Denkmal	Autobahn im Bau
Hotel	sonstige Straßen
Kirche	243 Straßennummern
Museum	Eisenbahn
Post	Grenzübergang
Restaurant	Staatsgrenze
Synagoge	Hauptstadt
Theater	Stadt/Ortschaft
Touristeninformation	

Kartenregister

Stadtpläne

Schloßberg und Krakauer Vorstadt S. 86
Der Marktplatz S. 92
Bürgerhäuser am Lemberger Marktplatz S. 94
Die Altstadt S. 101
Entlang des Stadtboulevards S. 125
Vom Mickiewicz-Platz nach Süden S. 132
Rund um die Universität S. 141
Zwischen Stadtboulevard und jüdischem Viertel S. 154
Vom Zollplatz zum Freilichtmuseum S. 161
Žovkva S. 166
Lyčakivs'ke-Friedhof S. 183

Übersichtskarten

vordere Umschlagklappe: Die Umgebung von Lemberg
hintere Umschlagklappe: Übersichtskarte Lemberg

Historische Karten

Das Gebiet der Kiever Rus' im 10. und 11. Jahrhundert S. 17
Das Gebiet Polens vor den Teilungen des Jahres 1772 S. 19
Grenzen des Habsburger Reiches nach 1815 S. 20
Das heutige Staatsgebiet der Ukraine S. 25

Kirchengrundrisse

Dominikanerkiche S. 109
Armenische Kathedrale S. 112
Lateinische Kathdrale S. 119
Bernhardinerkirche S. 123